Sam Keen · Feuer im Bauch

Sam Keen

Feuer im Bauch

Über das Mann-Sein

Aus dem Amerikanischen
von Almuth Dittmar-Kolb

Kabel

Titel der amerikanischen Originalausgabe:
FIRE IN THE BELLY
On Being a Man
Bantam Books, New York, 1991

Ganz besonders für:

James Donaldson
Bill Jersey
Richard Ruopp
Earl Scott
Männer mit Herz.
Freunde seit drei Jahrzehnten.

Jananne Lovett-Keen
Unsere unvereinbaren Unterschiede
ließen die Liebe wachsen.

© 1991 by Sam Keen
© 1992 für die deutsche Ausgabe:
Gustav Lübbe Verlag GmbH, Bergisch Gladbach
Herausgeber: Ernst Kabel Verlag GmbH, Hamburg
Umschlag: Theodor Bayer-Eynck
Titelillustration: Marion Brandes
Gesamtherstellung: Clausen & Bosse, Leck
ISBN 3-8225-0199-9
1 3 5 7 9 10 8 6 4 2

Ein Mann muß auf die Suche gehen
Um das heilige Feuer zu entdecken
Im Heiligtum seines eigenen Bauches
Um die Flamme in seinem Herzen zu entzünden
Um die Glut im heimischen Herd zum Lodern zu bringen
Um seine Begeisterung für die Erde neu zu entfachen.

Danksagungen

Dr. Ofer Zur und ich haben uns drei Jahre lang über die Themen Krieg, Geschlechterzugehörigkeit und die sich wandelnden Ideale der Männlichkeit ausgetauscht.

Leslie Meredith, ein Lektor mit weitgestreuten Interessen, sanfter Denkungsweise und gespitztem Rotstift, hat Kritik geübt, Vorschläge gemacht, gekürzt, gerafft und geholfen – über die Grenzen seiner Pflicht hinaus.

Inhalt

I   Einleitung. Wie ein Mann entsteht   13

1 Einladung zu einer Reise   15

2 Die Welt gehört der Frau   25
Die unbewußte Hörigkeit des Mannes   28
Die Frau als Göttin und Schöpferin   32
Die Frau als Mutter und bergender Schoß   34
Die Frau als erotisch-spirituelle Macht   39
Abschied nehmen von der FRAU   41

II   Rituale der Männlichkeit   43

**3 Initiation und Verstümmelung
der Männer**   45
Traditionelle Mannbarkeitsriten   45
Moderne Mythen und die Männer
der Moderne   53

**4 Das Ritual des Krieges und die
Kriegermentalität**   55
Werkzeuge der Gewalt   56
Die Kriegermentalität   60
Kanonenfutter, Massenvergewaltigung
und der Krieg   67

**5 Das Ritual der Arbeit:
Der Mann im Dienst der Wirtschaft**   74
Das A und O – Arbeit und Selbstwert   77
Der hohe Preis des Erfolgs   89

6 Das Ritual der Sexualität:
   Zauberstäbe und privates Handwerkzeug . 100
   Mit jemandem schlafen und Punktemachen . . . 102
   Sexuelle Verletzungen 111

III   Wie man einen Mann bewertet 117

7 Woran läßt sich Männlichkeit messen? . . . 119
   Das Tier, das sich selbst bewertet 119
   Vorbilder 121

8 Eine kurze Geschichte des Mannes 125
   Der Mann als Jäger 126
   Der Mann als Bauer 129
   Der Mann als Krieger 132
   Homo sapiens 136
   Der dionysische Mann 140
   Der Mann als Prophet 141
   Der Mann als Ebenbild Gottes 143
   Der Mann als Machtmensch 144
   Der Mann in Wissenschaft und Technik 146
   Der Selfmademan 148
   Der psychologisierte Mann 150
   Der postmoderne Mann 153

9 Das neue Ideal der Männlichkeit:
   Zupackend und sanft zugleich 157
   Jenseits der Mythen von Krieg und
   Heldentum 158
   Das Ende der Konsumwirtschaft:
   Auf dem Weg zur Rettung der Erde 162

IV   Eine Fibel für gegenwärtige und
     zukünftige Helden 171

10 Die Seelenreise: eine Pilgerfahrt ins Ich . . 173
   Reiseroute für eine Abenteuerfahrt 173

Vom sonnigen Pragmatismus zur dunklen
Weisheit der Traumzeit 177
Vom Alles-schon-Wissen zum Leben
der Fragen 179
Von überheblicher Selbstsicherheit zu
produktivem Zweifel 182
Von der emotionalen Erstarrtheit zur
mannhaften Trauer 185
Von künstlicher Härte zu mannhafter Furcht . . 190
Von Schuld und Scham zu einer Moral der
Verantwortung 197
Von der Isolation zur bewußten Einsamkeit . . . 200
Vom falschen Optimismus zu ehrlicher
Verzweiflung 202
Von zwanghaftem Handeln zu Brachliegen
und Abwarten 204
Erneuerung und die Wiedergeburt der Freude . . 205

11 Heimkehr: Eine Auswahl von
heroischen Tugenden 209
Die Tugend des Staunens 211
Die Tugend der Einfühlsamkeit 214
Die Tugend eines herzerwärmten Verstandes . . 216
Die Tugend der moralischen Empörung 225
Die Tugend, seinen Lebensunterhalt
anständig zu verdienen 230
Die Tugend der Freude 233
Die Tugend der Freundschaft 236
Die Tugend der Gemeinschaft 241
Die Tugend des Haushaltens 244
Die Tugend der Wildheit 250

V Männer und Frauen:
Wiederannäherung 257

12 Liebe: Einführung in einen Tanz mit drei
Schrittfolgen 259

13 Kontrapunkt: Liebender Kampf 262
Entschlossenheit: Sich treublieben,
den Zorn zulassen 262
Ideologischer Feminismus – nein!
Prophetischer Feminismus: Ja! 265
So beenden Sie das »Du bist schuld«-Spiel 283

14 Zusammenwachsen 289
Der Wunsch nach Nähe:
Wie nah ist nah genug? 289
Spielarten des Zusammenseins 294
Das Mysterium von Mann und Frau 296
Das Hohelied der Ehe:
Die Verbindung der Gegensätze 300
Gemeinsame Schöpfung:
Familienliebe und Vaterschaft 303
Heimischer Herd, Gastfreundlichkeit
und Gemeinschaft 312
Begeisterung für die Erde:
die gemeinsame Berufung 313

15 Reisetips für Wanderer 317
Wie man eine Gemeinschaft von Suchenden
bildet 318
Aufarbeitung deiner eigenen Erfahrungen
mit der Männlichkeit 320
Krieg, Eroberung und Wettbewerb 321
Macht und andere Werte 322
Arbeit, Geld, Berufung 323
Sex, Liebe, Nähe 324
Gefühle und Empfindungen 327
Nützliche Redewendungen
und einleitende Sätze 328
Wie man den männlichen Körper verändert . . . 329
Wie man das Alleinsein kultiviert 331
Rituale, Zeremonien und symbolische
Ereignisse 332
Beseeltes und mannhaftes Handeln 332

Anhang 335

Idealnote 10: Das Psychogramm des idealen Mannes . . . 337
    Umfrage aus »Psychology Today« 339
    Der neue Mann – der ideale Mann.
    Wer ist es? Ein Bericht 350
    Lebensphilosophie 352
    Übergangsriten 353
    Einstellungen und Verhaltensweisen 354
    Einstellung zu den Frauen 356
    Liebe und Sex (in dieser Reihenfolge) 357
    Familie 359
    Wut und Gewalt 359
    Schlußfolgerungen 360
    Anmerkungen 365

I
Einleitung
Wie ein Mann
entsteht

Kapitel 1
Einladung zu einer Reise

Als ich siebzehn geworden war, fühlte sich alle Welt – meine
Mitschüler, meine Familie und die Gesellschaft im allgemeinen –
dazu berufen, mir zu verstehen zu geben, was ein »richtiger
Mann« ist. Danach mußte man:
Einer Studentenverbindung beitreten.
Mitglied der Football-, Baseball- oder Basketballmannschaft
werden.
Mit vielen Mädchen schlafen.
Sich nichts gefallen lassen (Schlag zu, wenn irgend jemand
dich oder deine Freundin beleidigt!).
Keine Gefühle zeigen.
Literweise Bier trinken (es war noch vor der Drogenzeit).
Anständig bleiben (Beteilige dich nicht an Schlägereien und
trinke keinen Alkohol!).
Das richtige Zeug tragen – nämlich dasselbe wie alle anderen:
Mokassins usw.
Sich einen guten Job suchen, hart arbeiten und eine Menge
Geld verdienen.
Sich einen eigenen Wagen anschaffen.
Dafür sorgen, daß andere einen mögen, beliebt sein.

Meine Großmutter schenkte mir eine Bibel und dazu eine Karte,
auf der stand: »Lies jeden Tag darin, mein großer Junge – dann
wird aus dir ein *richtiger Mann*.«
Ich hatte das Gefühl, daß es wahrscheinlich mein Schicksal
war, nie ein Mann zu werden. Ich trank, rauchte und fluchte
nicht. Ich war der einzige an der P. S. duPont High-School in
Wilmington, Delaware, der Cowboystiefel trug. Ich rasierte
mich noch nicht, mein Schamhaar wuchs nur spärlich, und wenn
wir uns nach dem Sport umkleideten, genierte ich mich. In keiner der wichtigen Sportarten bekam ich je eine Auszeichnung.
Noch heute mache ich einen Bogen um jeden, der in meiner

High-School-Klasse war, besonders um die alten Footballhelden. Ich haßte Verbindungen. Das einzige, was mich davor bewahrte, ein totaler Eckensteher zu sein, war die Tatsache, daß ich ein Auto und eine Freundin hatte, auch wenn das Auto nur ein Ford Modell A und das Mädchen keine von den begehrten »Cheerleaders« war.

Ich habe ein altes Foto vom Abschlußball jenes siebzehnjährigen Jungen vor mir liegen. Er trägt ein geliehenes weißes Dinnerjacket – schlaksig, linkisch, die zu großen Hände in einer Gary-Cooper-Pose auf die Hüften gestützt. Seine Freundin Janet neben ihm wirkt dagegen schon völlig erwachsen in ihrem traditionellen weißen Abendkleid mit der traditionellen lila Orchidee an der Schulter und ihrem traditionellen Traum vom Nestbau im Kopf. Sie sind beide noch unberührt. Sein ungelenker Jünglingskörper läßt schon erahnen, was für ein Mann er einmal sein wird. Seine Haltung mit dem vorgeneigten Kopf, dem etwas eingefallenen Brustkorb und den sackenden Schultern hat etwas von einem Fragezeichen. Die Unbeholfenheit, mit der er die weltmännische Pose einnimmt, verrät sein Bemühen, sich der Situation gewachsen zu zeigen und die Männerrolle zu übernehmen, obwohl er sich noch immer als Junge fühlt. Ich weiß, daß er sich noch weit in die Erwachsenenzeit hinein wie ein Junge vorkommen und sich nicht als Mann unter Männern fühlen wird.

Aber am betroffensten bin ich von seinem Gesicht. Offen. Leuchtend. Mit einer ganz eigenen Ausstrahlung von kraftvoller Unschuld und großen Träumen. Hinter der aufgesetzten Überlegenheitspose verbirgt sich seine schmerzliche Sensitivität, die er für ein Zeichen seiner Unzulänglichkeit als Mann hält. Was ich nicht sehen kann, aber woran ich mich noch gut erinnere, ist die Einsamkeit, die Unsicherheit und die Zwiespältigkeit, Stolz und Scham zugleich, wegen seines geheimen Innenlebens.

Zu seinem heimlichen Leben gehörten viele Beschäftigungen, die auf überhaupt keiner Liste mit den Anforderungen an einen *richtigen Mann* zu finden waren: ein Tagebuch führen; in den nahegelegenen Wäldern auf Entdeckung gehen und Sehnsucht nach der Wildnis zu empfinden; unter dem Sternenzelt schlafen; lange einsame Spaziergänge machen; beobachten, was passiert, wenn ein Kuckuck seine Eier in ein Grasmückennest gelegt hat; masturbieren und sich dabei seine Traumfrau vorzustellen; über die Begrenztheit unseres Verstandes nachdenken; die eigenen trüben Stimmungen erforschen; Gedichte schreiben; Bücher lesen und mit Ideen spielen; seine Eltern lieben; sich mit Gedanken an Krieg, Armut, Ungerechtigkeit, Folter quälen; sich wünschen, etwas zur Verbesserung der Welt tun zu können.

Heute ziehe ich meinen Hut vor diesem Jungen, denn ich bin mir bewußt geworden, daß er weit mehr über das Mannsein wußte, als er dachte. Zum Beispiel ging er in der Woche nach dem Schulball »auf die Walze«, d. h., er reiste quer durch die Vereinigten Staaten, wobei er sich sein Geld bei der Weizenernte, auf Viehranchen, Rummelplätzen usw. verdiente. In seinem jungen Herzen sehnte er sich heimlich danach, seine eigene Definition der Männlichkeit zu entdecken. Er war der Vater des Mannes, der dieses Buch schreibt, doch er wußte nicht, daß er bereits zu einer Pilgerreise, einer Suche nach dem Gral aufgebrochen war.

Tief unter uns sind die Erdschichten, auf denen unsere moderne Welt beruhte, ins Rutschen geraten. Revolutionen sind alltäglich geworden; die Machtzentren verschieben sich. Alte Feinde machen gemeinsame Sache. Grundüberzeugungen und Weltanschauungen verändern sich über Nacht. Die Gewißheiten von gestern sind der Aberglaube von heute. Das Heute ist randvoll von Chaos und Kreativität. Genau wie auf dem Plakat in unserer kleinen Autowerkstatt: »Nur wer Streß, Sorgen und einen kleinen Hieb weg hat, kann verstehen, was hier los ist.« Niemand kann vorhersagen, wie die Welt von morgen aussehen wird.

Das Erdbeben, von dem Männer und Frauen, ihre Rollen und Beziehungen zueinander, erschüttert werden, ist ein Teil dieser Verschiebung der Welt. Die Veränderungen in unseren Geschlechterrollen sind nur ein Teilaspekt der Umwälzungen, die den Niedergang eines Zeitalters und die Geburt eines neuen begleiten. Und dieser Geburtsvorgang wird noch mehrere Generationen dauern.

In der Geschichte des Westens (die von den amerikanischen Feministinnen zu Recht als »his-story«, *seine* Geschichte, bezeichnet wird) wurden die längste Zeit die Männer als Norm der Menschheit betrachtet, als Maßstab, an dem Vernunft und Wert gemessen wurde, während die Frauen als geheimnisvoll, verdächtig und irgendwie von der Norm abweichend eingestuft wurden. Freud gab dieser allgemeinen Meinung Ausdruck, als er mutmaßlich im Ernst die Frage stellte: »Was will das Weib?« Bis vor kurzem wurden die Frauen als das Geschlecht angesehen, das ein Problem hatte. Aber vor fast einer Generation stellten sich die Frauen an die Spitze der Geschlechterrevolution. Feministische Philosophinnen, Theologinnen, Dichterinnen und Agitatorinnen haben einen langen Weg zurückgelegt, auf dem sie die moderne Gesellschaft einer systematischen Kritik unterzogen, die weibliche Identität neu definiert und gleiche Rechte festgeschrieben haben. Sie haben überdeutlich klargemacht, daß die Antwort auf Freuds Frage für Menschen, die guten Willens sind, heute und schon immer auf der Hand lag. In allererster Linie wollen die Frauen, was man ihnen versagt hat – Gerechtigkeit, Gleichberechtigung, Respekt und Macht.

Die Frage, die heute als Hefe im Teig der Gesellschaft wirkt, heißt: Was wollen die Männer? Die traditionellen Vorstellungen von Männlichkeit stehen unter Beschuß, und die Männer sind dazu aufgerufen, sich zu verteidigen, zu verändern, anders zu werden als sie bisher gewesen sind. Das Thema wurde in einem kürzlich in der Zeitschrift *Newsweek* erschienenen Artikel folgendermaßen zusammengefaßt:

»Vielleicht ist die Zeit gekommen, ein neues Programm zu schreiben. Schließlich und endlich stellen die Frauen kein ernsthaftes Problem dar. Unsere Gesellschaft leidet ja nicht gerade unter Mißständen wie einem Übermaß an Einfühlungsvermögen und Altruismus oder einem Zuviel an Fürsorglichkeit. Das Problem sind die Männer – oder genauer gesagt, unsere Vorstellung von Männlichkeit... Bloß dadurch, daß sie tun, was unsere Gesellschaft von ihnen erwartet, bringen sich die Männer reihenweise um. Ob jung oder alt, sie sterben bei Unfällen, sie werden erschossen, sie sind verheerende Autofahrer, sie stellen sich oben auf Fahrstuhlkabinen, sie trinken, was das Zeug hält. Und die Gewalt gegenüber Frauen ist unglaublich weit verbreitet. Vielleicht sind es die wildgewordenen männlichen Hormone (oder) ...es liegt daran, daß sie versuchen, ein *Mann* zu sein.«

Fragen Sie mal irgendeinen Mann: »Was ist es für ein Gefühl, heutzutage ein Mann zu sein? Haben Sie das Gefühl, daß Männlichkeit honoriert, respektiert, geehrt wird?« Diejenigen, die sich genug Zeit nehmen, um ihren innersten Gefühlen nachzuspüren, werden Ihnen wahrscheinlich sagen, daß sie sich beschuldigt, herabgesetzt und angegriffen fühlen. Aber ihre Reaktionen werden vielleicht auch sehr vage sein. Viele Männer haben das Gefühl, daß sie in einem nächtlichen Dschungelkampf gegen einen unsichtbaren Feind verwickelt sind. Aus der Dunkelheit ringsumher ertönen provozierende feindliche Stimmen: »Die Männer sind zu aggressiv. Zu weich. Zu unsensibel. Zu macho. Zu machtbesessen. Zu sehr wie kleine Jungen. Zu wischiwaschi. Zu gewalttätig. Zu sexbesessen. Zu gleichgültig, um sich in eine Beziehung einzubringen. Zu beschäftigt. Zu kopflastig. Zu konfus, um Führer zu sein. Zu tot, um noch etwas zu spüren.« Wie wir aber statt dessen sein sollten, wird nicht klar.

Die Männer haben erst seit kurzem begonnen, über neue Sichtweisen des Mannes nachzudenken, die Männlichkeit neu zu definieren. Niemals in der neueren Geschichte hat es so viele unruhige Männer gegeben, die auf der Suche sind. Zugegeben, diese brodelnde Bruderschaft ist noch eine Minderheit, aber sie wirkt als starkes Ferment, das die Dinge zum Gären bringt. Bisher gibt es nur wenige Bücher, die solche Sucher ansprechen. Die geistigen Abenteurer unserer Zeit sind an Grenzen gestoßen, wo die Reporter, die Popularisierer, die Psychologen, die sogenannten Fachleute für Männerfragen noch gar nicht angekommen sind. Erkundigen Sie sich mal in einer guten Buchhandlung nach der Abteilung für Frauenliteratur, und man wird Ihnen eine weitgefächerte Auswahl von Büchern auf dem Gebiet der Gesellschaftstheorie und Linguistik zeigen, Biographien vergessener Heldinnen, Lyrik von Frauen, Studien über die Göttin, die Geschichte der Frauenbewegung usw. Wenn Sie nach Büchern zum Thema Mann fragen, wird man Ihnen vielleicht ein schmales Bord mit Titeln zeigen, die sich auf Homosexuelle beziehen oder ausschließlich mit den Unzulänglichkeiten und dem Versagen der Männer befassen (*Männer, die Frauen hassen und die Frauen, die diese Männer lieben*, *Wenn Männer sich nicht ändern wollen*, *Das Peter-Pan-Syndrom* usw. bis zum Brechreiz) oder drittens mit etwas, was sich »Männer-Befreiung« nennt und sich verdächtig nach einem aufgewärmten Feminismus mit umgekehrten Vorzeichen anhört. Jedenfalls gibt es hier nicht viel, das Kopf, Herz oder Hoden anspricht.

Dieses Buch ist ein Versuch, diese Lücke zu füllen. Es ist kein »Männlich werden in einer Minute« und bietet auch keine simplen Antworten für simple Männergemüter. Es ist für einen neuen

Typ Mann gedacht, der jetzt eben im Schmelztiegel unserer chaotischen Zeit geschmiedet wird. Es ist für Männer gedacht, die bereit sind, sich auf eine spirituelle Reise zu begeben, deren Ausgangspunkt das desillusionierende Bewußtsein ist, daß das, was wir im allgemeinen als »normal« bezeichnen, nur eine Fassade ist, die sehr viel Entfremdung überdeckt. Doch es läßt das Schattental hinter sich und stößt zu einer neuen Sicht der Männlichkeit vor – einer Vision des Mannes mit Feuer im Bauch und Leidenschaft im Herzen. Es wandelt auf den gleichen Spuren wie unsere Helden von altersher, weg von der alltäglichen Normalität; der Weg führt hinab in das fremdartige Land der Un-Rast, wo Dämonen, schreckenerregende fremde Mächte, Schatzkisten und von Drachen bewachte Jungfrauen unsrer harren, und endet schließlich wieder zu Hause, mitten im Herzen des Gewöhnlichen.

Der Aufbau meines Buches beruht auf Vorstellungen von Paul Tillich, des vielleicht größten Philosophen und Theologen unserer Zeit, der zu sagen pflegte: »Jeder, der ernstlich nachdenkt, muß sich drei grundlegende Fragen stellen und seine Antwort darauf finden. Erstens, was stimmt nicht mit uns? Was fehlt den Männern? Was ist mit den Frauen nicht in Ordnung? In welcher Hinsicht sind wir entfremdet? Was ist unsere Krankheit, unsere Un-Rast? Zweitens: Wie wären wir, wenn wir geheilt und ganz wären? Wenn wir uns verwirklicht hätten? Wenn wir unser Potential erfüllt hätten? Drittens: Wie kommen wir aus unserer Gebrochenheit zur Ganzheit? Wodurch können wir heil werden?«

Hier ein Überblick über das Buch:

In der *Einleitung* vertrete ich den Standpunkt, daß die Männer erst zu sich selbst finden können, wenn sie sich von der Welt der FRAU lösen.

In *Rituale der Männlichkeit* vertrete ich die Ansicht, daß die Männer durch unsere modernen Entwicklungsriten – Krieg, Arbeit und Sex – geistig verarmen und sich selbst entfremdet werden.

In *Wie man einen Mann bewertet* vertrete ich die Ansicht, daß authentische Männlichkeit schon immer durch die Sicht bestimmt wurde, welchen Platz wir im Universum einnehmen, und durch die Bereitschaft, eine angemessene Aufgabe oder Berufung zu übernehmen – wobei sich letztere im Laufe der Geschichte mehrfach verändert haben.

In *Eine Fibel für gegenwärtige und zukünftige Helden* zeichne ich die spirituelle Reise in das Ich nach, auf die sich die Männer unserer Zeit begeben müssen, und entwerfe eine Skizze der daraus hervorgehenden vorbildlichen Tugenden.

In *Männer und Frauen: Wiederannäherung* beschäftige ich mich mit der Versöhnung von Männern und Frauen und mit dem, wozu sie beide gemeinsam berufen sind.

Ich habe dem Verhältnis von Männern zu ihren Vätern kein eigenes Kapitel gewidmet, obwohl das ganze Buch hindurch darauf Bezug genommen wird. In letzter Zeit sind sich viele Männer ihrer Vaterlosigkeit bewußt geworden und wie sehr die Abwesenheit ihrer Väter ihnen geschadet hat und welche Leere es bei ihnen hinterlassen hat, daß niemand sie in das Mann-Sein initiiert hat. Wie oft habe ich die Klage gehört: »Vater, wo warst du? Ich habe dich nie kennengelernt.« Vor einer Generation fingen wir unter dem Einfluß der Pop-Psychologie an, alle Probleme der Männer auf Mutti (Mom) und den Mutterkult (Momismus) zu schieben. Mutter wurde angelastet, daß sie in Vaters Abwesenheit das Zepter ergriffen und so ihre Söhne zu Memmen gemacht habe. Inzwischen hat sich der Wind gedreht, und neuerdings ist es Vater, der zur Zielscheibe der Schuldzuweisung wird. In diesem Buch versuche ich, über die psychische Verletzung durch das Fehlen des Vaters hinauszugehen und mich auf die politischen, wirtschaftlichen und mythischen Ursachen der männlichen Un-Rast und Krankheit zu konzentrieren. Ich habe mich dafür entschieden, das Vater-Sohn-Thema mit anderen Themen zu verflechten, um auf diese Weise das, was ich für die zentrale Quelle der männlichen Entfremdung halte, um so mehr zu betonen – das Fehlen eines Gefühls der Sinnhaftigkeit oder, wie ich es lieber nennen möchte, einer »Berufung« in unserem Leben.

Noch ein Wort zu den Quellen, auf denen dieses Buch beruht.

Die Zeichen der Zeit erkennen zu wollen, ist recht gewagt. Wir alle spüren gefühlsmäßig, daß sich größere Veränderungen vollziehen. Je mehr die Frauen mit zunehmender Gleichstellung in das Wirtschaftsleben einbezogen werden und sich zunehmend anhand von Geld, Position und Macht definieren, kommt es in den Tiefen der männlichen und weiblichen Psyche zu Veränderungen. Bisher versteht noch niemand die Auswirkungen dieses Wandels in seiner ganzen Tragweite. Vor vielen hundert Jahren waren wir abhängig von Omen, Orakeln und Weissagungen, um die Bedeutung der Ereignisse zu erkennen. Heute erfinden Soziologen und Psychologen immer neue Umfragen und überwachte Studien, die uns bändeweise mit statistischen Informationen über äußere Ereignisse versorgen, die jedoch wenig Weisheit enthalten und noch weniger Weitsicht in bezug auf unsere künftige Entwicklung. Allerdings beruft sich auch dieses Buch auf die statistische Auswertung einer wissenschaftlichen Umfrage über »Idealmänner«, die Dr. Ofer Zur und ich in der Zeitschrift *Psychology Today* im März und November 1989 durchführten und veröffentlichten (siehe Anhang). Aber man darf nicht vergessen, daß unsere besten Marktforscher den Erfolg des (gescheiterten) Fordmodells »Edsel« vorhersagten und daß »Informations-Spezialisten« im CIA den religiösen Umsturz im Iran oder den Zusammenbruch der osteuropäischen Regimes nicht vorhergesagt haben. In allen Humanwissenschaften ist eine »wissenschaftliche« Studie immer nur so gut wie die Intuition derer, die sie durchführen.

Der größte Teil der Ansichten, Urteile und Erkenntnisse in dieser Arbeit über die Männer von heute und was sie bewegt, stammt aus zwei ganz unwissenschaftlichen Quellen.

Die erste davon ist meine ein halbes Jahrhundert umfassende Beschäftigung mit dem Leben eines einzigen Mannes – nämlich mit mir selbst. Statt mich hinter einer objektiven, »wissenschaftlichen« Analyse zu verstecken, bilden meine eigenen Erfahrungen meinen einzigen bevorrechtigten Zugang zu Sinn und Geist unserer Zeit und zu der zugleich komplizierten und großartigen Tatsache, ein Mann zu sein. Die Reise, die in diesem Buch beschrieben wird, ist meine eigene. Die Fragen, die gestellt werden, sind meine Fragen. Um mit Henry David Thoreau in *Walden* zu sprechen: »Ich würde nicht soviel von mir selber reden, wenn es jemand anders gäbe, den ich ebenso gut kennen würde.« Ich kann dem Leser also nicht die Wahrheit über »die« Männer anbieten, denn selbst wenn ich mir die Augen, Köpfe und Herzen anderer ausleihe, um die komplexe Realität des Mannseins zu erforschen, so bleibe ich doch ein WASP (White Anglo-Saxon Protestant), ein Mann aus dem Westen der USA, ein Heterosexueller, ein (zweifacher) Ehemann, ein Vater und ein Philosoph (ein »Sinn-Fixer«). Dieses Buch ist keine Enzyklopädie der männlichen Erfahrung, denn spräche ein Schwuler, ein Asiat, ein

22

Indianer oder sonst irgendwer, würde jeder eine andere Geschichte erzählen. Aber ich bin davon überzeugt, daß wir immer dann auf etwas Allgemeingültiges stoßen, wenn jeder von uns von sich ganz persönlich spricht und damit das Quentchen Wahrheit bezeugt, welches wir aus unserem individuellen Erleben herausfiltern können.

Meine zweite Informationsquelle sind einige langjährige Männerfreundschaften und die Zugehörigkeit zu einer Gruppe von etwa einem Dutzend Männern, die sich seit 1978 jeden Mittwoch getroffen hat. Im Laufe der Jahre hat mich diese Gruppe, die sich einfach »Die Männer« oder manchmal auch SPERM (Society for the Protection and Encouragement of Righteous Manhood) nannte, herausgefordert, geliebt, geehrt, verändert und mich mehr über die allen Männern gemeinsamen qualvollen Kämpfe und ehrgeizigen Zielsetzungen gelehrt als alle Bücher oder »wissenschaftlichen« Studien. Viele Äußerungen in diesem Buch stammen aus diesem Freundeskreis, doch die Stimmen bleiben anonym, um die Unschuldigen wie die Schuldigen sowie die Intimsphäre der ganzen Gruppe zu schützen.

Und schließlich noch ein Wort zu den Frauen.

Dieses Buch stellt zwar in erster Linie den Versuch dar, die Zwänge und Freuden, Verwirrungen und Sorgen moderner Männer von innen heraus zu sehen, aber die Zuhörer, an die es sich wendet, gehören beiden Geschlechtern an. Als ich zum erstenmal ein Seminar zum Thema »Männer verstehen« veranstaltete, stellte ich zu meiner Überraschung fest, daß die Hälfte der Teilnehmer Frauen waren, in der Mehrzahl Veteraninnen vieler Begegnungen im Kampf der Geschlechter. Sie waren von Vätern, Brüdern, Ehemännern, Liebhabern, Söhnen, Chefs und guten Freunden enttäuscht und verletzt worden, aber sie waren nicht rachsüchtig. Alle hatten sie im Feminismus neue Kräfte und einen Rückhalt gefunden. Keine aber wollte am Seminar teilnehmen, um dort ihren Zorn von früher loszuwerden. Fast ausnahmslos waren die Frauen gekommen, weil sie gemerkt hatten, daß sie, obwohl sie ein Leben lang damit verbracht hatten, sich mit Männern auseinanderzusetzen, diese immer noch nicht verstanden. Viele Frauen sagten: »Bei diesem Seminar möchte ich nichts weiter sagen, sondern nur zuhören, was Männer zu sagen haben.« Nach einem besonders gefühlsbetonten Wochenende, an dem verschiedene Männer darüber gesprochen hatten, wie sehr sie sich nach den nie gekannten Vätern sehnten, und über den Schrecken, die Schuldgefühle und die seelischen Narben, die der Krieg bei ihnen hinterlassen hatte, stand eine Frau auf, die bisher geschwiegen hatte, und sagte: »Ich war zweimal verheiratet und hatte mehrere Beziehungen, die schlimm endeten. Wie die meisten Frauen habe ich immer den Männern ›zugehört‹, aber bis heute habe ich sie nie richtig verstanden. Ich habe nie zuvor Männer mit anderen Männern mit solch tiefem Ernst und solcher Liebe sprechen gehört. Und ich habe mir nie zuvor vorgestellt, was es bedeutet, wenn man weiß, daß man zum Töten bereit sein muß, oder wenn man so etwas Grauenvolles wie eine Schlacht erlebt. An diesem Wochenende hatte ich das Gefühl, mit Riesen zusammenzusein. Ich danke Ihnen, daß ich zuhören durfte.«

Ein Großteil der nun folgenden Beschäftigung mit dem Weg der Männer wird bei Frauen auf Resonanz stoßen. Zwar wird die Frage, was es bedeutet, ein Mensch zu sein, vom Blickpunkt der männlichen Erfahrung her erforscht, doch sind Geschichten von Verletzungen und Hoffnungen für beide Geschlechter gleich relevant. Frauen werden vielleicht häufig feststellen: »Das erlebe ich genauso.« Unsere Ähnlichkeit als Menschen ist stärker als alles Trennende, das mit unserer Geschlechtszugehörigkeit zu tun hat. Dessen ungeachtet werde ich versuchen, Vergleiche zu vermeiden und mich an das männliche Erleben halten, denn derzeit ist es für die Männer wichtiger, sich auf ihr ureigenstes Gebiet zu konzentrieren. Das Aussichtsreichste, was wir tun können, um den Geschlechterkampf zu beenden, ist voreinander Zeugnis abzulegen, unsere Geschichten zu erzählen und still zuzuhören.

Ich möchte Ihnen den Vorschlag machen, daß Sie bei der Lektüre dieses Buches zwei verschiedenfarbige Marker griffbereit haben, so daß Sie die Passagen, die mit Ihren Erfahrungen übereinstimmen und die, die Sie anders erlebt haben, entsprechend markieren können. Dieses Buch versteht sich vor allem als eine Einladung zu einem Gespräch. Ich hoffe, es liefert den Anstoß, daß Männer untereinander ins Gespräch kommen und daß Männer und Frauen miteinander reden. Zu neuen Sichtweisen des Männlichen und Weiblichen zu gelangen, ist ein Unterfangen, das uns noch Jahre beschäftigen wird.

Kapitel 2
Die Welt gehört der Frau

Ich war erst kurze Zeit geschieden, eine siebzehnjährige Ehe lag hinter mir. Meine Kinder lebten tausend Meilen von mir entfernt. Ich war leidenschaftlich verliebt in eine sehr schöne junge Frau. Sie aber war dabei, mir immer schneller zu entgleiten, und ich ahnte, daß ein anderer, ein eigenwilliger düsterer Dichter, bereits im Schatten lauerte. Es verging keine Stunde, in der ich nicht Pläne machte, wie ich sie zu mir zurücklocken könnte, sie dazu bringen könnte, mich zu lieben. In meinen Tagträumen war ich ein unwiderstehlicher, unbeschwerter, mitreißender Liebhaber. Einer, der ihr jede Freiheit ließ, ihr Mut machte, sich mit ihr über ihre Fortschritte freute, ein selbstlos Gebender, der alles tat, um ihre Bedürfnisse und Sehnsüchte zu erfüllen. In der Realität beantwortete sie nicht einmal meine Anrufe, und unsere gemeinsamen Nächte wurden immer seltener und schrecklicher. Um mich vor dem bevorstehenden Verlust zu schützen, hatte ich mir bereits eine weitere Geliebte zugelegt, um die leeren Stunden und einsamen Nächte auszufüllen. Süße Lust, um die Wunde einer gescheiterten Liebe zu heilen.

Ich stand kurz vor dem Zusammenbruch.

Eines Tages besuchte ich Howard Thurman, mit dem ich seit 25 Jahren befreundet war, Enkel eines Sklaven, ein Mystiker und Philosoph, vertraut mit den Abgründen und Zweifeln des menschlichen Geistes. Wir saßen lange Nachmittagsstunden beisammen, redeten und tranken Bourbonwhiskey. Ich erzählte ihm von den Qualen meiner Scheidung und von meiner in Auflösung begriffenen »großen Liebe«. Er erkundigte sich nach meinen Kindern.

Und dann erzählte er mir zwei Geschichten:

»Als ich noch ein Kind in Florida war, ging ich oft zum Angeln. Die besten Fische konnte man dort fangen, wo die Bucht sich zum Meer öffnete, aber an dieser Stelle war es nur zu ganz bestimmten kurzen Zeiten zwischen Ebbe und Flut so ruhig, daß man dort mit dem Boot bleiben konnte. Wenn die Gezeiten wechselten, schafftest du es nicht dagegenanzurudern. Du wurdest von der Strömung mitgerissen, ob du wolltest oder nicht.«

»Es war einmal ein Mann, der eine Frau über alles liebte. Er segelte mit ihr in die Welt hinaus und gelangte eines Tages zu einer unbewohnten Insel. Er ließ sie auf dem Boot zurück, um das Landesinnere zu erkunden und stieß tief im Wald auf ein Götterbild aus Stein. Diesen unbekannten Gott umgab eine so machtvolle Aura, daß der Mann auf die Knie fiel und ein Gebet für seine Geliebte sprach: ›Laß ihr Leben reich und glücklich sein. Laß unsere Liebe so sein, daß meine Liebste ihre Erfüllung findet.‹ Auf dem Rückweg gelangte er zu einem Berggipfel. Als er von dort über das Meer blickte, sah er, daß sein Boot mit seiner Geliebten davonsegelte. Sein Gebet war erhört worden.«

Das letzte, was er zu mir sagte, bevor ich aufbrach, war höchstwahrscheinlich der wichtigste Ratschlag zum Thema Männlichkeit, den ich je bekommen habe. »Sam«, sagte er, »zwei Fragen muß sich jeder Mann stellen: Die erste heißt: ›Wohin gehe ich?‹ und die zweite ›Wer geht mit mir?‹ *Wenn du diese Reihenfolge durcheinander bringst, kommst du in Teufels Küche.*«

Als ich Howards Arbeitszimmer mit seinen hohen Bücherwänden verließ, wußte ich, daß ein Gezeitenwechsel bevorstand. Ich war so aufgewühlt, daß ich in jeder Bar, die auf meinem Weg lag, halt machte und noch einen Bourbon trank, um meinen Schmerz zu stillen. Die Trauer über das Scheitern meiner Ehe, die Trennung von meinen Kindern, die Unmöglichkeit meiner jungen Liebe wurde zu einem reißenden Strom, und unter Tränen wanderte ich immer weiter, aber ich wußte zugleich, daß die Zeit gekommen war, die Nabelschnur zu durchtrennen, die mich an die Göttin band, die mich hatte erlösen sollen. Ich suchte eine Telefonzelle und rief sie an. Zum erstenmal seit Wochen nahm sie das Gespräch an. »Ich weiß, daß du dich von mir trennen mußt«, sagte ich. »Und so sehr ich mir wünsche, bei dir zu sein, so weiß ich doch, daß es für uns keinen Weg gibt, zusammenzubleiben. Ich bin zu alt und habe schon zuviel durchgemacht, um die Liebe auf die leichte Schulter zu nehmen, und du bist zu jung, um treu zu sein und eine Verpflichtung einzugehen. Geh fort, ohne dir etwas vorzumachen oder Schuldgefühle zu haben. Ich liebe dich. Lebewohl.«

Als ich die Telefonzelle verließ, hatte ich mich durchaus nicht in Superman verwandelt. Ich mußte immer noch weinen. Aber während ich die steilen Hügel von San Francisco hinaufstapfte, spürte ich, wie eine elektrisierende erotische Kraft in mir aufstieg, eine heiße Welle, die von den Beinen in den Bauch und von dort in die Brust wanderte. Ich marschierte stundenlang weiter, überflutet vom Aufruhr widersprüchlicher Gefühle, ich trauerte, und zugleich wurde ich wieder lebendig. Schließlich beruhigten sich die aufeinanderprallenden Wellen der Bucht und der offenen See, der Wasserspiegel wurde ruhig, und ich ging nach Hause, um zu schlafen und ein neues Leben zu beginnen.

Ganz allmählich dämmerte bei mir die Erkenntnis, daß DIE FRAU einen überwältigenden Einfluß auf mein Leben und auf das aller Männer, die ich kannte, hatte.

Ich spreche nicht über bestimmte Frauen, lebendige Wesen aus Fleisch und Blut, sondern von der FRAU, der überlebensgroßen weiblichen Schattengestalt, die unsere Phantasie beherrscht, unsere Gefühle bestimmt und indirekt viele unserer Handlungsweisen lenkt.

Wie es göttlichen Wesen, Dämonen und Archetypen gebührt, erscheinen diese Phantasiegebilde unserer Vorstellungskraft hier in diesem Text in Großbuchstaben, während Frauen aus Fleisch und Blut kleingeschrieben auftreten werden, wie es sich für normale Sterbliche gehört.

Nach außen hin hatte es zweifellos den Anschein, als sei ich ein selbständiges Individuum. Ich hatte schon in jungen Jahren die Weichen für meine berufliche Laufbahn gestellt, war mit eiserner Disziplin in den akademischen Rängen aufgestiegen und lebte jetzt als Mittdreißiger schwungvoll und dynamisch das Leben eines Universitätsprofessors und Schriftstellers. Wie die meisten Männer floß der größte Teil meiner Energie in meine Arbeit und meinen Beruf.

Aber auch wenn die Überschrift über mein Leben »Ein erfolgreicher, selbständiger Mann« heißen mochte, so lautete der Untertitel doch »verstrickt in DIE FRAU«. Während ich beruflich meinen Weg gemacht hatte, war ich zugleich immer ängstlich darum bemüht gewesen, die »richtige« Frau zu finden, meine Beziehung »funktionieren« zu lassen, eine gute Ehe zu führen. Ich hatte mir den Kopf wegen der Sexualität zermartert – war ich gut genug gewesen? War sie »gekommen«? Warum war ich nicht immer potent? Wie sollte ich mit meiner Begierde nach anderen Frauen umgehen? Je schlechter meine Ehe wurde, um so mehr mühte ich mich ab, alles richtig zu machen. Ich arbeitete an mir, an meinen Kommunikationsfähigkeiten und meiner Sexualität, bis ich nur noch um mich selbst kreiste.

Schließlich wurde das symbiotische Mutter-Sohn-, Vater-Tochter-Muster meiner ersten Ehe durch unsere Scheidung zerstört. Mit großen Hoffnungen auf Freiheit und Ekstase fing ich an, »meine Sexualität auszuleben«, wie es während der sexuellen Revolution der sechziger Jahre in Kalifornien von allen »richtigen« Männern erwartet wurde, und ich begann erneut nach der »Richtigen« Ausschau zu halten. Als der Gedanke an DIE FRAU zur Manie wurde, kam ich schließlich auf die Idee, ich müsse es mit einer Psychotherapie nach Jung versuchen. Wenn ich meinen eigenen weiblichen Anteil kennenlernte, würde ich vielleicht nicht mehr so abhängig davon sein, bei den Frauen Befriedigung und Beistand zu suchen. Doch die Therapie schien mich nur noch tiefer in die Arme der FRAU zu treiben. Während mehrerer introspektiver Jahre jonglierte ich grüblerisch mit geschlechtsspezifischen Prädikaten herum und fragte mich ständig: Bin ich empfänglich, fürsorglich, intuitiv, sinnlich, nachgiebig – kurz »feminin« – genug? Bin ich initiativ, entscheidungsfreudig, rational, aggressiv – also »maskulin« – genug? Hin- und hergerissen zwischen den verschiedenen Bildern der FRAU in meinem Kopf, den realen Frauen in meinem Leben und den »femininen« Aspekten meiner Psyche, ertrank ich in den tiefen Wassern der Welt der FRAU.

Die unbewußte Hörigkeit des Mannes

Schenkt man den allgemeinen Klischeevorstellungen Glauben, gehört die Welt dem Mann. Der moderne Mythos will es so haben, daß wir in einer Männerwelt leben, wo Männer als unabhängig und Frauen als abhängig gesehen werden, wo Männer dominieren und Frauen nachgeben, wo Männer Geschichte machen und Frauen ihnen die dafür nötige emotionale Unterstützung bieten. Die Volksweisheit (die sich letzthin zu einer wahren Flut von handgestrickten Werken über den Mann, der sich nicht einbringt, sondern lieben läßt, ausgewachsen hat) besagt, daß Männer krankhafte Angst vor Nähe haben, nicht über Gefühle sprechen können und überhaupt eine antiseptische Distanz zwischen sich und das weibliche Geschlecht legen. Bestenfalls, so lautet die Klage, gehen wir schließlich eine feste Bindung ein, weil wir unsere sexuellen Bedürfnisse bequem befriedigen wollen. Ansonsten folgen wir dem Rat George Washingtons und gehen Bündnissen, in die wir tiefer verwickelt werden könnten, möglichst aus dem Weg. Richtige Männer haben keine Frauen nötig! Wir sind kernige Einzelkämpfer! Seit altersher wird amerikanischen Knaben, sobald das erste Schamhaar sprießt, in den Umkleideräumen ihrer Sporthallen das adoleszente Motto der »fünf Fs« beigebracht, die einzig wahre Art, mit den Weibern umzugehen: Finden, foppen, fummeln, ficken und – vergessen.

Das einzig Sichere, was die Psychologen in den letzten hundert Jahren herausgefunden haben, ist, daß die menschliche Psyche aus Gegensätzen, Widersprüchen und Paradoxen besteht. Bei logischen Problemen können sich widersprechende Behauptungen nicht wahr sein; was die Psyche betrifft, sind *nur* die Widersprüche wahr. Selbstbild und Schatten sind siamesische Zwillinge, und die Psyche wird gleichermaßen vom Bewußtsein wie vom Unbewußten geformt. Alles, was oberflächlich gesehen als wahr erscheint, ist mit einer gegenteiligen Wahrheit verbunden, die sich unter der Oberfläche verbirgt. Was man sehen kann, ist nicht das, was man bekommt. Wir sind, was wir zu sein scheinen *und* zugleich das Gegenteil oder Spiegelbild. Eine von Freuds besten Faustregeln, um die unbewußten Gefühle eines Menschen zu erkennen, lautet: »Eine Verneinung ist so gut wie eine Bejahung.« Wenn Sie mit dem »dritten Ohr« hören, können Sie das Echo deutlich wahrnehmen.

»Es geht mir nicht ums Geld, es geht ums Prinzip.« (Es geht ums Geld.)

»Ich bin nicht wütend, aber...« (Ich bin wütend.)

»Ich bin nicht abhängig von Frauen.« (Ich bin abhängig von Frauen.)

Ich gehe davon aus, daß die Mehrheit der Männer sich niemals befreit, niemals anhand der eigenen Erfahrungen für sich klärt, was Männlichkeit bedeutet. Und zwar hauptsächlich deshalb, weil wir niemals zugeben, welche urtümliche Macht DIE FRAU über uns hat. Der Durchschnittsmann verbringt sein ganzes Leben damit, die Macht der FRAU zu leugnen oder abzuwehren, sie unter Kontrolle zu bringen und darauf zu reagieren. Er ist fest entschlossen, sich seine eigenen tiefsten Gefühle und Erfahrungen nicht bewußt zu machen.

Die Ketten, die uns am engsten fesseln, sind diejenigen, deren Existenz wir nicht wahrhaben wollen.

Wir können erst dann die eigentlichen männlichen Mysterien zu erfahren beginnen, wenn wir uns von der Welt der FRAU abgrenzen.

Aber bevor wir unserer Wege gehen können, müssen wir uns erst bewußt machen, auf welche Weise wir von der FRAU gefesselt, einverleibt, in den Mutterschoß eingeschlossen und definiert sind. Denn sonst werden wir auch in Zukunft von dem, woran wir uns nicht erinnern, beherrscht.

Das Geheimnis, das Männer selten verraten und oft gar nicht erst in ihr Bewußtsein dringen lassen, ist das Ausmaß, in dem unser Leben sich um DIE FRAU dreht. Die Anstrengungen eines halben Lebens sind nötig, um eine eigenständige Identität zu gewinnen. Wie ein Spuk verfolgt uns DIE FRAU in ihren vielen Gestalten; sie ist der Mittelpunkt, um den sich unser Leben dreht. DIE FRAU ist der geheimnisvolle Grund und Boden unseres Daseins, in den wir nicht eindringen, den wir nicht penetrieren können. Sie ist das Publikum, vor dem wir die Dramen unseres Lebens aufführen. Sie ist der Richter, der uns freispricht oder für schuldig erklärt. Sie ist der Garten Eden, aus dem wir vertrieben wurden, und das Paradies, nach dem unsere Körper sich sehnen. Sie ist die erlösende Göttin und die frigide Mutter, die sich uns verweigert. Sie hat mythische Macht über uns. Sie ist zugleich furchterregend und faszinierend.

Bei dem Versuch, die Frauen unter Kontrolle zu bringen, ihnen aus dem Weg zu gehen, sie zu besiegen oder herabzusetzen, haben wir so viel von unserer Identität investiert, so viel von unserer Energie verbraucht und so viel von unserer Kraft verschwendet, weil wir ihrer mysteriösen Macht über uns so wehrlos gegenüberstehen. Wie ein schmales Südseeatoll inmitten des monsungepeitschten Ozeans ist die männliche Psyche ständig in Gefahr, von der femininen See überrollt zu werden. Und diese Schwäche ist nicht psychisch oder neurotisch, ist kein Symptom irgendeiner Abnormität, sondern ein ontologisches Faktum, das tief in unserem Wesen verwurzelt ist. Männer, die dieses Gefühl zulassen können, sind stärker und nicht schwächer als diejenigen, die so tun, als seien sie autonome Selbstversorger. Wir sind aus der FRAU gekommen, und es ist nur natürlich, daß wir Angst haben, daß unser mit Mühe aufgebautes individuelles Ich womöglich wie ein behelfsmäßiger Deich unterspült und weggeschwemmt wird.

Es ist sehr wahrscheinlich, daß sich an dieser Stelle der gesunde Menschenverstand zu Wort meldet und Einspruch erhebt. »Was soll denn das für ein weibliches Ungeheuer sein, daß Sie als eine Art schwarzes Loch darstellen, in dem die männliche Psyche spurlos verschwindet? DIE FRAU eine Bedrohung? Inwiefern? Drücken Sie sich klarer aus!« Aber hier liegt das Problem. Klarheit über DIE FRAU und die Frauen ist ein schwererrungener Preis, der erst gegen Ende und nicht am Anfang des männlichen Weges winkt. Bevor ein Mann soweit ist, sich unter Kämpfen sowohl das Ausmaß seiner Männlichkeit wie deren Grenzen bewußt zu machen, *liegt der Kern der Bedrohung durch DIE FRAU gerade in der Unbestimmtheit.* Sie ist das Weiche, Dunkle in den Tiefen unserer Psyche, ein Teil von uns, nichts Fremdes. Wir sind mit ihr in unserem Innersten verbunden, aber sie bleibt hinter Dunstschleiern verborgen, jenseits unseres Verstandeshorizonts, und sie tritt nie aus dem Schatten heraus, um uns offen zu konfrontieren.

Eine der Hauptaufgaben des reifen Mannes ist es, die unbewußten Gefühle zu untersuchen, die unsere vielfältigen Vorstellungen von der FRAU umgeben, damit wir falsche Mystifikationen zerstören, das vage Gefühl von Bedrohung und Angst auflösen und schließlich die Andersartigkeit des Weiblichen respektieren und lieben lernen. Vielleicht hilft es, wenn Sie sich den sexuell-spirituellen Reifeprozeß – den Weg des Mannes – als einen Prozeß vorstellen, in dessen Verlauf sich DIE FRAU in »die Frauen« und dann in Jane (also eine bestimmte Frau) verwandelt, als einen Lernprozeß also, in dem man die Angehörigen des anderen Geschlechts nicht mehr als Archetypen oder Klassenfeinde ansieht, sondern als Individuen. Weit mehr als die Frauen in unseren Betten oder Büros ist es DIE FRAU in unserem Kopf, die uns die meisten Probleme macht. Und solche archetypischen Kreaturen – Göttinnen, Huren, Engel, Madonnen, Kastrierende, Hexen, Zigeunermädchen, Erdmütter – müssen aus unseren Herzen und Köpfen ausgetrieben werden, bevor wir einzelne Frauen lieben lernen können. Solange in unserem Haus noch der Geist der FRAU spukt, können wir nie in Frieden mit einer Frau leben. Solange wir leugnen, daß diese Vorstellung tief in unserem Innern lebt, wird sie weiter Macht über uns ausüben.

Der Weg des Mannes vollzieht sich in bezug auf DIE FRAU in drei Stufen. Am Anfang ist er zutiefst in eine unbewußte Beziehung zu einer fälschlich mystifizierten Figur verstrickt, die sich aus unrealen Gegensätzen zusammensetzt, nämlich Jungfrau/Hure, nährende/verschlingende Mutter, Göttin/Dämon. Damit aus dem Mannkind ein Mann wird, muß er auf der zweiten Stufe von der FRAU Abschied nehmen und lange Zeit in der wilden, wunderbaren Welt der Männer umherwandern. Wenn er schließlich seine eigene Männlichkeit zu lieben gelernt hat, kann er in die Alltagswelt zurückkehren, um eine ganz normale Frau zu lieben.

Auf der ersten Stufe bzw. so lange, wie der Mann seine Vorstellungen nicht auf die Bewußtseinsebene hebt, heißt die Dreifaltigkeit, die ihn kontrolliert: DIE FRAU als Göttin und Schöpferin, DIE FRAU als Mutter und bergender Schoß und DIE FRAU als erotisch-spirituelle Macht.

DIE FRAU als Göttin und Schöpferin

DIE FRAU war, ist und wird immer eine Göttin und Schöpferin sein. Sie ist der Schoß, dem wir entsprungen sind, der Urgrund unseres Seins. Feministinnen, die behaupten, daß ursprünglich nur weibliche Gottheiten angebetet wurden, bevor die Vorstellung von Gott als Vater aufkam, haben sicher recht. Was sie nicht sehen, ist die Tatsache, daß die weibliche Gottheit auch nach ihrer historischen Entthronung weiterlebt und weiter Kraft aus den tiefsten Tiefen der männlichen Psyche zieht. Zugegeben, sie ist zu einer Art von innerem Exil verurteilt worden, steht sozusagen unter Hausarrest, aber ihre Macht wird nur zu deutlich an der Mühe, die man sich gibt, um sie weiter eingesperrt zu halten.

Als Quelle unseres Ursprungs steht die weibliche Gottheit sowohl historisch wie psychologisch an erster Stelle. Sie ist seit Anbeginn ein unvermeidliches Symbol des Göttlichen gewesen und ist als etwas Heiliges in der zeitlosen Dimension jeder Psyche gegenwärtig. Die frühesten Abbilder von der FRAU und vom Göttlichen sind ein und dasselbe, Steinfiguren wie die sogenannte Venus von Willendorf – Frauen ohne Gesichtszüge oder Füße, mit gewaltigen Brüsten und auffälligem Geschlecht. Wenn wir diese frühen Ikonen mütterlicher Gottheiten betrachten, bedarf es keines besonderen Einfühlungsvermögens, um sich das überwältigende Gefühl von Ehrfurcht vorzustellen, das die Männer angesichts der weiblichen Fähigkeit des Gebärens erfüllte. Die Frau war zugleich die Offenbarung und die Inkarnation der Kreativität. Ihr Schoß war aus dem gleichen Stoff wie die fruchtbare Erde. Sie war Mutter Natur.

Psychologen, die die ungebrochene Macht der FRAU als Schöpferin über die Männer erklären wollten, haben das Geheimnis des Geschlechts oft auf »Penisneid« bzw. »Gebärneid« reduziert. Aber die ehrfürchtige Scheu, die wir angesichts des anderen Geschlechts empfinden, als »Neid« zu bezeichnen, ist kleinlich und falsch. Man könnte von »Gebär-Ehrfurcht« oder sogar »Gebär-Verehrung« sprechen, jedenfalls handelt es sich nicht um simplen Neid.

Ich kann mich nicht erinnern, mir jemals gewünscht zu haben, eine Frau zu sein. Aber ich habe dreimal miterlebt, wie meine Kinder geboren wurden, und jedesmal wurde ich von Ehrfurchtsgefühlen überwältigt. Als sich der Augenblick der Geburt näherte, war der Kreißsaal wie von einem transzendenten Licht erleuchtet, der Schauplatz eines Dramas von kosmischen Ausmaßen. Urplötzlich standen wir wieder am ersten Schöpfungstag; die Göttin war dabei, eine Welt zu gebären. Nach der Geburt meines letzten Kindes, Jessamyn, mußten sich die Ärzte vordringlich um Jananne, meine Frau, kümmern. Ich zog mein Hemd aus, legte das Kind an meinen Körper und trug es umher, während ich ihm ein Willkommenslied vorsang. In dieser Stunde sanken alle meine Leistungen – Bücher, die ich geschrieben hatte, Werke des Willens und der Imagination, kleine Monumente meiner Unsterblichkeit – zur Bedeutungslosigkeit herab. Wie es die Männer seit Anbeginn der Zeiten getan hatten, dachte auch ich: Was kann ich je hervorbringen, das es mit der Großartigkeit dieses neuen Lebens aufnehmen kann?

Als Schöpferin fordert DIE FRAU den Mann auf eine unausweichliche Art heraus, seine Existenz zu rechtfertigen. Allein mit ihrem Körper bringt sie Sinn und Bedeutung hervor. Durch bloße biologische Gegebenheiten ist sie sich ihrer Bestimmung gewiß, und daß sie einen wesentlichen Beitrag zu dem fortwährenden Schauspiel des Lebens leistet, ist eine feststehende Tatsache. Der Mann reagiert auf ihre Herausforderung, indem er das Schöpferische nachahmt und Kunstprodukte erfindet, anfertigt und schließlich fabrikmäßig herstellt. Aber während sie auf natürliche, buchstäbliche Weise schöpferisch ist, bringt er nur künstlich und metaphorisch etwas hervor. Sie erschafft etwas mit ihrem Körper; er erfindet eine »Körperschaft«, einen fiktiven juristischen Körper, ausgestattet mit den Rechten einer natürlichen Person. Ihre Schöpfungen erhalten den ewigen Kreislauf der Natur. Seine Kunstprodukte tragen nur dazu bei, daß die Geschichte zu einer Reihe von unwiederholbaren Ereignissen wird. (Manchmal stelle ich mir vor, daß es der heimliche Sinn und Zweck der Technologie ist, ein perfektes Kunstbaby hervorzubringen – ein »Auto-Mobil«, eine Maschine, die sich von selbst bewegt, zu ununterbrochener Bewegung imstande ist, täglich ihr Benzinfläschchen bekommt und gegen die Umweltverschmutzung in eine Windel gesteckt wird.) Als Reaktion auf die Macht der Göttin erschafft der Mann sich selbst nach dem Bilde eines Gottes, den er sich wie einen Handwerker vorstellt, der die Erde nach Plan hergestellt hat, mit dem Ziel, aus Materie sinnvolle Objekte zu formen. Ein Großteil der Bedeutung, die die Männer ihrer Arbeit unterlegen, ist eine Reaktion auf die Herausforderung, die die lebensspendende Fähigkeit der FRAU für uns bedeutet.

DIE FRAU als Mutter und bergender Schoß

In ihrer zweiten Erscheinungsform als Mutter und bergender Schoß verkörpert DIE FRAU Nahrung, Arme, die uns immer halten, die Unterweisung im Sprechen und Philosophieren, den gesamten Lebenskreis, in dem wir uns bewegen und unser Dasein haben. In Abwandlung eines alten Kirchenliedes könnte man sagen, sie sei »so hoch, daß du nicht über sie hinwegsteigen kannst, so niedrig, daß du nicht unter ihr hindurchkommst und so weit, daß du nicht um sie herumgehen kannst«. Sie ist; also bin ich. In ihrem Schoß wächst unser Körper – Fleisch von ihrem Fleisch. In ihrer Umarmung kommen Verstand, Geist und visionäre Phantasien zusammen. Sie lehrt uns die Kategorien, mit deren Hilfe wir uns selbst verstehen lernen. Ihr Gesicht ist unser erster Spiegel. Neugeborene sind darauf programmiert, Gesichter zu erkennen, und ein Säugling verbringt neunzig Prozent seiner Wachzeit damit, sich auf seine Mutter zu konzentrieren. Ihr wechselndes Mienenspiel – ihr Lächeln, ihr Stirnrunzeln, die Freude oder Trauer in ihren Augen – ist für ihn der Gradmesser der Wirklichkeit. Wenn sie lächelt, bin ich ein gutes Kind. Wenn sie zornig ist, bin ich ein böses Kind. Ein mißbilligender Blick von ihr jagte uns einen heillosen Schrecken ein, und wenn sie uns anstrahlte, schwammen wir in Glückseligkeit.

Betrachten wir einmal, was wir bereits empfinden und verstehen, noch bevor wir entwöhnt werden. An der Brust lernen wir Begierde, Befriedigung, Enttäuschung, Zorn, Angst, Autorität, Hoffnung und Verurteilung kennen. Es ist kein großes Wunder, daß die Hindu-Philosophen DIE FRAU sowohl mit Maya – Illusion – als auch mit Hege und Pflege identifizieren. Ihr Körper ist unser erstes Informationssystem. Wenn die Mutter warm und sinnlich ist und uns gern an sich drückt, dann lernen wir, daß die Welt von verläßlichen Armen gehalten wird, die uns niemals fallenlassen. Wenn sie nervös und ängstlich ist, lernen wir, daß die Welt gefährlich ist, voller namenloser Schrecken.

In ihrer Eigenschaft als Mutter übt DIE FRAU enorme Macht über uns aus, auch wenn wir längst erwachsen sind. Denn das Wesentliche vermittelt sie uns ganz ohne Worte. Da sie uns formt, bevor wir Sprache verstehen, bleibt ihr Einfluß unserem erwachsenen Bewußtsein verborgen. Ihre Lehren verbleiben in unserem Inneren ähnlich wie Suggestionen, die man in Hypnose aufgenommen hat. Wir können uns das so vorstellen, als hätte unsere Mutter die Software-Diskette, die unser Leben vorprogrammiert, geschrieben und eingesteckt. Sie hat das Manuskript unseres Lebens auf die unbeschriebenen Blätter unseres Bewußtseins geprägt, ein lebensphilosophisches Programm eingebaut. Diese Instruktionen verbleiben in den archaischen Schichten unserer Psyche und formen bis weit in das Erwachsenenalter alles, was wir wahrnehmen und fühlen. Was sie schrieb, ist ebenso schwer zu entziffern wie die alten Hieroglyphen, doch wer den Bann brechen will, den sie über den Sohn verhängt hat, muß trotzdem lernen, diese frühen Botschaften zu entziffern, um die vorsprachlichen Informationen und Fehlinformationen ins Licht seines Bewußtseins zu heben.

In dem Maße, wie »Mutter« weiter ihr Schattendasein im Leben eines Mannes führt, wird er sich und alle Frauen durch die Augen seiner Mutter betrachten. Und genau wie früher, als er alles für Mutter tat, immer in Angst vor ihrer Mißbilligung und in der Hoffnung auf ihre Anerkennung, wird er sich jetzt Mühe geben, um den derzeitigen Frauen in seinem Leben zu gefallen, wird weiter versuchen, seine Sache möglichst gut zu machen. Die Größe seines Ego und die Größe seines Penis wird sich danach richten, was er in dem von ihr gehaltenen Spiegel erblickt. Und dabei wird er sich die ganze Zeit einbilden, daß die Urteilssprüche, die er zu hören meint, aus dem Munde der Frauen aus Fleisch und Blut, der realen Frauen in seinem Leben, kommen und nicht aus ihrem. Wie in dem alten Schlager wird er »ein Mädchen heiraten, das genauso ist wie das Mädchen, das einst den lieben guten Dad geheiratet hat« und sie dementsprechend lieben und hassen. Es ist fast unausweichlich, daß Männer »Mutter« heiraten, es sei denn, sie haben sich einem langwierigen und mühseligen Erkenntnis- und Exorzismusprozeß unterzogen und DIE FRAU aus ihrer eigenen Psyche vertrieben.

Die Männer von heute sind in ihrer Beziehung zu »Mutter« ganz besonders belastet; unser Ablösungsprozeß ist schwieriger als der früherer Männergenerationen, die traditionell aufwuchsen. Für die meisten modernen Söhne stellt die Mutter ein Problem dar, das unbedingt gelöst werden muß, doch es ist keine leichte Sache, das symbiotische Band zu zerreißen.

Im Evangelium nach Freud ist die erste große Krise im Leben eines Knaben der Augenblick, wenn er sich aus der Mutterbindung löst und mit dem Vater identifiziert. Für Freud ist es ein Glaubenssatz, daß jeder Junge seine Mutter besitzen, mit ihr schlafen und seinen mächtigen Vater aus dem Weg räumen möchte. Aber er hat Angst, daß er von seinem Vater kastriert oder getötet wird (eine Furcht, die durch seine eigene Beobachtung, daß Frauen und kleine Mädchen keinen Penis haben und also wohl seiner verlustig gegangen sind, erhärtet wird). Etwa im Alter von sechs Jahren lernt der Sohn nach dem uralten Sprichwort zu leben »Wen du nicht besiegen kannst, den mach zu deinem Verbündeten«. Er gibt seinen Wunsch, der Liebhaber der Mutter zu werden, auf und macht gemeinsame Sache mit dem vormaligen Feind – seinem Vater. Diese erfolgreiche Auflösung des Ödipus-Komplexes beinhaltet, genau wie die alten Initiationsriten, die Identifikation mit der Macht, der Autorität und den Wertvorstellungen des Vaters und des männlichen Establishments.

Wenn sich dieses klassische Drama der Ablösung von der Mutter und der Initiation des Sohnes durch den Vater für unsere Ohren seltsam fremd anhört, dann liegt es daran, daß unsere Welt sich geändert hat. Infolge der industriellen Revolution ist es wahrscheinlicher geworden, daß der Sohn ein Muttersöhnchen bleibt statt sich mit irgendeiner mächtigen männlichen Autorität zu identifizieren. Der mächtige Vater ist mehr oder weniger durch die mächtige Mutter ersetzt worden.

»Vater« ist nicht länger im Hause, um seine Söhne zu lehren, was ein Mann ist. Mehr als irgendein anderer Einzelfaktor ist die Tatsache, daß sich der Vater in der modernen Familie durch Abwesenheit auszeichnet, das, was heutzutage die Beziehung zwischen Müttern und Söhnen und damit auch zwischen Männern und Frauen und insbesondere zwischen den Eheleuten durcheinanderbringt. Wo früher ein Vater war, ist heute ein Vakuum. Vater gehört mehr zur Welt der Arbeit als zu seiner Familie. Er ist – oder war es doch bis vor kurzem – der Ernährer, aber er ist die meiste Zeit nicht da. Jemand (der sich allerdings nur auf etwas stützt, was ich als »Wissenschaftliche Daumenpeilung« bezeichne) hat mal gesagt, daß die Männer vor dem Ersten Weltkrieg vier Stunden pro Tag mit ihren Kindern verbrachten, zwischen dem Ersten und dem Zweiten Weltkrieg etwa zwei Stunden und nach dem Zweiten Weltkrieg nur noch zwanzig Minuten.

Es gibt unzählige Variationen über das moderne Mutter-Sohn-Thema, aber eine Ähnlichkeit besteht darin, daß fast alle Söhne dazu gezwungen waren, in die Rolle des Ehemanns und Liebhabers der Mutter zu schlüpfen. So erzählte mir zum Beispiel ein Bekannter: »Mutter machte aus mir den Ehemann, der mein Vater nie gewesen ist. Ich bin ihr Zuhörer, Helfer, Verbündeter in schweren Zeiten gewesen. In gewissem Sinne war ich der Mann im Haus. Ich mußte soviel Verantwortung tragen, daß ich nie einfach ein Kind sein konnte.« Wenn die Liebe zwischen Mutter und Sohn auch nur selten wirklich inzestuös wird, so entsteht doch oft ein allzu enges Verhältnis. In einem Gespräch mit mir charakterisierte Rollo May das Problem des Sohnes, der seiner Mutter allzu nahe steht, als das Gegenteil von dem Bild,

37

das Freud ausmalte. »Das Dilemma des modernen Sohnes entsteht dadurch, daß er den ödipalen Kampf mit dem Vater *gewinnt* und Mutter bekommt. Und dann nicht weiß, was er mit ihr anfangen soll, weil sie ihn völlig erdrückt und überwältigt.«

Ambivalenz ist eine Folge der modernen Mutter-Sohn-Beziehung. Der Sohn erlebt die Mutter als fast allmächtig. Sie verdient außer Haus Geld, sie führt den Haushalt, und sie sorgt für seine Bedürfnisse. Andererseits besagen die üblichen Klischeevorstellungen, daß Frauen nicht so wichtig wie Männer sind, daß die Kindererziehung eine zweitklassige Aufgabe ist, daß Männer die wirkliche Macht und Autorität haben und daß einzig die Erfolge in der öffentlichen Arena von Geschäftsleben und Politik zählen. Damit steht der Sohn vor einer tragischen, schizophrenen Wahl. Wenn er ein Mann werden und eine Rolle in der »realen« Welt spielen will, dann muß er seine intime Kenntnis der guten Seiten der fürsorglichen Macht seiner Mutter ableugnen und sich der Verschwörung der Männer anschließen, deren Ziel es ist, »den Frauen zu zeigen, wo sie hingehören« – nämlich in die Missionarsposition, unter die Männer.

Währenddessen muß der Sohn die verschiedensten Strategien entwickeln, um mit der Macht der Mutter umzugehen. Er kann sich ihr unterwerfen und ein Muttersöhnchen werden, das sein Leben lang bemüht ist, ihr und später seiner Frau oder seiner Geliebten zu gefallen. Wenn er sich für diesen Kurs entscheidet, wird seine Beziehung zu Frauen von dem Wunsch bestimmt, seine Pflicht zu tun, Beifall zu finden und weiblicher Wut oder Zurückweisung möglichst aus dem Weg zu gehen. Oder er kann den entgegengesetzten Kurs einschlagen und alle weiblichen Wesen zu Dienerinnen oder Sexualobjekten reduzieren. Der Don-Juan-Typ versucht ständig, seine Potenz durch Verführung und Eroberung zu beweisen. Handelt es sich aber um den eher zu Gewalt neigenden Typ, der von pornographischen Gedanken oder dem Wunsch zu vergewaltigen besessen ist, dann hat er das zwanghafte Bedürfnis, die Frauen ständig zu erniedrigen und sich an ihnen zu rächen, um ihre Macht über ihn zu leugnen.

Um von und für Frauen frei zu sein und den nur den Männern vorbehaltenen Urgrund zu entdecken, muß ein Mann das »Mutterland« verlassen.

DIE FRAU als erotisch-spirituelle Macht

Der dritte Aspekt der FRAU ist die unwiderstehliche erotisch-spirituelle Kraft. Sie ist der Magnet, und die Männer sind die Eisenspäne, die in ihrem Kraftfeld liegen.

Es ist schwierig, für diesen Aspekt der FRAU eine vertraute Bezeichnung zu finden, weil die westliche Mythologie, Philosophie und Psychologie nie zugegeben hat, daß es ihn gibt. Einst, in grauen Vorzeiten, waren Männer wie Frauen überzeugt, daß alles, was fließt, sich ausdehnt und wieder abebbt, in der Macht einer weiblichen Gottheit stand – der zu- und abnehmende Mond, der Gezeitenstrom mit Ebbe und Flut und der an- und abschwellende Penis. Aber aus der Göttin wurde »Gottvater«, und von nun an hielten sich die Männer für Herrscher über die Natur (und die Frauen). Seither wird bei uns der Mann als aktiv und DIE FRAU als reaktiv definiert. Dementsprechend haben wir nie eine Sprache entwickelt, die der erotisch-spirituellen Macht der FRAU gerecht wird.

In der Mythologie des Ostens sind die Vorstellungen über die Eigenart der Geschlechter genau entgegengesetzt. Das weibliche Prinzip wird als aktiv angesehen und das männliche als reagierend, empfänglich. Bei Menschen, Löwen und anderen Mitgliedern des Tierreichs sendet das Weibchen seine Lockstoffe mit Hilfe des Windes aus und bestimmt damit die Reaktion des Männchens. Der Mann mag vielleicht glauben, daß er es sei, der den Anstoß gibt, aber ihre sexuellen Düfte (die Pheromone) und ihr phantasienweckendes Äußeres bewirken, daß er handelt. Sie ist diejenige, die den Stein ins Rollen bringt, sie verkörpert den göttlichen Eros, dessen Macht ihn zu ihr hinzieht. Wie Joseph Campbell dargelegt hat,[3] bezeichnet das Wort Schakti in der Mythologie der Hindus die Energie oder aktive Kraft einer männlichen Gottheit, die sich in seiner Frau verkörpert. »Jede Frau ist die Schakti ihres Mannes und jede Geliebte die ihres Liebhabers. Beatrice war Dantes. Und wenn man das noch fortsetzt: Das Wort bezeichnet ganz allgemein die weibliche spirituelle Stärke, wie sie sich z. B. im Glanz des Schönen manifestiert oder ganz elementar in der Macht des weiblichen Geschlechts, Reaktionen beim männlichen Geschlecht auszulösen.«

Um diesen wichtigen Aspekt der männlichen Sicht der FRAU zu entdecken, die weder in unserer Sprache noch in unserer Geschlechterphilosophie beim Namen genannt oder anerkannt wird, müssen wir die himmlischen wie die dämonischen Extreme der männlichen Sexualität betrachten – also fragen, welchen Stellenwert DIE FRAU in der Phantasie des Künstlers und des Vergewaltigers einnimmt.

Viele schöpferische Männer betrachten DIE FRAU als Muse und Inspiration ihrer Arbeit. Sie besitzt eine fast schon göttlich zu nennende Kraft, ihre Kreativität hervorzurufen. Ohne ihre Inspiration können sie nicht malen, schreiben oder ihre Anführerfunktion ausüben. Sie ist die Anima, der Geist und die Seele des Mannes. Ohne sie besteht der Mann nur aus Willen und Intellekt und blinder Gewalt.

Auf dem anderen Ende des Spektrums bekennt sich der Vergewaltiger zu demselben Erleben der unwiderstehlichen erotischen Macht der FRAU. Seine Verteidigung ist immer die gleiche: »Sie hat mich dazu gebracht. Sie hat es so gewollt. Sie hat mich verführt.« Lassen Sie einen Augenblick die richtige Reaktion auf solche umnachteten Ausflüchte beiseite (daß natürlich *nicht* das Opfer schuld hat) und betrachten Sie das rohe, unbewußte Erleben der FRAU, das der Vergewaltigung ebenso wie der Inspiration des Künstlers zugrunde liegt. In beiden Fällen wird DIE FRAU von den Männern als die aktive, auslösende Kraft erfahren.

Wenn wir in Rechnung stellen, daß die meisten »zivilisierten« Männer ihre Erfahrung der Macht der FRAU als Göttin, Mutter und erotisch-spiritueller Reiz unterdrücken, lassen sich die Gründe, die in der Geschichte der männlichen Grausamkeit gegenüber Frauen eine Rolle spielen, besser verstehen. Weil wir Angst haben, wird die Macht der FRAU geleugnet, heruntergespielt und (möglichst) unter Kontrolle gebracht. Wir brauchen hier nicht die routinemäßigen Beleidigungen und den Geschlechterhaß der Männer gegen die Frauen noch einmal darzustellen. Mary Daly, Susan Griffin und andere feministische Denkerinnen haben diese schmerzvolle Geschichte auf brillante und überzeugende Weise in ihren Büchern nachgezeichnet.

Als Männer müssen wir uns unsere eigenen Erfahrungen ins Bewußtsein zurückrufen, müssen uns erinnern, uns wieder zu dem unterdrückten Wissen über die Macht der FRAU bekennen und damit aufhören, unsere Männlichkeit auf reaktionäre Weise darzustellen. Falls wir das nicht tun, werden wir weiterhin Arbeiter sein, die sich verzweifelt bemühen, wertlose Kinkerlitzchen herzustellen, die es mit der Kreativität der FRAU aufnehmen sollen, Machos, die Angabe mit Unabhängigkeit verwechseln, Sexprotze, die sich vor Mutters Auge aufblähen in der Hoffnung, daß sie soviel Applaus ernten, daß ihr schwaches Ich befriedigt wird, Krieger und Vergewaltiger, die mit Gewalt auf die weibliche Stärke reagieren, weil sie sie nicht unter Kontrolle bringen können und sich deshalb vor ihr fürchten.

Solange wir uns durch unsere Reaktionen auf die unbewußten Bilder von DER FRAU definieren, sind wir noch von dem wahren Mysterium, der wahren Macht der Männlichkeit ausgeschlossen.

Abschied nehmen von der Frau

Wenn man sich die ersten Bücher der Männerbewegung ansieht, stellt man fest, daß sie sich als erstes mit der Frauenbewegung beschäftigen, ob sie nun als Bedrohung oder als Hoffnung gesehen wird, und dann »die Gefahren, ein Mann zu sein« schildern, sich danach aber wieder schnell der Lösung des Problems zuwenden, wie man eine gute Beziehung zu Frauen haben könne. So läßt es sich zum Beispiel an den Kapitelüberschriften in Herb Goldbergs *The New Male* ablesen. »Er. Er und Sie. Er und Ihre Veränderungen. Er und seine Veränderungen.« Oder die Überschriften in dem Buch *Der blockierte Mann* des gleichen Autors: »Mit Frauen. Mit Sexualität. Mit Befreiung. Mit sich selbst.« Das Buch *Warum Männer so sind wie sie sind* von Warren Farrell beschäftigt sich mit dem dynamischen Prozeß zwischen Männern und Frauen. Selbst wenn die Männer sich selbst befreien wollen, bleiben sie weiter von der FRAU hypnotisiert.[4]

Wir können uns in der Nähe der Frauen nicht wohl fühlen, weil wir uns niemals wohl gefühlt haben, wenn sie nicht in der Nähe waren. Die meisten modernen Männer haben niemals die Freuden des Alleinseins kennengelernt. Wir haben es nicht geschafft, unsere Identität, unsere Ziele, den Sinn unseres Lebens unabhängig von unserer Beziehung zu der FRAU zu definieren. Wir haben das getan, wovor Howard Thurman mich gewarnt hat, nämlich die Fragen, die wir uns selbst stellen, in die falsche Reihenfolge gebracht. Bevor wir uns fragen, welchen Weg wir gehen wollen, fragen wir uns bereits, ob sie mit uns gehen wird oder wohin sie gehen möchte. Und haben wir erst einmal unsere Seelen in der Hoffnung auf ihre Anerkennung verkauft, dann fühlen wir uns nicht mehr wohl in unserer Haut.

Um ein Mann zu werden, muß der Sohn erst zum verlorenen Sohn werden, sein Zuhause verlassen und sich allein in ein fernes Land aufmachen. Erst heißt es, in die Fremde gehen, dann kommt die Versöhnung. Es kann keine Heimkehr ohne einen Abschied geben. Um eine Frau zu lieben, müssen wir erst einmal DIE FRAU hinter uns lassen.

Bis hierhin ist dieses Buch nur ein Vorspiel gewesen. Jetzt endlich stehen wir an der Weggabelung, wo sich diejenigen, die sich die Quellen ihrer Identität als Männer lieber nicht bewußt machen wollen, von den anderen, die sich dafür entscheiden, den Weg zu einem klaren Verständnis ihrer Männlichkeit einzuschlagen, trennen müssen. Diejenigen, die den Weg des Pilgers wählen, müssen als ersten Schritt alle Fragen nach den Frauen und nach der Beziehung zu Frauen hinter sich lassen. Erst wenn wir die wichtigste Frage geklärt haben – Welches ist unser Weg? –, können wir gefahrlos zu der zweitwichtigsten Frage zurückkehren: Wer wird uns begleiten?

Ich möchte Ihnen sehr ans Herz legen, nicht zu mogeln. Egal wie schwierig Ihre Beziehungen zu Frauen sind – Sie sollten nicht gleich zu den Schlußkapiteln dieses Buches springen. Die Ungeduld, die die Männer bezüglich Sexualität, Nähe, Ehe und der Auseinandersetzung mit den Frauen befallen hat, ist genau das, was die Angst hervorruft, die uns in Beziehungen hineinzwingt, in denen wir unsere Männlichkeit verraten und Frauen Gewalt antun. Wie ein guter Kriminalroman ist der Weg zur Männlichkeit voll von überraschenden Wendungen, und man wird nichts verstehen, wenn man übereilt zur Lösung vorblättert, statt Schritt für Schritt vorzugehen.

Ich lade Sie ein, mich auf dem Weg zu begleiten.

II
Rituale
der Männlichkeit

Kapitel 3
Initiation und Verstümmelung der Männer

»Die Information, die nötig ist, damit ein Wesen männlich wird, ist in unsere DNS einkodiert, aber es bedarf der Institutionen einer Kultur, um einen Mann zu erschaffen. Der männliche Körper ist die biologische ›Hardware‹, der Männlichkeitsmythos ist die ›Software‹, die von der Gesellschaft durch eine ganze Reihe von offiziellen und inoffiziellen Mannbarkeitsriten eingesetzt wird.«

Sandor McNab

Traditionelle Mannbarkeitsriten

Würde ein Anthropologe vom Mars die Kulturen der Erde erforschen, würde er etwas Seltsames bemerken. In allen Gesellschaftssystemen ist man ständig mit der Männlichkeit beschäftigt. Er würde entdecken, daß das Mannestum als eine unsichere Sache angesehen wird, als etwas wie ein Gewinn im Lotto, ein schwieriges Puzzle, ein bevorstehendes Examen, »das schier Unmögliche«. Männer wie Frauen ermahnen kleine Jungen ständig, sich »wie ein Mann« zu benehmen, *muy macho* zu sein, ein großer Mann, ein richtiger Mann, ein Alpha-Männchen. Männer befürchten ständig, als Angsthase, Waschlappen, Weichling oder warmer Bruder abgestempelt zu werden. Fast überall leben Männer unter dem Druck, der Anstrengung und dem ständigen Bedürfnis, sich beweisen zu müssen – auf den Kriegsschauplätzen, auf dem Feld der Arbeit und bei den Frauen; fast auf der ganzen Welt ist der Glaube verbreitet, Männlichkeit sei untrennbar mit bestimmten gesellschaftlichen Geboten wie dem Beschützen, dem Versorgen und dem Fortpflanzen verbunden. Völker wie die Einwohner von Tahiti, bei denen die Männer dazu angeleitet werden, sanft, umgänglich und graziös zu sein, außerdem generös gegenüber Fremden, nicht leicht zum Streiten

provozierbar und an der Verteidigung der männlichen »Ehre«
uninteressiert, sind rar.

Darüber hinaus würde unser marsmenschlicher Anthropologe in fast jedem Volksstamm und jeder Nation, ob alt oder
modern, irrational wirkende feststehende Rituale und Usancen
antreffen, die dazu gedacht sind, aus männlichen Wesen Männer
zu machen. Er würde sehen, daß Männer dazu ermutigt werden
sich zu schlagen, zu trinken, herumzugrölen, ihre Ehre zu verteidigen, unablässig zu arbeiten und Kopf und Kragen zu riskieren, um ihre Mannhaftigkeit unter Beweis zu stellen. Er würde
Männer von der Insel Truk finden, die sich auf waghalsige Expeditionen in winzigen Einbäumen in haiverseuchten Gewässern
begeben, um ihren Heldenmut zu beweisen; Schwammtaucher
von den ägäischen Inseln, die den Gebrauch einer sicheren
Tauchausrüstung ablehnen und dadurch eine Schädigung durch
die Druckluftkrankheit riskieren, nur um ihre männliche Todes-
verachtung zu demonstrieren; amerikanische Bergarbeiter, die
unter Bedingungen arbeiten, die ihnen mit Sicherheit eine Staub-
lunge bescheren; Reinigungstrupps in Atomkraftwerken, die
über die Gefahren der Verstrahlung Witze reißen. Überall gehören zum männlichen Weg künstliche Mutproben und Mannbarkeitsriten, die den Übergang vom Knaben zur sozialen Mündig-
keit in ein zweites Geburtstrauma verwandeln.[1]

Der Kreislauf des menschlichen Lebens legt auf natürliche
Weise nahe, daß es im Menschenleben mindestens vier bedeu-
tende Übergangsriten gibt: Geburt, Mündigwerden, Heirat,
Tod. Die Rituale, mit denen unser Beginn und unser Ende gefeiert werden, werden notwendigerweise ohne unsere Zustimmung
von denen, die vor und nach unserer Zeit auf der Bühne stehen,
durchgeführt. Aber die wichtigsten Rituale zwischen Geburt
und Tod sind diejenigen, die unsere Ablösung vom jeweils anderen Geschlecht und die Einführung in die Geheimnisse unseres
eigenen Geschlechts begleiten, und die damit enden, daß wir zurückkehren, um uns in der Ehe zu vereinigen und neues Leben
hervorzubringen.

Vormoderne Gesellschaften waren sich der überwältigenden
Macht der FRAU wohl bewußt und wußten auch, daß Knaben
nur zu Männern werden können, wenn sie sich von ihr lösen und
eine Zeitlang einer rein männlichen Welt angehören. Die Mannbarkeitsriten waren dazu gedacht, den Jungen Gelegenheit zu

geben, der Welt der FRAU lange genug zu entfliehen, um zu erfahren, was die Welt des Mannes ausmacht. Sie wußten, daß es für Männer gefährlich ist, durch DIE FRAU definiert zu werden (und andersherum), und daß sie dagegen Widerstand leisten müssen. Die Geschlechter wurden deshalb zeitweilig voneinander getrennt und isoliert, um erkennen zu können, was für sie jeweils das Richtige war, bevor sie überhaupt zusammenkommen konnten.

Die Bräuche, Rituale und Zeremonien, die den Übergang vom Jungen zum Mann markierten, unterschieden sich von Stamm zu Stamm und Kultur zu Kultur. Aber bei all diesen Variationen, von der Bar-Mizwa der Juden bis zur Subinzision des Penis bei den australischen Aborigines, lassen sich durchgängig drei Phasen unterscheiden. Die Mannwerdung war ein Drama mit drei Akten: Trennung, Initiation und Wiedereingliederung. Joseph Campbell drückt es folgendermaßen aus: »Die Übergangsriten – die Zeremonien bei der Geburt, Namensgebung, Pubertät, Hochzeit, Bestattung –, die im Leben der primitiven Gruppen eine so wichtige Rolle spielen, zeichnen sich aus durch förmliche und meist sehr harte Trennungsexerzitien, die den Geist mit der Wurzel von den Attitüden, Bindungen und Lebensgewohnheiten des beendeten Stadiums losreißen. Ihnen folgt eine kürzere oder längere Spanne der Zurückgezogenheit, ausgefüllt mit Riten, die den Kandidaten in den Formen und Gefühlen einüben sollen, die seiner neuen Rolle angemessen sind, so daß er, wenn schließlich die Zeit zur Rückkehr ins profane Leben herangereift ist, so gut wie neugeboren in dieses eintritt.«[2]

Akt I: Trennung Die kulturelle Aufgabe, aus einem Knaben einen Mann zu machen, beginnt damit, daß das ursprüngliche Band zwischen Mutter und Sohn zerrissen wird. Als Säugling war er mit ihr eins. Aber zu einem bestimmten Zeitpunkt, meist kurz vor Beginn der Pubertät, wird der Junge rüde aus der mütterlichen Umarmung gerissen, ob er dazu bereit ist oder nicht, und in die Männergesellschaft gestoßen. Bei vielen Stämmen entführen die Männer die Jungen und halten sie in einem Männerhaus fest, wo sie von den Stammesältesten schikaniert, einer strengen Disziplin unterworfen und unterrichtet werden.

Es ist unvermeidlich, daß irgendeine Form von schmerzhafter Mutprobe die Trennung von der Welt der FRAU begleitet und dramatisiert. Die Liste der kleineren und größeren Quälereien, die die Neulinge auf sich nehmen müssen, liest sich wie eine Seite aus der Phantasiewelt des Marquis de Sade: Durchbohren der Lippen, Schnitte in die Haut, Befeilen oder Ausschlagen von Zähnen, Geißeln, Entfernung eines Hodens, Bisse, Verbrennungen, das Verzehren von ekelerregenden Speisen, das Festbinden auf einem Ameisenhügel, Beschneidung des Penis, Einzelhaft, Aussetzen in der Wildnis über einen längeren Zeitraum, Nacktschlafen in Winternächten usw. Oft wurde ein Junge auch in den Wald geschickt, um ein gefährliches Tier oder einen Feind zu töten, um so seinen Mut zu beweisen. Bei den Plains-Indianern wurden Fasten, durchwachte Nächte und manchmal auch psychedelische Drogen benutzt, um zu einem anderen Bewußtseinszustand und einer persönlichen Vision zu gelangen.

Eine Grundregel besagt, daß die Initiationsriten für die Knaben desto harscher sind, je öfter ein Stamm oder eine Nation Krieg führt. In solchen Kulturen dienen die Mannbarkeitsriten in der Hauptsache dazu, aus jungen Zivilisten ausgewachsene Soldaten zu machen. Männerleben ist gleichbedeutend mit Kriegerleben. Was ein Mann können muß, ist leiden ohne zu klagen, töten und sterben. Um männliche Tugenden zu fördern, werden bei manchen Stämmen die Brustwarzen amputiert, weil nur Frauen Brüste haben sollen. Der Jungkrieger lernt die weibliche Wesensart zu verachten, das von der Mutter vermittelte sinnliche Körperbewußtsein zu verdrängen und alles, was »feminin« und weich an ihm selbst ist, zu leugnen.

Warum diese Verkoppelung von Maskulinität und Schmerzen? Die hinter solchen qualvollen Prüfungen stehende Logik läßt sich erkennen, wenn wir das typische »primitive« Ritual der Beschneidung betrachten. Aus Gründen, die tief im Unbewußten – oder Mythischen – liegen, bestimmen die Stammesältesten, daß Jungen eine Narbe tragen müssen, die sie ihr Leben lang daran erinnert, daß von ihnen erwartet wird, daß sie ihre Körper dem Willen des Stammes aufopfern. Ein Mann zu sein, heißt die Welt von Frau/Natur/Fleisch/Sinnlichkeit/Lust hinter sich zu lassen und den Willen wie den Körper der Welt der Männer/Kultur/Macht/Pflicht zu unterwerfen. Bei der Beschneidung wird einem Knaben, ob er dabei sieben Tage alt ist oder am Beginn der Pubertät steht, implizit zu verstehen gegeben, daß sein Körper von nun an dem Stamm gehört und nicht mehr nur ihm allein.

Wenn wir die männliche Psyche verstehen und die verblüffende männliche Obsession mit der Gewalt entziffern wollen, wenn wir das unbewußte sadomasochistische Spiel, das Männer und Frauen im erotischen Zweikampf aneinanderfesselt, durchbrechen und mit der Gewohnheit, Kriege zu führen, Schluß machen wollen, dann müssen wir die ursprüngliche Wunde, die Narbe, um die sich der männliche Charakter traditionsgemäß aufgebaut hat, verstehen.

Das Ritual der Beschneidung ist weit verbreitet, wenn es auch nicht überall praktiziert wird, aber es ist das beste Symbol für den Prozeß, durch den Jungen zu Männern gemacht werden. Daß ein so primitives und brutales Ritual auch heute noch fast automatisch praktiziert wird [in den USA], obwohl die meisten medizinischen Untersuchungen zeigen, daß es unnötig, schmerzhaft und gefährlich ist, legt nahe, daß es sich bei der Beschneidung um einen mythischen Akt handelt, dessen wahre Bedeutung hartnäckig im Unbewußten begraben ist. Daß sich Männer und Frauen, die doch wohl ihre Söhne lieben, weiterhin weigern, diese barbarische Praktik unter die Lupe zu nehmen und ihr ein Ende zu bereiten, legt den Verdacht nahe, daß hier etwas äußerst Seltsames vorgeht, das durch eine Verschwörung des Schweigens vernebelt wird. Wir möchten nicht mit der Grausamkeit, die systematisch an Männern ausgeübt wird, noch mit der Wunde, die als unvermeidlicher Preis der Männlichkeit gilt, konfrontiert werden.

Stellen Sie sich vor, falls Sie es wagen, daß Sie noch so klein sind, daß Ihnen die Arme Ihrer Mutter völlige Geborgenheit schenken, und so sensibel, daß jedes Ihrer Nervenenden auf die unbekannte Welt gerichtet ist, mit derselben Begier wie der Mund auf die nahrungsspendende Brust. Plötzlich aber werden Sie von männlichen Giganten gepackt, Ihrer Mutter aus den Armen genommen (wenn auch mit ihrer Zustimmung) und mit Gewalt festgehalten. Die zarte Haut, die Ihren Penis bedeckt, wird abgeschnitten (ob mit einem Steinmesser oder mit dem Skalpell eines Chirurgen, macht nur einen geringen Unterschied). Fühlen Sie die Verletzung Ihres Fleisches, Ihres ganzen Seins! (Beschwichtigen Sie sich nicht mit der tröstlichen Lüge, daß eine Beschneidung gar nicht so weh tut, daß die Wunde schnell verheilt und der Schmerz bald vergessen ist.) Welche unauslöschliche Botschaft von der Bedeutung des Mannseins wäre jetzt in ihren Körper eingeschnitten, einkodiert in das Narbengewebe Ihrer symbolischen Wunde?

Man kann die Grausamkeit, die Teil der Mannbarkeitsriten ist, so interpretieren, daß damit die unbewußte Abwehr der Väter gegen ihre Söhne ausgedrückt wird. Aber wahrscheinlicher ist es, daß der Schmerz als ein Sakrament diente – ein äußeres, sichtbares Zeichen einer inneren Veränderung, die aus Knaben Männer macht. Um ein Gemeinwesen, einen Staatskörper hervorzubringen, müssen unsere individuellen Wünsche geopfert werden. Die Schmerzen bei den Prüfungen, die Schikanen und Beleidigungen hatten das Ziel, die Individualität und Identität auszulöschen und jedem einzelnen statt dessen das Siegel des Stammes aufzudrücken.

Von den Anfängen der menschlichen Geschichtsschreibung bis auf den heutigen Tag wurde die folgende, indirekt übermittelte Lehre zur wichtigsten Erfahrung für Jugendliche, was das Mannsein betraf: Männlichkeit erfordert eine Körperverletzung, die Aufopferung unserer natürlichen Ausstattung an Sinnlichkeit und Sexualität. Ein Mann wird zum Mann durch einen Prozeß der Subtraktion, der bewußten Entscheidung, der Abstraktion und der Abtrennung von der »natürlichen« Welt der FRAU. Wir erwerben Männlichkeit durch unsere Einwilligung, die durch die herrschenden Ältesten über uns bestimmte Verstümmelung hinzunehmen.

Akt II: Initiation Der Zweck der Mannbarkeitstorturen bei der Trennung des Knaben von DER FRAU und der Natur war es, die kindliche Identität auszulöschen, zu deprogrammieren – eine Art Gehirnwäsche, so daß man ihn mit einem neuen Selbstverständnis versehen konnte. Der zweite Akt der männlichen Initiation fand innerhalb des neuen männlichen Schoßes statt; hier wurde aus dem Knaben ein Mann gemacht. In der Männergemeinschaft lernte der Junge die Überlieferungen seiner Kultur kennen. Monate- oder jahrelang lauschte er den Geschichten, Mythen, den Sagen von Helden und Schurken, die Antwort auf die ewigen Fragen gaben: Woher kommen wir? Wozu sind wir bestimmt? Wie sollen wir uns verhalten? Welches sind die verschiedenen Rollen von Männern und Frauen? Er wurde Männern als Lehrling zugesellt, die ihn die spirituelle Technologie (Ritual, Gesänge, Tänze, Zeremonien, Heilpraktiken), die praktische Technologie (Gebrauch von Werkzeugen, Jagd-, Sammel-, Anbaumethoden) und die sozialen Fertigkeiten (die Kunst des Haushaltens, Vaterseins und Kämpfens) lehrten, die er brauchte, um die Obligationen der Männlichkeit zu erfüllen.

Akt III: Wiedereingliederung Am Ende der Lehrzeit wurde der Knabe mit bestimmten Insignien der Männlichkeit ausgestattet – ein Schwert, ein Schild, ein Federmantel oder ein Penisfutteral – und ihm wurde das Recht zu heiraten und Verantwortlichkeiten und Privilegien der Erwachsenen zu übernehmen zugestanden. Oft gab man ihm auch einen neuen Namen, was seinen Aufstieg in die Männerwelt signalisierte. Von diesem Augenblick an durchlief er bestimmte anerkannte und ehrenvolle Stadien des männlichen Weges, bis er schließlich auf seine alten Tage einer der Stammesältesten wurde, eine Quelle der Weisheit des Stammes, der nun selber die Initiation der Jungen vornahm. Der Kreis hatte sich geschlossen.

In vielerlei Hinsicht waren die Mannbarkeitsriten, so grausam sie auch waren, in sozialer und psychologischer Hinsicht zweckmäßig. Sie versahen Männer wie Frauen mit einer gesicherten Identität und der Beruhigung, daß sie wußten, welche Rollen sie zu spielen hatten. Die Männer brauchten nicht zu überlegen: Bin ich ein Mann? Wie erreiche ich Männlichkeit? Männliche Initiationsriten hatten den Vorzug, ein gesellschaftliches Ereignis zu sein. Ein Knabe machte eine Reihe von Zeremonien durch, und nach einer bestimmten Zeit wurde er zum Mann erklärt. Seine Identifikation und sein gesellschaftlicher Status änderten sich über Nacht. Für eine Frau lagen die Dinge etwas anders. Zwar gehörten zu den weiblichen Ritualen auch oft mit Schmerzen verbundene Prüfungen und bestimmte Zeremonien, doch meistens wurde ein Mädchen dadurch zur Frau, daß sie die erste Menstruation hatte. Ein Knabe wurde zum Mann in *chronos*, der gesellschaftlichen Zeit; ein Mädchen wurde zur Frau in *kairos*, Körperzeit, natürlicher Zeit, Mondzeit. Dieser entscheidende Unterschied wurde zur Grundlage der Verschiedenheit von Männern und Frauen, so zum Beispiel im Zeitgefühl, in ihrer Einstellung zum Tod, ihrer Körpererfahrung und ihrer Persönlichkeitsstruktur.

Alles in allem könnte man sagen, daß die traditionellen Übergangsriten ihr Gutes und ihr Schlechtes hatten.

Das Gute war, daß traditionsgemäß lebende Menschen wußten, wer sie waren. Sie hielten einen Plan der Welt in Händen, so etwas wie einen Reiseführer für ihren Weg durch die Zeit. Sie kannten die Selbstzweifel, unter denen wir leiden, nicht. Es gab für sie kein Durcheinander der Geschlechter. Männer und Frauen konnten zusammenarbeiten, weil sie an der tradierten Geschlechtertrennung festhielten und damit an bestimmten Verhaltensweisen. In einer Gemeinschaft mit einem gemeinsamen historischen Fundament herrscht ein behagliches Zusammengehörigkeitsgefühl, das in den modernen Städten weitgehend verschwunden ist.

Das Schlechte an den traditionellen Riten war, daß sie die Entwicklung einer Individualität verhinderten. Naturvölker sicherten die Konformität, indem sie den Lebenszyklus so einrichteten, daß es keine Zeit gab, in der sich Freiheit entwickeln konnte. Wenn ein Jugendlicher, ob männlich oder weiblich, initiiert war, dann war das gleichbedeutend mit dem Ende der Kindheit und dem Beginn der Reife, und dazwischen lagen keine sorglosen Jahre der Adoleszenz. Die Adoleszenz ist eine moderne Erfindung, ein Zeitraum vor der Übernahme von Verantwortung. Während dieser Aufschubsfrist darf der Noch-nicht-Erwachsene rebellieren, spielen und experimentieren. In den primitiven Gesellschaften wurde der Sohn in dieselbe Form gepreßt wie der Vater. Die heiligen Sitten und Gebräuche der Vorfahren wurden unverändert wiederholt. Angehörige solcher Stämme hielten die Augen fest auf die Vergangenheit gerichtet; sie waren entschlossen, den Glauben der Väter zu bewahren, ihre Tugenden hochzuhalten und ihrer Sicht der Welt treu zu bleiben. Viele Stammesgesellschaften blieben über Hunderte von Jahren so gut wie unverändert erhalten, doch wenn ihnen von außen Veränderungen aufgezwungen wurden, dann waren sie zum Untergang verurteilt, denn sie glaubten, daß ein Mann nur dann ein Mann bliebe, wenn er die heiligen alten Sitten und Gebräuche befolgte.

Aber Geschichte bedeutet Veränderung. Wir Männer von heute verfügen über keinen vorgezeichneten Lebensplan und mögen doch, so ängstlich und unserer selbst nicht mehr sicher wir auch sind, besser zum Überleben gerüstet sein als unsere solideren Vorfahren, die nicht alles in Frage stellten. So paradox es klingt, gerade unsere mangelnde Stabilität könnte der Schlüssel zu unserer Stärke sein.

Moderne Mythen und die Männer der Moderne

IBM-Angestellte wie Sportprofis sind ebenso von Mythen geprägt und von Mannbarkeitsriten geformt wie irgendein Südseeinsulaner oder Apache.

Die meisten Schilderungen des modernen Lebens sind voll von Wehklagen über den Verlust der Gemeinschaft, den Verlust eines gemeinsamen Mythos, den Verlust von Übergangsritualen. Meist ist folgende Geschichte zu hören: Mit der zunehmenden Größe der Städte, dem Vordringen der Technologie und der Lösung aus religiösen Bindungen haben wir unseren Standort im Kosmos, die geistige Ausrichtung, die Zeremonien und Feiern, die die Stationen auf dem Lebensweg und die Kontinuität zwischen den Generationen markierten, verloren. Es gibt in der modernen Stadt keine Initiationsriten, weil es das selbstbewußte Gemeinwesen nicht mehr gibt, das sie ausüben könnte. Die Grundloyalität der Männer hat sich von Familie und Sippe zu Firma und Staat verschoben. Die Väter werden durch ihre Arbeit von den Söhnen getrennt, und die Großväter hat man ins Exil in die sonnigen Seebäder Floridas geschickt, wo sie Square Dance tanzen lernen, während ihre Enkelsöhne ins Baseballspiel eingeweiht werden.

Ein Blick zurück sollte genügen, um uns solche Interpretationen verdächtig zu machen. Fast jede Generation seit der Renaissance hat sich selbst als »modern« bezeichnet und herausposaunt, daß mit ihr die »neue Zeit« gekommen sei und die Aufklärung siege, die den abwegigen Aberglauben und die ausgedienten Mythen der Vergangenheit endlich auf den Kehrichthaufen der Geschichte fege. Wie in allen anderen Gesellschaften auch, bleiben die Mythen und Riten, die unser heutiges Denken, Fühlen und Handeln bestimmen, zum großen Teil unsichtbar und unbewußt. Eine der besten Methoden, um die noch vorhandenen Mythen einer Gesellschaft aufzudecken, ist die Untersuchung der jeweiligen unkritisch akzeptierten Ansichten, also all dessen, von dem die breite Allgemeinheit sagt, so seien nun einmal die Realitäten. Wir zum Beispiel nehmen an, daß Fortschritt, Urbanisation und technologische Innovation unvermeidlich sind und daß folgerichtig die sogenannten unterentwickelten Länder schließlich genau dieselbe Entwicklung nehmen müßten. Diese von der Allgemeinheit als Tatsache angesehene Meinung ist ein Mythos, aber ein nicht greifbarer, den die meisten Menschen ebensowenig sehen wie ein Fisch das Wasser.

Ein Individuum, das frei sein will, steht vor der Aufgabe, die Autorität oder den Mythos, der unbewußt sein bzw. ihr Leben bestimmt hat, zu entmythologisieren und zu entmystifizieren. Wir gewinnen persönliche Autorität und unser ganz persönliches Selbstgefühl, wenn wir zwischen unserer individuellen Geschichte – unseren autobiographischen Wahrheiten – und den offiziellen Mythen, die unser Denken, Fühlen und Handeln früher bestimmt haben, unterscheiden lernen. Das fängt damit an, daß wir fragen: »Welche Geschichte habe ich unbewußt ausgelebt? Welcher Mythos hat mich in seinem Bann gehalten?« Zu einem Ende kommen wir nur, wenn wir unsere ganz persönliche Lebensgeschichte erzählen und unserem eigenen Erleben die Vorherrschaft einräumen, statt die offizielle Sichtweise zu akzeptieren.[3]

Wenn wir uns befreien wollen, müssen wir untersuchen, auf welcherlei Weise unsere Gesellschaft uns zu verstehen gibt, was von Männern erwartet wird, und wir müssen uns die Riten ansehen, die mit der Ansammlung von Männlichkeitskennzeichen verbunden sind. Der Psychologe Bill Layman drückte es in einem Gespräch folgendermaßen aus: »Wir leben in einem Zeitalter der uninitiierten Männer, und unsere Hinterlassenschaft ist ein Gefühl des Verlusts. Gerade das, was an den Synapsen der Generationen nicht weitergegeben wurde, hat uns geprägt.« Aber wenn auch unsere realen Väter und Großväter versagt haben, sind wir nichtsdestotrotz von Ersatzvätern, Mentorfiguren und Autoritäten initiiert worden. Das Männerhaus und der brüderliche Kreis von Stammesältesten und Helden mag verschwunden sein, aber andere Institutionen haben ihren Platz eingenommen. Ohne es bewußt mitbekommen oder unsere Einwilligung gegeben zu haben, sind wir alle von modernen Mythen geprägt worden – denen des Krieges, der Arbeit und der Sexualität –, und mit diesen werde ich mich im folgenden befassen.

Kapitel 4
Das Ritual des Krieges und die Kriegermentalität

Wäre der Mensch ein Homo sapiens,
gäbe es keinen Krieg.

Ich war vierzehn, als ich in meine letzte richtige Rauferei verwikkelt war, mit Fäusten, Füßen und allen Tricks. Ich weiß nicht mehr, was der Anlaß war, ob ein Mädchen oder eine abfällige Bemerkung im Schulbus, oder ob es vielleicht auch nur daran lag, daß »der Feind« auf der anderen Seite der unsichtbaren Grenze an der Bellefonte Street wohnte und in eine andere Schule ging. In meinen Augen war Charley ein ziemlicher Waschlappen. Sein Gang mit der eingesunkenen Brust und den krummen Schultern hatte etwas von einem Affen. Wie auch immer, wir hatten den Kriegszustand und waren übereingekommen, uns auf dem leeren Grundstück neben Nancy Ritters Haus zu treffen. Zur verabredeten Zeit erschienen wir auf dem Schlachtfeld, jeder in Begleitung von auserwählten Stammesgenossen. Eine Zeitlang bewegten wir uns im Kreis umeinander herum und warteten, daß der andere den ersten Schlag austeilte. »Willst du was mit mir anfangen, du Jammerlappen?« »Rühr' mich an, und ich brech' dir die Knochen.« Wir gingen näher aufeinander zu. Ein Anrempeln, ein Stoß, die Fäuste flogen, und der erste Schlag traf mich auf die Nase. »Zum Teufel«, sagte ich. Ich rechnete mir aus, daß ich im Ringen besser als im Boxen war. Also duckte ich mich, packte seine Beine und legte ihn flach. Wir rollten hin und her, drückten uns gegenseitig die Arme nach unten und fluchten, bis ich schließlich als Unterer liegen blieb und mich nicht mehr rühren konnte. »Gib auf«, sagte er, »oder ich brech' dir den Arm.« Er verdrehte ihn noch etwas mehr und drückte mein Gesicht in den Kies. »Hast du genug?«

»Scheiß' drauf.« Mein Gesicht tat weh, aber noch mehr schmerzte mich mein verletzter Stolz. Wir wußten beide, daß ich verloren hatte, auch wenn ich es nicht zugeben wollte. Deshalb ließ er schließlich meinen Arm los, und nach einem obligatorischen verbalen Schlagabtausch mit allerlei Flüchen und Verwünschungen gingen wir alle wieder nach Hause.

An jenem Abend schwor ich mir, ganz im Sinne der Bilderheftchen, daß ich mich nie wieder von einem gottverdammten Waschlappen besiegen lassen würde. Für 3,95 Dollar bestellte ich einen Charles-Atlas-Fernlehrgang im Bodybuilding und begann, einen Schwächling von 89 Pfund in eine muskelstrotzende Kampfmaschine zu verwandeln. Heimlich übte ich in meinem Zimmer »dynamische Spannung«, hob Gewichte, machte Liegestütz und Gewichtheben mit den Beinen. Denselben Zweck erfüllte später das Ringen. Bis ich Mitte Dreißig war, ging ich regelmäßig zum Training im CVJM. Ich perfektionierte meine Hebegriffe und Festhalte-Kombinationen und nahm gelegentlich als Leichtschwergewicht an Wettkämpfen teil. Es wurde nie ein großer Champion aus mir, aber ich lernte das Kämpfen zu lieben. Und niemals wieder drückte jemand mein Gesicht in den Dreck.

Inzwischen hatte ich ein Philosophiestudium begonnen und lernte die Waffen der Dialektik, des Streitgesprächs und der Argumentation immer besser zu gebrauchen. Als ich schließlich meinen Doktor gemacht hatte und selbst unterrichtete, war mein Verstand stärker noch als mein Körper in der Kunst der Selbstverteidigung ausgebildet. Als Professor war ich tagtäglich in Scharmützel mit Kollegen und Studenten verwickelt. Ich beherrschte den universitären Wettbewerb gut, genoß die diversen Machtspielchen und war fest entschlossen, als Sieger daraus hervorzugehen. Mir fiel kaum auf, daß ich im Lauf der Jahre allmählich allen anderen gegenüber eine stets kampfbereite Einstellung hatte – im Denken wie in der äußeren Haltung ein Krieger. Ich konnte sehr viel besser kämpfen als staunen oder lieben.

Werkzeuge der Gewalt

Warum hat uns das Geschlecht, dem wir die Sixtinische Kapelle verdanken, an den Rand des Weltuntergangs gebracht? Warum haben die Besten und Begabtesten ihre Intelligenz, Phantasie und Energie nur dazu benutzt, eine Welt zu erschaffen, in der Hunger und Krieg weiter verbreitet sind als in der Steinzeit?

Warum ist die Geschichte dessen, was wir als »Fortschritt« zu bezeichnen wagen, von einer Zunahme des menschlichen Leidens gekennzeichnet?

Kann es sein, daß die Männer dazu vorherbestimmt sind, habsüchtig, aggressiv und brutal zu sein? Treibt uns irgendein Gen blind in feindliches egoistisches Agieren hinein? Ist die Geschichte von Kain und Abel in unsere Erbsubstanz eingeprägt? Verdammt uns ein Zuviel an Testosteron zu Gewalt und frühen Herzattacken?

Da die Männer immer schon den bedeutendsten Anteil an der Ausübung von Gewalt hatten, ist es eine Versuchung, der Biologie die Schuld zuzuschieben und zu folgern, daß das Problem in einem fehlerhaften Entwurf der Natur liegt und nicht unserer Entscheidung untersteht. Aber alle deterministischen Erklärungen ignorieren, was auf der Hand liegt: Die Männer werden systematisch dazu konditioniert, Schmerzen zu ertragen, zu töten und ihr Leben für ihren Stamm, ihr Volk oder ihr Land hinzugeben. Die männliche Mentalität ist in allererster Linie eine Kriegermentalität. Nichts prägt uns so sehr wie die gesellschaftliche Forderung, uns zu Spezialisten der Machtausübung und Gewalt auszubilden oder, wie wir es euphemistisch bezeichnen, der »Verteidigung«. Historisch gesehen ist der Hauptunterschied zwischen Männern und Frauen, daß man immer von den Männern erwartet, daß sie im Notfall auf Gewalt zurückgreifen können. Die Fähigkeit und Bereitschaft zur Gewalt hat in unserer Selbstdefinition immer eine zentrale Rolle gespielt. Die männliche Psyche ist nicht in dem rationalen »Ich denke, also bin ich« verankert, sondern beruht auf dem irrationalen »Ich siege, also bin ich.«

Was früher Notfall war, ist heute zur Norm geworden, denn wir lassen zu, daß der Staat die Macht hat, in das Leben junger Männer einzugreifen, indem er sie zur Armee einzieht und sie in das Ritual der Gewalt einweiht. Dazu passen die Klischees, die sich als Weisheiten ausgeben, wie: »Die Armee wird einen Mann aus dir machen« und »Einmal im Leben muß ein Mann in den Krieg ziehen«.

Zur Armee oder, falls man einer der »wenigen Glücklichen« ist, zu den Marineinfanteristen eingezogen zu werden, bringt den gleichen systematischen Zerstörungsprozeß der Individualität mit sich, der die Initiation bei den Naturvölkern begleitet.

Der rasierte Schädel, die Uniform, die schikanösen Ausbilder, die physischen und emotionalen Zerreißproben im Rekrutencamp dienen dazu, den Willen des Individuums zu brechen und dem Rekruten beizubringen, daß es nicht die höchste Mannestugend sei, sich eine eigene Meinung zu bilden, sondern seinen Vorgesetzten zu gehorchen. Statt der Stimme des Gewissens zu folgen, soll man Befehle befolgen. Wie die Rituale in allen Kriegergesellschaften dient auch hier alles dazu, daß Männer die Wertschätzung von allem, was hart ist, übernehmen und alles zu verachten lernen, was »feminin« und gefühlvoll ist. So klar und eindeutig wie beim Militär erlernt man sonst nirgendwo die primitive Maxime, daß der einzelne sich dem Willen der Gruppe, repräsentiert durch die Obrigkeit, bis zur Selbstaufgabe unterordnen muß.

Bei der mythischen Initiation identifiziert sich der Neuling mit den Stammeshelden. Die Heldensagen geben das Muster vor, das sich dann auch über sein eigenes Erleben stülpt. Daß diese mythisch-mystische Art der Initiation noch immer in unseren sogenannten modernen Köpfen geistert, kann man an den ständig wiederkehrenden Hinweisen auf John Wayne, den großen amerikanischen Helden, in der Vietnamkriegsliteratur ablesen. »Der Krieg wurde durch riesige Plakate bekanntgegeben wie eine Art Männlichkeitsprobe im Stile eines Knall-sie-ab-Western mit John Wayne… Vor meinem inneren Auge blitzten immer wieder Szenen aus John-Wayne-Filmen auf, in denen ich die Hauptrolle spielte… Man kennt ja die Bösen und die Guten aus dem Fernsehen und den Filmen… Ich wollte den Bösewicht umbringen.«[4] Die ersten Christen lernten, daß ein authentisches Leben eine »Nachfolge Christi« sei; wer in die Mysterienkulte eingeweiht wurde, wurde zum Gott Dionysos – und die netten amerikanischen Jungs wurden in der Schlacht zu John Wayne, dem sagenhaften Mann, den die Medien zum unsterblichen Gott erhoben hatten.

In den letzten viertausend Jahren ist die Feuertaufe das große männliche Initiationsritual gewesen. Die rote Tapferkeitsmedaille [so der mehrdeutige Titel eines berühmten amerikanischen Kriegsromans von Stephen Crane, Anm. d. Übers.] zu gewinnen, war ein Zeichen der Männlichkeit. In seiner Vietnam-Reportage stellt Phillip Caputo diese Tradition in klassischer Form dar: »Vor dem Feuergefecht trafen auf diese Marineinfanteristen

58

beide Bedeutungen des Wortes Infanterie zu, das eine mit der Waffe in der Hand zu Fuß kämpfende Truppe bezeichnet, worin aber auch ›Infanten‹ steckt – also Kinder, Knaben, junge Menschen. Der Unterschied lag darin, daß die zweite Definition hinterher nicht länger auf sie angewendet werden konnte. Nachdem sie das höchste Sakrament des Krieges empfangen hatten, die Feuertaufe, lag ihre Kindheit hinter ihnen. Damals dachten weder sie noch ich in dieser Weise darüber. Wir sagten nicht zu uns selbst: Wir haben unter Feuer gestanden, wir haben Blut vergossen, jetzt sind wir Männer. Wir waren uns nur auf eine Weise, die wir nicht in Worten ausdrücken konnten, bewußt, daß etwas Bedeutsames geschehen war.«[5]

Obwohl nur eine Minderheit der Männer tatsächlich den Dienst in der Armee ableistet und noch weniger in die Bruderschaft derer, die getötet haben, initiiert werden, hinterlassen der Krieg und die militärischen Tugenden ihre Spuren bei allen Männern. Wir alle fragen uns: Bin ich ein Mann? Könnte ich töten? Würde ich tapfer sein, wenn es zum Ernstfall käme? Welche Rolle spielt es, ob ich je wirklich getötet habe oder in Gefahr war, getötet zu werden? Würdest du mich höher oder geringer einschätzen, wenn ich die Feuerprobe bestanden hätte? Würde ich selbst mehr oder weniger von mir halten? Was für ein besonderes Mysterium umgibt den Initiierten, den Kriegsveteranen? Welche Anerkennung der Männlichkeit kann es mit dem »Purple Heart« [amer. Verwundetenabzeichen] oder der Ehrenmedaille des amerikanischen Kongresses aufnehmen?

Der kulturellen Prägung zum Erobern, Töten oder Sterben kann sich kein Mann entziehen, auch der sogenannte Waschlappen nicht. Schon sehr früh im Leben lernt ein Junge, daß er zum Kämpfen bereit sein muß, wenn man ihn nicht als Weichling, als Mädchen bezeichnen soll. Viele der kreativen Männer, die ich kenne, waren Waschlappen. Sie waren zu sensibel, vielleicht auch zu mitfühlend, um zu kämpfen. Und die meisten von ihnen wuchsen mit einem unbestimmten Unterlegenheitsgefühl heran, als ob sie die Männlichkeitsprobe nicht bestanden hätten. Ich habe den Verdacht, daß viele Schriftsteller noch heute den Rauhbeinen aus ihrer Kindheit beweisen wollen, daß die Feder doch mächtiger als das Schwert ist. Die Probe hat uns geformt, ob wir sie nun bestanden haben oder durchgefallen sind.

Wir sind alle Kriegsversehrte.

Die Kriegermentalität

Um die Männer zu verstehen und die verwickelten Beziehungen, die zwischen Männern und Frauen bestehen, müssen wir uns ansehen, was mit einem Mann geschieht, dessen Geist, Körper und Seele von der gesellschaftlichen Erwartung durchdrungen ist, daß er zum Leiden, Sterben und Töten bereit sein muß, um die Menschen, die er liebt, zu beschützen.

Dies sind nicht die üblichen Themen, die wir sonst betrachten, wenn wir über Männer nachdenken. Warum nicht? Warum befassen wir uns nur so selten mit dem Gedanken, daß es die Existenz des Krieges ist, die Männer zu dem gemacht hat, was sie sind, statt andersherum? Der Krieg ist ein anerkannter Teil unserer sozialen und psychologischen Kulturwelt, so daß sein folgenschwerer Einfluß auf alles, was wir sind und tun, weitgehend unsichtbar geworden ist. Oder anders gesagt, daß wir an den Krieg gewöhnt sind, hat unserer Einstellung zum Krieg seinen Stempel aufgedrückt, was bedeutet, daß unsere Sichtweise befangen ist, weil wir vom Mythos Krieg umgeben sind. Wir gehen davon aus, daß es Krieg »nun mal geben muß«. Er sei eine unvermeidliche Konsequenz der Machtverhältnisse, die unter Volksstämmen, Volksgruppen und Nationen herrschen. Und da wir, Generation für Generation, unsere Grundeinstellung gegenüber dem Krieg nur selten unter die Lupe nehmen, gehen wir weiterhin in der entscheidenden Frage bezüglich des Kriegs, und was er mit der männlichen und weiblichen Psyche zu tun hat, von falschen Voraussetzungen aus.

Letzthin ist eine neue – und meiner Meinung nach fälschliche – Hoffnung aufgekommen, daß die Frauen genug Macht bekommen könnten, um die Probleme, deren Urheber die Männer sind, zu lösen. Der neue feministische Slogan »Frieden ist matriotisch« deckt in einem einzigen Satz auf, in welchem Maße das Kriegswesen uns alle verhext hat. Er geht nämlich von der gegenteiligen Annahme aus – »Krieg ist patriotisch« –, also ein Problem, an dem die Männer schuld seien. Doch wie wir noch sehen werden, formt das Kriegswesen unglücklicherweise die männliche wie die weibliche Mentalität in gleichem Maße (wenn auch auf entgegengesetzte Weisen). Die Geschichte bietet uns die Chance, Verantwortung zu übernehmen und das zu ändern, was wir bisher als unser Schicksal angesehen haben. Was sie nicht zu bieten hat, sind jungfräuliche Geburten, unbefleckte Helden, schuldlose Erlöser oder moralisch unantastbare Gruppen (die Gläubigen, die Bourgeoisie, die moralische Mehrheit, die Söhne Gottes oder die Töchter der Göttin), deren Unschuld ihnen die Macht verleiht, den Lauf der Dinge in Sekundenschnelle bzw. mit einer einzigen Predigt zu verändern.

Am ehesten können wir darauf hoffen, daß wir erst einmal verstehen, warum es Kriege gibt, und erst dann die Jahrhundertaufgabe auf uns nehmen, das Kriegswesen Stück für Stück abzubauen.

Die moderne Psychologie hat uns zwei großartige intellektuelle Werkzeuge an die Hand gegeben, die uns die Kriegermentalität verständlich machen: Freuds Idee von den »Abwehrmechanismen« und Wilhelm Reichs Vorstellung vom »Charakterpanzer«.

Freud war der Meinung, daß seine Darstellung der menschlichen Psyche objektiv, empirisch, wissenschaftlich und allgemeingültig sei. Aber gerade mit dieser Annahme, daß seine eigenen Theorien nicht durch seine Zeit und die gesellschaftlichen Umstände konditioniert seien, war er ein Produkt seiner Zeit. Wie die meisten Wissenschaftler des 19. Jahrhunderts ging er davon aus, daß er die Realität sozusagen aus göttlicher Perspektive betrachten konnte – so wie sie wirklich ist. Aber Freud ist für uns am interessantesten und nützlichsten, wenn wir die Psychologie nicht als Beschreibung einer unveränderlichen Struktur der menschlichen Psyche ansehen, sondern als Psychogramm betrachten, das aufzeigt, wie das Denken und Fühlen von Männern wie Frauen durch das Kriegswesen bestimmt worden ist. Seine Darstellung des Ichs weist unbeabsichtigt Züge der Kriegermentalität auf. Die psychische Landschaft, die er beschreibt, gleicht der politischen Landschaft, die Matthew Arnold in dem Gedicht »Dover Beach« beschrieben hat, nämlich der eines Schlachtfeldes, wo »unwissende Armeen im Dunkel der Nacht aufeinanderprallen«.

Nach Freud gleicht die Psyche einer Nation im kleinen, deren Aufbau der Abwehr von wirklichen oder phantasierten Bedrohungen von außen und von innen dient. Sie ist der Schauplatz eines andauernden Kampfes, in dem das bis zu den Zähnen bewaffnete Ich sich ständig gegen die himmlischen Heerscharen und moralistischen Truppen des Über-Ich wie auch die dunklen Mächte der libidinösen Unterwelt verteidigt. Selbst im gesunden Individuum findet ein ständiger Kampf statt zwischen den instinkthaften Trieben, die den Organismus zu ihrer Befriedigung hindrängen, einerseits und den zur Abwehr mobilisierten Schutztruppen, die deren Auftreten und Erfüllung unterdrücken, andererseits.

Die Waffen, die in diesem Kampf gebraucht werden, sind die sogenannten Abwehrmechanismen. Sie sind zwar sehr ausgefeilt, doch werden sie zumeist automatisch angewendet, ohne daß man davon Notiz nimmt. In der Tat funktionieren die Abwehrmechanismen – wie der Propagandaapparat eines modernen Staates – am besten, wenn sie als Zensoren auftreten und die Wahrnehmung der tatsächlichen (mehrdeutigen) Situation des Ich zensieren. Sie nähren beruhigende Illusionen und halten unangenehme Realitäten vom Bewußtsein fern.

Betrachten Sie die offensichtlichen Parallelen zwischen dem Modus operandi eines kriegführenden Staates und einigen der Abwehrmechanismen, die für Freud das Waffenarsenal zur Verteidigung des Ich darstellen:[6]

Verdrängung, »die Aussperrung einer angstmachenden Vorstellung und des damit verbundenen Gefühls aus dem Bewußtsein«, ähnelt unserer Verdrängung des Völkermords an den Indianern und des daraus folgenden angemessenen Schuldgefühls.

Isolation, die Trennung angemessener Gefühle von den dazugehörigen Ideen, wird an unserer Gewohnheit, ohne Beunruhigung an eine atomare Vernichtung zu denken, sichtbar.

Reaktionsbildung, »der Ersatz eines unerwünschten Impulses durch eine extrem entgegengesetzte Verhaltensweise« ist am Werk, wenn die MX-Rakete den Namen »the peacekeeper«, der Friedenserhalter, bekommt.

Verschiebung, bei der ein unakzeptabler Wunsch vom ursprünglichen Objekt auf ein weniger gefährliches Objekt verlagert wird, tritt z. B. auf, wenn ein Mann eine Frau vergewaltigt, um seine Wut auf seine Mutter oder auf die Autoritäten, die die »feminen« Seiten seines Ich brutal behandelten, an ihr abzureagieren.

Projektion, also die Zuschreibung von eigenen gefürchteten Impulsen auf einen anderen, ermöglicht es uns zu behaupten, daß der Feind unseren Untergang plane.

Verleugnung, der Versuch etwas Angstmachendes von vornherein gar nicht erst wahrzunehmen, zeigt sich darin, daß wir uns vormachen, es sei möglich, Atomwaffen gegen einen Feind zu gebrauchen, ohne uns selbst zu zerstören.

Rationalisierung, scheinbar rationale Begründungen von Handlungen, die unseren unterdrückten Triebimpulsen entspringen, gebrauchen wir, wenn wir z. B. der Welt verkünden: »Wir haben den Contras nur deshalb Waffen gegeben, weil wir ihnen zur Freiheit verhelfen wollten, und nicht, weil wir Mittelamerika dominieren wollen.«

Wilhelm Reich gab der Vorstellung von den Abwehrmechanismen noch einen besonderen Dreh. Es manifestiere sich nicht nur seelisch, sondern auch körperlich, daß wir in einer Atmosphäre von Bedrohung und Gewalt leben. Wenn wir Gefahr wittern, macht sich der Körper sogleich für Kampf oder Flucht bereit, Drüsen und Muskulatur schalten auf Ausnahmezustand um. Adrenalin strömt durch unser System, das Herz schlägt schneller, und wir nehmen eine Körperhaltung der »Alarmstufe Eins« ein. Beim natürlichen Verlauf der Dinge ist eine Bedrohung etwas, was kommt und auch wieder geht, ein Löwe z. B. kommt näher und zieht sich entweder wieder zurück oder er wird getötet. Aber eine Kultur, die sich im Krieg befindet oder die sich ständig auf einen möglichen Krieg vorbereitet, setzt alles daran, bei den Bürgern, insbesondere den männlichen, den Eindruck zu erwecken, daß die Bedrohung durch den Feind konstant sei und man deshalb nie in der Wachsamkeit nachlassen dürfe. »Ewige Wachsamkeit ist der Preis der Freiheit.« So schaffen sich die zu Kriegern bestimmten Männer allmählich einen »Charakterpanzer« an, eine Art von Muskelverspannung und -verfestigung, die sie auf die Dauer in einer Haltung erstarren läßt, die nur für den Kampf angemessen ist – die Schultern sind zurückgenommen, die Brust vorgewölbt, der Bauch eingezogen, der Schließmuskel zusammengekniffen, die Hoden sind so weit wie möglich nach oben in den Körper gezogen, die Augen schmal, die Atmung flach und ängstlich, der Herzschlag beschleunigt, das Testosteron auf vollen Touren fließend. Der Körper des Kriegers ist ständig in Hochspannung, kampfbereit.

Vor ein paar Tagen war ich eines Nachmittags Zeuge, wie in meinem Nachbargarten die erste Phase der Erziehung zum Krieger ablief. Zwei Jungen, vier und sechs Jahre alt, schaukelten an einem Seil, das von einem dicken Ast an einer alten Pappel herabhing. Eine Zeitlang wechselten sie sich regelmäßig ab, aber dann riß der größere Junge die Macht an sich und fing an, die Schaukel für sich allein in Beschlag zu nehmen. Der kleine Junge protestierte: »Ich bin dran« und versuchte, das Seil zu sich zu ziehen. »Hau ab!« schrie der Große und stieß den Kleinen heftig zu Boden. Der kleine Mann kam mühsam wieder auf die Beine, seine Backen zitterten, und er kämpfte mit den Tränen, aber er sagte trotzig: »Hat ja gar nicht weh getan.«

Wenn man einen Mann (oder eine Frau) dazu konditioniert, Aggressionen mehr als alles andere zu schätzen, dann wird man einen Charakter erschaffen, dem es von allen Gefühlen am leichtesten fällt, Zorn auszudrücken.

Wenn man eine Frau (oder einen Mann) dazu konditioniert, Unterwerfung höher zu bewerten als alle anderen Haltungen, dann wird man einen Charakter erzeugen, dem es am leichtesten fällt, Traurigkeit zu zeigen.

Je nachdem, welchen Standpunkt man einmal einnimmt, kann die Aggression die größte Stärke oder die größte Untugend eines Mannes sein. Falls das Erobern und Herrschen unsere Bestimmung ist, ist sie der wichtigste Antrieb. Ist es aber unsere Bestimmung, in Harmonie miteinander zu leben, dann ist sie ein übles Erbe unserer animalischen Vergangenheit. Vielleicht ist Aggression aber auch nur die zielgerichtete Energie, die ebenso leicht dazu benutzt werden kann, ein Krankenhaus zu bauen wie einen Krieg zu führen.

Die Forschung hat uns gezeigt, daß es nicht Aggression an sich ist, die Persönlichkeiten des Typus A zu Herzanfällen prädisponiert, sondern Aggression, die mit Feindseligkeit vermischt ist. Unglücklicherweise fällt es den meisten Männern, die ja noch Neulinge in der Selbstreflexion sind, schwer, Aggression von Wut zu unterscheiden. Die gesellschaftlichen Kräfte, die den Mann darin bestärken, einen eisernen Willen zu zeigen und leistungsbewußt und extravertiert zu sein, schaffen damit gleichermaßen die Voraussetzungen dafür, daß er ungemein erfolgreich, aber auch das Opfer einer Herzattacke werden kann. (Und warum »attackiert« das Herz eines Menschen, wenn nicht aus dem Grund, daß dieser ein Feind seines eigenen Herzens geworden ist? Und warum attackiert es ihn am häufigsten am Montagmorgen um neun Uhr?)[7] Man könnte durchaus die Meinung vertreten, daß die Tatsache, daß die Männer im Durchschnitt sieben bis neun Jahre vor den Frauen sterben, mit den Gefühlen, den Verhaltensweisen und dem Charakterpanzer zusammenhängt, die zur Kriegermentalität gehören. Statistisch gesehen hat die traditionelle weibliche Haltung der Unterwürfigkeit einen größeren Überlebenswert als die traditionell männliche Haltung der Aggression. Den Sanftmütigen gehört die Erde ein Jahrzehnt länger als den Konquistadoren. Die Männer zahlen einen hohen Preis für das Privileg der Dominanz. Je mehr sich die Frauen allerdings auch auf die Schauplätze begeben, wo Wettbewerb und Eroberung die höchsten Tugenden darstellen, desto wahrscheinlicher wird es, daß auch sie sich mit einem Charakterpanzer rüsten und ihre Krankheitsbilder denen der Männer immer ähnlicher werden.

Für die Seele gilt nicht weniger als für Maschinen »Die Form folgt der Funktion«. Daher wird das durch das Kriegswesen bestimmte Denken/Fühlen/Handeln eines Mannes notwendigerweise durch Konflikt, Wettbewerb und Kampf, die entweder bereits stattfinden oder auf die man sich vorbereitet, geprägt. Hier folgen einige der typischen Kennzeichen der Kriegermentalität:

- Eine dramatische, heldenhafte Haltung. Die Welt des Kriegers ist nach einem der ältesten dramatischen Prinzipien aufgebaut – dem Konflikt zwischen einem Antagonisten und einem Protagonisten, einem Helden und einem Schurken. Sie ist prallvoll von Stoffen, aus denen spannende Geschichten gemacht werden: Entscheidungsschlachten, verwegene Taten, Siege und Niederlagen. Und voller heftiger Emotionen: Haß und Liebe, Loyalität und Verrat, Mut und Feigheit. Es ist kein Zufall, daß wir vom Kriegs-»Schauplatz« sprechen. Der Krieger findet den Sinn seines Lebens darin, eine Rolle im kosmischen Ringen zwischen Gut und Böse zu spielen.
- Willenskraft, Entscheidungsfreude und Handeln. Dagegen ist kaum Gelegenheit zu Kontemplation, Kunstverständnis und Genuß gegeben. Die Kriegermentalität hat sich dem strategischen Denken verschrieben, d. h. der Verstand setzt sich Ziele und entwickelt dann die nötigen Mittel, um sie herbeizuführen. Dieses Denken fragt vor allem »Wie?« und nicht »Warum?«.
- Eine von der ständigen Todesgefahr herrührende Lust am Abenteuer, an der Gefahr, am Dasein. Viele Männer, die im

Krieg waren, bekennen, daß es trotz allem Schrecklichen die einzige Zeit in ihrem Leben war, in der sie sich wirklich lebendig gefühlt haben. Der Krieger leugnet den Tod, lebt mit der Illusion der eigenen Unverwundbarkeit und Unsterblichkeit, weil er ja ein Teil des Armeekorps ist, der Bruderschaft von Walhalla. Der Krieger befindet sich ständig in einem erregten Zustand, weil er immer in Gefahr schwebt, eines gewaltsamen Todes zu sterben. So lernt er die Angst (und den Mut), die dazu gehört, sein Leben mit der Aussicht auf einen ganz normalen Tod kreativ leben zu müssen, nie kennen.

- Die Gleichsetzung von Handeln mit Stärkezeigen. Wenn die Politik an einem Punkt angelangt ist, wo nichts mehr geht, dann denkt der Krieger als erstes an Gewaltanwendung. So wirft das Schreckgespenst der Ohnmacht immer seinen Schatten auf den Krieger. Er fühlt sich ständig gezwungen zu beweisen, wie mächtig er ist, und das tut er durch seine Bereitschaft zur Gewaltanwendung, aktiv wie passiv.

- Eine paranoide Weltanschauung. Der Krieger zeichnet sich durch eine negative Identität aus; sein Leben ist immer gegen den Feind, den Rivalen, den Konkurrenten ausgerichtet. Mit anderen geht er nur zusammen, wenn er im Sinn hat, sie zu Verbündeten im Kampf gegen einen gemeinsamen Feind zu machen.

- Schwarzweißdenken. Je mehr sich ein Konflikt zuspitzt, desto gröber vereinfachen wir die strittigen Themen und desto mehr sieben wir alle Informationen, bis alles, was nicht relevant für den Sieg ist, hinten herunterfällt. Wahrnehmung und Denken des Kriegers beschränken sich auf Klischees, die den Feind zu einem Gebilde machen, das ohne Reue besiegt oder getötet werden kann. In der Hitze des Gefechts heißt es nur noch: Töten oder getötet werden; wer nicht für uns ist, ist gegen uns.

- Das Verdrängen von Angst, Mitgefühl und Schuld. Die Kriegermentalität produziert automatisch eine Propaganda, die ihr moralische Selbstgerechtigkeit ermöglicht, indem sie dem Feind alle Schuld anlastet.

- Zwanghaftes Rangbewußtsein und Hierarchiedenken. Das Militär ist auf der Basis einer Befehlshierarchie und dem Zwang zur Unterwerfung aufgebaut; es beruht auf einer Hackordnung, bei der der gemeine Soldat dem Unteroffizier gehorcht, dieser wiederum dem Feldwebel usw. In so einer Welt schränkt der Dienstgrad die Verantwortung ein. Weil Gehorsam vorgeschrieben ist, steht es jedem offen, sich hinter einer Begründung zu verstecken, die die grundsätzliche Freiheit des Individuums verleugnet: »Ich habe nur Befehle befolgt, nichts als meine Pflicht getan.«

• Die Herabsetzung des Weiblichen. In dem Maße wie eine Kultur durch das Kriegswesen regiert wird, reduziert sie die Frauen zu Bürgern zweiter Klasse, deren Funktion es vor allem ist, die Krieger zu bedienen. (Siehe auch Gegenüberstellung auf den Seiten 72 und 73.)

Kanonenfutter, Massenvergewaltigung und der Krieg

Während der letzten Generation hat uns Women's Lib, die Frauenbefreiungsbewegung, bewußt gemacht, in welchem Maße die Frauen Opfer männlicher Gewalt waren. Nach neueren Schätzungen[8] werden in den USA drei von vier Frauen im Laufe ihres Lebens Opfer wenigstens eines Gewaltverbrechens. Alle 18 Stunden wird eine Frau geschlagen, und die Vergewaltigungsrate ist dreizehnmal höher als in Großbritannien. Wenn wir einmal von der Theorie absehen, daß die Gewalttätigkeit der Männer ihrer angeborenen Sündhaftigkeit anzulasten sei, finden wir nur dann eine plausible Erklärung für die Bereitschaft, Frauen brutal zu behandeln, wenn wir uns über die Ursachen für die männliche Gewaltanwendung klar sind. Wie es so schön im Computerjargon heißt: »Garbage in, garbage out« (Wo Blödsinn eingegeben wird, kann auch nur Blödsinn herauskommen), so gilt auch hier: Gewalt rein, Gewalt raus. Die Männer sind gewalttätig, weil ihnen systematisch Gewalt angetan wird. Weil sie körperlich und seelisch verletzt werden, werden Verletzende aus ihnen. Insgesamt ist die männliche Gewalttätigkeit gegenüber Frauen sehr viel geringer als die Gewalttätigkeit der Männer untereinander. Zum Beispiel berichtet das FBI, daß bei den rund 21500 Mordtaten, die 1989 in den USA verübt wurden, zwei Drittel der Opfer Männer waren. Wir haben uns bisher der Einsicht verweigert, daß diese Gewalttaten ein struktureller Bestandteil eines Systems sind, in dem bewaffnete Auseinandersetzungen gang und gäbe sind, denn das Führen von Kriegen macht sowohl Männer wie Frauen zu Opfern.

Seit es den totalen Krieg und die Atomwaffen gibt, sind auch Frauen und Kinder gezwungen, mit der drohenden Vernichtung vor Augen leben zu müssen – eine Bürde, die die Männer schon immer, in Friedenszeiten wie im Krieg, gespürt haben. Die Gesetze des Krieges erforderten es früher, Krieger notfalls zu opfern, während es Pflicht war, Frauen und Kinder mit dem Schild zu schützen. Zugegeben, die Unantastbarkeit der Unschuldigen wurde im Krieg ebensooft verletzt wie respektiert. Worauf ich hinaus will: Es ist niemals auch nur angedeutet worden, daß das Leben der Männer den gleichen Anspruch auf Unversehrtheit und Schutz hat, der zumindest in der Theorie Frauen und Kindern zugestanden wurde. Wir halten es für falsch, Frauen und Kinder zu töten, aber Männer sind legitime Kandidaten für ein systematisches Abschlachten – Kanonenfutter.

Jeder Mann ist »der Mandschurische Kandidat«, ein hypnotisierter Handlanger des Staates, der darauf wartet, mit dem Trompetenstoß »Pflicht, Ehre, Patriotismus« zu den Waffen gerufen zu werden. Während die offizielle Geschichtsschreibung den Ruhm des Feldzugs besingt, hüten die Männer schon seit ihrer Kindheit das geheime Wissen, daß es auf den Schlachtfeldern eher blutig als ruhmreich zugeht. Als ich ein Junge war, las ich die Namen auf den bronzenen Gefallenentafeln in den Kirchen und Gedenkstätten und stellte mir vor, wie es wohl für »Harvey Jackson 1927–1945« gewesen war, als Junge von achtzehn Jahren im Schlamm einer fernen Insel im Pazifik zu sterben. Und wir alle sahen die zu Krüppeln geschossenen Kriegsversehrten, die einzig ihre Kriegsgeschichten hatten, um sich vor Bitterkeit und Verzweiflung abzuschirmen, und wir überlegten, ob wir mit solchen unheilbaren Wunden noch den Willen zum Weiterleben hätten.

Die Verwundungen, die Männer erleiden, und die Narben, die die Aussicht, daß man jederzeit auf dem Schlachtfeld geopfert werden kann, in der Seele hinterläßt, sind ebenso schrecklich wie die sehr reale Furcht vor Vergewaltigung, unter der die Frauen leiden. Wenn Sie sich vorstellen, Sie schwebten in tausend Kilometer Höhe über unserem Planeten und betrachteten aus dieser olympischen Perspektive die Geschichte, dann müssen Sie zu der Folgerung kommen, daß in Gesellschaften, in denen das politische Leben sich um ein Kriegssystem herum organisiert, die Männer ebenso viele Schmerzen ertragen wie die Frauen. Unsere Körper werden verletzt, wir werden buchstäblich abgeschlachtet und verstümmelt, und falls wir die Schlachten überleben, sind wir mit einer Blutschuld belastet. Wenn wir, Männer wie Frauen, den Krieg akzeptieren, dann kommt das einem unausgesprochenen Einverständnis gleich, Körperverletzungen unseren Segen zu geben – ob es sich nun um die Vergewaltigung von Frauen durch Männer, die dazu konditioniert worden sind, »Krieger« zu sein, handelt oder um die Massenvergewaltigung von Männern durch die Brutalität des Krieges. Solange die Frauen nicht bereit sind, wegen der systematischen Gewalt, die den Männern durch die Kriege an Körper und Seele angetan wird, Tränen zu vergießen und ihren Teil der Verantwortung zu übernehmen, solange ist es unwahrscheinlich, daß die Männer genug von ihrem Schuldgefühl verlieren und genug Sensibilität wiedergewinnen, um für die Frauen zu weinen und sich dafür verantwortlich zu fühlen, daß sie Vergewaltigungen erleiden und daß sie dazu gezwungen werden, eine demütigende ökonomische Ungleichbehandlung zu ertragen.

Wenn wir den Männern insgesamt im Guten wie im Schlechten Gerechtigkeit widerfahren lassen wollen, dann müssen wir uns daran erinnern, daß die meisten Männer, die in den Krieg zogen, Blut vergossen und ihr Leben geopfert haben, davon überzeugt waren, daß dies die einzige Möglichkeit sei, die Menschen, die sie liebten, zu verteidigen. Schließlich wurde seit Jahrtausenden den Männern die schmutzige Arbeit des Tötens zugewiesen, und ihr Körper und ihr Geist wurden zu diesem Zweck zu einer Waffe geschmiedet. Es ist gut und schön, auf die Unsinnigkeit des Krieges hinzuweisen und die Anwendung von Gewalt zu beklagen. Aber in Ermangelung einer utopischen Welt, in der es weder Habgier, Mangel, Verrücktheit noch Böswilligkeit gibt, muß jemand dazu bereit sein, zur Waffe zu greifen und den Kampf mit dem Bösen aufzunehmen. Wir gehen am Thema vorbei, wenn wir nicht sehen wollen, daß die Mannhaftigkeit traditionsgemäß eine selbstlose Großmut, die bis zur Selbstaufopferung ging, erforderte. »Um seine Familie zu ernähren, muß der Mann fortgehen, auf die Jagd oder in den Krieg; um zärtlich zu sein, muß er hart genug sein, Feinde abzuwehren; um

großzügig zu sein, muß er selbstsüchtig genug sein, Güter anzuhäufen, was oft bedeutet, sich gegen andere durchzusetzen; um
sanft zu sein, muß er erst stark, sogar rücksichtslos angesichts
von Feinden sein, und um zu lieben, muß er aggressiv genug sein,
um einer Frau den Hof zu machen, sie zu ›erobern‹ und zur Ehefrau zu ›gewinnen‹.« [9] Es war eine historische Notwendigkeit
und weder angeborene Härte noch ein Hang zur Grausamkeit,
die dazu geführt hat, daß die Männlichkeit zu einem leeren
Schneckenhaus wurde, zu einer bloßen Hülle aus Muskeln und
Willenskraft, die sich um ein Vakuum herumwindet.

Was ich über den Krieg und die Kriegermentalität gesagt habe,
ist meiner Meinung nach größtenteils richtig. Aber aus irgendeiner primitiven Tiefe meines Inneren meldet sich noch eine andere Stimme zu Worte, die Stimme des stolzen Kriegers. Sie ist
mir zuerst in einem Traum begegnet:

Ich steige in einen dunklen, rauchigen Keller hinab, wo ich in
eines der Mysterien der Männlichkeit eingeweiht werden soll.
Als ich den Raum betrete, sehe ich lauter Männer, die rund um
einen Ring sitzen, in dem zwei Männer miteinander kämpfen.
Ich sehe zu, wie sich die Kämpfer gegenseitig mit den Fäusten
bearbeiten, aber meine Faszination verwandelt sich in Abscheu,
als sie Messer ziehen und beginnen, sich gegenseitig damit zu
zerfleischen. Es fließt Blut. Dann sticht der eine Kämpfer den
anderen nieder und tötet ihn. Von Entsetzen und moralischer
Empörung erfüllt, stürze ich aus dem Raum und zeige den Vor-
fall bei der Polizei an.

Als ich aus diesem Traum hochschreckte, war ich in Angst-
schweiß gebadet und konnte nicht wieder einschlafen. Beim
Nachdenken über den Traum wurde mir klar, daß ich der
»Gute«, der moralisch urteilende Beobachter war und die
Kämpfer die »Bösen«. Während ich mich hin und her wälzte,
kam mir der Gedanke, das Experiment zu machen und die
Traumrollen zu vertauschen, indem ich mich in einen der Kämpfer verwandelte. Schließlich war es mein eigener Traum, und alle
Personen, die darin auftraten, waren ein Teil meiner selbst. Sobald ich mich in die Körper der kämpfenden Männer hineinver-
setzte, verflog meine Angst, und statt dessen erfüllte mich ein
Gefühl der Kraft und Hochgestimmtheit. Ich befand mich mitten in der Ekstase des Schlägeausteilens und Geschlagenwer-
dens, das Kampffieber hatte mich gepackt. Ich war nicht mehr

der moralische Beobachter, sondern der Krieger, der total im Kampf ums Überleben aufgeht. Und ich spürte keine Schmerzen, sondern eine starke animalische Kraft, rohen Mut und die starke Überzeugung, daß ich, wenn es um mein Leben ginge, mit jeder Faser kämpfen würde.

Seit diesem Bluttraum sind zwanzig Jahre vergangen, aber er steht mir noch heute lebhaft vor Augen, weil er eine Veränderung in der Tiefe meines Wesens signalisierte. Er brachte mich mit dem Animalischen in mir in Berührung, mit dem Tier, das um sein Leben kämpft, wenn es bedroht wird. Er teilte mir mit, daß ich zwar eine Moral hatte, aber zugleich auch zu der primitiven amoralischen Gewalt fähig war, die für das Überleben notwendig ist. Nach diesem Traum fiel ein Gutteil meiner Angst, der Paranoia und des Gefühls der Verletzlichkeit von mir ab, denn ich wußte jetzt, daß ich mich instinktiv verteidigen würde, wenn ich angegriffen würde.

Das ist das Dilemma, dem ein sensibler Mann ins Auge sehen muß: Solange die Welt nicht vollkommen ist, kann sich der Krieger nicht völlig zur Ruhe setzen. Noch immer gehören Sanftheit und Wildheit zu einem ganzen Mann.

DER KRIEGER

Ich-Ideal Bewußt:	Schatten Unbewußt:
Es wird von ihm erwartet, daß er beschützt, leidet, tötet und stirbt. Sein Körper und sein Charakter werden gestählt, um ihm das Kämpfen zu ermöglichen.	Er ist gesundheitlich anfällig, und seine Verletzlichkeit und Sterblichkeit machen ihm Angst.
Im Mittelpunkt seiner Psyche stehen Vernunft und Willenskraft. Er verkörpert Geist und Verstand.	Launisch, kann nicht gut mit Gefühlen umgehen.
Er ist dominant, grausam, sadistisch.	Verhohlen unterwürfig und passiv.
Seine herausragende Tugend: Kraft.	Er fürchtet sich am meisten vor Impotenz, Ohnmacht.
Er strebt nach Unabhängigkeit, Selbstbestimmung.	Er wird unbewußt von Abhängigkeitsbedürfnissen beherrscht, verhält sich unterwürfig und gehorsam gegenüber Autoritäten.
Er darf zornig sein, aber nicht weinen.	Trauer und Melancholie sind die Ursachen seiner Depressionen.
Er soll mutig, unerschrocken, aggressiv sein.	Er verdrängt seine Angst und Schüchternheit.
Sein Wirkungskreis ist die Öffentlichkeit, die Politik.	Er hat den Bereich des Familiären und Häuslichen aufgegeben.
Er ist extravertiert, praktisch, konzentriert, geradlinig, zielbewußt; schlimmstenfalls zwanghaft und rigide.	Er fürchtet Gefühle, Natur, Frauen, den Tod, alles, was sich seinen Kontrollbemühungen entzieht.
Als Handelnder nimmt er übermäßige Verantwortung und prometheische Schuld auf sich.	Arroganz und Stolz überschatten sein Leben.

Der Krieg gestaltet zwangsläufig den Tanz der Geschlechter. Sobald ein realer Krieg oder die Möglichkeit eines Kriegsausbruchs in unserem Lebenszusammenhang eine Rolle spielt, werden Männer und Frauen in vorgegebene Rollen hineingezwungen. Diese Choreographie des Geschlechterverhältnisses hat die letzte Ära der Geschichte des Menschen beherrscht.[10]

DIE FRAU

Ich-Ideal Bewußt:	*Schatten* Unbewußt:
Es wird von ihr erwartet, daß sie inspiriert, nährt, heilt. Ihr Körper und ihr Charakter sind weicher geworden, damit sie fürsorglich sein kann.	Sie ist zäh und erschrickt vor ihrer Stärke.
Im Mittelpunkt ihrer Psyche stehen Gefühl und Empfindungs- vermögen. Sie ist Natur, Körper.	Sie klebt an ihren Vorurteilen, kaum fähig zu diszipliniertem Denken.
Sie ist unterwürfig, gehorsam, masochistisch.	Insgeheim manipulierend und grausam.
Ihre hervorstechende Tugend ist Warmherzigkeit.	Ihre beherrschende Angst ist die vor Frigidität.
Ihr Bestreben gilt menschlichen Beziehungen, Zugehörigkeits- gefühl.	Sie wird unbewußt von rebellie- renden Gefühlen und der Furcht vor Selbstbestimmung und Frei- heit beherrscht.
Sie darf weinen, aber nicht zornig sein.	Groll und Zorn sind die Ursachen ihrer Depressionen.
Sie soll ängstlich, schüchtern, passiv sein.	Sie verdrängt ihre verwegenen Impulse und ihre Aggressionen.
Ihr Aktionsbereich ist privat, häuslich.	Sie hat das Weltliche und Politische aufgegeben.
Sie ist introvertiert, intuitiv, unkonzentriert, zyklisch, prozeßorientiert; schlimmsten- falls ist sie hysterisch und schwächlich.	Sie fürchtet Abstraktion, Ge- schichte, Männer, Machtpolitik, alles, was sich der Logik des Her- zens entzieht.
Als Reagierende wird sie Opfer und Märtyrerin, gibt immer den anderen die Schuld.	Furchtsamkeit und ein niedriges Selbstwertgefühl überschatten ihr Leben.

Kapitel 5
Das Ritual der Arbeit:
Der Mann im Dienst
der Wirtschaft

»Man arbeitet nicht, um zu leben;
man lebt, um zu arbeiten.«
  Max Weber,
  Asketischer Protestantismus und kapitalistischer Geist

Im Sommer 1950 war ich achtzehn, mein Bruder zwanzig, und
wir waren frei und ungebunden, aber völlig pleite. Der einzige
Job, der sich bot, war als Streckenarbeiter bei der Pennsylvania-
Eisenbahnlinie zwischen Wilmington und Marcus Hook zu arbeiten. Damals gab es noch keine Maschinen zum Nivellieren
der Geleise, statt dessen wurde die Arbeit von einer großen
Crew von Leuten gemacht, die mit Preßlufthämmern den Schot-
ter aus der Gleisbettung unter die Bahnschwellen drückten.

Am ersten Montag standen wir früh um fünf auf und zogen
uns alte Jeans und verwaschene Hemden an, weil die anderen
Männer nicht gleich merken sollten, daß wir Studenten waren,
die nur einen Ferienjob brauchten. Unausgeschlafen saßen wir
am Frühstückstisch und aßen, soviel wir nur konnten, packten
dann unser Mittagessen ein – für jeden vier Frühstücksbrote,
Möhren, Obst, Kekse und tiefgefrorener V-8-Saft – und fuhren
mit dem Motorrad meines Bruders zur Arbeit.

Beim Bahndepot übernahm uns der Arbeitsvermittler und
stellte uns dem Vorarbeiter, Dan Pantelone, vor. Zu unserer
Überraschung stellten wir fest, daß wir, abgesehen von Dan und
einem anderen Mann, die einzigen Weißen in der Kolonne waren. Wir bemühten uns, ganz lässig zu wirken, aber wir fielen auf
wie die Jungfrauen im Harem. Allein schon daran, daß wir weder Hüte noch Handschuhe dabeihatten, konnte jedermann sehen, daß wir nicht gewöhnt waren, in der prallen Sonne zu
schuften.

Als wir dann an der Strecke angelangt waren, bekam ich es mit
der Angst zu tun. Beim Anblick der Hacken, Schaufeln, Vor-

schlaghämmer, Stangen und Preßlufthämmer fragte ich mich plötzlich, ob ich überhaupt einen ganzen Tag Arbeit durchhalten könnte. Mir wurde übel, und ich wäre am liebsten nach Hause gegangen. Aber bevor mir irgendeine Ausrede einfiel, mit der ich das Gesicht hätte wahren können, kam der Vorarbeiter herüber und wies mich an, den Männern zu helfen, die die Stahlplatten auswechselten, mit denen die Schienen befestigt waren. Ich bekam einen Vorschlaghammer in die Hand gedrückt und die Anweisung, Angel dabei zu helfen, die Bolzen in die Schwellen zu schlagen. Die Sache sollte wie ein Uhrwerk ablaufen – bum, bum, bum, bum, wobei wir abwechselnd in regelmäßigem Tempo den Bolzen treffen mußten. Das einzige Problem war, daß ich öfter daneben haute als das verdammte Ding zu treffen, und wenn ich es traf, dann öfter mit dem Hammerstiel als mit dem Kopf. Angel, der einundzwanzig war, schwarz, verheiratet, Vater eines Kindes und schon seit vier Jahren bei der Bahn, sah mich mit mehr Toleranz an, als ich erwartet hatte, und sagte: »Keine Sorge, Junge, du wirst das schon packen.« Nach einer halben Stunde bekam ich die ersten Blasen an den Händen, aber ich traf den Nagel jetzt schon bei zwei von drei Malen. »Na bitte, das wird schon, Mann«, sagte Angel. Ich fühlte mich besser, trotz der Blasen und allem.

Die Zeit floß so langsam und zäh dahin wie der Teer auf den Eisenbahnschwellen. Die Mittagspause war wie eine Fata Morgana, die sich auflöste, je stärker die Hitze wurde. Die einzigen Unterbrechungen in der Monotonie waren die kleinen Brisen, die ab und zu vom Delaware-Fluß heraufwehten, und der schrille Pfeifton, mit dem uns der Wächter signalisierte, daß wir die Schienen verlassen mußten und uns fünf Minuten hinsetzen konnten, um einen Zug vorbeizulassen. Schließlich war es zwölf Uhr mittags. Mein Bruder und ich ließen uns nebeneinander am Bahndamm fallen und aßen, ohne mehr als ein paar Worte zu wechseln. »Wie läuft's?« »O. K.« Ich schlief ein und träumte, daß ich am Meer entlangging und in der Abendkühle in die grünen Wellen tauchte. Pünktlich um 12.30 Uhr ertönte das Pfeifsignal.

Am Nachmittag lernten wir die Freuden des Preßlufthammers kennen – ohne Handschuhe. Es ging darum, Steine unter die Schwellen zu drücken, damit die Geleise auf gleichem Niveau blieben. Da zehn Hämmer mit einem einzigen Kompressor verbunden waren, mußte sich die Mannschaft im gleichen Tempo bewegen. Ein einziger langsamer Mann hielt die ganze Kolonne auf, und ich war fest entschlossen, nicht der Trödelheini zu sein. Vom Mittagessen belebt, packte ich den Hammer mit festem Griff und machte mich an die Arbeit. Bevor eine Stunde um war, waren meine Hände so übel zugerichtet, daß ich den Hammer kaum noch heben konnte. Gott sei Dank mußten wir wegen eines langen Güterzugs von den Schienen herunter. Lampkin, ein großer, bedächtig sprechender Mann von fast sechzig, kam herüber und setzte sich neben mich. »Ich will dir mal was sagen, Junge. Halt' den Hammer nicht so fest. Laß ihn locker in der Hand liegen. Und heb ihn nicht hoch, wenn es nicht nötig ist. Lehn' ihn an den Schwellenabsatz und laß ihn die Hauptarbeit tun. Und noch etwas: Fang den Tag nicht schneller an, als du ihn beenden willst. Laß es ruhig angehen. Die Eisenbahn ist noch hier, wenn du längst unter der Erde bist.«

Als eine Ewigkeit später der Feierabend gekommen war, bestiegen wir das Motorrad und genossen den köstlich kühlen Wind in unseren Haaren. Zu Hause ließen wir uns die Wanne ein und aalten uns stundenlang in warmem und kaltem Wasser. Unsere wunden Hände, die bei jeder Berührung weh taten, schwammen wie tote Soldaten rechts und links neben uns. Nach dem Abendessen schliefen wir noch im Wohnzimmer ein.

Irgendwie überstanden wir die Woche. Wir lernten Handschuhe zu tragen, den Hammer nicht so fest zu umklammern, langsam zu gehen und das Tempo zu halten. Freitag um zwölf legten wir die Hämmer hin, holten die langen Stangen aus der Werkzeugkiste und gingen die Schienenstrecke entlang, die wir auf gleiche Höhe gebracht hatten, um sie auszufüttern. Sechzehn Mann steckten Stangen unter die Schienen, um sie solange hin und her zu hebeln, bis sie ausgerichtet waren. Irgendeiner fing an, ein Arbeitslied zu singen, und wir stachen unsere Stangen im gleichen Rhythmus ein und zogen taktmäßig alle zusammen daran. »Sieht so aus (Ziehen) / wenn ich will (Ziehen) / ich bau mein Haus (Ziehen) / in Jacksonville (Ziehen).« In der letzten halben Stunde saßen wir herum und warteten auf den Arbeitsschluß, und alle waren bester Stimmung. »Also, Jungens, schmeißt nicht euer ganzes Geld für Wein und Weiber raus«, sagte Lampkin zu uns. »Was soll das heißen, Lampkin? Die Jungs hier sind richtig hübsch, die brauchen nicht für die Weiber zu bezahlen wie du«, rief Angel. »Da liegst du aber voll daneben, Mann«, gab Lampkin zurück. »Frag mal deine Frau.« Und alles lachte.

Feierabend. Wir braustem heimwärts, badeten und fuhren übers Wochenende an den Strand. Jeder Muskel tat weh. Das Tackern des Preßlufthammers dröhnte noch in unseren Ohren. An unseren Händen zeigten sich aufgegangene Blasen und frische Hornhäute. Aber wir waren ungeheuer stolz auf unsere Blessuren und hegten und pflegten unseren Muskelkater, ganz wie alte Veteranen, die ihre Kriegsorden befingern. Wir hatten mit den Männern gearbeitet, hatten Geld in der Tasche und waren unterwegs, um die Damenwelt in Augenschein zu nehmen!

Das A und O – Arbeit und Selbstwert

Die Vorbereitungen auf den männlichen Arbeitsritus beginnen schon im Vorschulalter. Lange bevor sich ein kleiner Junge vorstellen kann, was »übermorgen« bedeutet, wird er von wohlmeinenden, wenn auch ahnungslosen Erwachsenen gefragt: »Was willst du denn werden, wenn du groß bist?« Er braucht meist nicht lange, um zu merken, daß die Antwort »Ich will ein Pferd sein« Erwachsene nicht befriedigt. Was sie wissen wollen, sind Pläne, wie sie Männer machen; wir sollen sagen, für welche Arbeit, welchen Beruf, welches Studium wir uns entschieden haben – und das im Alter von fünf Jahren! Jungen wird früh beigebracht, daß sie sind, was sie tun. Wenn wir uns später im Flugzeug oder bei einer Cocktail-Party kennenlernen, benutzen wir die gleiche Frage, um das Eis zu brechen: »Was machen Sie denn so?«

Die formale Vorbereitung auf die Männlichkeitsriten findet in einer nicht religiös geprägten Gesellschaft zuerst in den schulischen Einrichtungen statt. Unsere Einführung in die wichtigsten Mythen, die Ideale und das Gesamtrepertoire der Heldensagen wird untrennbar mit dem Bildungsprozeß vermengt. Mein fünfzehnjähriger Neffe drückte es exakter als ein Sozialwissenschaftler aus: »Schulen«, sagte er, »sind dazu da, dich auf eine sitzende Lebensweise vorzubereiten. Du lernst dich darauf einzustellen, in Bürohäusern zu arbeiten, in langen Reihen nebeneinander oder jeder für sich in einer kleinen Zelle zu sitzen, pünktlich zu sein, nicht zu widersprechen und es dir gefallen zu lassen, daß dir jemand Zensuren erteilt.« Von der ersten Klasse an lehren uns die Schulen, uns anhand von anderen zu definieren und unseren Wert an anderen zu messen. Wir lernen, daß die Welt aus Gewinnern und Verlierern, aus »genügend« und »ungenügend« besteht.

Die Spiele, die in dem als Leibeserziehung bezeichneten Fach betrieben werden – Football, Basketball und Baseball –, sind Minischlachten, durch die die Jungen lernen, im Lebenswettkampf gegeneinander anzutreten. Die Anfeuerungsreden vor dem Wettkampf beginnen, ähnlich wie Verkaufsschulungen, mit dem Gebet von Vince Lombardi: »Siegen ist nicht alles – es ist das einzige.« Für viele Jungen stellt die Aufnahme in das Sportteam, von der Little League bis zum College, die rituelle Kampfform dar, die so wesentlich für die männliche Identität ist.

Die erste feste Anstellung ist, ähnlich wie die erste Schlägerei oder der erste Sex, ein Initiationsritus für die Männer unserer Zeit. Jungen jobben, tragen z. B. Zeitungen aus, Männer dagegen haben einen Beruf, ein regelmäßiges Einkommen. Wie die Riten der Naturvölker erfordert auch die Arbeit bestimmte Opfer und bringt zugleich bestimmte Ehrenzeichen der Männlichkeit mit sich. Als Gegenleistung dafür, daß er sich bereit erklärt, dem kindlichen Schlendrian Adieu zu sagen und von neun bis fünf Uhr an einem bestimmten Arbeitsplatz zu sein, erhält der Initiierte das Machtobjekt – Geld –, mit dessen Hilfe er am gesellschaftlichen Leben der Erwachsenen teilnehmen kann.

Der Antrag auf eine Kreditkarte ist ein Initiationsritus für Fortgeschrittene. Die Kreditkarte bedeutet für den modernen Mann das gleiche wie das Erlegen der Beute für einen Jäger. Um sich als kreditwürdig zu erweisen, muß ein Mann versichern, daß er sich bewußt von der Kindheit getrennt hat und auf deren Freuden, wie beispielsweise ausgedehnte Vormittage im Schwimmbad, verzichtet und statt dessen die Disziplin eines regulären Arbeitsplatzes, einer festen Adresse und eines berechenbaren Charakters auf sich genommen hat. Der Erhalt der Visa-Karte (»Der Paß zum guten Leben«) ist ein Zeichen, daß man dazugehört und daß das System einem zutraut, in Zukunft Geld auszugeben, das man noch gar nicht verdient hat, denn durch die Tatsache, daß man ein reguläres Angestelltenverhältnis eingegangen ist, hat man seinen guten Willen unter Beweis gestellt. Im

Amerika von heute ist das Sichverschulden ein wichtiger Bestandteil der Übernahme männlicher Verantwortung. Schulden – die Bereitschaft, über unsere Verhältnisse zu leben – fesseln uns an ein Wirtschaftssystem, das sowohl übermäßige Arbeit wie übermäßigen Konsum erfordert. Der populäre Autoaufkleber »I owe, I owe, so off to work I go« (Ich habe Schulden über Schulden, und deshalb bin ich auf dem Weg zur Arbeit) könnte gut als Motto für das Engagement des arbeitenden Mannes stehen.

Hat man die Disziplinen Arbeit und Kredit akzeptiert, reiht sich daran eine ganze Hierarchie von abgestuften symbolischen Initiationen, von Grad Eins bis 32. Allein die Tatsache, daß man Angestellter ist, berechtigt einen dazu, sich mit einer Chevette zu schmücken. Wenn einem der Schlüssel für die Toilette der Führungskräfte überreicht wird, berechtigt das zu einem Buick oder Cadillac. Und einzig diejenigen, die in das Allerheiligste, den Sitzungssaal des Vorstandes, initiiert worden sind, dürfen sich von einem königlichen Rolls Royce befördern lassen. Den Siegern gehören die Statussymbole und die Reparaturrechnungen. Das Recht, Adlerfedern zu tragen oder bestimmte heilige Lieder zu singen, war bei den Indianerstämmen eine anerkannte Sache, um einen hohen Grad von Macht und Status anzuzeigen, genau wie in der Gesellschaft von heute bestimmte Markennamen und Firmenembleme Klasse und Rang anzeigen. Ein Mann trägt nicht deshalb eine Rolex, weil sie die Zeit exakter anzeigt als eine Timex-Armbanduhr für 14,95 Dollar, sondern weil sie, genau wie ein Penisschild bei den Naturvölkern, einen höheren Rang in der Männlichkeitsskala signalisiert. In einer Gesellschaft, wo die Tugendmedaillen von der Werbung erfunden werden, zeigt der Besitz von Objekten, die »in« sind, Macht an. Für den Mann der Wirtschaft hat ein Designer-Polohemd von Ralph Lauren eine ganz andere Aussage als das entsprechende Hemd von Fruit of the Loom. Die implizierte Botschaft ist die, daß Männlichkeit zu kaufen ist. Und unsere zunehmenden Ausgaben für Luxusgegenstände markieren unser Voranschreiten auf dem Weg des Wohllebens, so wie er von der Konsumgesellschaft definiert wird.

In den letzten zehn Jahren hat irgend jemand die Kosten für die Insignien der Männlichkeit höher geschraubt. Noch vor einer Generation bestand die einzige ökonomische Anforderung darin, daß man seine Familie ernähren konnte. Heutzutage berechtigt einen die Tatsache, daß man für den Lebensunterhalt aufkommt, nur zu einem Minimum an Respekt. Wenn einem die Arbeit gerade nur das Überleben ermöglicht, macht man als Mann noch nicht sehr viel her. Arm zu sein in einer Konsumgesellschaft bedeutet, beim Männlichkeitstest durchgefallen zu sein, bestenfalls erhält man noch die Note »4−«. Die Werbeindustrie erinnert uns an jeder Ecke daran, daß richtige Männer, erfolgreiche Männer, mächtige Männer das Geld mit vollen Händen ausgeben. Sie haben genug Bargeld oder Kredit, so daß alles nur vom Feinsten ist, was sie erwerben. Kaufen ist gleich Status. »Was ist der Unterschied zwischen Männern und kleinen Jungen? Die Preise für ihre Spielsachen.« Der Typ Mann, der den *Playboy* oder *The New Yorker* liest, verschreibt sich freiwilligt einem höchst komplexen Leben mit einem zur Schau getragenen Konsumverhalten und einem aufwendigen Lebensstil, von dem nicht abgegangen werden darf.

Die Männlichkeitsriten jeder Gesellschaft stehen mit dem dominierenden Mythos in Einklang. Unsere gesamte Umwelt, unsere Ideale und unsere Definition von »Realität« – alles ist ökonomisch bedingt. Das A und O ist der allmächtige Dollar. Zeit ist Geld, Geld ist Macht, und um Macht dreht sich alles. So wie im Mittelalter die Kathedrale das geheiligte Zentrum der Stadt war, bilden heute die Banken und andere kommerzielle Gebäude die Zentren der modernen Stadt.

Es hat einmal eine Zeit gegeben, wo Arbeit als Fluch betrachtet wurde. Wegen Adam und Evas Sündenfall wurden wir aus dem Garten Eden vertrieben und dazu gezwungen, unser Brot im Schweiße unseres Angesichts zu verdienen. Die Männer arbeiteten, weil es lebensnotwendig war, aber den Sinn und die Süße des Lebens fanden sie erst in ihrer freien Zeit. Bei den alten Griechen hieß es, daß nur Sklaven und Frauen an ein Leben der Arbeit gebunden waren. Ein freier Mann entdeckte die Freuden und die Würde der Männlichkeit in der Kontemplation und in der Kultivierung der Muße. Bis zur Reformationszeit war die Welt in zwei Bereiche eingeteilt, den diesseitigen, zu dem Arbeit und Alltag gehörten, und den jenseitigen, der das Monopol der Kirche war. Martin Luther änderte das gründlich, als er erklärte, daß jeder Mann und jede Frau eine heilige Berufung habe. Der Mann hinterm Pflug und die Hausfrau waren ebenso wie der Priester von Gott dazu berufen, ihrer Gläubigkeit im Alltagsleben der Gemeinde Ausdruck zu verleihen. Aus der Vorstellung von der Priesterschaft aller Gläubigen wurde Schritt für Schritt die Überzeugung, daß jeder Mann und jede Frau dazu berufen seien, eine sinnreiche weltliche Arbeit zu leisten.

In der Feudalzeit verstand man unter Mannestum, ein Gutsherr, Haushaltsvorstand oder wenigstens ein wackerer Ackersmann zu sein. Mit Fortschreiten der industriellen Revolution wurden die Männer zunehmend aus dem Zusammenhang von Natur, Familie, Kirche und Gemeinde gerissen, um ihren Lebenssinn in Handel, Industrie, den freien Künsten und den akademischen Berufen zu finden, während die Frauen ihrer Berufung folgten, indem sie den Haushalt führten und wohltätig in der Gemeinde wirkten. Nach und nach rückte das Erwerben und Ausgeben immer weiter nach vorn, bis es schließlich so wichtig wurde, daß es alle bisherigen Tätigkeiten, die den Mann ausgemacht hatten – Jagen, Pflanzen, Hüten, Zeremonien ausrichten, Protestieren, Forschen – verdrängt hatte. Als »das A und O« zu unserem Hauptanliegen wurde und der Dow Jones zum Index der Realität, war die Welt des Mannes erheblich geschrumpft. Die Männer finden ihren Bestimmungsort nicht mehr unter dem Sternenzelt, in der Bruderschaft der Tiere, am heimischen Herd oder im Kreis der Bürger. Der Mann der Wirtschaft verbringt seinen Tag mit Kollegen, Chefs, Untergebenen, Lieferanten, Anwälten, Kunden und anderen Fremden. Abends kehrt er in sein Apartment oder Haus zurück, das den ganzen Tag leer gestanden hat. Ist er verheiratet und hat Kinder, war auch seine Frau höchstwahrscheinlich tagsüber bei der Arbeit, und seine Kinder wurden solange von einem anderen Kader Berufstätiger betreut und erzogen. Wenn er erfolgreich ist, liegt seine Sicherheit (engl. security von lat. securus = frei von Sorge) in seinen Investitionen (»vestment« – ein feierliches geistliches Gewand), in Aktien, Pfandbriefen und anderen Papieren, deren zukünftiger Wert vom Auf und Ab des Marktes abhängig ist.

Heutzutage ist nur eine kleine Minderheit so glücklich, eine Harmonie zwischen Berufung und Beruf herstellen zu können. Unter Künstlern, Akademikern, Geschäftsmännern und Handwerkern gibt es zwar einige, die in ihrer Arbeit so etwas wie eine Berufung, eine Lebensaufgabe, einen Wirkungskreis finden, wo sie ihre Kreativität und ihr ganz persönliches Anliegen zum Ausdruck bringen können. Aber die meisten Männer sind an die merkantile Gesellschaft fast ebenso gekettet wie die mittelalterlichen Leibeigenen, die im Feudalsystem gefangen waren. Nur allzu oft arbeiten wir, weil wir es müssen, und beschränken uns darauf, das Beste aus einem schlechten Job zu machen.

In der weltlichen Theologie des Mannes der Wirtschaft ersetzt »die Arbeit« Gott als Segensspender. Das steigende Bruttosozialprodukt oder zumindest der steigende Dow-Jones-Index sind das äußere, sichtbare Zeichen, daß wir dem Königreich Gottes näherkommen. Vollbeschäftigung ist Gnade, Arbeitslosigkeit ist Sünde. Die Betriebsamen, insbesondere die kapitalkräftigen Unternehmer, sind das auserwählte Volk Gottes, doch selbst auf die Arbeiter fällt noch ein Abglanz, weil sie an der produktiven Wirtschaft teilhaben.

Als eine Art von diesseitigem Glauben übernimmt »die Arbeit« jetzt viele der Funktionen, denen früher die Religion diente. Oder um es in den Worten Ayn Rands, die mit ihrer Populärphilosophie den Kapitalismus romantisierte und die Selbstsucht heiligte, auszudrücken: »Ihre Arbeit ist der Prozeß, Ihre Ideale zu erreichen. Ihr Körper ist eine Maschine, aber Ihr Geist ist der Lenker. Ihre Arbeit ist der Zweck Ihres Lebens und Sie müssen an jedem Killer vorbeirasen, der sich das Recht herausnimmt, Sie anzuhalten... Jeder Wert, den Sie außerhalb der Arbeitswelt finden, jede andere Loyalität oder Liebe, können nur Reisende sein, die sich aus eigener Kraft in dieselbe Richtung bewegen.«[11]

Wir arbeiten nicht nur, um unseren Lebensunterhalt zu verdienen. Zunehmend versorgt uns die Welt der Arbeit mit Lebenssinn. Sie wird zum Selbstzweck, statt uns als Mittel zum Zweck zu dienen. Vor etwa zehn Jahren machte die Arbeit nur etwa 28 Prozent von uns Spaß. Und trotzdem gaben nach einer Untersuchung von Yankelovich 80 Prozent von uns an, daß wir auch dann nicht zu arbeiten aufhören würden, wenn wir das Geld nicht nötig hätten. Im Laufe der achtziger Jahre hat sich das Bild geändert. Wir hängen noch im gleichen Maß an unserer Arbeit, aber heute erwarten wir, daß wir an unserem Arbeitsplatz unsere Kreativität ausleben können. Yankelovich berichtete 1988, daß 52 Prozent der Amerikaner dem Satz »Ich habe ein inneres Bedürfnis, meine Arbeit so gut wie möglich zu machen, unabhängig von der Bezahlung« zustimmten. Und 61 Prozent antworteten auf die Frage, was zu einem guten Leben gehöre: »Ein interessanter Job.«[12]

Während der letzten Generation ist etwas Seltsames in bezug auf Arbeit und Freizeit passiert. Mit der zunehmenden Entwicklung der Technik verband sich ursprünglich die Verheißung, daß der Mensch dadurch endlich aus der Sklaverei erlöst würde und zu neuer Blüte käme. In den sechziger Jahren sagten Philosophen wie Herbert Marcuse ebenso wie Soziologen und Zukunftsforscher eine künftige Freizeitrevolution voraus. Die 20-Stunden-Woche schien vor der Tür zu stehen. Bald würden wir in erster Linie mit geistigen und musischen Beschäftigungen, mit Sport und erotischen Spielen an gemächlich vorüberziehenden Nachmittagen beschäftigt sein. Im schlimmsten Falle müßten wir noch lernen, mit »Vergnügungsangst« und den Bedrohungen der Freizeit fertig zu werden.

Genau das Gegenteil geschah. Die Arbeit frißt immer mehr Freizeit. Junge Akademiker gehen total auf im Karrieremachen. In den Neunzigern werden die Amerikaner vielleicht den Japanern immer ähnlicher werden – ein Volk von Arbeitssüchtigen, die leben, um zu arbeiten und nicht arbeiten, um zu leben, und die ihre Identität in einer Art Stammesbewußtsein finden, weil sie bei einem der großen Konzerne angestellt sind.

Seit kurzem wird immer deutlicher, daß die Arbeit, selbst gute und kreative, zur Sucht werden kann, die alle übrigen menschlichen Werte zerstört. In den USA ist eine Bewegung entstanden, die sich »Workaholics Anonymous«, anonyme Arbeitssüchtige, nennt, komplett mit einem Zwölf-Stufen-Programm wie bei den anonymen Alkoholikern. Sie wendet sich an Männer und Frauen, die befürchten, daß ihr Arbeitsverhalten außer Kontrolle geraten sei. In einer Informationsschrift der »WA« findet sich ein Fragebogen, mit dessen Hilfe man nachprüfen kann, ob man arbeitssüchtig ist – wer drei oder mehr der Fragen mit ja beantworte, sei gefährdet.

1. Wirkt Ihre Arbeit anregender auf Sie als Ihre Familie oder sonst etwas?
2. Passiert es, daß Sie Ihre Arbeit manchmal im Eiltempo durchziehen und bei anderer Gelegenheit überhaupt nichts zustande bringen?
3. Nehmen Sie Arbeit mit ins Bett? Ins freie Wochenende? In den Urlaub?
4. Ist Arbeiten die Beschäftigung, die Sie am liebsten tun und über die Sie am meisten reden?

5. Arbeiten Sie mehr als vierzig Stunden in der Woche?
6. Machen Sie aus Ihren Hobbys Unternehmungen, die Geld einbringen?
7. Übernehmen Sie die volle Verantwortung für die Resultate Ihrer Bemühungen?
8. Haben Ihre Familienmitglieder oder Ihre Freunde aufgegeben, mit Ihrem pünktlichen Erscheinen zu rechnen?
9. Übernehmen Sie zusätzliche Aufgaben, weil sie befürchten, daß diese sonst nicht erledigt werden?
10. Unterschätzen Sie erst, wie lange ein Projekt dauern wird, und hetzen Sie dann, um es fertigzustellen?
11. Glauben Sie, es sei in Ordnung, länger als normal zu arbeiten, wenn man seine Arbeit gern tut?
12. Werden Sie ungeduldig, wenn Sie mit Leuten zu tun haben, denen andere Dinge wichtiger sind als die Arbeit?
13. Haben Sie Angst, daß Sie Ihren Job verlieren oder ein Versager sind, wenn Sie sich nicht abrackern?
14. Machen Sie sich ständig Sorgen um die Zukunft, selbst wenn alles sehr gut läuft?
15. Gehen Sie an alles, was Sie tun, mit vollem Energieeinsatz und Ehrgeiz heran, auch an Spiele?
16. Reagieren Sie gereizt, wenn jemand verlangt, daß Sie Ihre Arbeit unterbrechen, um etwas anderes zu tun?
17. Haben sich Ihre Überstunden schädlich auf Ihre Familie und andere menschliche Beziehungen ausgewirkt?
18. Denken Sie an Ihre Arbeit beim Autofahren, vorm Einschlafen oder während sich andere Leute miteinander unterhalten?
19. Arbeiten oder lesen Sie beim Essen, wenn Sie eine Mahlzeit allein zu sich nehmen?
20. Glauben Sie, daß mehr Geld Ihre sonstigen Probleme lösen würde?

Vielleicht geht die »WA« mit ihren Kriterien, nach denen sie die Arbeitssucht bemißt, ein bißchen zu weit, vielleicht sind sie aber auch nur ein Gradmesser für die steigende Tendenz, daß uns die Arbeit mit Haut und Haaren schluckt, jedenfalls – ich gestehe es – müssen sich nach diesem Fragebogen die meisten meiner Freunde und ich selbst zu den Arbeitssüchtigen zählen.

Das Problem hat zum Teil damit zu tun, daß Arbeit, Öffentlichkeit und Familie sich mehr und mehr miteinander vermengen und in einen Topf geraten. Zunehmend leben die Amerikaner an Orten, wo sie anonym sind und versuchen deshalb, ihr Bedürfnis nach Gemeinschaft am Arbeitsplatz zu befriedigen. Die Firmen versuchen mit Hilfe von Beratern, die sich auf Organisationsentwicklung spezialisiert haben, den Arbeitsplatz zum neuen Zuhause, zur neuen Familie zu machen. Das neue Motto lautet: Humanisierung des Arbeitsplatzes, Entwicklung eines Gemeinschaftsgefühls, Sicherung des Kommunikationsflusses auf allen Ebenen. Einige der besten (oder sind es die schlimmsten?) Firmen sind paternalistisch bzw. maternalistisch geworden, indem sie ihre Angestellten mit allen Bequemlichkeiten und Sicherheiten, die sonst nur das eigene Heim bietet, ausstatten.

Und so sieht die Arbeit in der jetzigen und zukünftigen utopischen Welt der großen Konzerne aus:

»Also, hier kommt der Knüller: Statt zu Hause zu arbeiten, werden wir eines Tages alle im Büro leben. Die Zukunft liegt nicht im ›Heimbüro‹, sondern im ›Büro als Heim‹.

Es muß ja mal gesagt werden, es lebt sich in Büros in vieler Hinsicht angenehmer. Zum Beispiel hat man aus meinem Bürofenster eine sehr viel schönere Aussicht als aus meinem Schlafzimmer.

So ein Büro ist hell und sauber. Jeden Abend kommt jemand und bringt alles hübsch in Ordnung. Eine ausgebildete Buchhalterin nimmt sich meiner Spesenabrechnungen an. Wir haben Rechner mit anspruchsvollen Gesellschaftsspielen. Wir haben eine komplett eingerichtete Küche und ein Badezimmer.

In unserem New Yorker Büro haben wir Gymnastikräume, Aerobic-Unterricht, eine Cafeteria und einen Betriebskindergarten. Bürohäuser machen die gleiche Entwicklung wie Einkaufszentren durch. Work ›R‹ Us = Die Arbeit, das sind wir.

Zu Hause mußt du alles selber machen. In puncto leibliches Wohl und wirtschaftliche Stabilität schlägt das Büro das Zuhause um Längen. Aber das ist ja nicht das Wichtigste am eigenen Heim. Der emotionale Kontakt ist schließlich durch nichts zu ersetzen. Oder doch?

Daß sich das Büro zu einer regelrechten Gemeinschaft entwickelt hat, davon ist die breite Öffentlichkeit seit der ›Mary Tyler Moore Show‹ im Bilde, wo nämlich die wahre Familie die am Arbeitsplatz ist. Heute kommt im Fernsehen auf jede Folge

der ›Cosby‹-Familienserie einmal »L. A. Law«... Die Fernseh-
serie ›Thirtysomething‹ trifft den Zeitgeist der 80er Jahre auf
den Punkt. Arbeit und Heim haben dort den gleichen Stellenwert.

Ganz sicher habe ich auch ein besseres Verhältnis zu meinen
Kollegen als zu meinen Nachbarn. Meine Freunde im Büro
interessieren sich meistens für die gleichen Sachen wie ich, haben in etwa die gleiche Ausbildung und lachen fast immer über
dieselben Witze wie ich.«[13]

Kurz gesagt, der Arbeitsplatz entwickelt sich rapide zu einer
Kultur für sich, die unsere Identität prägt. Als eine Art Mini-
gesellschaft erschaffen akademische Berufsstände und große
Unternehmen ihre eigenen Rituale und Mythen. So haben Ärzte
mit anderen Ärzten viel Gemeinsames: den Lebenslauf, die tag-
täglichen Krankheits- und Heilungsgeschichten und einen Konsens bezüglich der Heilmethoden. Geschäftsleute haben dieselbe
Profit- und Verlust-Mentalität wie andere Geschäftsleute und
erkennen die gleichen Erfolgsbeweise an. In dem Maße, wie
Wirtschaftsorganisationen bedeutender als Regierungen geworden sind, erweisen ihnen die Angestellten eine Art Loyalität, die
bislang für Gott, Vaterland oder Familie reserviert war.

Um herauszufinden, was mit den Männern in der Welt der
Wirtschaft passiert, müssen wir deren Klima, die dort vorherrschende Stimmung, deren Ethos, Ziele und Methoden kritisch
betrachten. Wir sollten die Selbsteinschätzung eines Berufs-
standes oder die ideale Selbstdarstellung einer großen Kapi-
talgesellschaft (wir sind eine große Familie, wir sind eine
»Dienstleistungs«-Organisation, wir haben uns den höchsten
Qualitätsansprüchen verschrieben usw.) ebensowenig unkritisch
akzeptieren wie wir die Propaganda irgendeines Volksstammes
oder einer Nation akzeptieren würden.

Eine neuere kritische Untersuchung des Klimas in der Kultur
der Konzerne deutet darauf hin, daß diese vielleicht mehr Ähnlichkeit mit einer Diktatur aufweisen als mit einer freundlichen
Familie. Earl Shorris weist in einem sehr wichtigen, aber unbe-
achtet gebliebenen Buch darauf hin, daß die modernen Großbe-
triebe eine historisch neue Form der Willkürherrschaft reprä-
sentieren, wo wir dadurch unter Kontrolle gehalten werden,
daß wir durch unsere Akzeptanz bestimmter Definitionen des
Glücks gezwungen werden, ein Lebenlang im Geschirr zu ge-

hen. In verkürzter Form finden Sie hier seine Argumente:
»Die heimtückischste der vielen Spielarten der Macht ist die
Macht, unsere Glücksvorstellungen zu bestimmen...

Dabei übernimmt heute der Manager die Vorbildfunktion, die
früher einmal der Adel hatte: Da sich Glück nicht eindeutig definieren läßt, nähert er sich seiner Definition durch das Zurschau-
stellen von Symbolen wie z. B. sein Spesenkonto, sein teures Ei-
genheim, elegante Kleidung, Urlaubsreisen an die Traumziele
dieser Welt, die Krisenfestigkeit seines Arbeitsplatzes, sein interessanter Freundeskreis, seine Mitgliedschaft in den Kreisen
der Mächtigen, Vorteile für seine Kinder und ein gehobener Ge-
sellschaftsstatus für die ganze Familie...

In der modernen Welt ermöglicht eine irrige Vorstellung von
Arbeit und Glück den Menschen, daß sie es nicht nur aushalten,
unterdrückt zu werden, sondern sich geradezu nach der Unterdrückung drängen und glauben, daß sie ausgerechnet aufgrund
der Arbeit, die sie unterdrückt, glücklicher seien. Den Kern dieser Selbsttäuschung liefert der Manager mit seiner Definition des
Glücks: Schweiß und schmutzige Hände seien ein Zeichen der
Unterdrückung, Schlips und Jackett dagegen stünden für Glück,
Freiheit und Wohlstand.

Fabrikarbeiter... widerstehen der symbolischen Unterdrük-
kung. Man braucht sich nur einmal anzusehen, wie die Arbeiter
am Fließband gekleidet sind, wie sie sprechen und handeln, um
ihre symbolische Freiheit zu erkennen... Sie wohnen, wo sie
wollen, sie verkehren, mit wem es ihnen paßt, und im allgemeinen genießen sie völlige Freiheit außerhalb der relativ wenigen
Stunden, die sie am Arbeitsplatz verbringen. ...Ganz egal, wieviel ein Arbeiter verdient – er gilt als arm; egal, in welchem Maße
ihm seine Arbeit Spaß macht – er gilt als unglücklich. Auf diese
Weise werden Arbeiterlöhne niedrig gehalten, und die Arbeiter-
schaft leidet unter der Demütigung eines niedrigen gesellschaftlichen Status.

Der Konzern oder die Bürokratie... wird zum Wohnort, zur
kulturell bestimmenden Autorität, zur moralischen Heimat des
Mannes. Die Gesetze des Konzerns werden die Gesetze der Gesellschaft, die Zukunft ersetzt die Geschichte, und die Firma
wird die Familie des an nichts gebundenen Mannes... Dadurch,
daß der Konzern ihn von der Welt der realen Wohnorte abtrennt, verkörpert er für ihn die Welt.

Die Männer haben die Macht, ihre Glücksvorstellungen selbst zu bestimmen, preisgegeben, und nachdem das nun einmal geschehen ist, machen sie keinen Versuch mehr, sie wiederzubekommen.«[14]

Um ein ausgewogenes Verhältnis herzustellen, muß der neuen Rhetorik über den Arbeitsplatz als Heim und Familie unbedingt eine ehrliche Wertung der destruktiven Seiten des eisernen Profitgesetzes gegenübergestellt werden. Heim und Familie sind Ziele, die nichts anderem dienen als sich selbst. Bei ihnen geht es darum (oder es sollte darum gehen), sich gegenseitig Liebe zu schenken, ohne damit einen Zweck zu verfolgen. Hier herrscht Uneigennützigkeit, gibt es keine vierteljährlichen Geschäftsberichte. Das Geschäftsleben dagegen war und ist vom Profitstreben bestimmt. Und jede Tätigkeit wird von ihren Zielen geprägt. Gewiß, heute trägt das Business Samthandschuhe und umgibt sich mit einer neuen Fassade von Höflichkeit und aufgeklärter Personalpolitik, aber unter den Handschuhen verbirgt sich immer noch die eiserne Faust des Wettbewerbs und der kriegerischen Auseinandersetzung.

In der letzten Zeit hat es eine Flut von Bestsellern über das Business gegeben, bei denen der Gebrauch militärischer Metaphorik vorherrscht. Das ist sehr aufschlußreich in bezug auf unser Wirtschaftsleben und damit auch bezüglich des Klimas, in dem die meisten Männer ihre Zeit verbringen. Ein bezeichnendes Beispiel derartiger Metaphern, nachgerade Business-Lyrik, findet sich beispielsweise auf dem Umschlagtext des Buches *Waging Business Warfare* (So führen Sie den Business-Krieg) von David Rogers:

»Werden Sie ein Meister der Strategie auf den modernen Schlachtfeldern der Konzerne – und gewinnen Sie im Kampf um den Erfolg!... So siegen Sie in der Schlacht: Als erstes müssen Sie folgendes akzeptieren: im Business zu sein, bedeutet Krieg. Ihre Feinde – ihre Konkurrenten – wollen Sie vernichten. Allein schon das Überleben Ihrer Firma auf dem Schlachtfeld kostet ungeheure Kräfte. Zu gewinnen mag unmöglich sein – es sei denn, Sie sind ein Meister der Militärstrategie... Sie können es werden – wenn Sie sich die großen Taktiker der Geschichte zum Beispiel nehmen. Denn dieselben Schachzüge, die Dschingis Khan, Hannibal und Napoleon zu solch einzigartigen Eroberern machten, funktionieren noch heute bei Chryslers Lee Iacocca,

Procter & Gambles John Smale, Remingtons Victor Kiam und anderen Superstrategen auf den modernen Schlachtfeldern der Konzerne... Stoßen Sie zu ihnen auf den Kommandostand! Sie können der führende Kopf in der Schlacht werden! Machen Sie Ihre Feinde fertig! Gewinnen Sie den Krieg!«[15]

Möglicherweise brauchen Sie für Ihren Erfolg auch noch »Die Geschäftsgeheimnisse von Attila dem Hunnenkönig«? Oder lassen Sie mal die Sprache der Wall Street auf sich wirken: Da gibt es Bezeichnungen wie »corporate raiders« (Nahkampfspezialisten), »hostile takeovers« (feindliche Übernahmen), weiße Ritter, Wolfsrudel, Industriespione, die Untergrund-Wirtschaft, Kopfjäger, »shark-repellent« (Hai-abstoßend), goldene Fallschirme, Giftpillen, »making a killing« (einen hohen, unerwarteten Spekulationsgewinn erzielen) usw.

Wenn wir unser Geschäftsgebaren um militärische Metaphern und Ausdrücke wie Krieg, Schlacht, Strategie, Taktik, Gefecht, Wettkampf, Sieg, Feinde, Gegner, Abwehrstellung, Sicherheit, Manöver, Operationsziel, Vormacht, Kommandostelle, Kontrolle, Willenskraft und Attacke herum organisieren, dann sind wir einer paranoiden Weltsicht schon sehr nahe gekommen. Und wenn Männer in einer Umgebung leben, in der ihre Hauptfunktion darin besteht, Schlachten zu schlagen – sei es auf wirtschaftlichem Gebiet oder buchstäblich im Kriege –, dann werden sie unweigerlich durch die Denkweise der Kriegermentalität geformt.

Der hohe Preis des Erfolgs

Derzeit scheint die Welt in Länder, die unter dem Scheitern ihrer Wirtschaft, und in Länder, die unter dem Erfolg ihrer Wirtschaft leiden, gespalten zu sein. Nach einem halben Jahrhundert Kommunismus erwarten die UdSSR, Osteuropa und China ihre Errettung von den Folgen der Stagnation durch einen Wechsel zur Marktwirtschaft. In den USA, Deutschland und Japan beginnen wir allmählich zu erkennen, daß unser Erfolg einen Bodensatz von Obdach- und Arbeitslosen hervorgebracht hat sowie eine massive Umweltverschmutzung. Während der Dow-Jones-Index in ungeahnte Höhen steigt, scheint jedermann den einen wahrlich prophetischen Gedanken von Karl Marx vergessen zu haben: Wo die Wirtschaft eine Klasse der Gewinner hervorbringt, entsteht auch eine Klasse der Verlierer, und wenn der Reichtum ungehindert in die Hände der Besitzenden fließt, dann wird die Lage der Habenichtse um so verzweifelter.

Aus psychologischer Sicht ist der Schatten unseres Erfolges und die Kehrseite unseres Wohlstands die Zunahme von Streß und Burnout, seelischem Ausgebranntsein. Letzthin hat sich die Beschäftigung mit Streß und Burnout zu einer regelrechten Wachstumsindustrie entwickelt. Die großen Konzerne verlieren viele ihrer besten Männer durch die Streß-»Krankheit«. Jeder gehobene Beruf scheint seine Krise durchzumachen. Mediziner-Burnout, Lehrer-Burnout, Anwalts-Burnout. Die Geschäfte der Experten in Sachen Entspannung, gesunde Ernährung, Bewegung und Meditation gehen hervorragend.

Aber letztendlich kann man Streß nicht mit psychologischen Tricks heilen, denn zum überwiegenden Teil handelt es sich dabei um ein philosophisches und kein physiologisches Problem – es geht um eine falsche Weltanschauung. Die häufigste Streßvariante läßt sich vielleicht statt als Burnout, Ausbrennen, am treffendsten als »Rustout«, Herunterrosten, bezeichnen. Streß ist nicht das Resultat von zuviel Feuer, sondern von zuwenig Leidenschaft. Wir Menschen überleben zwar, solange wir für unseren Lebensunterhalt sorgen, doch richtig gut geht es uns nur, wenn wir das Gefühl haben, unsere Tätigkeit sei von Bedeutung. Das aber haben wir nur, wenn wir etwas erschaffen, was in unseren Augen einen dauerhaften Wert verkörpert – ein Kind, eine verbesserte Mausefalle, ein Computer, eine Raumfähre, ein Buch, eine Farm. Wenn wir unsere Zeit hauptsächlich damit verbringen, eine Arbeit zu verrichten, die zwar Geld einbringt, aber uns nicht sinnvoll erscheint, dann fangen wir unweigerlich an, uns zu langweilen und depressiv zu werden. Wenn die Arbeitsanforderungen nicht zu unserem kreativen Potential passen, dann rosten wir allmählich immer weiter herunter. Diese Abart des Burnouts ist in Wirklichkeit eine Art Kampfuntüchtig-Werden, das unweigerlich auftritt, wenn wir eine längere Zeit so gelebt haben, als stünden wir an der Front. Wenn der Wettbewerb einen dazu zwingt, ständig mehr und schneller zu produzieren, wenn das Leben ein einziger Kampf ist und nichts außer dem Sieg wichtig ist, dann wird man früher oder später kampfesmüde. Wie die Vietnam-Kriegsveteranen weisen auch Ge-

schäftsleute, die jahrelang in der Atmosphäre eines unterschwel-
lig geführten Krieges gelebt haben, schließlich die Charakter-
züge des Kriegers auf: Sie werden zynisch, unempfänglich für
ethische Standpunkte; sie denken nur ans Überleben und empfinden kein Schmerzgefühl mehr. Man mag dann noch so viele
Entspannungs- und Atemübungen machen und sich ab und zu
»Fronturlaub« nehmen – man bleibt dabei doch immer nur ein
Krieger. Es gibt nur eine einzige Art, sich vom Streß zu befreien
– indem man dem Schlachtfeld den Rücken kehrt.

Die feministische Revolution hat uns zwar bewußtgemacht,
wie sehr unsere Wirtschaftsordnung die Frauen benachteiligt,
aber nicht, wie sehr sie die männliche Psyche verkrüppelt. Im
alten China wurden die Füße der Frauen aus der Oberschicht
verbogen und zusammengeschnürt, damit sie »schöner« würden. Sind die Seelen der besten und klügsten Männer unserer
Zeit verbogen und gefesselt worden, damit diese »erfolgreich«
würden?

Betrachten wir einmal die Beziehung zwischen den Narben,
die uns Männer zeichnen, und unserer Überidentifikation mit
der Arbeit sowie unserem ausschließlichen Denken in den Be-
grenzungen des Wirtschaftsmythos.

Letzthin wurde in unserem Land vermehrt die Klage laut, daß
die Männer allzu zahm, wenn nicht sogar völlig abgeschlafft wären. Der Dichter Robert Bly, der so etwas wie ein reisender
Barde und Schamane in Männerangelegenheiten geworden ist,
sagt, daß wir eine ganze Generation von »Softies« herangezogen
haben – schrecklich sensibel, aber ohne Saft und Kraft. Er fordert die Männer dazu auf, sich von Mutters Rockschößen zu
lösen, endlich damit aufzuhören, sich mit den Augen der Frauen
zu betrachten, und den »wilden Mann« in ihrem Inneren neu zu
entdecken.

Wenn uns Männern tatsächlich ein kernig-stolzes Selbstbewußtsein fehlt, wenn wir zu oft, aber ohne Überzeugung ja sagen, wenn wir ausgebrannt sind, ohne jemals lichterloh gebrannt
zu haben, dann liegt das meiner Vermutung nach vor allem
daran, daß wir uns von einem Metakörper, einem maskulinen
Schoß, haben verschlingen lassen – nämlich von »Dem Konzern«. Unsere zerbrechlichen, zärtlichen, wilden und kraftstrot-
zenden Körper werden deformiert, um sich den Bedürfnissen
des Firmenkörpers anzupassen. Der soziale Aufstieg auf der Fir-

menleiter hat die Heldenreise zum Gipfel des Bergs der Erkenntnis, die Entdeckungsexpedition in die Höhen und Tiefen der menschlichen Psyche ersetzt.

Wie hoch sind die Kosten für Leib und Seele, wenn wir beruflichen und unternehmerischen Erfolg anstreben? Welche Opfer müssen wir den Göttern der Wirtschaft, diesen Emporkömmlingen unter den Unsterblichen, bringen?

Ich verrate Ihnen hier ein paar der Geheimnisse, die nicht an der Harvard Business School gelehrt werden, einige der ungeschriebenen und weitgehend unbewußten diktatorischen Gesetze, die den Erfolg in bestimmten akademischen Berufen und im Bereich der großen Konzerne bestimmen:

Reinlichkeit und Wohlstand gehören zusammen! Schweiß ist etwas für die Unterschicht. Wer vor der Arbeit duscht und ein Deodorant benutzt, verdient mehr Geld als Männer, die nach der Arbeit duschen und während des Tages wie Menschen riechen. Unsere Nation ist stolz darauf, daß nur drei Prozent der Bevölkerung in der Landwirtschaft arbeiten müssen – sich die Hände dreckig machen, erdverbunden sind –, um die übrigen 97 Prozent zu ernähren.

Angucken ja, anfassen nein! Je weniger Umgang man mit Ursprünglichem, Echtem hat – Rohstoffen, Dünger, Holz, Stahl, Chemikalien – oder Dinge, die sich bewegen, herstellt, um so mehr Geld verdient man. Seit wir vor einiger Zeit unseren Vorsprung in Herstellung und Produktion verloren haben, haben wir uns damit getröstet, daß wir auch durch eine Spezialisierung auf Dienstleistungs- und Informationsindustrien unseren Wohlstand bewahren können. Oh, was sind wir sauber!

Abstraktionen den Vorzug geben! Je weiter Sie zur Spitze, zum Penthouse, zu dem Büro mit Blick über ganz Manhattan aufsteigen, um so stärker leben Sie mit Abstraktionen. In der schönen neuen Welt des Marktes können Sie mit Schweinehälften spekulieren, ohne je ein echtes Schwein gesehen zu haben, eine Fluggesellschaft kaufen, ohne zu wissen, wie man ein Flugzeug fliegt, reich werden, ohne irgend etwas produziert zu haben.

Spezialisiere dich! Die moderne Wirtschaft belohnt Experten, also Männer und Frauen, die bereit sind, sich auf bestimmte Teilbereiche zu konzentrieren, ihren Blickwinkel zu beschränken, eng eingebunden und gründlich zu sein. Oder, um es noch schärfer zu formulieren, wir haben desto mehr beruflichen Erfolg, je mehr wir von unserer grenzenlosen Neugier und unserer Faszination durch die Gesamtheit der Erscheinungen opfern und statt dessen zu Fachidioten werden. Die akademischen Berufe ähneln mittelalterlichen Burgen, es sind kleine Königreiche, die von der Außenwelt durch das Bollwerk der Fachsprachen abgeschlossen sind. Sobald Wirtschaftswissenschaftler, Rechtsanwälte und Ärzte die Weihen des Rituals der »Graduate School« empfangen haben, sprechen sie nur noch mit ihresgleichen, und Theologen sprechen nur noch mit Gott.

Sitz' still und bleibe drinnen! Die Welt wird weitgehend von Stadtbewohnern männlichen Geschlechts mit sitzender Lebensweise regiert. Das Machtsymbol ist der Stuhl. Der Vorstandsvorsitzende (»chairman«) sitzt und managt. Im allgemeinen verdienen diejenigen, die drinnen bleiben und sich am wenigsten bewegen, das meiste Geld. Muskeln zahlen sich nicht aus. Wer bei Wind und Wetter draußen arbeiten muß, verdient wahrscheinlich nur den Mindestlohn. Mit Ausnahme von Boxern, Rennfahrern und Quarterbacks im Football, deren Körper zu unserer Unterhaltung abgerichtet werden, kommen Männer nicht mehr aufgrund von körperlicher Bewegung voran.

Leb' nach der Uhr! Ignorieren Sie Ihr persönliches Zeitgefühl, Ihre körpereigenen Rhythmen und passen Sie sich statt dessen den Anforderungen der betrieblichen Arbeitszeit an. Wo der Satz »Zeit ist Geld« gilt, beugen wir unseren Rücken und unseren Geist unter das Joch der EST (nicht »Eastern Standard Time«, sondern »economic standard time«!). Wir unterbrechen unsere Träume, wenn der Wecker läutet, melden uns um neun bei der Arbeit, essen, wenn die Uhr zwölf schlägt, kehren um fünf in unsere Privatleben zurück und lassen uns mit 65 pensionieren – ob wir bereit dazu sind oder nicht. Zur Belohnung überläßt man uns freie Wochenenden und Erholungsurlaub. Mit der geheiligten Routine konform zu gehen, pünktlich zu sein, ist wichtiger als Kreativität. Anstatt »uns Zeit zu lassen«, reagieren wir auf Termindruck. Die meisten erfolgreichen Männer (und seit kurzem auch Frauen) werden zu Persönlichkeiten vom Typ A, Geschwindigkeitsfanatiker, süchtig nach dem Adrenalinstoß, ständig von einem Dringlichkeitsgefühl erfüllt, von enormem Fleiß, zielorientiert und gestreßt. Das brutalste Beispiel für diese Regel ist die 100-Stunden-Woche, die Ärzte in ihrem Assistenzjahr ableisten müssen. Dieses menschenschindende Ritual bleut einem, ähnlich wie die Beschneidung, ein, daß der eigene Körper einem nicht mehr selbst gehört.

Geh' nicht ohne Uniform! Es wäre ja nicht so schlimm, wenn die Erfolgreichen und Mächtigen stolz genug auf ihre Männlichkeit wären, um wie bunte Pfaue Flagge zu zeigen. Aber nein. Der Erfolg macht trist, langweilig, freudlos. Je höher dein Aufstieg im Establishment, desto farbloser wirst du und kleidest dich immer mehr wie ein Beerdigungsunternehmer oder Priester. Banker, Manager und Politiker tragen Schwarz, Grau oder Dunkelblau, vielleicht gerade noch mit einem kessen Nadelstreifen oder einer gewagten »Macht-Krawatte«. Apropos Krawatte: Dieses höchste Symbol des respektablen Mannes ist offensichtlich von einem Dämon dazu erdacht worden, den Kopf von seinem Körper zu isolieren und tiefes, leidenschaftliches Atemholen zu verhindern. Je mehr ein Konzern, eine staatliche Institution oder ein akademischer Stand von seinen Mitgliedern das Opfer ihrer Individualität fordert, desto mehr wird das Tragen einer Uniform zur Pflicht. Die Firma sucht nicht wirklich nach ein paar guten Männern. Sie sucht nach ein paar einsatzfreudigen Marineinfantristen, und sie weiß genau, wie man aus Jungen uniformierte, gleichförmige Männer macht. Es handelt sich um die gleiche Regel, die bei den Mönchen und beim Militär schon seit Jahrhunderten gilt: Wer das Habit erst einmal trägt, dem wird es auch zum »habit«, nämlich zur Gewohnheit, den Anordnungen seiner Vorgesetzten Folge zu leisten.

Halte Distanz, bleib' an deinem Platz! Die Prestige- und Machthierarchie, die in den akademischen Berufsständen und bei den großen Konzernen vorherrscht, setzt auch den Maßstab für die angemessene Entfernung zwischen den Menschen. Es gibt Menschen, die dir übergeordnet, untergeordnet oder gleichgestellt sind, aber man tritt keinem von ihnen zu nahe. Niemand umarmt den Chef. Was fehlt, ist die Freundschaft. Ich kenne keine radikalere Kritik am Wirtschaftsleben als die Beobachtung von Earl Shorris, daß es auf dem ganzen großen Feld der Literatur über das Management kein einziges Kapitel gibt, das sich mit Freundschaft befaßt.

Desensibilisiere dich! Fühlen, Schmecken, Riechen – dem Bereich der Sinne – wird kaum Anerkennung bezeugt. Was sich bezahlt macht, ist Verstand, Durchsetzungsfähigkeit, Planung, Disziplin, Kontrolle. Es ist zwar vor einiger Zeit modern geworden, mit Hilfe von Grünpflanzen und dezenten Kunstwerken die »Unternehmenslandschaft« zu humanisieren, aber letztendlich geht es bei diesen Ästhetikübungen genau wie bei der Entwicklung von Kommunikationsfähigkeiten durch die Organisations-Entwickler um die Steigerung der Produktivität. Das A und O ist weiterhin der Profit und nicht das Vergnügen an den Dingen oder gar der Mensch.

Belaste dich nicht mit einer moralischen Betrachtungsweise! Je weitgehender unsere Welt von Experten, Spezialisten, Fachleuten bestimmt wird, desto weniger trägt der einzelne Mensch Verantwortung für die schwerwiegenden Konsequenzen unseres (Miß)Erfolgs. Unsere Fernsehproduzenten drehen endlose Krimi- und Killerserien, sie weigern sich aber darüber nachzudenken, welchen Beitrag zum Klima der Gewalt sie leisten. Unsere Anwälte interessieren sich nur für Legalität, nicht für Gerechtigkeit. Unsere Ärzte widmen sich der Behandlung von Herzen und Nieren einzelner Patienten, während unser Gesundheitswesen die Massen ohne ärztliche Versorgung läßt. Unsere Physiker erfinden immer neue Generationen völkermordender Waffen, die sie den begierig ausgestreckten Händen der Militärs überlassen. Unser Militär reicht die Verantwortung für deren Gebrauch an die Politiker weiter. Unsere Politiker versichern, daß ihnen keine Wahl bleibe – der Feind sei an allem schuld. Professoren publizieren esoterische Werke, während Schüler und Studenten durch schlechten Unterricht kaputtgemacht werden. Förster, die mit der Holzindustrie unter einer Decke stecken, lassen ganze Wälder kahlschlagen oder legen öde Schonungen an, die nur dem Dauerertrag dienen, aber niemand ist für die Regenerierung des Sauerstoffs verantwortlich.

Psychologen heilen Einzelfälle, während ganze Gemeinwesen zusammenbrechen. Die Grundsätze des Berufsethos hören sich meistens – wie die Werbung der Konzerne – sehr edel an, dahinter steckt aber nichts als Eigennutz.

Wenn wir nicht über den Rand unseres Wirtschaftsmythos hinaussehen, finden wir alles ehrenwert, was ein Mann tut, um seinen Lebensunterhalt zu verdienen. Allmählich gewöhnen wir uns eine marktorientierte Haltung uns selbst gegenüber an, werden »Marketing-Charakter«, wie Erich Fromm es nannte. Wir verwerfen unsere Träume, vergessen, was wir als junge Menschen versprochen haben, und fangen an, unsere Persönlichkeit den Anforderungen des Marktes anzupassen. Wenn wir uns selbst zur Ware machen, uns im Lächeln üben und bewußt unseren Charme spielen lassen, damit wir »gewinnende Persönlichkeiten« werden, wenn wir lernen, uns zu verkaufen und unser Äußeres geschickt zu verpacken, dann werden wir mit Sicherheit eines Tages von einem Gefühl der inneren Leere überfallen werden.

In unserer Kultur tragen die Männer an einer besonderen Bürde der Ignoranz: Sie kennen sich selber nicht. Das nicht hinterfragte Leben ist allerdings in ökonomischer Hinsicht eine ganze Menge wert. Es hat dazu geführt, daß wir das Bruttosozialprodukt Jahr für Jahr steigern. Für den finanziellen Erfolg mag es zwar nicht unbedingt erforderlich sein, zwanghaft extravertiert zu sein, doch es hilft. Insbesondere in bezug auf Männer spielt es eine große Rolle, daß unsere Kultur außengeleitet ist und denjenigen belohnt, der sich selbst fremd bleibt, der seine Gefühle und seine Intuition nicht kennt und nichts von den feinen Abschattierungen der menschlichen Sinneswahrnehmungen und Träume weiß.

Viele der typischen Persönlichkeitszüge, die traditionell als »maskulin« angesehen werden – Aggression, Rationalität –, sind keine angeborenen oder erblichen Bestandteile der Männlichkeit, sondern es sind Produkte einer bestimmten historischen Epoche, in der den Männern die Hauptrollen im Kriegswesen und in der Wirtschaftsordnung zugewiesen wurden. Heute, wo immer mehr Frauen in die quasi militärische Welt unseres Wirtschaftssystems eintreten, müssen sie zunehmend feststellen, daß auch sie von der inneren Logik des Systems beherrscht werden. Es gibt Feministinnen, die insgeheim an die angeborene moralische Überlegenheit der Frau glauben und erwarten, daß die Frauen die Gesetze des Business verändern und den Balsam der Kommunikation und Menschenfreundlichkeit in den Aufsichtsratssaal tragen werden. Bisher hat sich diese Hoffnung als vergeblich erwiesen. Leitende Angestellte weiblichen Geschlechts haben sich als dem Mann völlig gleichwertig erwiesen – inklusive der abgestumpften Gefühle. Die Geschlechterunterschiede verschwinden in dem Maße, wie beide Geschlechter zunehmend durch die Arbeit definiert werden. Es ist oft zu hören, daß die Welt der Arbeit nur etwas für Männer sei, und daß Frauen, die daran teilhaben, »maskulin« würden und ihre Weiblichkeit verlören. Doch das wichtigste an der Welt der Wirtschaft wird dabei übersehen. Der Mann der Wirtschaft, das Geschöpf, das sich innerhalb der Grenzen der Arbeit und des Konsums definiert, ist gar nicht der Mann im wahren Sinne des Wortes, sondern ein neutralisiertes, als Geschlechtswesen ausgelöschtes und ausschließlich den Marktgesetzen unterworfenes Wesen. Die Gefahr der Wirtschaft liegt nicht darin, daß sie aus Frauen Männer macht, sondern daß sie Männlichkeit wie Weiblichkeit in ihrer ganzen Fülle vernichtet.

In der Geschichte geht es wie beim Bockspringen zu, die Götter von gestern werden regelmäßig zu den Dämonen von heute, und aus dem, was die Väter für richtig hielten, werden die Fehler der Söhne. Die Griechen erfanden die Vorstellung der Nemesis, um aufzuzeigen, wie jede Tugend, an der trotzig festgehalten wird, allmählich zu einem zerstörerischen Laster wird. Unser Erfolg, unser Fleiß, unser gewohnheitsmäßiges Arbeiten haben zu unserer ökonomischen Nemesis geführt. In der derzeitigen Wirtschaftskrise brausen wir in den neuesten Automodellen in Richtung Armenhaus, verschwenden unsere inflationären Dollars an kalorienfreies Essen, beklagen inmitten einer von der Industrie zerstörten Umwelt die rückläufige Produktion. Die Arbeit hat den modernen Mann groß gemacht, aber jetzt droht sie unsere Seelen zu usurpieren, die Erde unter Schund und Schmutz zu begraben, unsere Liebesfähigkeit und unser Staunen zu zerstören. Von dem Schmied Hephaistos (Vulkan), dem einzigen der Unsterblichen, der einer Arbeit nachging, berichtet die Sage, er habe von Geburt an gehinkt.

Irgendwie haben wir Männer uns so in unser Tun versenkt, daß wir vergessen haben innezuhalten und uns zu fragen: »Was ist es wert, getan zu werden? Welche Werte bringen wir hervor – und welche zerstören wir – durch unsere Wirtschaftsordnung?« Die Arbeit ist immer unser Mutterschoß gewesen – die fruchtbare Höhle, aus deren Tiefen wir unsere Visionen ans Licht bringen. Heute müßten wir die Welt für einen Moment anhalten und uns darüber klar werden, wohin unser Eifer uns führt. Hoffnung für die Zukunft können wir nur haben, wenn wir uns nicht länger die Frage stellen, was wir produzieren können, und uns statt dessen der Frage zuwenden, was wir erschaffen wollen. Unsere männliche Würde liegt nicht darin, daß wir uns im Beruf aufreiben, sondern daß wir entdecken, wozu wir wirklich berufen sind.

Goethes Faust hat uns vielleicht auch heute noch etwas zu sagen: Es wäre keine schlechte Idee, eine Pause einzulegen und uns zu fragen, ein wie großes Stück unserer Seele wir im Tausch gegen wieviel Profit, Macht und Prestige zu geben bereit sind. Vielleicht müßten an den Eingangspforten zur Universität, zu Standesorganisationen, Fabriken und großen Konzernen Warnschilder angebracht werden, auf denen steht: »Achtung: Übermäßiges Arbeiten kann die Gesundheit Ihres Körpers und Ihrer Seele gefährden.«

Ich habe die Befürchtung, daß mir irgend etwas Schönes, Schreckliches und Komplexes des Phänomens Arbeit entgangen ist. Irgendein Teil dieses zweifelhaften Segens, den ich nicht in Worte fassen kann.

Ein Freund von mir, ein erfolgreicher Unternehmer, fragte mich: »Bist du gegen das Business? Das Business ist für mich der Bereich, in dem ich schöpferisch tätig werde. Für mich bedeutet es Spannung und Abenteuer, das Höchste der Gefühle. Ich kann es kaum erwarten, morgens in mein Büro zu kommen.« Mein literarischer Agent Ned Leavitt sagte: »Meine Arbeit ist für mich wie Kunst. Wenn ich mir morgens meinen Anzug anziehe, fühle ich mich wie ein Ritter, der sich für die Schlacht rüstet. Ich genieße das Duell mit den Verlegern, und es macht mir ein unheimliches Vergnügen, wenn ich bei einer harten Verhandlung Sieger geblieben bin und das Optimale für meine Klienten herausgeholt habe.«

Ich weiß, ich weiß. Ich gehöre auch zu den arbeitswütigen Männern. Und ich habe das Glück, eine Arbeit zu tun, die mir wie angegossen paßt. Ich bin mir nicht sicher, wo meine Arbeit aufhört und mein Ich anfängt. Trotz aller Abstriche – die durchgearbeiteten Nächte, die Erschöpfung, die finanzielle Unsicherheit, der Ärger darüber, daß ich mich mit einer Million kleinkarierter Details befassen und mich viele Stunden in der Vorhölle von Jumbo-Jets und Flughäfen aufhalten muß sowie die Kompromisse, zu denen ich gezwungen bin – das Ergebnis bleibt alles in allem überwältigend positiv. Ich weiß nicht, wer ich sein würde ohne die Befriedigung, meine Familie zu ernähren, ohne den gelegentlichen Schaffensrausch, die warme Kameraderie unter Kollegen, den Stolz auf eine sauber durchgeführte Aufgabe und ohne das Wissen, daß meine Arbeit für andere von Nutzen war.

Aber ich habe immer noch nicht alles in Worte gefaßt, etwas fehlt noch, das mich dazu zwingt, mein Leben noch weiter in Frage zu stellen: Habe ich dadurch, daß ich so viel gearbeitet habe, mein innerstes Wesen vergewaltigt? Wie oft ist es geschehen, daß ich zwar meine Arbeit gut gemacht habe und doch zugleich mein besseres Selbst betrogen habe und außerdem auf etwas verzichtet habe, was für die Menschen, die ich liebe, am besten gewesen wäre? Wie viele Stunden hätte ich besser damit verbringen sollen, schweigend in den Wäldern zu wandern oder mich mit meinen Kindern zu befassen? Vor zwanzig Jahren, kurz vor dem Ende einer guten, aber schwierigen Ehe, fragte mich meine Frau: »Wärest du bereit, weniger tüchtig zu sein?« Die Frage geht mir bis heute nach.

Kapitel 6
Das Ritual der Sexualität: Zauberstäbe und privates Handwerkzeug

»Die Lenden sind der Ort,
wo das Urteil gesprochen wird.«
N. O. Brown

Endlich war *der* Abend gekommen. Wir gingen in ein elegantes Restaurant und unterhielten uns während des Essens so formell, als hätten wir uns eben erst kennengelernt; dabei war uns die ganze Zeit bewußt, was wir binnen kurzem tun würden, aber wir machten einen Bogen um das Thema. Ich trank vier Tassen Kaffee, wodurch meine innere Beklemmung und Aufregung allerdings nur noch größer wurden.

Als ich das Motel betrat und zur Anmeldung ging, setzte ich meine blasierteste Miene auf und stellte mir vor, wie Cary Grant in dem Film »An Affair to Remember« mit der Situation umgegangen wäre. In weltmännischem Tonfall verlangte ich »Ein Zimmer für zwei Personen bitte, mit Doppelbett.«

Ich nehme an, daß Nummer 64 ein ganz normales Motelzimmer war, aber in meiner Erinnerung ist es in geheimnisvolle Dämmerung gehüllt, und in der Mitte stand wie ein Altar in weiches Licht getaucht das Bett.

Der Anfang war leicht, das hatten wir schon hundertmal gemacht. Wir schauten uns in die Augen, küßten uns, es folgten Berührungen, Blicke, weitere Küsse, jedesmal länger, intimer.

Aber wann, überlegte ich, war der große Augenblick gekommen? In allen Büchern, die ich gelesen hatte, wurde betont, wie wichtig das Vorspiel und das Feuchtwerden war und daß die Frau wirklich bereit sein müsse und man sie nicht bedrängen dürfe, sondern sich nach ihrem Rhythmus richten solle, und ich hatte mir fest vorgenommen, ein guter Liebhaber zu sein und alles richtig zu machen. Ihr schien das Küssen und Umarmen und Streicheln zu gefallen, und sie schien es nicht eilig zu haben, darüber hinauszugehen, und so wartete ich ab. Noch mehr Vorspiel. Endloses Vorspiel. Schließlich hatte ich den Eindruck, sie sei soweit und beschloß, daß es losgehen sollte. Ja, ich beschloß es, aber »es« tat nicht mit. Mein Schwanz schwamm in einer Flut von Feuchtigkeit, aber er war furchtsam, versteckte sich, klammerte sich an seine Unschuld. Nun war sie also bereit und ich nicht, und die Bücher hatten eigentlich nichts Rechtes darüber gesagt, was man in einer solchen Situation tun solle. Und Cary Grant konnte mir auch nicht helfen. Es war verfrüht, an Impotenz zu denken, aber nicht zu früh, um sich Sorgen zu machen.

»Tut mir leid«, sagte ich entschuldigend.

»Was tut dir leid?« fragte sie.

»Ich kann noch nicht, und es ist mir peinlich.«

»Mach' dir nichts draus, ich hab's nicht eilig. Ich finde es schön so.«

Die verschiedensten Gedanken und Gefühle schossen mir durch den Kopf. Sagt sie die Wahrheit? Ist sie frustriert und will es nur nicht zeigen? Hält sie mich jetzt für einen schlechten Liebhaber? Gott sei Dank, daß sie Verständnis hat. Oder etwa doch nicht? Wie sollte sie auch? Schließlich muß sie nicht im richtigen Augenblick einen hochkriegen und solange steif bleiben, bis alles soweit ist.

Wir blieben lange eng umarmt liegen, uns nah und doch so entfernt voneinander. Ich war mit mir selbst beschäftigt, mit dem Gefühl, daß ich bei meiner Bewährungsprobe als Mann versagt hatte, und sie war hilflos, weil sie nicht wußte, was sie tun sollte. Schließlich dämmerten wir in einen unruhigen Schlaf hinüber.

Irgendwann spät in der Nacht, als es finster war auf der Tiefe und der Geist Gottes auf dem Wasser schwebte, wachte ich auf, erregt.

»Bist du wach, mein Herz?«

»Ja.«

»Möchtest du?«

»Ja.«

Und ich drang in sie ein und nahm Besitz von meiner Männlichkeit, und wir bewegten uns zusammen, bis uns der wirbelnde Strudel in urzeitliche Tiefen hinunterzog, und dann versanken wir, ineinander verschlungen, in tiefen Schlaf und Dunkelheit.

Beim ersten Strahl des neuen Morgens wachten wir wieder auf und liebten uns noch einmal. Hinterher lachten wir, und ich brüllte wie ein Löwe, und dann überfiel uns der Hunger. Während sie ins Badezimmer ging, um zu duschen, blieb ich noch eine Weile im Bett liegen und berauschte mich an dem Duft unserer Körper, der noch in den Laken hing. Als ich aufstand, um mich anzuziehen, erblickte ich mich unerwartet in dem bodenlangen Türspiegel und blieb stehen, um mich zu betrachten. Zu meiner Überraschung zeigte mir mein Spiegelbild einen Mann, den ich nie zuvor gesehen hatte – sein ruhender, aber stolzer Schwanz pulsierte vor Leben, seine Brust war von Lebensfreude geschwellt, seine geschmeidigen Muskeln verströmten Kraft.

Im Lokal hielten wir uns an der Hand und betrachteten uns mit neuen Augen. Der leiseste Druck unserer Finger brachte die Erinnerung an die Nacht, in der wir unsere Unschuld hinter uns gelassen hatten, zurück. Es war das beste Frühstück, das ich je gegessen habe.

Mit jemandem schlafen und Punkte machen

Krieg, Arbeit und Sex, diese Trias der männlichen Intiationsriten, sind die Säulen der männlichen Identität.

Blättert man in einer Sammlung erotischer und pornographischer Bücher aus den verschiedensten Ländern und Zeiten, stößt man immer wieder auf dasselbe: einen riesigen Phallus nach dem anderen. Immer noch eine Erektion, turmhoch aufragend, triumphal. Ob es sich um das steinerne Lingam des Gottes Schiwa, das indische Tempel schmückt, um die geflügelten Phalli der Römer oder die uralten haarigen japanischen Glieder handelt, die so groß sind, daß sie auf Wagen fortbewegt werden, oder ob es die Stahlmaschinen in den Pornos von heute sind – der Penis wird fast immer überlebensgroß dargestellt. Außer bei den klassischen griechischen Statuen sehen wir ihn selten in Ruhestellung, genügsam in seine Vorhaut gekuschelt.

Woher stammt diese Betonung der Größe? Warum diese ständige Übersteigerung? Wieso konzentriert sich alles auf die Erektion?

Eine simple Antwort darauf ist schnell bei der Hand: Männer sind eben durch und durch geil und können gar nicht anders, als den Phallus in seiner stolzen Aufgerichtetheit zu feiern. Überlebensgroße Erektionen sind Denkmäler überbordender Maskulinität. Schließlich kennt jeder Mann diese Momente, wenn sein Glied sich erhebt, steil stehen bleibt und so prall voll von uralten Mysterien ist, daß es nur natürlich scheint, daß er zu einem Gegenstand der Verehrung wurde. Er führt ein Eigenleben, das uns mit Respekt und Furcht erfüllt, und hat es verdient, hymnisch gepriesen zu werden.

Aber jeder Mann weiß, daß dies nur die halbe Wahrheit ist. Die schwierigere Antwort, auf die wir erst nach einiger Zeit stoßen, ist die, daß unsere Konzentration auf die Erektion auch unsere Empfindung kompensieren soll, daß der Penis – und damit auch das eigene Ich – klein, unzuverlässig und beschämend unkontrollierbar ist. Wie ein rebellischer Soldat macht er, was er will, und dazu gehören das unerlaubte Entfernen von der Truppe, die Weigerung stillzustehen und zu feuern und das Ignorieren der Befehle des Oberkommandos. Ebensooft wie er sich auf den Feind stürzt, tritt er den Rückzug aus dem blumigen Kampf in den erogenen Zonen an. Er bringt uns in Verlegenheit. Deshalb tun wir so, als ob er tapferer sei als er wirklich ist, errichten Säulen zum Gedächtnis an seinen Mut und schmücken sie mit Girlanden, immer in der Hoffnung, daß er sich, von soviel Lob geschmeichelt, in Zukunft unseren Wünschen gemäß verhält.

Aber ganz gleich, ob Verherrlichung oder Kompensation dahintersteckt, die männliche Konzentration auf den Penis hat etwas Zwanghaftes an sich. Es fällt uns schwer, ihn in seinem tatsächlichen Größenverhältnis wahrzunehmen. Es ist, als ob wir gleichzeitig durch beide Enden eines Fernrohrs blickten. Vom »falschen« Ende aus wirkt er winzig und allzu weit entfernt, ein geschämiger kleiner Junge, der den Kopf hängen läßt und die Forderungen des unersättlich Weiblichen nicht befriedigen kann.

Vom »richtigen« Ende aus sehen wir ihn in der Vergrößerung, allzu gewaltig und nah. In jedem Fall stimmt etwas an unserer Schärfeneinstellung nicht. Aus Gründen, die durchaus nicht auf den ersten Blick deutlich werden, ist das Ich des Mannes fast untrennbar mit seinem Penis verbunden. Die männliche Identität kreist in einem viel größeren Ausmaß um den Penis, als sich die weibliche Identität um die Vagina dreht.

Niemand weiß, wann der Penis bei einem Jungen zum Angelpunkt seines Bewußtseins wird. Moderne kleine Jungen, die frei und ungehemmt aufwachsen, spielen mit ihrem Penis, singen

Lieder über ihn und zeigen stolz ihre Erektion vor. Statistiker und Psychologen haben festgestellt, daß Jungen, wenn ihre sexuellen Gefühle erst einmal geweckt sind, bereits an ereignislosen Tagen durchschnittlich sechsmal in der Stunde an ihn denken. Freud, dessen aktives Geschlechtsleben nur zehn Jahre dauerte und dem man deshalb in diesen Dingen nicht trauen kann, behauptete, daß das zerbrechliche Gebäude der männlichen Identität auf dem unsicheren Fundament der Kastrationsangst ruhe. Beim Anblick von kleinen Mädchen und großen Mamas, die dort, wo etwas hätte sein sollen, nichts hatten, hätten wir schon als sehr kleine Jungen vermutet, daß es eine unglückliche Sorte von Menschen gäbe, die ihrer Würde, verkörpert in einem schicksalhaften Anhängsel, verlustig gegangen waren (vielleicht waren sie dem Wutanfall eines Urpapas zum Opfer gefallen). Und deshalb befürchteten wir, daß uns womöglich das gleiche passieren könne. Zweifellos lag Freud nicht völlig daneben. Wenn Sie sechs Gedanken in der Stunde mit 24 Stunden mal 365 Tage mal 90 Jahre multiplizieren, werden sich darin unvermeidlich auch existentielle Ängste und Vorstellungen von zuschnappenden Zähnen und gefährlich blitzenden Messern unter die Traumbilder von vaginalen Nestern mischen. Egal, ob Sie sich davon eine Scheibe abschneiden wollen – bitte, tun Sie's nicht! –, Betrachtungen über Wesen und Bestimmung des Penis liegen dem Manne sehr am Herzen. Ja, nur zu oft sind sie ein Ersatz für das Herz. Es ist so viel über Männer und Sex geschrieben worden – Klagen, gute Ratschläge, Anfeuerungen, politische Manifeste, empirische Studien, aufreizende Schilderungen aller erdenklichen Möglichkeiten, den Nippel in die Lasche zu tun usw. –, daß ein Marsmensch durchaus den Eindruck bekommen könnte, daß Männlichkeit sich in einem ständigen Tanz um den Maibaum erschöpft. Auch uns kommt es so vor, als ob wir heutzutage sehr viel, wenn nicht alles, über Männer und Sex wissen. Jedenfalls sollte man meinen, daß es zum Thema Sex nichts Neues zu sagen gibt.

Aber glücklicherweise sprudelt und fließt die Quelle überraschender Entdeckungen noch. Es gibt noch Neuigkeiten von der erotischen Front zu berichten. Meine »Nachricht« bezüglich der männlichen Sexualität hat ihren Ursprung darin, daß mir auffiel, daß es bei meiner Männergruppe fast zehn Jahre gedauert hat, bis wir auch nur die ersten Ansätze machten, über unsere sexuellen

Erfahrungen offen zu sprechen. Das einzige Gesprächsthema, mit dem wir uns noch schwerer taten als mit Sex, war das Geld. Ich bin schließlich zu der Überzeugung gekommen, daß die Männer ihre eigene Sexualität total anders erleben als es die üblichen Klischeevorstellungen haben wollen und daß ihr sexuelles Erleben ebenso komplex und von der Sehnsucht nach engstem Einander-Nahesein und nach spiritueller Sinnhaftigkeit erfüllt ist wie bei den Frauen.

Welche Gestalt der derzeit im Entstehen begriffene Report über die männliche Sexualität annimmt, ist noch nicht ganz klar, aber hier finden Sie schon einmal einige Schlagzeilen, die eventuell passen könnten.

Wir Männer lügen viel, wenn es um Sex geht – zuerst belügen wir uns selbst und dann unsere Partner.

Wir sind ambivalenter als wir scheinen.

Den sensiblen, dabei allzeit bereiten Sexualprotz gibt es, wie das Einhorn und die Hure mit dem goldenen Herzen, nur im Märchen.

Den meisten von uns fällt es schwer, eine enge Verbindung zwischen Herz und Penis herzustellen. Wir schaffen es nicht, unsere Zärtlichkeit und unsere Potenz zusammenzubringen.

Es gibt tatsächlich Männer, die nur mit einem Menschen schlafen wollen, den sie lieben.

Vielen Männern geht es in sexueller Hinsicht nur in der Ehe wirklich gut.

Impotenz ist ein normaler Teil unseres sexuellen Zyklus.

Im großen und ganzen wurde unsere Sexualität so sehr durch unsere Krieger- bzw. Arbeiterrolle geprägt, daß wir noch nicht wissen, wie wir unsere Sexualität ohne solche Vorstellungen wie Leistung und Eroberung leben können. Man könnte die alte Frage des Zen-Buddhismus »Was war das ursprüngliche Aussehen deines Gesichts?« abwandeln zu einem Spruch für die Männer von heute: »Was war dein Penis, bevor du Krieger und Arbeiter wurdest?«

Aber einen Augenblick bitte. Ich greife zu weit voraus in der Geschichte. Wenn man vorhat, sich eine ganzheitlichere, ›ganzphallische‹ Form der männlichen Sexualität vorzustellen, sollte man sich nämlich am besten erst einmal daran erinnern, was uns zu dem gemacht hat, was wir heute sind. Um sich berechtigte

105

Hoffnung auf Heilung zu machen, muß man die Geschichte seiner Verletzungen aufdecken. Lassen Sie uns zu unseren Anfängen zurückkehren, zu unserer Initiation in das Geheimnis des Geschlechts. Zurück zu den linkischen Entwicklungsjahren der »Träumenden Unschuld«, als Sex noch ein gut verschnürtes Weihnachtspaket war.

Die Einführung in die Sexualität findet bei Jungen irgendwo in dem psychologischen Umfeld statt, das durch »feuchte Träume«, Umkleideräume und Autorücksitze umschrieben wird.

Nächtliche Samenergüsse, die sogenannten feuchten Träume, sind möglicherweise die bedeutendsten unter all den bisher vernachlässigten Phänomenen der sexuellen Initiation. Manche Männer kennen sie überhaupt nicht, andere erleben sie erst nach ihrem ersten Geschlechtsverkehr. Aber auf manche wirkt dieser Traum wie ein Trompetensignal, das sie aus dem Schlummer weckt. Lange bevor die ersten Schamhaare sprießen, bevor die Hormone beginnen, das Äußere zu verändern und bevor Väter, Mütter, Lehrer damit anfangen, die Sache mit den Bienen und den Blüten zu erklären und dies mit klugen Sprüchen und düsteren Warnungen zu umgeben, ist es bei diesen Männern der große Ur-Penis, unter dessen Leitung die erste sexuelle Einweihung steht.

Im folgenden beschreiben zwei Männer ihren jeweiligen ersten »feuchten Traum«.

»Ich machte Liebe mit einem zierlichen, schönen Mädchen, aber ich wußte nicht genau, was ich eigentlich tat. Und dann wurde ich urplötzlich von einer riesigen Vagina aufgesogen, in Spiralen durch die Wolken nach oben gewirbelt und in ein völlig neues Universum versetzt. Es war aber durchaus nicht unheimlich.«

»Ich wußte damals noch gar nichts über Sex, aber ich fing an, bestimmte Mädchen schön zu finden. Ich hatte mir ein Bild der jungen Elizabeth Taylor in dem Film »National Velvet« aus der Zeitung geschnitten. Und dann träumte ich eines Nachts, daß ich mit ihr schlief. Als ich in sie eindrang, hatte ich das Gefühl, mich gleichzeitig in der Schönheit ihres Gesichts, in der Tiefe ihrer Vagina und mitten in einem Sternschnuppenregen zu befinden. Es war wie ein Feuerwerk, das in allen Zellen meines Körpers zugleich losging, mit Raketen und allem Drum und Dran. Als ich aufwachte, blieb ich ganz still liegen. Ich war sehr verwundert, als ich merkte, daß sich eine klebrige, milchige Flüssigkeit von meinem Penis auf das Bettlaken ergoß. Ich hatte weder Worte noch vorgeprägte Begriffe für das, was mir passiert war. Aber ich wußte, daß ich die Grenze zu einem herrlichen neuen Territorium überschritten hatte. Mein Geheimnis war zu groß, um es weiterzuerzählen, zu heilig, um es mit anderen zu teilen. Das war meine Einführung in die Sexualität. Das Erlebnis war so intensiv, so psychedelisch und grub sich so tief in meine Erinnerung ein, daß ich beim erstenmal, als ich wirklich mit einer Frau schlief, enttäuscht war, wie wenig die Wirklichkeit mit meinem Traum Schritt halten konnte.«

Ein derartiger Einführungstraum ist insofern wichtig, weil er den Betroffenen schon früh im Leben ein Urerlebnis verschafft, in dem sich das Sexuelle und das Mystische, das Profane und das Heilige miteinander verbinden. Manchmal erfahren wir auf diese Weise, welche Formen ekstatischer Sexualität uns offenstehen, noch bevor wir uns an die betrüblichen Zerrbilder der Sexualität gewöhnen, die unsere Kultur für uns in petto hält. Unsere schöpferische Phantasie macht gemeinsame Sache mit unseren Hormonen, um uns vor Augen zu führen, wie über die Maßen köstlich Sex sein kann, bevor man uns lehrt, uns wie »richtige Männer« zu benehmen. Wie Hiob schon sagte: »Gott gibt uns Lieder in unserem Schlaf.« Die meisten von uns vergessen diese Visionen und Möglichkeiten und passen sich an die weitgehend verkrüppelten Formen der Sexualität an. Aber zumindest sind sie irgendwo in der Tiefe unserer Seele in verschlüsselter Form niedergeschrieben, und wir können uns später daran zurückerinnern, wenn wir sie auf unserem Weg zum vollen Mannestum brauchen.

Aber lassen wir es vorläufig mit den Träumen genug sein. Es ist Zeit für den Umkleideraum, für das derbe Drama, das Jahr für Jahr auf der Bühne der männlichen Psyche an der Spitze des Spielplans steht.

Trotz des an allen Fronten stattfindenden Bombardements durch sexuelle Reize und Werbung bleiben wir Männer überraschend zurückhaltend bezüglich unserer ganz persönlichen sexuellen Erlebnisse. Väter sprechen nicht offen mit ihren Söhnen über Sex, auch dann nicht, wenn sie selbst jede Menge Erfahrungen auf diesem Gebiet gesammelt haben. Zumeist sind es die ein paar Jahre älteren Jugendlichen, und nicht die erfahrenen Männer, die die Jüngeren in die Geheimnisse der Sexualität einweihen (und meistens stimmt davon nur die Hälfte). Im heutigen Amerika hat der Umkleideraum der Sporthalle das Zelt des Schamanen als Schauplatz der Initiation ersetzt.

Die meisten Männer können sich noch gut an die Atmosphäre erinnern, die in ihrer Highschool-Zeit im Umkleideraum herrschte – an den Schweißgeruch, das stinkige Turnzeug, die Lästereien, Zoten und endlosen Anspielungen auf sexuelle Stellungen und Praktiken. Den Kern der Gespräche bilden Verben wie »bumsen, vögeln, pimpern, aufs Kreuz legen, ficken«, die eine anonyme Handlung bezeichnen, oder Substantive wie »Muschi, Votze, Schwanz, Titten, Arsch«, die Körperteile bezeichnen. Falls in der Unterhaltung überhaupt der Name eines Mädchens auftaucht, dann nur in der Verbindung mit »leicht zu kriegen« oder »eine, die schnell die Beine breit macht...« Es wird kräftig aufgeschnitten und geprahlt. Quantität zählt, nicht Qualität – wie die Anzahl der Kerben auf dem Gewehrkolben. Einer versucht den anderen zu überbieten – vor allem, wie oft man es mit wie vielen Mädchen gemacht hat, ist das große Thema. Aber es tauchen auch schon andere Geschichten auf, die später zur Rechtfertigung von Vergewaltigungen dienen und wo der Held sich brüstet: »Sie wollte es unbedingt wissen, und da hab' ich es ihr gezeigt.« Oft wird dieser Sexualkundeunterricht noch mit abgegriffenen obszönen Fotos, Spielkarten oder Pornoheften illustriert.

In der Regel bilden sich im Umkleideraum vier Gruppen heraus: Die selbsternannten Experten und Knutschkünstler von eigenen Gnaden; die Schmeichler, die den Supermännern Beifall klatschen und sie anstacheln, noch mehr Geschichten zum besten zu geben; die schüchternen »grünen Jungs«, denen das Thema peinlich ist, und diejenigen, die sich nicht an den Gesprächen beteiligen, weil sie eine Freundin haben, die sie lieben und respektieren. Ich kann mich noch gut daran erinnern, wie ich als unerfahrener Fünfzehnjähriger von so einem Schulhelden gedemütigt wurde, der mich mit dem Spruch: »Ich hab' 'ne Menge Weiber gebumst und 'ne Menge Whiskey getrunken. Und was hast du letzthin so getrieben?« am Boden zerstörte. Die Antwort: »Ich habe eine Menge über mein Leben nachgedacht« erschien mir damals nicht ganz das Passende zu sein, und so hielt ich den Mund.

Viele Männer kommen offensichtlich nie über das Niveau der Umkleideraum-Sexualkunde heraus. Der Geruch von alten Sportklamotten und Zotenreißerei haftet immer noch am typischen Machohelden. Die Häufigkeit des »date rape« (der Vergewaltigung bei einem Rendez-vous), die Verkaufszahlen von einschlägigen Bilderheftchen und die Popularität von harten Pornos sind ein ziemlich genaues Meßinstrument dafür, wie viele Männer es gibt, die dem Alter nach zwar erwachsen sein müßten, doch deren Anschauungen sich in nichts von der Halbwüchsigenphilosophie unterscheidet, die also in Frauen nur Objekten mit lustanregenden Einzelteilen sehen, die nur dazu da sind, von Männern ge- und mißbraucht zu werden.

Glücklicherweise entwickeln sich die meisten Männer in einem etwas fortgeschrittenen Stadium der sexuellen Initiation weiter – sie übernehmen Verantwortung in einer Beziehung. Im Normalfall wird aus dem jugendlichen Herumexperimentieren mit zunehmender Reife eine Beziehung, die eine sexuelle Bindung einschließt. Mit den einzelnen Schritten – miteinander zu schlafen, dann zusammenzuziehen und schließlich zu heiraten – verändert sich die Szenerie der zweiten Initiationsstufe. Aus dem Rücksitz des Autos und dem Motelzimmer wird das gemeinsame Schlafzimmer. Nun beginnt ein anderes Drama, in dessen Verlauf sich der Held des Umkleideraums in den Mann mit dem Zauberstab verwandelt. Der Mann, dessen ganzer Stolz früher die Anzahl der Mädchen war, die er »flachlegen« konnte, findet jetzt seine Genugtuung in der Rolle des guten Liebhabers. Der neue Test, von dem seine Selbstachtung abhängt, ist der Umstand, ob er seine Frau »befriedigen« kann. Die Frage, die über dem Liebesakt schwebt, ist: »Bist du gekommen?«, und die unausgesprochene Frage dahinter ist: »Bin ich gut?«

Unsere Kultur pflanzt ihre Mythen tief in unser Sexualleben ein. Auf der ersten Stufe unserer Initiation sollen wir die Rolle des sexuellen Kriegers spielen, d. h. so viele Frauen wie möglich erobern und in Besitz nehmen, als Beweis unserer Potenz. Auf der zweiten Initiationsstufe müssen wir die Rolle des sexuellen Arbeiters spielen, wir müssen »Liebe machen«, etwas leisten, mit der Zielvorstellung, die Frau zu befriedigen.

Hier höre ich einen ganzen Chor von Einwänden. »Sie wollen uns doch wohl nicht im Ernst erzählen, daß sich 25 Jahre nach der sexuellen Revolution und Women's Lib die Männer immer noch für den Orgasmus der Frau verantwortlich fühlen! Männer und Frauen sind inzwischen ganz sicher frei genug, um selbst die Verantwortung für ihre eigene sexuelle Befriedigung zu übernehmen. Heute glaubt doch kein Mensch mehr, daß es die Aufgabe des Mannes ist, die Frau zu befriedigen.«

Ja und nein. Das Evangelium von der gemeinsamen Verantwortung mag einige Millimeter tief in unsere Großhirnrinde gedrungen sein, aber es ist sicherlich noch nicht in die Gefühlszentren des limbischen Systems vorgedrungen, ganz zu schweigen von den weiter südlich gelegenen Keimdrüsen. Aber im Ernst, die große Mehrheit der Männer fühlt sich noch immer verantwortlich für die sexuelle Befriedigung der Frau. Unser Kopf mag ja befreit sein, aber unser Bauch ist stockkonservativ. Wie könnte es auch anders sein? Eine der ersten und entscheidendsten Lektionen, die kleine Jungen lernen, ist: Sieh zu, daß du deiner Mutter Freude machst, sonst...! Diese Bedrohung ist seit unserer Kindheit unauslöschlich irgendwo im hintersten Winkel unserer Psyche eingekerbt. Ich zitiere hier nur einen weltgewandten und erfahrenen Piloten: »Ich habe den ganzen Kram von Women's Lib gelesen, und ich weiß, daß viele Frauen durch den Koitus allein nicht zum Höhepunkt kommen. Aber wenn ich meine Frau geliebt habe und sie hinterher masturbieren muß, bin ich enttäuscht, und ich empfinde immer noch, daß ich irgendwie versagt habe. Wahrscheinlich will mein altes männliches Ich immer noch, daß sie ihren Orgasmus direkt durch den Verkehr bekommt.«

Ich habe den Verdacht, daß viele Männer selbst in der Ehe nie darüber hinausgelangt sind, die Sexualität unter dem Leistungsaspekt zu sehen. Die Botschaft, die wir durch unsere Kultur vermittelt bekommen – von unseren Eltern, Lehrern, Vorgesetzten, durch Werbung, Film und Fernsehen –, ist immer die gleiche: »Ein Mann ist nur soviel wert wie er leistet«, »Ein Mann muß immer seinen Mann stehen«, usw. Aus psychologischer Sicht ist es naiv zu erwarten, daß Männer es schaffen könnten, sich von all diesen Prägungen zu befreien, sobald sie das Büro verlassen und das Schlafzimmer betreten. Solange wir ganz offen Männer nach ihrer Leistung im Beruf beurteilen und ihren Wert an ihrem Einkommen messen, solange fahren wir fort, uns selbst – insgeheim – auch im Schlafzimmer nach dem vermeintlichen Erfolg im Sinne des Leistungsprinzips zu beurteilen.

Ursprünglich war der sexuelle Männlichkeitsnachweis nicht an die Genitalien gebunden. Der »wahre« Mann bewies seine Qualität, indem er eine Frau schwängerte, sie vor den Feinden beschützte und seine Familie ernährte. Heutzutage haben die leicht zugänglichen Verhütungsmittel sowie der Wunsch nach kleinen Familien bzw. nach einer kinderlosen Ehe den Fruchtbarkeitstest abgeschafft. Mehrere unpopuläre Kriege und die Nuklearwaffen haben die Überzeugung, daß wir durch das Militär geschützt werden, untergraben. Und sogenannte Zwei-Karriere-Familien, in denen Mann und Frau beide berufstätig sind, haben schließlich die Rolle des Ernährers überflüssig gemacht. Für viele Männer sind heute anstelle des Schlachtfeldes die erogenen Zonen die Arena, in der sich die Bewährungsprobe der Männlichkeit vollzieht.

Es gibt eine weitere Stufe der sexuellen Initiation, in der die Sexualität nicht mehr in Zusammenhang mit Eroberung und Leistung gesehen wird. Einige Männer verhalten sich anders als die Norm. Sie lassen den Umkleideraum und den sexuellen Leistungsgedanken hinter sich und bekennen sich zu der Einheit von Leidenschaft und Zärtlichkeit. Aber das geschieht gewöhnlich erst in der zweiten Hälfte des Lebens, dann nämlich, wenn der Mann das übliche Männerbild durchschaut hat.

Sexuelle Verletzungen

Als Mann aufzuwachsen, hat seine Vorzüge. Aber Lebenslust gehört nicht dazu. Die Riten, die uns darauf vorbereiten, eines Tages die Macht zu übernehmen, sind wenig geeignet, uns mit dem bunten Reich der Sinne in all seiner Vielfalt bekanntzumachen. Männer lernen zwar auf die Dauer, sich Wünsche zu erfüllen – sie kaufen sich dann Rolexuhren und einen Porsche –, weil das schließlich die Belohnung für Leistung ist. Doch wenige von uns können als wahre Hedonisten gelten. Wir sind zu sehr mit nützlichen Dingen beschäftigt.

Aber gehen wir noch einen Augenblick zurück in den Umkleideraum.

Nicht ein einziges Mal habe ich als Jugendlicher einen Mann von der langsamen, langandauernden Lust beim Sex schwärmen hören. Auch hat nie jemand von der Schönheit der wechselnden

Farbschattierungen in den Augen einer Frau gesprochen oder das süße Wohlgefühl beschrieben, neben einer Frau zu liegen, die man gerade geliebt hat. Was das betrifft, so habe ich auch nie erlebt, daß ein Mann darüber spricht, welche Lust eine Frau mit ihm empfand; in den Prahlereien ging es immer nur darum, wie oft er ein Mädel zum Orgasmus brachte. Vielleicht sind Jungen zu unerfahren, um geduldig zu sein, zu gierig auf den eigenen Höhepunkt fixiert, um ihren Eros in längere Vorhaben einzubringen. Aber ich glaube nicht, daß sich männliche Empfindungslosigkeit nur auf die jungen Männer beschränkt. Wir sind dem Potenznachweis zu sehr aufgesessen, um uns entspannt dem Genuß hingeben zu können.

Aus sicherer Quelle weiß ich, daß Frauen, wenn sie zusammensitzen und über ihre Liebhaber reden, wenig über die Anzahl der Orgasmen, über Härte oder Schnelligkeit sprechen. Statt dessen loben sie Männer, deren Berührungen zärtlich sind, die Lust genauso gern spüren wie sie sie spenden, die das Verschmelzen in sanfter Vereinigung ebenso genießen wie das kraftvolle Stoßen im Taumel des Höhepunkts. Bei meiner informellen Umfrage unter Frauen aller erdenklichen Weltanschauungen stimmten alle darin überein, daß sie sich wünschen würden, daß die Männer langsamer würden, sich Zeit ließen, die Liebesreise mehr genössen und sich nicht so sehr über das Ergebnis Gedanken machten. (Eine schlug vor, den Westernsong »Ich will einen Mann mit langsamen Händen« zur Nationalhymne zu machen.) Fast ausnahmslos sagen meine Informantinnen, daß die Frauen immer wieder versuchen, die Männer von ihrer Konzentration auf die Genitalien abzubringen, und ihnen gern nahebringen würden, daß es nur zwei erogene Zonen gibt: das Herz und die Haut.

Weil wir gelernt haben, unsere Männlichkeit an Dingen zu messen, die zahlenmäßig erfaßt werden können, erleben wir kaum noch den Reichtum der kleinen täglichen Freuden, auf die man sich spontan einläßt. Das größte unterentwickelte Land der Welt liegt in der Psyche erfolgreicher Männer.

Ohne zu wissen warum, fangen die Männer allmählich an Frauen abzulehnen, ja zu hassen. In unserer leistungsorientierten Kultur hat man uns gelehrt, daß man sich Liebe verdienen muß, durch harte Arbeit und dadurch, daß man für die Frauen sorgt. Bis zu der noch nicht lange zurückliegenden sozialökonomischen Revolution wurde von Männern erwartet, daß sie das Geld verdienen und die Rechnungen bezahlen, und zwar vom ersten Rendezvous bis zur Pensionierung. Viele Männer gingen automatisch zur Arbeit, um Frau und Familie zu ernähren, machten alles, was – ihrer Meinung nach – den Frauen gefallen würde, und waren dann irritiert, weil sie feststellten, daß sie mehr gaben als sie bekamen. Aber das wahre Problem besteht nicht darin, daß Frauen nicht gewillt sind, mehr zu geben, sondern daß die Männer durch ihre Sozialisation unfähig geworden sind, mehr anzunehmen. Schließlich ist es ein Gesetz der Wettbewerbsgesellschaft, daß derjenige mächtiger ist, der gibt, als der, der nimmt.

Männer erwarten derart wunderbare und widersprüchliche Dinge von DER FRAU, das jede Durchschnittsfrau uns nur enttäuschen kann. Sie soll das wiedergewonnene Paradies verkörpern, den Ort, wo wir endlich unsere Lasten ablegen und unseren gerechten Lohn für die Mühsal des Tages erhalten. Sie soll die Erlöserin sein, die uns wieder heil und ganz macht und die abgerissene Verbindung zu unseren Gefühlen wiederherstellt.

Und der Penis ist der Weg zum Paradies, die Brücke über den reißenden Fluß, den wir überqueren auf der Suche nach den fehlenden Teilen unseres zerrissenen Wesens. Deswegen ist die Sexualität so wichtig für uns. Eine Frau sagte mir einmal: »Ich habe endlich begriffen, daß der Penis für die meisten Männer ihr einziger ›femininer‹ Teil ist. Nur wenn sie sich mit ihm beschäftigen, lassen sie Empfindungen zu.«

Aber wenn DIE FRAU das versprochene Paradies ist, so ist sie gleichzeitig auch das Jüngste Gericht und der Eingang zur Hölle. Denn der Zutritt zum irdischen Paradies hängt von ihrem Wohlwollen ab; wir geben ihr die Macht, das Urteil über uns zu sprechen, uns zu belohnen oder zu bestrafen. Wir haben ihr selbst den Schlüssel zum Königreich gegeben, aber wir geben es nicht zu. Im Gegenteil, wir bemühen uns, die von ihr gestellten Bedingungen zu erfüllen, um in ihrer Gunst zu stehen. Wir wollen ihr gefallen. Und unmerklich richtet sich unsere Selbsteinschätzung nach dem Spiegelbild in ihren Augen.

Das Klischee, daß Männer sich nicht für ihre Beziehungen interessieren, ist einfach nicht wahr. Die Mehrheit verwendet fast soviel psychologische Energie darauf, die Beziehung zu Frauen »hinzukriegen«, wie auf ihre Arbeit. Wenn Männer mit ihren besten Freunden zusammenkommen, sprechen sie durchaus über Frauen. Wir versuchen herauszufinden, was in unseren Liebesaffären und Ehen falschläuft, wir beklagen gescheiterte Beziehungen und hoffen, daß es beim nächstenmal besser wird. Wir sind genauso unheilbar romantisch wie die Frauen. Doch es gibt auch Dinge, über die wir nicht reden, zum Beispiel geben wir nicht gern zu, wie abhängig wir von den Frauen sind, und vermeiden es, über eine tiefe Enttäuschung zu sprechen.

Schweigen ist männlich, und man hat uns antrainiert, unsere Gefühle für uns zu behalten. Lieber nehmen wir einen Herzinfarkt in Kauf, als offen über ein gebrochenes Herz zu sprechen.

Es gibt einen grundsätzlichen Unterschied zwischen männlichem und weiblichem Denken. In unserer Vorstellung ist die Sexualität direkt und die Intimität indirekt, während für Frauen die Intimität direkt ist und die Sexualität indirekt. Das bedeutet nicht, daß Männer nur an Sex interessiert sind, sondern daß wir in unserer Kultur dahin gebracht werden, unseren natürlichen Bedarf nach Nähe zu beschneiden, bis wir schließlich nur in der Sexualität noch die Möglichkeit haben, einem anderen Menschen nahesein zu dürfen. Wenn man mit dem »dritten Ohr« zuhört und hinter die Fassaden schaut, kann man selbst bei einer noch so ordinären Sprache herauslesen, daß es um etwas Heiliges geht. In emotionaler Hinsicht sind die Männer wie Stotterer, die nur in einer sexuell gefärbten Sprache dazu fähig sind, ihren verbotenen Wunsch nach Verschmelzung und Gemeinschaft auszudrücken. Was sonst kann man von einem Geschlecht erwarten, das seit Generationen darauf abgerichtet wurde, Krieger und Arbeiter zu sein, und dazu konditioniert wurde, nichts zu empfinden oder auszudrücken, sondern seinen Mann zu stehen und seine Pflicht zu tun?

Trotz aller Bemühungen werden wir das Geheimnis der Männlichkeit nie in der Sexualität entdecken. Sicherlich wird ein Teil der Frage, was denn nun einen Mann ausmacht, nur in der intimen Begegnung mit einer Frau offenbar. Das Zeugungsversprechen, der Gesang unserer Gene kann nur in der Gegenwart von jemandem gehört werden, der unsere Hoffnung auf ein Kind erfüllen könnte. Aber ob wir die Sexualität im Sinne des sportiven Bumsens oder der zarten Beziehung sehen, wir werden enttäuscht sein, wenn wir den Beweis unserer Männlichkeit dort suchen. Sexualität kann Lust oder Freude geben, aber niemals Identität. Tatsächlich sind wir zur hingebenden, liebevollen Sexualität nur insoweit fähig, wie wir unser Selbst bereits anderswo gefunden haben. Man muß schon sehr selbstsicher sein, um sich einem anderen Menschen in der Liebe ausliefern zu können.

Eine Folge der heutigen sexuellen Männlichkeitsriten ist, daß Frauen und Männer sich mißverstehen und sich dadurch gegenseitig verrückt machen. Was ist aus uns geworden? Fremde in der Nacht, die verschiedene Sprachen sprechen. Die Unmögliches voneinander erwarten und sich dann gegenseitig die Schuld für ihre Unzufriedenheit zuschieben. Was scherzhaft »Geschlechterkrieg« genannt wird, ist kein Scherz. Es ist die psychologische Wirklichkeit hinter der Maske des Anstands, die wir alle in konspirativer Einigkeit tragen, um unsere gemeinsamen Bedürfnisse zu befriedigen. Aber die Scheidungsstatistiken, der Seltenheitswert glücklicher Ehen und die hohe Zahl von Vergewaltigungen bestätigen auf schlimme Weise, welche sexuellen Verletzungen die »normalen« Riten begleiten, die uns in das gesellschaftlich erwartete Rollenspiel von Mann und Frau einführen. In unserer Zeit heißt Mann oder Frau sein, einen Defekt zu haben, der unser Innerstes berührt. Es heißt, weniger als ein halber Mensch zu sein.

Wir brauchen dringend neue Visionen von Männlichkeit und Weiblichkeit.

III
Wie man einen Mann bewertet

Kapitel 7
Woran läßt sich Männlichkeit messen?

»Ein Mann wird daran gemessen,
wie weit sich sein selbstgewählter moralischer
Horizont spannt.«

Sandor McNab

Das Tier, das sich selbst bewertet

Es ist ein Leichtes, die Schwächen der Männer aufzuzählen oder
darüber zu lamentieren, wie weit wir uns von unserer ruhmreichen Vergangenheit entfernt haben, um dann die Notwendigkeit
eines neuen Männlichkeitsideals zu verkünden. Es fällt uns sehr
viel leichter, die Krankheit zu diagnostizieren, als eine Definition von Gesundheit zu formulieren, die allgemeinen Beifall findet. Jeder kann sehen, daß die säkularen Männlichkeitsrituale, so
wie wir sie seit der industriellen Revolution ausüben, heute an
Gültigkeit verlieren, wenn sie sich nicht sogar verhängnisvoll
auswirken. Deshalb ist es unsere Aufgabe, in einer Kultur, die
nicht mehr an Heilige glaubt, keine göttlichen Offenbarungen
oder unanfechtbaren Wertvorstellungen mehr kennt, eine neue
Vision von Männlichkeit zu entwerfen. Derzeit sind wir aus-
weglos im modernen maskulinen Wahnsinn befangen. Wir leben
unter dem Druck des Augenblicks, Sklaven der vierteljährlichen
Geschäftsberichte und der wechselnden Trends, und was wir
wirklich brauchen, ist etwas jenseits der Gegenwart – eine Aussicht auf neue Hoffnung und Würde.

Zur Zeit sind Meinungsumfragen die populärste Möglichkeit,
auf Fragen nach Moral und sittlichen Werten eine Antwort zu
finden. Besonders hier in Nordamerika leben wir in dem naiven
Glauben an die Weisheit der breiten Masse, die aber, wie sich nur
allzuoft herausstellt, nur den kleinsten gemeinsamen Nenner
einer von den Massenmedien produzierten Meinungsmache wi-

derspiegelt. Bei einer für die Zeitschrift »Psychology Today« durchgeführten Untersuchung (siehe Anhang) wurden Jesus und Gandhi am häufigsten als ideale Männer genannt. Doch inkonsequenterweise sagten die Befragten auch, daß den idealen Mann primär sein Streben nach Selbstfindung und persönlicher Weiterentwicklung auszeichne – und nicht die Selbstlosigkeit seiner Ideale. Kein Wunder vielleicht, weil bei dieser Untersuchung Menschen angesprochen worden waren, deren Ideale durch ein Interesse an Psychologie geprägt waren. Wenn wir einen anderen Teil der Bevölkerung befragen würden, nähmen vielleicht Schauspieler oder Rockstars den ersten Platz ein.

Die Frage, die sich hier wie auch sonst als Reaktion auf Meinungsumfragen und Untersuchungen erhebt, heißt: Na und? Sollen wir wirklich davon ausgehen, daß es sich durch Umfragen klären läßt, was es heißt, ein Mann zu sein? Vox populi, vox dei? Gibt es keine höhere Autorität als das Urteil der Mehrheit, und sollen wir unsere Ideale einfach nach den ständig wechselnden Modetrends ausrichten? Haben wir gar nichts Beständigeres als den jährlichen In-und-Out-Report des »Esquire« oder die wöchentliche Trendliste des »People Magazine«?

Ob der Mensch, wie die alten Griechen sagten, das Maß aller Dinge ist oder nicht – ganz sicher ist er ein Messender aller Dinge und ganz besonders seiner selbst. Wir sind selbst-bewußte Wesen, und unser Format als Mann, sei es beeindruckend oder armselig, wird durch den Horizont unseres moralischen Universums, durch die Wahl unserer Helden und Vorbilder bestimmt. Es macht schon einen gewaltigen Unterschied, ob wir es Donald Trump gleichtun wollen, den Lebensstil von Mick Jagger kopieren oder versuchen, auf den Spuren Buddhas zu wandeln.

Wenn wir unsere männlichen Idealbilder nicht unter unseren Zeitgenossen und im Pantheon der Popularität suchen wollen, wohin sollen wir uns wenden? Zunächst müssen wir uns klarmachen, daß die moralischen Urteile, die wir im allgemeinen über die Männer und das Wesen der Männlichkeit fällen, weit über die biologischen Fakten der Geschlechtszugehörigkeit oder die öffentliche Meinung bezüglich der gerade bejubelten Helden des Tages hinausgehen. Weder Männlichkeit noch Weiblichkeit kann jemals in einem gesellschaftlichen Vakuum erfahren werden. Männlichkeit ist nichts Ewiges, das sich die Männer aus eigener Kraft aneignen, sondern ein kulturelles Konstrukt, das sich ver-

120

ändert. Sowohl was wir ganz allgemein unter Männern verstehen wie auch unsere eigene Gewißheit, daß wir Männer sind, beziehen wir aus unserer Umwelt, von dem Publikum, vor dem wir unser Leben in Szene setzen. Wir sehen uns selbst wie andere uns sehen. Ob wir seelenlose Roboter oder wahre Menschen werden, hängt hauptsächlich davon ab, wie klein oder groß, wie banal oder bedeutend, wie eng oder weit, kleinkariert oder großzügig, voreingenommen oder mitfühlend die Gemeinschaft ist, in der wir leben und nach Definitionen unserer Männlichkeit suchen. Männer, die ihre Anerkennung beim Marinekorps suchen, haben einen anderen Begriff von Männlichkeit als die, die ihre gemeinsame Identität im Peace Corps finden.

Vorbilder

In der Praxis sieht es so aus, daß wir unsere Idealvorstellung von Männlichkeit oder Weiblichkeit definieren, indem wir in unserem Inneren Ruhmestempel errichten, einen, wo wir den von uns Bewunderten, den Helden und Heldinnen des Tages zujubeln, und einen weiteren, in dem wir unseren Leitsternen, all den Männern und Frauen einen Schrein errichten, die für uns die höchsten und universalsten Werte verkörpern.

Diese Tempel werden von unseren persönlichen Helden, Heiligen und Idolen bevölkert. Stellen Sie sich Ihren eigenen Tempel der Bewunderung als eine Art Spiegelsaal vor, wobei jeder Spiegel Ihnen einen anderen Aspekt Ihres Ichs zurückwirft. Das mögen Leute sein, deren Namen Sie aus den Nachrichten kennen, Männer und Frauen, die Sie bewundern, weil sie schön, mächtig, talentiert, clever, weise oder mitfühlend sind. Aber es wird auch eine intimere Gruppe dasein, bestehend aus guten Freunden, Eltern, Lehrern und geliebten Menschen, die alle Ihr Leben mit ihren speziellen Gaben, ihrer Fürsorge, Weitsicht und ihrem Verständnis für Sie bereichert haben. Mein Tempel der Bewunderung hat zum Beispiel einen Raum, der großen politischen Führern gewidmet ist (Lincoln, Gandhi, Gorbatschow), einen weiteren für meine Lehrer, lebende wie tote, die mein Denken beeinflußt haben (Kierkegaard, Freud, Tillich, Camus, Wendell Berry), dann noch einen Raum für die, die ich liebe und die über mich wachen (Vater, Mutter, meine Frau Jan, mein Freund Jim),

121

einen Raum für Männer, die bestimmte wesentliche Qualitäten verkörpern (siehe Kapitel 11) und schließlich einen, der den physischen Gaben gewidmet ist, wo die verschiedensten gutaussehenden Männer, schönen Frauen, Sportler, Künstler und Forscher zu finden sind. Jeder von uns hat seinen ganz persönlichen Tempel der Bewunderung, mit einer nur ihm eigenen Besetzung von Charakteren, denn dieser spiegelt das eigene ideale Ich wider. Sag mir, wen du bewunderst, und ich sage dir, was für eine Art Mensch du werden möchtest!

Im Tempel der Leitsterne, der exemplarischen Leitfiguren, finden sich Männer und Frauen, die im Konsens der Jahrhunderte zu höchsten Ehren gelangt sind. Sie gehören nicht zu den bloßen Helden des Tages, sondern sind Wegbereiter und Erklärer des Menschlichen überhaupt, die geistige Elite, die etwas von der menschlichen Verheißung offenbart. *Solche exemplarischen Leitfiguren fügen der Definition von ›Mann‹ oder ›Frau‹ etwas hinzu.* Unser Selbstverständnis als Mann hat viele Schichten, und es ist geprägt durch diese Männer, die als erste bestimmte *elementare Werte* ans Licht gebracht haben, ohne die es heute unmöglich wäre, zur Selbsterkenntnis zu gelangen. Man könnte sie als »Oberstes Gewissen« (analog zum Obersten Gerichtshof) oder als das Publikum bezeichnen, vor dem wir nur mit unserer allerbesten Leistung auf der Bühne des Lebens bestehen könnten. Im Gegensatz zu den »normal guten« Männern waren diese Leitfiguren nicht Gefangene der Werte und Visionen ihrer Zeit und ihres Ortes, sondern sie waren Verkünder des Kommenden, Bürger der Gegenwart und der Zukunft zugleich. Indem sie Werte entwickelten, die wir potentiell alle besitzen, machten sie früh auf das uns Mögliche aufmerksam und wurden zu Horten der Hoffnung. Ihr Leben hat für uns stärkste Beweiskraft, daß die Menschen spirituell beseelt sind und die Grenzen von Biologie und Kultur überwinden können. Diese Heiligen, Schamanen, Philosophen, Mystiker, Künstler, Staatsmänner, Erfinder usw. wurden früher häufig als strahlende, von einem Heiligenschein gekrönte Wesen dargestellt, weil sie erleuchtet waren, »transparent bis auf den Grund des Seins« (Tillich), Boten des Lichts. Kürzlich ist eine Reihe von Frauen in den Tempel der Leitsterne aufgenommen worden, außerordentliche Frauen, denen die Geburt der feministischen Bewegung zu verdanken ist – Simone de Beauvoir, Betty Friedan, Gloria Steinem, Adrienne

Rich u. a. Sie haben ein für allemal die Worte ›frei‹, ›gleich‹ und ›stark‹ der Definition der Frau hinzugefügt. Sie sind Prophetinnen eines künftigen Zeitalters, das jetzt im Entstehen begriffen ist. Schon seit dem alten Rom haben die Prädikate ›frei‹, ›gleich‹ und ›stark‹ zur Definition des Mannes gehört. Doch wie sehr auch einzelne Frauen für ihre persönliche Freiheit gekämpft und wieviel Macht bestimmte außergewöhnliche Frauen auch gehabt haben, ›Freiheit‹, ›Gleichheit‹ und ›Stärke‹ gehörten früher nicht zur Definition idealer Weiblichkeit. Die Frau wurde so sehr vom Mann definiert, daß wir noch heute kaum Worte haben, die Einzigartigkeit weiblicher Leistung und Größe zu benennen. Es gibt zum Beispiel kein weibliches Äquivalent zu dem englischen Wort »virtue«, Tugend (von lat. vir-Mann), das sich nicht in erster Linie auf den sexuellen Aspekt der Frau bezieht. Möglicherweise dauert es noch eine ganze Generation, bis die Frauen die Bedeutung von ›Freiheit‹, ›Gleichheit‹ und ›Stärke‹ in jeder Hinsicht ausgelotet haben und vielleicht noch länger, bis sie in die Praxis umgesetzt worden sind, aber zumindest sind sie nicht mehr aus der Definition der Frau wegzudenken.

Meine Unterscheidung zwischen dem Tempel der Bewunderten und dem Tempel der Leitsterne wird deutlich, wenn wir an Stars wie Elvis Presley und Marilyn Monroe denken. Elvis ist der Ruhm als musikalischer Erneuerer gewiß, aber kaum jemand würde ihn als idealen Mann bezeichnen oder ihm auf seinem drogenumnebelten Weg nachfolgen wollen. Er mag ein großartiger Bühnenkünstler und Star gewesen sein, aber er war kein vorbildlicher Mensch. Im Leben und Sterben von Marilyn Monroe sehen wir die fatalen Widersprüche, die das Ende der alten Definition der Frau signalisieren. Große Männer haben sie begehrt und besessen. Selbst im Tod verbleibt sie im Tempel der Bewunderung als Göttin der Liebe. Aber wenn wir auch um sie trauern, so können wir sie doch nicht wirklich verehren, weil ihr die innere Gewißheit ihrer eigenen Freiheit, Gleichheit und Stärke fehlte, die heute zur Definition von ›Frau‹ dazugehört. Sie fühlte sich leer und unfruchtbar, und mit ihrem Selbstmord zerstörte sie schließlich die weibliche Persona, die von Männern, die man zu den »Besten und Klügsten« zählte, angebetet und benutzt wurde.

Es wäre sicher in den meisten Fällen unbequem, mit den Leitfiguren zu leben. Weder Jesus noch Gandhi wären einfache Gä-

ste. Aber wie der Polarstern verschaffen sie uns den Beziehungs-
punkt, mit dessen Hilfe wir die Fülle der Möglichkeiten der
Männer beurteilen können. Auch wenn wir uns selbst nicht an
den von diesen »lupenreinen« perfekten Männern gesetzten
Maßstäben messen (wir könnten uns ja ein Handicap für alkoholkranke Väter und klammernde Mütter einräumen), sind sie
doch in unserer Vorstellung als die Maßstäbe verankert, an denen sich die Männer und Frauen von heute bewerten lassen müßten.

Keine Erörterung unserer möglichen Maßstäbe wäre vollstän-
dig, ohne die Männer einzubeziehen, die wir am meisten hassen:
die Bewohner der Halle der Schurken. Das Stück von der Männlichkeit ist, genau wie ein mittelalterliches Moralitätenspiel, nie
komplett ohne eine ganze Reihe von Widersachern und Böse-
wichten. Die männliche Unterwelt umfaßt alle Typen: von den
charmanten Spitzbuben und silberzüngigen Teufelchen bis zu
den wahrhaft verabscheuungswürdigen Satanen und Dämonen,
von Rhett Butler bis zu Hitler. Die schlimmsten Verbrecher im
Stück (Stalin, Idi Amin, Pol Pot, Ted Bundy) dienen dazu, die
Grenze zu markieren, unter der wir es nicht mehr mit Männern,
sondern mit Monstern zu tun haben. Geringere Übeltäter verkörpern einzelne Laster: Ivan Boesky – Geiz, Jimmy Swaggert –
Heuchelei, Charles Manson – Wahnsinn, Donald Trump – Ego-
zentrik, Richard Nixon – Betrug, Ghaddafi – Haß usw. Alle, die
in unseren Schurkenhallen wohnen, ob bekannte Männer oder
Privatpersonen, dienen dazu, eine moralische Hierarchie festzu-
legen. Sie wissen doch, was Mütter denken: »Die Bedeutung
eines schlechten Beispiels darf man niemals unterschätzen.«

Zeit mit dem Nachdenken über die Männer, die wir in unsere
persönlichen Ruhmestempel aufnehmen wollen, zu verbringen,
ist der beste Ausgangspunkt dafür, Klarheit in unser gegenwärtiges Wirrwarr von Vorstellungen zu bringen und zu einer neuen
Sicht des Mannes zu kommen. Um uns selbst zu erkennen und
zu wissen, was aus uns werden soll, müssen wir uns fragen: Welche historischen Vorbilder bewundern wir? Wen bewundern
wir in der heutigen Zeit? Wer könnte zu den Männern gehören,
die heute schon dabei sind, unser Selbstverständnis als Männer
zu verändern?

Kapitel 8
Eine kurze Geschichte
des Mannes

Wendet den Blick in euer Inneres, wie in einen Opal, immer tiefer, Schicht um Schicht. Hinter der Fassade eurer modernen Persönlichkeit werdet ihr in eurer Psyche die gesamte Geschichte des Mannes entdecken. Unternehmt eine archäologische Reise in eure Seele, und ihr werdet auf die Überreste der prähistorischen Jäger und Krieger stoßen, auf umherziehende Philosophen, Wüsteneremiten und Raubritter. Ihr tragt in euch das Erbe all dieser Männer.

Als ich Autofahren lernte, erklärte mir mein Vater, daß man bei einem im Schnee oder Schlamm steckengebliebenen Wagen den Rückwärtsgang einlegt und ihn vor- und zurückschaukelt. Die Erinnerung an die Vergangenheit ist unser Versuch, einen Ausweg aus einer Gegenwart zu finden, die keine Hoffnung auf eine freiere, bessere Zukunft zu bieten scheint. Am ehesten wird der moderne Mann die Herausforderung, der er sich gegenübersieht, bewältigen, wenn er seinen Blick auf die wesentlichen Momente der Geschichte zurücklenkt, in denen ein grundlegender neuer Wert entstand und das Selbstverständnis der Männer sich entscheidend veränderte. Die meisten berühmten Männer der Vergangenheit sind längst in Vergessenheit geraten, nur die wahren Neuerer leben noch in unserer Erinnerung. Stets waren es nur wenige, außergewöhnliche Männer, die die Musik der Zukunft vernahmen und einer Stimme folgten, die aus einer anderen Welt zu ihnen drang und sie zu Vorboten des Neuen machte.

Dies sind immer schon Männer mit einer besonderen Berufung gewesen, Männer, aus denen die Zukunft spricht. Männer, die sich fähig zeigten, sich zu erneuern und Neues zu schaffen.

Der Phallus, der zu den unterschiedlichsten Zeiten in der Geschichte aller Religionen verehrt wird, ist nicht der Penis der Biologie, nicht das Sexualwerkzeug und auch nicht das abgespaltene Genital des Mannes. Freud hat uns gelehrt, daß jeder gotische Turm und jeder Hot dog ein Phallussymbol sein kann, aber er hat uns nicht gelehrt, daß der Phallus vielleicht das Symbol für den Mann an sich ist. Das phallische Prinzip, das dem Mann Würde verleiht und zu Recht verehrt wird, besteht in der Fähigkeit des Mannes, mit seinen Aufgaben zu wachsen, dem Ruf der Geschichte zu folgen. Es ist der phallische Mann, der einer von denen wird, die Geschichte machen, in dem er sich ihr aussetzt und kreativ befruchtend wirkt.

Wir wollen uns im Eilschritt durch das Museum der Geschichte des Mannes begeben und nur bei den Ideen verweilen, die das Bild der Männlichkeit wesentlich geprägt haben, und wir wollen den Bedingungen nachgehen, unter denen sie entstanden sind. Es geht hier um Bezeichnungen, die den Begriff des Mannes ausmachen, um Schlüsselvorstellungen für unser Selbstverständnis. Auf diese Weise werden wir Schritt für Schritt einen historischen Überblick erhalten.

Auf unserem Weg werden wir feststellen, daß Geschichte von einer Art Dialektik bestimmt zu sein scheint: These, Antithese und Synthese. Man mag das einen Tanz nennen, eine Wippe, ein Spiel der Götter (Lela), den Weltgeist im Spiel mit sich selbst (Hegel) oder auch das Umstürzen eines Korbes voller Äpfel. Gleichwie, jede Epoche bringt neue Wertvorstellungen hervor, bedarf einer neuen Qualität. Nach einer gewissen Zeit allerdings wirkt diese Qualität kontraproduktiv, und ihr Gegenteil oder Korrektiv tritt auf den Plan. Ivan Illich nennt dies das Prinzip der »paradoxen Kontraproduktivität«. So wird im Laufe der Zeit unsere Fähigkeit zu lernen durch die Institutionalisierung des Bildungswesens paralysiert, die Errungenschaften der Medizin bewirken ebenso viele neue Leiden wie Heilungen, und der Verkehr auf unseren Schnellstraßen kommt immer mehr zum Erliegen. In ähnlicher Weise unterliegen auch die Vorstellungen von Männlichkeit und männlichen Tugenden einem Wandel.

Der Mann als Jäger

Wo beginnen bei dem Versuch, die Geschichte der Bilder zu erzählen, in denen Männer ihr Selbstverständnis zum Ausdruck gebracht haben? In vorgeschichtlicher Zeit finden wir da nur vereinzelt von Menschenhand bearbeitete Steine und Zeichnungen an Höhlenwänden. Das erste Mal, wo sich der Mann selbst darstellt, ist auf einer in den Höhlen von Lascaux gefundenen Wandzeichnung zu sehen, die von einem unbekannten Künstler etwa 15 000 v. Chr. angefertigt wurde. Das Bild zeigt einen Bison mit mächtigen Hörnern, dessen Eingeweide von einem Speer durchbohrt sind. Neben ihm, auf der Erde, liegt ein Mann, offensichtlich mit einer Erektion, daneben wiederum ein Vogel sowie etwas wie ein Speer oder Wurfspieß.

Was mag dies Bild bedeuten? Manche Experten vermuten, daß es sich bei dem Mann um einen Schamanen im Zustand der Trance handelt und bei dem Vogel um ein Symbol für die Seelenwanderung. Im Wurfspieß sehen sie ein Zeichen für Mann, im Speer ein Phallussymbol und in der Wunde des Tieres ein Bild für die weibliche Scham. Das mag so sein oder auch nicht. Die Deutung urzeitlicher Symbole oder moderner Träume steht vielfältigen Spekulationen offen. Mein Eindruck geht in die Richtung, daß die anscheinend bewußte Identifikation von Speer und Penis das Wichtigste an dem Bild ist. Der Künstler scheint das ursprüngliche philosophische Selbstverständnis eines Stammes von Jägern zum Ausdruck bringen zu wollen: Ich jage, also bin ich.

Aus der Beschäftigung mit den wenigen heute noch existierenden Jäger- und Sammlergesellschaften wissen wir, daß zwischen den Jägern und den Tieren, die ihr Überleben sichern, eine geheimnisvolle magische Beziehung besteht, und dies in dreierlei Hinsicht. Erstens gilt, daß der Jäger sich mit dem Tier – ob Bär, Bison oder Elenantilope –, das er töten will, identifiziert. Die Buschmänner glauben zum Beispiel, daß sie in einem früheren Leben Springböcke waren und ihr Geist beim »ewigen Springbock« in der Geisterwelt weiterlebt. Viele Jäger nehmen auch Tiernamen an. Zweitens muß der Jäger mit der Seele des Tieres Kontakt aufnehmen, einmal um es zu verstehen und so seiner Fährte folgen zu können, andererseits um sein Einverständnis zu erlangen, es zu »opfern«. Und schließlich setzt der Jäger seine Männlichkeit gleich mit seinem Totemtier und seinen Jagdwaffen. Die Kraft des Bisonhorns überträgt sich auf den Jäger. Sein Penis gewinnt Kraft aus der Kraft der Waffe – des Speers, Bogens oder Gewehrs, mit deren Hilfe er tötet und seinem Stamm Nahrung verschafft.

Ich glaube, wir können mit einigem Recht als ersten Philosophen den Mann bezeichnen, der es unternahm, den Akt des

Jagens als Mythos zu erfassen. Ich stelle ihn mir vor, wie er in großer Ruhe die Tiere beobachtet, bis es ihm gelingt, sich in ihre Seele zu versenken. Durch solch einfühlendes Beobachten lernte er die Tiere verstehen und achten, auch wenn er sie tötete; er schuf den Mythos, demzufolge das Tier sein Leben den Menschen als Opfer anbot. So vergewisserte sich der Jäger des Einverständnisses der Tiere und entwickelte bestimmte Rituale zur Vorbereitung und als Dank nach beendeter Jagd, die den Rahmen für den eigentlichen Akt des Tötens bildeten.

Ich stelle mir unseren ersten Jäger-Künstler in der Erregung des Erfolgs nach der Jagd vor. Stolz kehrt er mit seiner Beute heim und spürt die Kraft seiner Tat in seinen Lenden. Wie der Buschmann, dessen Penis auch im nichterregten Zustand nach oben zeigt, mag der Jäger die Kraft des Tieres mit seiner Männlichkeit einssetzen. Und vielleicht empfand er eben diese Verknüpfung und das gleiche Geheimnis in der Intimität des Geschlechtsverkehrs. Seine Gedanken müssen in etwa so gewesen sein: Wie der Speer das Tier verwundet und tötet, das uns am Leben erhält, so verwundet der Penis die Frau, die neues Leben hervorbringt.

Es läßt sich nicht sagen, welche elementaren Qualitäten die Jäger der Frühzeit zu unserem Männerbild beigetragen haben. Die Eingangsszene des Spielfilms »2001« zeigt, was man allgemein für den historischen Moment hält, indem aus einem Affen ein Mensch wird, dadurch daß er sich einen Stein greift, den er nun als Werkzeug oder Waffe verwenden kann. Wann immer in grauer Vorzeit es auch gewesen sein mag, die ersten Merkmale, die uns von unseren auf Bäumen hausenden Vettern unterschieden, waren der Erwerb der Sprache, die Fähigkeit, Symbole und Bilder zu verwenden, um uns selbst zu verstehen, die Herstellung von Waffen und das Vermögen, uns emotional in Tiere hineinzuversetzen. Man sollte die Komplexität und auch die Erfolge der ersten Jäger-und-Sammler-Gesellschaften nicht unterschätzen! Wenn uns auch eine exakte Deutung der Höhlenmalereien von Lascaux oder im Chaco Canyon nicht möglich ist, bleibt doch unzweifelhaft, daß sie Bestandteil einer in sich stimmigen Lebensauffassung waren, die all das schuf, was wir heute als Kunst, Ritual, Religion bezeichnen und was dazu dient, den Nachwuchs in die überlieferte Weisheit einzuweihen.

Wie stets sind auch hier Stärken nur die Kehrseite von Schwächen. Jagdkulturen sind in der Regel robust, aber auch anfällig. Da sie ihre Existenz allein durch die Jagd sicherstellen, können sie keinen Überschuß produzieren und verfügen so nicht über die Mittel, komplexere kulturelle Ausdrucksformen zu entwikkeln. Da das jagdbare Wild in regelmäßigen Abständen abnimmt, mußten solche Völker nomadisch bleiben und konnten nur Kulturgegenstände entwickeln, die sich auch transportieren ließen.

Der Mann als Bauer

Frauen sind wohl meist zu sehr mit Alltagsarbeit beschäftigt gewesen, als daß sie noch Zeit gehabt hätten, Geschichte zu schreiben, und Männer pflegen, wie die russischen Historiker, mit den Tatsachen so umzugehen, daß sie alle wichtigen Neuerungen für ihr eigenes Geschlecht in Anspruch nehmen. Die Geschichte des Mannes als Bauer ist aber eher als ein späteres Anhängsel an die Geschichte der Frau als Bäuerin zu lesen.

Die bislang nie geschriebene Geschichte der zweiten großen Phase der Evolution des Menschen sollte ungefähr so lauten: Eines Tages, als die Männer gerade unterwegs auf Eichhörnchenjagd waren (mit wenig Erfolg), wurden die Frauen dieser zufallsabhängigen Form der Nahrungsmittelbeschaffung überdrüssig und erfanden Mathematik, Naturwissenschaft und Akkerbau, um die Vorratskammer stets gut gefüllt zu haben. Und das begab sich folgendermaßen: Einige der Damen, die alle gerade ihre Periode hatten, saßen in einer Höhle herum, tauschten den neuesten Klatsch aus und sinnierten über die Natur der Weiblichkeit und der Wirklichkeit und Ähnliches, als Einsteina sich zu Wort meldete: »Wir sind Mondgeschöpfe, denn die Gezeiten unseres Bluts wechseln im Rhythmus von 28 Nächten, immer bei Vollmond.« »Was meinst du mit 28 Nächten?« unterbrach sie eine andere. »Schau her!« antwortete Einsteina und wies auf ein Horn, in das sie 28 Striche eingeritzt hatte. »Ich habe den Beginn der Blutung markiert und den des Vollmondes, und die Zeichen stimmen überein.« Die Frauen setzten ihre geheimen Gespräche »einige Jahre«, wie man später zu sagen pflegte, fort und versuchten herauszufinden, ob auch andere Erscheinungen mit dem Prinzip des Zählens erfaßt werden konnten, wie

z. B. das Erscheinen von Frühling und Winter. Eines Tages, in einer besonders feierlichen Stimmung, setzten sie ein wildes Weizenkorn in die Erde und schlossen Wetten ab, wie viele Zahlen vergehen würden, ehe sich der Keim über der Erde zeigen würde. Nur wenig später entdeckten sie, daß Pflanzen, die man an einem genau abgezählten Tag nach den Regenfällen des Frühjahrs einsäte, so sicher Frucht trugen wie ihre Periode eintrat und der Mond sich zeigte.

So wurden Landwirtschaft und Naturwissenschaft geboren – aus der Einsicht, daß die Natur dem Gesetz der Zahlen folgt –, und die Frauen schickten sich an, Kornvorräte anzulegen und Überschüsse zu erwirtschaften. Es entstanden Städte, die Kultur entwickelte sich zu hoher Blüte, und Handwerker lernten kostbaren Schmuck für elegante Frauen herzustellen. Eichhörncheneintopf als Bestandteil des Speiseplans war schon lange abgeschafft, ehe die Männer ihre archaische Rolle als Jäger aufgaben, sich als Landwirte niederließen und behaupteten, das Ganze sei immer schon ihre Idee gewesen.

Es versteht sich, daß Bilder und Symbole so schnell entstanden wie das Korn reifte. Im Nu wurde die Frau zu Mutter Erde, zur Nacht, zum Mond und zum Wasser mit seinen Gezeiten, zur sich häutenden Schlange und überhaupt zu allem, was weich, fließend und fruchtbar schien. Die Männer entschieden sich für Vater Himmel, für den Tag, die Sonne und überhaupt alles, was sich als hart, eindringend und vorwärtsdrängend zeigte. Der Geschlechtsakt wurde zum Pflügen des Ackers und zur Aussaat oder zur Hochzeit zwischen Erde und Himmel. Man hielt die Kraft, die den Penis zum Stehen brachte und den Bauch der Frau anschwellen ließ, für eben die Kraft, welche den Keim aus der fruchtbaren Erde trieb und das Korn reifen ließ. Paare, die kein Risiko mit ihrer Ernte eingehen wollten, liebten sich unmittelbar nach der Aussaat im Schein des nächtlichen Vollmondes auf ihren Feldern.

Unter den Kulturhistorikern besteht weitgehende Einmütigkeit darüber, daß die Zeit der frühen landwirtschaftlichen Revolution eine Periode relativer Harmonie war. Man verehrte die den Frauen zugeordneten Dinge, allesamt bodenständig und fruchtbar, und die Männer schienen sich der Tatsache bewußt zu sein, daß es lebensnotwendig war, sich dem Rhythmus der Jahreszeiten einzufügen und die den Dingen innewohnende natürliche Ordnung zu respektieren. Priester und Priesterinnen schufen Rituale, mit deren Hilfe man die Harmonie zwischen Frau, Mann und Natur sicherstellte. Bei einigen dieser Rituale floß zwar auch Blut, bei Tier- und Menschenopfern beispielsweise, doch dies nur deshalb, weil man glaubte, daß Blut ebenso wie Saatgut dazu nötig sei, den natürlichen Rhythmus und die Fruchtbarkeit der kosmischen Mutter zu erhalten. Sieht man von solchen unangenehmen Randerscheinungen ab, so war die Göttin allgegenwärtig, und auf der Erde stand alles zum besten. Die Städte brauchten keine Befestigungsanlagen, und die Archäologie liefert keinerlei Zeugnisse für die Anwendung von Gewalt in größerem Ausmaß.

Durch die landwirtschaftliche Revolution wurde dem Selbstverständnis der Menschen die Dimension des Kosmischen hinzugefügt. Viele tausend Jahre lang fiel der Begriff des Mannes unter den der Frau, das Weibliche hatte Vorrang vor dem Männlichen, und die Göttin besaß mehr Macht und Würde als die Götter, die sie um sich scharte. Frau und Mann lebten zusammen und im Einklang mit dem natürlichen Rhythmus der Jahreszeiten von Mutter Erde und Vater Himmel. Sie waren nicht vereinzelt und verloren in blindem Chaos, sondern wie Kinder aufgehoben in einem mütterlichen Kosmos. Der Mann verstand sich als der Frau zugehörig, als Bewahrer von Natur und Frau, er schuf Heim und Herd, er war der Hausvater, der die Wirtschaft führte.

Da die Menschen sich als Kinder der Natur empfanden, durften sie sich allerdings auch nicht von ihr entfernen. Die Mythen der bäuerlichen Gesellschaften hoben die Regelmäßigkeit im Gang des Lebens hervor und betonten die Verpflichtung des einzelnen, den Verhaltensmustern zu folgen, die von den ersten Helden und Heldinnen einmal festgelegt worden waren. Richtig zu leben hieß, und dahinter stand die Strenge eines Rituals, den in der Gemeinschaft anerkannten Praktiken der Vorfahren zu folgen. Neuerungen waren unerwünscht; Originalität an den Tag zu legen gehörte nicht zu den Zielen eines Mannes.

Der Mann als Krieger

Warum sich der Mann vom Bauern zum Krieger entwickelte, weiß man nicht, doch können folgende Tatbestände als historisch gesichert gelten: Etwa 1700 v. Chr. fielen kriegerische Völkerstämme, als Arier oder Indogermanen bezeichnet, von Norden kommend in Griechenland, Indien und das Gebiet des Fruchtbaren Halbmondes ein. Sie waren beritten und verfügten über Waffen aus Eisen. Sie kannten nur einen einzigen, patriarchalischen Gott, dem sie in strenger Gefolgschaft anhingen. In der Geschichte, die uns am vertrautesten ist, heiligte Jahweh, der Gott der Hebräer, den Krieg, indem er seinen Anhängern das Land Kanaan überließ mit dem Befehl, dessen Einwohner zu töten oder zu Sklaven zu machen, »ihre Kinder mit den Köpfen gegen Steine zu schlagen« und die Übriggebliebenen zu Wasserträgern oder Holzfällern zu machen. Da er ein eifersüchtiger Gott war, verbot er seinen Anhängern, andere Götter neben ihm zu haben und »Opferkuchen zu backen für die Königin des Himmels« sowie Baal oder anderen Fruchtbarkeitsgötzen Opfer zu bringen. Wie ein orientalischer Despot entmachtete und erniedrigte Jahweh die Große Mutter. Beelzebub (vormals der Gott des Phallus) wurde zu einem Teufel erklärt. Die der Göttin heilige Schlange erschien jetzt als Werkzeug des Bösen und wurde beschuldigt, die ursprüngliche Harmonie zwischen Mann, Natur und Frau zerstört zu haben. Das auserwählte Volk hatte fortan dem Willen des Vaters im Himmel zu folgen und mußte sich von der Mutter Erde lossagen. Nach seinem Bilde geschaffen, sollten seine Angehörigen über die Vögel in den Lüften und die Tiere des Feldes herrschen. Als Zeichen dafür, daß die Nabelschnur zur Natur durchtrennt war, beschnitt man den Phallus und brachte Jahweh die Vorhaut zum Opfer. Von nun an war Sexualität eingebunden in Stammesvorschriften; sie hatte sich nach dem Gesetz zu richten, das von oben kam, nicht von unten aus dem eigenen Körper. Weder der Natur noch den Frauen durfte man vertrauen. Der jüdisch-christliche Gott vertrieb den Phallus und die Vulva aus den Tempeln, und die Natur taugte nur noch als Kulisse auf der historischen Bühne, vor der sich Gottes Erlöserdrama abspielte.

Neben dieser historisch ausgerichteten Darstellung des Aufstiegs der Kriegerkultur wäre auch eine psychologische Version denkbar, ausgehend von der Überlegung, daß Erfolg mit der Zeit stets ins Gegenteil umschlägt. Nach ein paar Jahrhunderten ohne Hunger und ohne das Abenteuer der Jagd wurde den Männern das Leben als Bauer allmählich zu eintönig. An einem Tag, an dem Hitze und Trockenheit schier unerträglich waren, kam ein angehendes militärisches Genie auf den Gedanken, daß sich Heugabeln auch als Waffen verwenden ließen und es viel bequemer wäre, den Nachbarn das Korn zu stehlen, als selber welches anzubauen. Schneller als man »Pentagon« sagen kann, begannen die Männer stehende Heere aufzustellen, die bald auch marschierten und plünderten, und sie schufen hierarchische Regierungsformen sowie bürokratische Strukturen, um ihre Truppen zu unterhalten. Dem Sieger gehörte die Beute, vor allem die Frauen. Als es hart auf hart ging, nahmen harte Männer das Heft in die Hand und erwiesen sich als um so erfolgreicher, je weiter sie ihren Adrenalinspiegel nach oben treiben konnten. Die evolutionäre Auswahl bevorzugte die größten Schufte und all die Männer, die ihre Gefühle besonders gut zu unterdrücken vermochten, außer natürlich Gefühle wie Überheblichkeit, Zorn und gezügelte Willenskraft.

Wie auch immer man die Ursprünge der organisierten Gewalt erklärt, es steht außer Frage, daß der Krieg eine neue Arena schuf, in der sich die Männlichkeit beweisen konnte. Für den Bauern war das Leben ein ständiger Kampf zwischen Chaos und Kosmos; die Bühne, auf der er sich als Mann produzierte, war die Natur. Für die Sicherung der Existenz kam alles darauf an, mit den Kräften der Natur in hinreichender Übereinstimmung zu stehen. Krieg bedeutete das Aus für die Natur als Bühne und den Beginn der Ära des politischen Schauspiels. Das Drama der Männlichkeit dreht sich jetzt nicht mehr um den Kampf gegen das Chaos, sondern gegen einen Stammesfeind, der als Verkörperung des Bösen hingestellt wurde.

Zu Beginn der Epoche des Kriegers war der Hauptakteur auf der Bühne der einzelne Krieger, genauer gesagt waren es zwei Recken im Kampf Mann gegen Mann, wie wir es aus der Ilias oder Scotts Roman »Ivanhoe« kennen. Aber je technisierter die Kriegsführung wurde, desto mehr entwickelten sich große, straff geführte Armeen zur treibenden Kraft in der Geschichte. Im Ersten Weltkrieg machten dann das Maschinengewehr, die Langstreckenartillerie und andere Massenvernichtungsmittel den Einzelkämpfer endgültig zu einem Anachronismus. Krieg, ursprünglich eine Möglichkeit für den Krieger, sich als Held zu erweisen, verkam mehr und mehr zu anonymem Töten, bei dem es auf den einzelnen und seine Ehre nicht mehr ankam.

In dem Augenblick, in dem der Krieg ein fester Bestandteil des menschlichen Zusammenlebens geworden war, kehrten sich die Werte der bäuerlichen Gesellschaft um. Die Ethik der Kooperation wurde durch die Ethik der Unterwerfung ersetzt. An die Stelle der Suche nach Harmonie trat der Drang, über andere zu herrschen. Die Dominanz der Sinne wurde abgelöst durch die Vorherrschaft von Disziplin und Willensstärke. Das Heilige sah man nicht mehr in der Natur, den Feldern, Flüssen und Wäldern der engeren Umgebung, sondern im fernen Himmel eines transzendenten Gottes. Dessen Walten zeigte sich in der Politik, nicht in der Natur. Es lag ihm mehr, sein Volk auf Kreuzzüge zu schicken und so den Völkermord zu heiligen, als sich am Tanz um den Maibaum und anderen Fruchtbarkeitsritualen zu beteiligen und für eine gute Ernte zu sorgen.

Sobald in der Kriegerkultur das Schwert den Sieg über den Pflug davongetragen hatte und der Soldat mehr galt als der Bauer, entstand die Vorstellung vom Einssein von Penis und Waffe. Wie George Patton schon sagte: »Was ein richtiger Kämpfer ist, ist auch ein guter Rammler.« Der Penis wurde erst zum Schwert und später zum Gewehr, und das Männlichkeitsritual des Kriegers bestand im abwechselnden Streicheln von Penis und Waffe. Dazu sang er das alte Marinerlied: »This is my rifle, this is my gun. This is for business, this is for fun.« (Das ist mein Gewehr, dies hier mein Schwanz. Das für die Arbeit, dies für den Tanz.) Im Hebräischen gibt es für Penis und Waffe nur ein Wort: *za'in*. In Kriegszeiten galt Vergewaltigung als Vorrecht des Siegers, eine Angewohnheit, die in Friedenszeiten nicht leicht abzuschütteln war. Das Selbstverständnis des Kriegers manifestierte sich in der Überzeugung, daß die Frau ein Stück Land war, das es zu erobern, zu besitzen und nötigenfalls zu demütigen galt.

Ehe wir uns nun vom Mann des Krieges, dem *homo furens* abwenden, sollten wir allerdings bedenken, daß er bei aller Zerstörungswut auch Neuerungen und Tugenden geschaffen hat, die in unserer Werteskala weit oben rangieren.

Kriege kann man nicht von andern sozialen und weltanschaulichen Umwälzungen trennen, die seine Begleiterscheinung sind. Betrachtet man allein das Blutvergießen und die Greueltaten, läßt sich an Krieg und Kampf nichts Positives sehen, sondern lediglich die dumpfe destruktive Triebhandlung. Doch es lohnt sich, die eingeschränkte Sichtweise einen Augenblick zu verlassen. Dann zeigt sich, daß die »Kriegskunst« eng verknüpft war

1. mit dem Vordringen des Patriarchats, männlichen Symbolen und Machtideen;
2. mit der Entwicklung des Monotheismus und der Vorstellung eines transzendenten männlichen Gottes;
3. mit der Hoffnung für die Menschheit, die Natur beherrschen zu lernen statt sich ihr fatalistisch unterzuordnen;
4. mit der Vereinigung kleinerer Stämme zu größeren nationalen Gemeinschaften, wodurch dem Individuum ein breiteres Spektrum sozialer Verhaltensmöglichkeiten erwuchs;
5. mit der Entwicklung von Städten, komplexen Zivilisationen, hierarchischen Organisationsformen und einer aristokratischen Kultur sowie schließlich
6. mit der Entstehung des Individuums.

Ein Leben im Einklang mit der Natur, wie es Jäger, Sammler und Bauern führten, mußte stets konservative Züge tragen. Ihre Mythen kannten alle nur ein Thema: Folge in allem, was du tust, den Regeln deiner Vorväter und den Gesetzen der Natur. Versuche dich nicht an Neuem! Frühe Stammesgesellschaften und bäuerlich organisierte Völker lebten relativ harmonisch, weil ihnen nichts mehr galt als Tradition und Konformität. Hier hatte jeder seinen festen Platz, aber er durfte ihn auch nicht zugunsten eigener Vorstellungen verlassen.

Erst die Vorstellung eines Gottes, der über der Ordnung der Natur waltete, dessen Allmacht Natur schuf und kontrollierte, schuf die sozialen Bedingungen für die Entstehung des Individualismus. Dieser Gott, der über der Natur und ihrer schicksalhaften Gesetzmäßigkeit steht, setzt den Mann zum Herrscher über die Natur und die Frau und sein eigenes Schicksal. Ohne einen transzendenten Gott, der seinen Anhängern auftrug, den Tieren Namen zu geben und sich die Erde untertan zu machen, hätte es weder Individualität noch empirische Wissenschaften und Technik gegeben. Das Leben im Garten der weiblichen Gottheit verlief voller Harmonie, doch der Mann sah sich der historischen Herausforderung ausgesetzt, aufzustehen und sein Leben selbst in die Hand zu nehmen. Heute, Jahrhunderte später, haben uns zahllose Kriegstragödien erschüttert, wir leiden unter den Auswirkungen einer verantwortungslosen Wissenschaftspraxis und einer sich verselbständigenden Technik, und dennoch darf uns das den Blick nicht verstellen für die Großartigkeit des historischen Augenblicks, als die Männer sich erhoben, ihre Passivität abschüttelten und erklärten: Danke, Mutter, aber ich schaffe es alleine.

Bei unserer Suche nach einer neuen Berufung für den Mann tun wir gut daran uns zu erinnern, daß – zu ihrer Zeit – die Entstehung der Kampfes- und Kriegslust produktiv war und daß der Krieger sich nicht scheute, das »höchste Opfer« zu bringen, um in einer unvollkommenen Welt die zu schützen, die er liebte. Mars und Eros sind stets unzertrennlich gewesen.

Homo sapiens

Soweit sich so etwas sagen läßt, muß Sokrates als Erfinder und erster Vertreter der Vernunftphilosophie gelten. Er übernahm bäuerliche Lebensideale ebenso wie die Lust des Kriegers am Kampf, kehrte diese Ideale um und entwickelte daraus die Vorstellung des vernunftgeleiteten Menschen – des Homo sapiens.

Sokrates scheint in vielerlei Hinsicht eine ungewöhnliche Persönlichkeit gewesen zu sein. Obwohl ein häßlicher Mann in einer Kultur, die Schönheit verehrte, gelang es ihm, die Zuneigung und Bewunderung seiner Mitbürger zu gewinnen. Es heißt, daß er von jung auf Mahnungen und Botschaften von einer inneren Stimme, dem Daimon, empfing und sich des öfteren in länger andauernden Zuständen mystischer Entrücktheit befand. Das Orakel zu Delphi, so will es die Legende, erklärte, daß es einen weiseren Mann als Sokrates nicht gebe, aber es sagte gleichzeitig, daß das Besondere seiner Weisheit im Bewußtsein seiner Unwissenheit liege und in seinem unablässigen Bemühen um Wissen. Ob in der Ekstase des Denkens oder im Zustand mystischer Einsichten, Sokrates gelangte zu der Überzeugung, daß der Natur Vernunft (logos, nous) innewohne und sie allein für die geregelte Abfolge der Jahreszeiten und die berechenbaren Bewegungen der Sterne sorge und daß Vernunft das größte Vermögen des Menschen sei. Wenn es dem Menschen gelänge, diesem für die Außenwelt ebenso wie für sein Innenleben geltenden Gesetz zu folgen, könne er Ordnung und Harmonie in sein Leben und das der menschlichen Gemeinschaft bringen. Der Weg zur Tugend führe tatsächlich nur über Wissen und Vernunft. Sokrates verstand unter dem Leben in einer Gesellschaft, die sich ähnlich wie die unsrige dem Handel und dem Krieg verschrieben hatte, ein Leben, das der Bildung des Geistes und der Seele gewidmet war. In der Apologie (29 d) faßte er sein Lebenswerk so zusammen: »Solange ich atme und Kraft habe, werde ich nicht ablassen zu philosophieren und euch zu befeuern und euch klarzumachen, wer immer mir gerade von euch begegnet, indem ich, was ich gewohnt bin, spräche: Bester der Männer, du, ein Bürger Athens, der größten und an Weisheit und Stärke berühmten Stadt, schämst du dich nicht, dich um Schätze zu sorgen, um sie in möglichst großer Menge zu besitzen, auch um Ruf und Geltung, dagegen um Einsicht und Wahrheit und um deine Seele, daß sie so gut werde wie möglich, darum sorgst und besinnst du dich nicht?«

Aber Sokrates verstand, daß Kriege nicht nur draußen, in der politischen Wirklichkeit stattfanden, sondern er sah, daß sie auch im Innern des Menschen tobten. Der Mensch steht mit sich selbst im Zwiespalt, er ist hin- und hergerissen zwischen »Ich möchte« und »Ich sollte«. Diesem Zwiespalt kann die Vernunft ein Ende setzen, sie vermag den Konflikt zwischen Pflicht und Neigung beizulegen und vom Chaos zur Ordnung zu führen; sie kann Gefühlsausbrüche unter Kontrolle bringen und für Frieden in der Seele des Menschen und in seinem Staat sorgen. Es muß als Sokrates' großes Verdienst gelten, das Selbstverständnis des Mannes und dessen praktische Umsetzung neu definiert zu haben.

In Platons Dialogen erleben wir Sokrates, wie er seine Mitbürger befragt und ermahnt, immer nach dem Sinn ihrer Existenz zu fragen, ob sie nun auf dem Marktplatz, im Senat, bei einem privaten Gastmahl oder auf dem Schlachtfeld wären. Die Dialoge haben nicht selten ein offenes Ende, so daß sie scheinbar mehr Verwirrung stiften als Klarheit schaffen, und doch gelingt es der sokratischen Methode des Fragens, Lebenssinn neu zu bestimmen. Wissen und Tugend, als höchste Formen menschlicher Selbstverwirklichung untrennbar miteinander verbunden, sind nicht gleichzusetzen mit Geschäftssinn und Heldenmut, sondern offenbaren sich im öffentlichen Dialog, zu dem sich Männer auf der Suche nach Wahrheit zusammenfinden.

So bedeutend seine Theorie auch war, sein Denkmal hat sich der Philosoph in der Antike vor allem durch sein vorbildhaftes Verhalten gesetzt. Vier Jahrhunderte lang, bis zum Sterben Christi, galt die Art und Weise, wie Sokrates dem Tod ins Auge sah, allen Männern als beispielhaft. Ohne Furcht hatte er den Schierlingsbecher geleert und sich geweigert, von einer ihm gebotenen Fluchtmöglichkeit Gebrauch zu machen und damit die Gesetze seiner geliebten Heimatstadt Athen zu brechen. Dies bedeutet nach griechischem Selbstverständnis, daß der Mensch von einer Zeit und Vergänglichkeit überdauernden Vernunft geleitet wird. In Sokrates verkörpert sich die Vision des vernünftigen Mannes, der in einer vom göttlichen Logos regierten Welt und in einer Gemeinschaft (Polis), deren Grundlage das Gesetz bildet, lebt und stirbt.

Nicht allein daß Sokrates den vernunftgeleiteten Typ des Mannes beispielhaft verkörperte, er lieferte uns auch das Instrument, das bis auf den heutigen Tag allein in der Lage ist, dem menschlichen Drang, Krieg zu führen, entgegenzuwirken – den sokratischen Dialog, die einfachste und eleganteste Form von Friedenspolitik. Im Dialog lösen sich Konflikte in einer Art intellektuellem Ringkampf, den der Philosoph Karl Jaspers als eine Form von »liebendem Kampf« bezeichnet hat. Daß es unter Menschen divergierende Meinungen und Interessen gibt, ist unvermeidlich, doch bietet die Vernunft die Perspektive auf eine Konfliktlösung ohne Gewalt.

Wie aber steht es mit den Frauen? In der Geschichte des Homo sapiens werden ihnen die dunklen, dionysischen Triebe zugeordnet, die Leidenschaften, die aus der Tiefe der Seele emporsteigen und stärker sind als die Vernunft. Frauen sind das irrationale Element in den Träumen der Männer, die sich glauben machen, das Leben solle streng geordnet sein wie eine Reihe von logischen Schlußfolgerungen.

Damit wären wir bei Xanthippe, der Frau des Sokrates. Wen überrascht es noch, daß wir so gut wie nichts über sie wissen?

Überliefert ist lediglich, was die natürlich männlichen Mitglieder der platonischen Akademie über sie verbreiteten. Demzufolge war sie so zänkisch, daß Sokrates das Leben zu Hause total verleidet war. Platon behauptet, daß sie nichts anderes im Sinn hatte, als Sokrates von der Agora fernzuhalten und ihm in den Ohren zu liegen, daß er sich endlich einen anständigen Job suchen sollte. War sie tatsächlich nur die ewig nörgelnde Ehefrau?

Wenn ich mit meinem »dritten Ohr« in die Vergangenheit horche, kann ich das Schweigen der Xanthippe hören: Spürt sie, daß sie für ihn nie wichtig genug ist, um in einem der Dialoge aufzutauchen? Hat sie das Gefühl, daß der Vater der Vernunft sich zu gut ist, um einer vernünftigen Frau zuzuhören? Liegt sie im Frühling morgens im Bett und sehnt sich nach der Berührung des Mannes, den sie bewundert, aber nie erreichen kann? Erinnert sie sich an die Zeit vor vielen Jahren, als sie sich als erste aller athenischen Einwohner in die verborgene Schönheit eines häßlichen jungen Mannes verliebte? Stirbt in ihr langsam etwas ab, wenn sie sich eingestehen muß, daß Sokrates sich mehr von Knaben angezogen fühlt als von einer reifen Frau? Fragt sie sich, woran es liegen mag, daß sie von ihrem Mann so viel über das Reich der Vernunft gelernt hat, er aber von ihr so wenig über das Reich der Sinne?

Was den Homo sapiens auszeichnet und was ihm fehlt, hängt eng zusammen und läßt sich am Beispiel Xanthippes zeigen. Ihr war das gleiche Schicksal beschieden wie allen Frauen in Griechenland und den meisten Frauen in der Geschichte, nämlich von jeder Form ernsthafter Auseinandersetzung im öffentlichen Leben ausgeschlossen zu bleiben. Sie stand außerhalb des Kreises, in dem im »liebenden Kampf« Ideen und Theorien ausgetauscht wurden. Dem vernunftgeleiteten Mann stellte sich die Frau dar als emotionales, sinnliches Wesen, als das Animalische, das es zu kontrollieren galt. Das Mißtrauen gegenüber der Frau dehnt sich auch auf alle Organe und Fähigkeiten des Mannes aus, die man als weiblich oder als empfänglich für Weibliches ansieht. Der Penis wird, wie die Frau, verdächtigt, sich gegen die Vernunft aufzulehnen, und sein Drang nach Eigenständigkeit muß gezügelt werden. Der Verstand muß über den Körper herrschen. Der Wille muß über das Gefühl regieren. Der Geist muß über das Fleisch triumphieren. Wenn es dem Homo sapiens gelänge, das weibliche Prinzip in all diesen Bereichen unter seine Kontrolle zu bringen, dann wäre die Welt endlich im Zustand totaler Ordnung – und totaler Freudlosigkeit.

Der dionysische Mann

Sobald das Regiment der Vernunft zu streng wird und in – wenn auch vernunfterhellte – Tyrannei ausartet, heißt es aufmerken, und man wird in der Ferne das Spiel der Panflöte vernehmen und die Satyrn aus ihren Verstecken in der Wildnis auftauchen sehen. Das Verdrängte kehrt zurück. Für jeden Pat Boone einen Mick Jagger, für jede Ayn Rand einen N. O. Brown, für jeden Norman Rockwell einen Picasso, für jeden Philosophen einen Abenteurer, für jeden Tag der Arbeit einen blauen Montag. Der Mensch läßt sich nicht allein über die Vernunft definieren.

Die griechische Lebensweisheit erschöpfte sich nicht im Rationalen. In einem Athener Museum, unweit der Orte, wo Sokrates sich in der Kunst des Dialogs erging und Aristoteles die Tugend der Mäßigung predigte, kann man antike Vasen betrachten, auf denen in unverblümter Weise alle erdenklichen sexuellen Spielarten dargestellt sind – man sieht, in vielerlei kunstvollen Positionen, Männer mit Frauen, Männer mit Männern und Frauen mit Frauen. Im Realismus dieser erotischen Darstellungen und in den kunstvollen Skulpturenfriesen der Akropolis zeigt sich die griechische Schönheitsliebe und Sinnenlust mit der gleichen Deutlichkeit, mit der die Werke der Philosophen die Skepsis gegenüber der Kreatürlichkeit zum Ausdruck bringen.

Nach Meinung der Griechen sollte Dionysos, der Gott des Weines, der Trunkenheit und der Ekstase, sich den großen Tempel von Delphi mit Apollo teilen, dem Gott der Vernunft, der Ordnung und des Maßes. Geburtsstätte des Theaters waren Feste zu Ehren des Dionysos. Die Aufführungen tragischer und komischer Stücke ließen das Publikum teilhaben an den heftigen Gefühlsaufwallungen von Charakteren, deren Leben aus den Fugen geraten war, und so eine innere Läuterung (Katharsis) erfahren. In der Kunstwelt des Theaters durfte man seinen Trieben freien Lauf lassen, alle Mäßigung ablegen und die Fesseln der Vernunft abstreifen.

Hinter der Fassade des rationalen Mannes verbirgt sich ungezügelte Wildheit. Dieser wilde Mann hat viele Namen, viele Gesichter. Er ist der Homo ludens, der Playboy, der Puer aeternis, Peter Pan. Er ist der Held in »Alexis Sorbas«, in »A Thousand Clowns« und im »Club der toten Dichter«. Da er sich dem Spiel, der Phantasie und den Sinnenfreuden verschrieben hat, gilt er allgemein als verantwortungslos und unmoralisch, als untreuer Liebhaber und als Kind, das nicht erwachsen werden will. So sehen es die Hohepriester des Ernstes, die strengen Wächter des Ich und die Diener des Über-Ich.

Aber ohne Triebhaftigkeit als Bestandteil männlichen Lebens und Selbstverständnisses bleibt der Mann unvollkommen. Am schönsten wird dies von Sorbas zum Ausdruck gebracht: »Ein Mann ohne einen Anflug von Wahnsinn wird nie frei sein.« Die Schamanen aller Völker wußten, daß der Mann einen Traum-Körper besitzt, das, was Freud als die Libido bezeichnet. Wenn uns das überbordende, wilde und widersprüchliche Leben unserer Träume verlorengeht, dann werden wir nur zu leicht zu zahmen Gefangenen im engen Gehäuse unserer sozialen Ordnung. Die Verspieltheit des Kindes gehört zu unserer Seele genauso wie die Weisheit des Greises. Unter der Tyrannei eines bloßen Vernunftdaseins muß beides verkümmern.

Der Beitrag des dionysischen Mannes zum Bild der Männlichkeit ist die Leidenschaft. Wenn Apollo verkündet »Alles in Maßen«, so lehrt uns der wilde Mann, daß »der Weg des Exzesses zum Palast der Weisheit« führt (Blake). Er ermutigt uns, »unsere Träume auszuleben« und die Tiefen unseres Begehrens auszuloten.

Der Mann als Prophet

Scheinbar wie aus dem Nichts betraten die Propheten Israels die Bühne der Geschichte. Sie sprachen im Nahmen Jahwes (vormals ein Stammes- und Kriegsgott) und verkündeten, daß fortan der Mensch am moralischen Wert seines Verhaltens gemessen werde. Etwa 776 v. Chr. stieg Amos – ein Bauerntölpel, Schafhirte und Hippie – aus den Bergen herab, postierte sich an der nächsten Straßenecke und redete auf die Menschen ein. Er sicherte sich zunächst den Applaus der Menge, indem er ihre Feinde wegen ihrer Gesetzesübertretungen verdammte, doch dann versetzte er jedermann in Furcht und Schrecken, als er Gottes Urteil über Israel und Juda verkündete, weil sie die Armen unterdrückt und den Bedürftigen genommen hatten. »So spricht der Herr: Um drei und vier Laster willens Israels will ich ihrer nicht schonen, darum daß sie die Gerechten um Geld und die Armen um ein Paar Schuhe verkaufen.« Und was würde Gott versöhnen? Weder Frömmigkeit noch Brandopfer. Eher »...soll aber das Recht geoffenbart werden wie Wasser und die Gerechtigkeit wie ein starker Strom.« Oder wie es zur gleichen Zeit der Prophet Micha sagte: »Und was der Herr von dir fordert, nämlich Gottes Wort halten und Liebe üben und demütig sein vor deinem Gott.«

Der Glaube an einen transzendenten Gott machte es für den Menschen notwendig, sich gemäß moralischen Anforderungen zu verhalten, die die minimale Moral seiner eigenen Gesellschaft überstiegen. Damit bereicherten die Propheten das Selbstverständnis des Mannes um ein neues, radikales Prinzip. Der Mensch ist mehr als die Kultur, in der er lebt. Wer nur seinem eigenen Stamm oder Volk anhängt, mag fremde Völkerschaften ausbeuten und vernichten und alle diskriminieren, die nicht dazugehören, im sicheren Bewußtsein, richtig zu handeln. Doch die Propheten behaupteten, daß es höhere Werte gebe. Sie postulierten, wie Paul Tillich es ausdrückte, ein »außermoralisches Gewissen«, demzufolge wir einem Urteil unterliegen, das jenseits unserer unmittelbaren gesellschaftlichen Wirklichkeit angesiedelt ist.

Ein Mann ist nur dann ein Mann, wenn er sich an universelleren Werten als denen seiner eigenen Zeit mißt. Die Aufgabe, vor der wir jetzt stehen – normative Kriterien zu entwickeln, an denen Männlichkeit gemessen werden kann, die Berufung des Mannes der Neuzeit zu bestimmen und ein neues, utopisches Ideal des Mannes zu entwickeln – diese Aufgabe kann als der Versuch gesehen werden, die Einsichten der Propheten für unser heutiges Denken nutzbar zu machen. Unser Stolz und unsere Authentizität als Männer verlangen, daß wir uns über unsere Gegenwart hinaus definieren. Ein Mann mag in Jerusalem, Berlin oder Washington leben, doch in Wahrheit ist er Bürger einer Welt, eines Reiches jenseits zeitlicher und räumlicher Schranken. Ohne diesen transzendentalen Bezug geht das Wesen des Mannes verloren.

Der Mann als Ebenbild Gottes

Vergißt man das Bild von Jesus, wie es im frommen Sonntags-schulunterricht vermittelt wird, und vergißt man die kompli-zierte offizielle kirchliche Lehre, so bleibt doch jenseits aller Zweifel eine klare Botschaft bestehen. Der Mann ist die Verkör-perung des Geistes, ein Bürger zweier Königreiche – dem des Hier und Heute und dem des Dort und Dann. Als Archetyp des Mannes zeigt Jesus, daß Tugend und Beseeltheit von Gott nicht unabhängig voneinander zu denken sind, da der Mann nach dem Bilde Gottes und aus seiner Substanz geschaffen ist.

Das Problem des Mannes, der Grund für sein tragisches Schei-tern in der Geschichte, liegt aus jüdisch-christlicher Sicht in sei-nem falschen Selbstverständnis. Er will vor seinen Mitmenschen bestehen und nicht vor seinem allwissenden und gütigen Gott. Er verliert sich im Streben nach irdischen Gütern, statt sich in Einklang mit Gottes Willen zu bringen.

Kern der christlichen Vorstellung von Männlichkeit ist das Bild des Gekreuzigten. Es zeigt in zugespitzter Form das Thema des Willens, ein Problem, das bei der Wesensbestimmung des Mannes immer wieder auftaucht. Heute genießen Seminare, in denen Experten vermitteln, wie man seine Willenskraft entwik-kelt, große Popularität. Vor einem Jahrhundert war es Nietz-sche, der im »Zarathustra« den »Willen zur Macht« predigte. Zuvor hatte uns Sokrates versichert, daß der Wille automatisch dem Ideal folge und das Gute zu wissen auch hieß, es in der Praxis zu tun. Im Christentum – dies ist sein besonderer Beitrag – werden Herz, Wille und Gottbeseeltheit als eine Einheit ge-sehen, und Tugend ist die Tugend der Unterwerfung. Gethse-mane hat uns gelehrt, daß sich nicht der Mann in Wahrheit ver-wirklicht, der seinen Willen durchsetzt, sondern der, der seinen Willen mit dem Willen Gottes in Übereinstimmung bringt.

In der westlichen Kultur kann eine Beschäftigung mit dem Wesen des Mannes die Gestalt Jesu nicht außer acht lassen. Er ist der Spiegel, in dem sich Generationen abendländischer Männer wiedererkannt haben: Philosophen von Augustinus bis Tillich, Prediger von Paulus bis Billy Graham und Schriftsteller von Renan bis Kazantzakis. Den Tintenklecksen im Rorschach-Test der Psychologen vergleichbar ist Jesus die historische Größe X, auf die Männer ihr Selbstverständnis projizieren. Stets wird ein neuer Jesus entdeckt – der magische Erlöser, der Wunderheiler, der Mystiker, der politische Rebell, der Arbeiterführer, der Kapitalist, der Kommunist, der größte Verkäufer aller Zeiten, der erste Feminist oder der Umweltschützer. Wie Albert Schweitzer es formulierte: »Männer, die den historischen Jesus suchen, schauen in einen tiefen, dunklen Brunnen, erblicken ihr eigenes Spiegelbild und nennen es Gott«.

In die Debatte um die Person Jesu wollen wir nicht eingreifen und uns auch nicht auf abstrakte theologische Streitfragen einlassen. Unabhängig davon können wir jedoch eine Erkenntnis über das Wesen des Mannes festhalten, die auch nach zweitausend Jahren nichts von ihrer Brisanz verloren hat: Der Mann findet geistige und sexuelle Erfüllung nur, wenn er seine Ichbezogenheit überwindet und sich höheren Idealen zuwendet, sich in einer Gemeinschaft verwirklicht. Erfüllung als Mann läßt sich nicht in der Begrenztheit der eigenen Person finden. Im Gegenteil, in der Isolation wirkt sie selbstzerstörerisch. Männlichkeit läßt sich nur in relativen Begriffen, in der Beziehung zu anderen fassen. Unsere Größe und Würde wird davon abhängen, wie sehr wir andere und anderes in uns aufnehmen können.

Das Christentum, und auch jede andere Religion, stellt Männer wie Frauen gestern wie heute vor die stets gleiche Frage: Finde ich Erfüllung, indem ich mich und andere mit der Kraft des Willens beherrsche, oder finde ich Erfüllung in Selbstaufgabe und Hingabe an andere, in Duldsamkeit und Mitgefühl? Und wenn Erfüllung in solcher Art von Unterwerfung besteht, welchem Ideal, welchem Gott soll ich mich dann unterwerfen?

Der Mann als Machtmensch

Frauen haben sich immer schon über ihre Fähigkeit definiert, sich dem Gang natürlicher Ereignisse wie Geburt und Tod anpassen zu können. Zugleich haben sie stets andere über sich bestimmen lassen – zumeist Männer. Diese hingegen haben als Quintessenz ihres Daseins die Ausübung von Macht gesehen und die Weigerung, sich zu unterwerfen. Von Macchiavelli über Nietzsche bis hin zu den modernen Predigern der Macht raten alle den Männern, sich in ihrem ureigensten Interesse von weiblichen Prinzipien (wie etwa Gefühlen) fernzuhalten und sich statt dessen der Macht zu verschreiben.

Man kann wohl behaupten, daß diese, zugegeben nicht sehr präzise Vorstellung von Macht als zentrale Metapher das Selbstverständnis der Männer über viele Jahrhunderte bis heute bestimmt hat. Man denke nur an die vielen verschiedenen Arten von Machtausübung, durch die Männer sich zu verwirklichen suchten: Muskelkraft, politische Macht, sexuelle Potenz, militärische Macht, die Macht des Feuers, des Geldes oder des Wissens, die Macht des positiven Denkens oder die Macht der Persönlichkeit.

Wenn Männer sich über Macht definieren, steht dahinter das unerfüllbare Verlangen, allmächtig wie Gott zu werden; tatsächlich bedrückt sie aber eine dunkle Ahnung von der eigenen verdrängten Ohnmacht. Sie fühlen sich nur dann als wahre Männer, wenn sie den Lauf der Dinge bestimmen, wenn sie Kontrolle über alle Vorgänge, über sich selbst und über die Frauen ausüben. So stehen sie unablässig unter dem Druck, sich an etwas messen zu lassen, was außerhalb ihrer eigenen Person liegt, am Erfolg oder den Auswirkungen ihrer Handlungen, daran also, wie kreativ sie den sich vollziehenden Prozeß der Naturentwicklung mitgestalten können. Ich bin der Macher, also bin ich.

Der Drang, seine Potenz in den verschiedensten Lebensbereichen zu demonstrieren, ist aufgrund der Vergänglichkeit des Menschen stets zum Scheitern verurteilt. Muskeln erschlaffen, Weltreiche brechen zusammen, die sexuelle Potenz schwindet mit dem Alter; weil ein Nagel fehlt, geht ein Schuh verloren und mit ihm ein Königreich; je mehr wir zu wissen glauben, desto deutlicher wird das Ausmaß unserer Unwissenheit; Geld mag die Welt regieren, doch auch mit Geld kann niemand die ihm bemessene Lebenszeit auch nur um einen Tag verlängern; im Licht des Tages verdrängen wir Gedanken an Krankheit, Versagen und Tod, doch in der Dunkelheit der Nacht schleichen sie sich in unsere Träume und quälen uns; das Gefühl, mächtig zu sein, ist nur allzu vergänglich.

Selbst Nietzsche, der Autor von »Der Wille zur Macht«, einem Werk, mit dem er, ohne es ahnen zu können, der nationalsozialistischen Ideologie des Herrenmenschen Vorschub leistete, sah, daß Machtbesessenheit selbstzerstörerisch wirkt. »Die Macht verdummt«, so lautete seine Warnung. Die weltweite Bedrohung durch Atomwaffen, die Niederlagen der Supermächte in Vietnam und Afghanistan und die wie ein schleichendes Gift wirkende industrielle Umweltzerstörung haben die Menschen des 20. Jahrhunderts so verunsichert, daß sie Nietzsches mahnende Worte wieder ernst nehmen. Der Traum von der Macht hat sich selbst ad absurdum geführt.

Der Mann in Wissenschaft und Technik

Der Trieb, das zu entwickeln, was wir heute Wissenschaft und Technik nennen, läßt sich bis zum ersten Höhlenmenschen zurückverfolgen, der das Feuer bändigte und versuchte, Mammutsteaks zu braten. Wir sind nur winzige Geschöpfe in einem gewaltigen Universum, und so betrachten wir voller Staunen den Sternenhimmel und das Wunder der Sonne, und die Unermeßlichkeit des Kosmos läßt uns in Ehrfurcht erstarren. Irgendwann aber fangen wir an, etwas zu basteln und zu erfinden, um ein Stück weit selbst über uns bestimmen zu können. Die Natur ruft in uns den Wunsch hervor, sie zu verstehen und zu beherrschen. Es ist unser Schicksal, widersprüchliche Qualitäten miteinander in Einklang bringen zu müssen – Staunen und forschende Neugier, Ehrfurcht und Respektlosigkeit, Unterwerfung und Rebellion. Schwankend zwischen Irrationalität und dem Streben nach Wissen, ist es Männern und Frauen gleichermaßen aufgegeben, Religion und Wissenschaft zu schaffen.

In der Mythologie nahezu aller Völker gibt es eine Heldengestalt wie Prometheus, der den Göttern das Feuer stiehlt und den Menschen die Segnungen der Technik bringt. Der prometheische Held – bei den Indianern ein Kojote oder Rabe – muß stets mit List und Betrug operieren, wenn er die Götter hereinlegen will, die eifersüchtig über die Menschen wachen und sie am liebsten in knechtischer Unwissenheit halten wollen. Aus dem Mythos wissen wir, daß ein Mann bereit sein muß, die Festung von Mutter Natur und Gottvater zu stürmen, ihnen ihre Geheimnisse zu entreißen und diese der menschlichen Gemeinschaft zugänglich zu machen. Der Mann war stets auch ein Geächteter, ein Dieb und Himmelsstürmer und ein Feind festgefügter Ordnung.

Die moderne Version dieses Mythos zeigt Prometheus als

Helden der wissenschaftlichen und technischen Revolution. Diese nimmt ihren Anfang mit den präzisen Beobachtungen von Galilei, Bacon, Newton und Darwin und setzt sich fort mit den vielen Wissenschaftlern, die es verstanden, die Natur im Experiment auf den Prüfstand zu stellen. Die Werkzeuge (oder sollte man sagen Waffen) der modernen Helden – Niels Bohr, Einstein, Heisenberg – waren die Instrumente, mit deren Hilfe sie natürliche Phänomene quantifizierten und so kontrollieren konnten.

Bis hierher hat unsere Tour d'horizon vorbildhafter Männer uns mit verschiedenen Archetypen bekanntgemacht, dem des vorzeitlichen Jägers, des Kriegers, des Propheten und des Philosophen. Doch die Helden neuzeitlicher Technologie haben richtige Museen aufzuweisen, in denen ihre bahnbrechenden Entdeckungen zu bestaunen sind. Im amerikanischen »Nationalmuseum für Geschichte und Technik«, im »Nationalmuseum für Luftfahrt und Weltraumflug« und im Museum von Los Alamos sind all die Erfindungen gesammelt, die ein neues Zeitalter eingeleitet haben. Dort kann man die Artefakte sehen, die zum Mythos der Moderne gehören: das Flugzeug, mit dem die Brüder Wright – Nachfahren des Ikarus – den uralten Menschheitstraum vom Fliegen verwirklichten; den Telegrafieapparat, mit dessen Hilfe sich Thomas Edison der Kunst von Hermes und Merkur bemächtigte, Botschaften über die ganze Welt zu verbreiten; Henry Fords T-Modell, das Gefährt der Götter in der Garage des kleinen Mannes; Robert Oppenheimers Atombombe, die in sich die Kraft der Sonne bändigte und doch nur die Mächte des Hades freisetzte.

Zweifellos haben Naturwissenschaft und Technik die religiöse Erkenntnis bestätigt, derzufolge der Mensch in seinen Fähigkeiten den Engeln nur wenig nachsteht. Mögen auch Feministinnen verächtlich von patriarchalischer Technik sprechen, so hat uns diese Technik doch in den Stand gesetzt, die Materie zu formen und unsere Träume zu erfüllen. Doch in teuflischer Weise hat sie auch das genaue Gegenteil bewirkt: die Fähigkeit, Leben zu zerstören. Schon zweitausend Jahre vor der Erfindung der Dampfmaschine war den Griechen klar, daß alles, was zum Extrem führt, sich selbst zerstören würde. Industriebedingte Umweltverschmutzung ist nichts anderes als es die Geier waren, die die Leber des Prometheus zerfraßen, der – als Strafe für seine

Hybris – an einen Felsen angekettet war. Im Augenblick seiner höchsten Vollendung begann auch der Niedergang unseres Zeitalters. Nach der erfolgreichen Zündung der ersten Atombombe schossen Robert Oppenheimer, der sich in nur acht Kilometer Entfernung im Kontrollraum befand, zwei Stellen aus der »Bhagavadgita« durch den Kopf: »Zeigte sich die Helligkeit von tausend Sonnen am Himmel, das wäre wie die Herrlichkeit des Allmächtigen« und »Ich bin der Tod, der Weltzerstörer«. Später, die Widersprüchlichkeit der Bombe zwischen göttlicher Schöpfung und Teufelswerk vor Augen, sagte er: »In ganz banaler Weise, und da helfen auch keine Beschönigungen, Witze oder Übertreibungen, kann man sagen, daß wir Physiker die Sünde erfahren haben, und diese Erfahrung wird uns auf immer nachhängen.«[1]

Der Geschichte des Fortschritts von Wissenschaft und Technik droht ein Ende in der Art von O. Henrys Kurzgeschichten. Im Augenblick der Apotheose werden wir von unseren eigenen Werken gedemütigt. Unsere Maschinen haben sich gegen uns gewendet. Waffensysteme und Umweltkatastrophen bedrohen unsere Welt, und wir nähern uns einer Epoche, in der die Beschäftigung mit Wissenschaft und Technik – fast zwei Jahrhunderte lang Hauptquell des männlichen Selbstbewußtseins – einer neuen Berufung, einem neuen Selbstverständnis der Männer Platz machen muß.

Der Selfmademan

Jedes Zeitalter formuliert seine erhabensten Ideale auch in der Sprache des Volkes.

In den Anfangsjahren der amerikanischen Demokratie waren es die Ideale von Staatsmann und republikanischem Volksheld, die unser Bild vom Wesen echter Männlichkeit prägten. »Bis zum Ende des 19. Jahrhunderts definierten die amerikanischen Hauspostillen das männliche Geschlecht über bestimmte Charaktermerkmale, als da waren: Bürgersinn, Pflichterfüllung, Arbeit, Aufbau, gute Taten, das Leben in der Natur, Landnahme, Ehre, Ansehen, Moral, gesittetes Verhalten, Integrität... Der tüchtige Mann des 18. Jahrhunderts widmete sich dem Wohl der Allgemeinheit und lebte in Frömmigkeit und Milde.«[2]

Doch je weiter wir nach Westen vordrangen und je mehr wir uns zu einer Industrienation entwickelten, desto höher stiegen in unserer Wertschätzung die Wissenschaftler, die Erfinder und die Fabrikanten, und wir übertrugen unsere Vorstellungen von Kontrolle und Produktion von der Natur auf den Menschen, den Mann selbst. Der »Homo faber«, der Mann, der seine Produkte und sich selbst herstellt, lieferte die passende Philosophie für ein expandierendes Land wie Amerika. Wo es galt, die Wildnis zu erobern und einen Kontinent zu zivilisieren, wurde eine pragmatisch-starke, handlungsorientierte Vision der Bestimmung des Mannes gebraucht. Zum Ideal der Pionierzeit wurden die harten Kerle, die sich selbst zu Werkzeugen schmiedeten, um die Wildnis zu erschließen, Stahlschmieden zu bauen und in den einsamsten Landstrichen Viehzucht in riesigem Ausmaß zu betreiben.

Mit der Wende zum 20. Jahrhundert veränderte sich das Männlichkeitsideal in dramatischer Weise. Das »Selbst« rückte nun in den Mittelpunkt. Ein guter Mann strebte nach Selbst-Verbesserung. In dieser Ära des »Selfmademan«, des Mannes, der aus eigener Kraft zu beruflichem Erfolg gelangte, waren eiserne Disziplin, harte Arbeit, eine karge Lebensführung und Mumm in den Knochen die Abzeichen echter Männlichkeit. Teddy Roosevelt verkörperte die Tugenden, denen unsere höchste Bewunderung galt: Kraft, Robustheit, Selbstdisziplin. Die aufkommende Pfadfinderbewegung formte die noch unfertige Jugend zu reifen Männern, nach dem Gesetz: »Ein Scout ist vertrauenswürdig, loyal, hilfsbereit, freundlich, höflich, warmherzig, gehorsam, stets guter Dinge, sparsam, tapfer, sauber und ehrerbietig.« (Und er nimmt eine kalte Dusche, wenn ihn unzüchtige Gedanken ankommen, die ihn zur »Selbstbefleckung« verleiten könnten.)

Die Tugenden des Selfmademan waren ein starkes Ego, ein fester Charakter und soziales Verantwortungsgefühl, stark und solide wie ein Haus aus Stein. Im besten Fall waren Männer, die sich nach diesem Eigenentwurf bildeten, gute Staatsbürger. Extrovertiert und aktiv wie sie waren, schufen sie einen vorher nie gekannten Wohlstand. Ihr Unternehmergeist und ihre Yankee-Mentalität verwandelten das philosophische Ideal des »größtmöglichen Guten für die größtmögliche Zahl von Menschen« in praktische Realität – in eine Massengesellschaft, in der jeder (jeder Weiße) seine Burg hatte, sein Automobil fuhr und sich Luxusgüter leisten konnte, die bis dahin Fürsten und Königen vorbehalten gewesen waren.

Doch diese Art von Extroversion, bloßer Weltzugewandtheit, hatte auch ihren Preis. Hartgesottener Realismus bringt zugleich auch ganz eigene Illusionen hervor. Es stellte sich heraus, daß die Selbstsicherheit des Selfmademan in vielem der Fassade einer Westernstadt ähnelte: Hinter den Giebeln verbarg sich eine Schattenwelt. Die aggressiven Männer, die Amerika zu dem machten, was es ist, wußten, wer sie waren; sie quälten sich nicht mit Selbstzweifeln und standen zu ihren Überzeugungen. Doch hinter dieser kantigen Schale verbarg sich ein unterdrückter Kern von Emotionen, Träumen und verbotenen Gelüsten. Generationen von Selfmademen leugneten oder verachteten diesen »wilden« Teil ihrer Persönlichkeit, weil er sich nicht unter die Kontrolle der Vernunft und des Willens zwingen ließ. Um die Welt zu gewinnen, opferten sie ihre Seele, gaben ihre Träume, das ungezähmte Leben in ihrem Inneren auf.

Und schlimmer noch, der aggressive und harte Mann schuf eine Tyrannei der Extrovertiertheit, unter der die amerikanischen Männer immer noch leiden. Wir sind noch heute ständig in Versuchung, uns weiterhin an einer Männlichkeitsvorstellung zu messen, die Männern, die introvertiert, intuitiv, sensibel und künstlerisch veranlagt sind, keine Chance gab. Wer nicht den Vorstellungen von uriger Manneskraft und Pragmatismus entsprach, galt als verweichlicht. Erst Freud zeigte uns die dunkle Seite des Selfmademan, der die Erde bis in den hintersten Winkel eroberte, riesige Weltreiche schuf, aber sich nicht in das Labyrinth seines Unterbewußtseins traute.

Der psychologisierte Mann

In Europa war es der Erste Weltkrieg, der das Ende des Optimismus und der Vorstellung, daß der Geschichte ein moralischer Zweck innewohne, ankündigte. Der grauenvolle Stellungskrieg und die großen Schlachten an der Somme und in Arles, in denen eine Million Männer abgeschlachtet wurden, ließen von dem Vernunft- und Fortschrittsglauben einer ganzen Generation nur einen Scherbenhaufen zurück. In Amerika brauchte es erst die

Weltwirtschaftskrise und den Zweiten Weltkrieg, um einen wahrnehmbaren Riß in der männlichen Psyche aufklaffen zu lassen. Die Entdeckung der Konzentrationslager und der völkermordenden Nazimentalität bestätigten uns darin, die Erretter Europas zu sein. Doch erst als uns unsere Wut über die Grenzen der nötigen Gewalt hinaustrug, so daß wir Atombomben auf die Zivilbevölkerung von Hiroshima und Nagasaki warfen, und als Jahrzehnte später unser blinder antikommunistischer Kreuzzug in Vietnam im Desaster endete, entstanden bei uns die ersten moralischen Selbstzweifel, und wir fingen an uns zu fragen, ob in den Tiefen der amerikanischen Psyche irgend etwas Irrationales, Pervertiertes und Böses lauerte.

Gleichzeitig mit dieser schockierenden Desillusionierung traten Freud und die psychoanalytische Bewegung mit einem neuen Männlichkeitsideal auf den Plan. Damals schien es, als sei die Erde bis in den letzten Winkel erforscht (an der Eroberung des Weltraums war man noch nicht interessiert), und der Krieg als heroisches Abenteuer war fragwürdig geworden. Mit seinem Werk »Die Traumdeutung« wies Freud einen Weg zu neuen Abenteuern, zu einer bis dahin unbekannten Form heldenhafter Eroberung – den Zug des Psychonauten, die Entdeckung der Innenwelt.

In den letzten Jahren ist es Mode geworden, Freud zu kritisieren und ihm Übles nachzusagen. Kein Psychologe oder sonstwer, der eine Schmalspurausbildung in Transaktionsanalyse oder Verhaltenstherapie gemacht hat, läßt es sich nehmen, die Psychoanalyse für obsolet zu erklären und sich über Freuds sexistische Sünden und seine tyrannische Persönlichkeit auszulassen. Auf dem Gebiet der Psychologie scheint jedermann Freud weit hinter sich gelassen zu haben.

Zweifellos war Freud sehr arrogant und ist vielen Fehleinschätzungen und Illusionen zum Opfer gefallen, und nicht wenige seiner Erkenntnisse sollte man in der Tat getrost vergessen. Doch bei bedeutenden Männern zeigen sich neben großen Irrtümern stets zugleich großartige Einsichten. Wenn Abraham Maslow, Carl Rogers und Fritz Perls nur noch als Fußnoten der Geschichte der Psychologie auftauchen, wird Freud immer noch seinen Ehrenplatz im Ruhmestempel unserer Vorbilder einnehmen. Bei allen Schwächen seiner Person und seiner Theorie hat er doch mit seiner unerschrockenen Selbstanalyse entscheidende

Maßstäbe gesetzt. Er stieg in die Tiefen seiner Träume hinab und setzte sich mit den Tabuzonen der Libido auseinander, trug einen offenen Kampf mit den ungebändigten Trieben, den verbotenen Gedanken und Dämonen aus, die aus dem domestizierten Leben der Mittelschicht verbannt worden waren. In dieser surrealistisch anmutenden Unterwelt gab es grausame Mütter, Väter, die ihre Kinder verführten, und Kinder, die ihre Eltern umbrachten. Inzest war normal und Perversion an der Tagesordnung. Männer verwandelten sich in Frauen mit Penis, und Frauen verwandelten sich in Männer mit Scheide. Jedes Gebäude oder jeder spitz zulaufende Gegenstand konnte als Ausdruck einer Erektion angesehen werden, jede Höhlung und jedes Nest als Vulva. Staatsoberhäupter waren nichts als verkleidete Vaterfiguren, und jede Frau stand unter Verdacht, eine Ersatzmutter zu sein.

Wenn uns Freuds »Phallus-im-Wunderland«-Welt das Sexuelle überzubetonen scheint, so vor allem deshalb, weil zu seiner Zeit Sexualität und Erotik in besonderem Maße unterdrückt waren. Doch nach ein oder zwei Generationen ändert sich jeweils das Szenario in der Schattenwelt des Unbewußten. Was einst verboten war, wird alltäglich. Als Salvador Dalí 1923 den ersten surrealistischen Film drehte, verwendete er zur Darstellung des Unbewußten ausgesprochen bizarre Symbole – ein Auge, das von einer Rasierklinge zerschnitten wird, Ameisen, die aus einem Loch in einer Hand kriechen –, und nur die wenigsten verstanden, worum es ihm ging. Heute, in einer Zeit sexueller Freizügigkeit, in der Umgang mit halluzinogenen Drogen nichts Ungewöhnliches ist, kennt sich jedes zwölfjährige Kind, das MTV oder die Fernsehwerbung sieht, mit der Bilderwelt des Unbewußten aus. Der Inhalt des Freudschen Unbewußten ist heute ins Bewußtsein gehoben worden, und so scheint uns seine »heroische« Odyssee durch die sexuelle Unterwelt überholt. Die Verdrängung hat sich in unserer Gesellschaft von der Sexualität auf ein neues Feld verlagert. Erst wenn wir uns mit der eigenen Welt des Unbewußten auseinandergesetzt, die dunklen Bereiche unserer kollektiven und individuellen Seele ausgeleuchtet haben und auch unsere neuen Tabus angegangen sind, erst dann werden wir die Courage Freuds ermessen können.

Ein kurzer Hinweis sei erlaubt auf die Veränderungen unseres

Unbewußten, ein Hinweis, der als Ariadnefaden dienen mag, wenn wir die abenteuerliche Reise durch das Labyrinth unserer Schattenwelt antreten. Die Theorien von Carl Gustav Jung, eines Zeitgenossen von Freud, und von Joseph Campbell haben nach Jahren der Vergessenheit plötzlich wieder an Aktualität gewonnen. Warum gerade jetzt? Für Jung war es nicht so sehr das Reich der Sexualität, das umkämpft und mit Verboten belegt war (er hatte sowohl eine Frau wie eine Geliebte), sondern vielmehr der Drang nach Sinn und spiritueller Erfüllung. Sein Werk, wie das Campbells, betont statt der sexuellen die mythische Dimension unserer Existenz, eine Dimension, wo wir mit Männern und Frauen aller Zeiten Fühlung aufnehmen können wie auch mit Tieren, Pflanzen und dem Geist Gottes. Es war die besondere Leistung Freuds und seine historische Bestimmung, die Menschheit an ihre Seele erinnert zu haben und daran, sich nicht in der Welt des praktischen Handelns zu verlieren. Wir haben von ihm gelernt, daß es not tut, uns an unsere Mütter und Väter zu erinnern und uns unsere Kindheit im Drama der Familie zu vergegenwärtigen, wenn wir die Wunden, die unserer Männlichkeit geschlagen wurden, heilen wollen. Aufbauend auf Freuds Theorien hat die moderne Psychologie den Männern ihre Innerlichkeit zurückgegeben, ihre Subjektivität, ihre Gefühle und die Erlaubnis, ihre Lebensgeschichte bewußt wahrzunehmen.

Doch hat auch dies seine Kehrseite. Die Therapie hat zwar bestimmten Männern ihr Seelenleben wieder zugänglich gemacht, doch sie hat sie anscheinend auch gleichzeitig in die Isoliertheit des privaten Bereichs eingemauert. Vielleicht sind heute mehr Männer als je zuvor in der Lage, ihre Erfahrungen bewußt verarbeiten und darüber reden zu können. Doch scheint dabei der Mann als Kosmopolit verlorengegangen zu sein, das alte stoische Ideal des Mannes, der mit der Welt der Politik ebenso eng verbunden war wie mit der natürlichen Welt um ihn herum.

Der postmoderne Mann

Die postmoderne Lebensphilosophie ist heute in aller Munde. Seit etwa 1960 befinden wir uns in einer Ära, die sich durch einen neuen Lebensstil, neue Richtungen in der Kunst, ein anderes Lebensverständnis überhaupt auszeichnet. Die moderne Welt entstand im Zusammenhang mit der industriellen Revolution und der Massenproduktion von Gütern – die postmoderne Zeit gewinnt ihre Kontur aus neuartigen Informationssystemen, der Ethik des Konsums, dem raschen Wandel von Lebensformen und dem bewußten Verzicht auf eine feste Perspektive. Zitieren wir Todd Gitlin: »Der Postmoderne sind Vorstellungen von Beständigkeit und Kontinuität fremd. Bewußt zerstört sie Genres, Einstellungen und Stile. Sie macht sich einen Spaß daraus, die Grenzen zwischen Formen (Dichtung – Sachtexte), Haltungen (ironisch bzw. nicht-ironisch), Stimmungen (gewalttätig – komisch), Stilebenen (hoch – niedrig) aufzuheben... Weder bejubelt die Postmoderne die Welt noch übt sie Kritik an ihr, sie nimmt sie einfach zur Kenntnis mit einer Art wissender Distanz, daß Gefühl und moralisches Engagement sich zu Ironie verflüchtigen. Sie erfreut sich am Spiel der Dinge, wie sie an der Oberfläche erscheinen, und verspottet die Suche nach einem tieferen Sinn als Nostalgie.«[3]

In seiner besten Ausprägung ist der postmoderne Mann vor allem auf Genuß aus, er hat die Angst vor der Lust abgelegt und sich von der alten kapitalistischen Tyrannei der Mangelneurose und der Versagung befreit. Er hat aufgehört, seine Seele retten, seinen Willen entwickeln oder alle Kräfte für ein Leben im Jenseits aufsparen zu wollen. Eine unverwechselbare Identität zu besitzen, ist ihm nicht mehr wichtig, eine feste Weltanschauung oder eine Überwindung der Tragik des Lebens ist ihm nichts mehr wert. Seine Einstellung wird nicht mehr von romantischen Idealen, sondern von ironischer Distanz bestimmt.

In seiner schlimmsten Ausprägung ist der postmoderne Mann total dem Konsum verfallen. Man könnte ihn einen dilettierenden Liebhaber der schönen Künste nennen, wäre da nicht seine kühle Distanz gegenüber jeglichem Spaß an der Freud. Seine Vorlieben, sein Lebensstil und seine Meinungen werden von der Mode bestimmt. Wie der Gott Proteus, und ganz im Gegensatz zum zuverlässig-beständigen Selfmademan des letzten Jahrhunderts, verändert er seine Gestalt nach Belieben. Es ist ihm wichtiger, »Stil« zu haben, als über richtig oder falsch nachzudenken; seine Welt ist rein ästhetisch, Moral ist uninteressant geworden. Man könnte ihn desillusioniert nennen, hätte ihm nicht schon immer die Kraft gefehlt, Hoffnungen oder Träume zu entwickeln.

Der postmoderne Mann ist allerdings nicht ein so neues Phänomen wie er meint. Kierkegaard beschrieb ihn vor hundert Jahren als den Don Juan, als den Ästheten, dessen Leben eine Reihe flüchtiger Liebesabenteuer darstellt. Er ist eine leere Seite, eine Tabula rasa, auf die der Augenblick seine Geschichte schreibt. Er hat kein Gewicht und leidet in den Worten Milan Kunderas an der »unerträglichen Leichtigkeit des Seins«. Anders als der klassische »Heros in tausend Gestalten« vermeidet er alle Tiefe und gibt sich mit tausenderlei amüsanten Verkleidungen zufrieden. Das Einkaufszentrum, der Automobilsalon und der Computershop sind die Orte seiner Läuterung. Wenn er sich ernsten Angelegenheiten zuwendet, wird er, wie Trunkpa Rinponche es nennt, ein »spiritueller Materialist«. Heilsphilosophien oder Religionen sind allenfalls etwas zum Naschen.

Mit dem postmodernen Mann haben wir den Punkt erreicht, an dem das Denken in moralischen Kategorien abgeschafft ist. Haben wir erst einmal das Bemühen um Beständigkeit aufgegeben, streben weder nach einer persönlichen Identität noch nach einer umfassenden Weltanschauung, dann bleibt uns keinerlei Leitlinie außer dem Diktat des Augenblicks. Geschmack ersetzt Moral, und wie schon das alte Sprichwort sagt – über Geschmack läßt sich nicht streiten.

Ohne ein festes Bezugssystem in seinem Leben ist der postmoderne Mann verloren in einem Chaos verwirrender Vielfalt. Paradoxerweise stehen ihm in einer solchen Situation ohne alle moralischen Positionslampen aber auch völlig neue Perspektiven offen – er kann neue Wege gehen.

Diese Bilder, diese beispielhaften Menschen und diese elementaren Wertvorstellungen bilden die Bestandteile der männlichen Psyche. Jedes einzelne hatte seine Blütezeit. Ein jedes war auf seine Weise eine kreative Antwort auf die eigene Zeit, eine Reaktion auf historische Notwendigkeiten. Ein jedes hat seinen Beitrag zum Selbstverständnis des Mannes geleistet. Jedes erreichte aber auch das Stadium »paradoxer Kontrapunktivität«, in dem es das Gegenteil dessen bewirkte, was in seiner ursprünglichen Absicht lag.

In ihrer Gesamtheit bilden die verschiedenen Leistungen der Männer in den unterschiedlichen Epochen die Geschichte, vor deren Hintergrund wir uns heute bewegen. Wir können diesen

Stimmen der Vergangenheit, die noch in uns weiterklingen, zuhören, doch nicht, um Antworten auf unsere Fragen zu erhalten, sondern weil wir daraus Mut schöpfen können, uns der Herausforderung unserer Zeit zu stellen, unsere historische Berufung anzunehmen.

Kapitel 9

Das neue Ideal
der Männlichkeit:
Zupackend und sanft zugleich

Die Geschichte ist ein Zenmeister.
Sie konfrontiert uns mit Rätseln,
Zwickmühlen, Fragen, Berufungen.

Wenn es stimmt, daß die immer neuen Ideale der Männlichkeit sich stets im Drama der Geschichte herausgebildet haben, so gilt auch für den modernen Mann, daß er durch die Probleme und Möglichkeiten seiner Zeit geprägt wird. Der Mann ist immer schon an seiner Bereitschaft gemessen worden, sich den Herausforderungen seiner Zeit zu stellen. Ehe wir uns also daran machen, das Bild des gegenwärtigen und zukünftigen Mannes zu entwerfen, wollen wir die sozialen und politischen Zusammenhänge skizzieren, in denen die Menschen im letzten Jahrzehnt des 20. Jahrhunderts und darüber hinaus leben werden. Welche Veränderungen in unserem Verhalten und in unserem Selbstverständnis zeichnen sich derzeit ab? Worin liegt die Berufung des Mannes in den neunziger Jahren dieses Jahrhunderts und worin wird sie im nächsten Jahrhundert liegen?

Die Herausforderungen, vor denen wir stehen, sind klar. Ob wir beweisen werden, daß wir ihnen gewachsen sind, ist noch offen. In der absehbaren Zukunft wird sich das Leben der Menschen im Widerstreit zweier großer mythischer Systeme abspielen – eines im Niedergang befindlich, das andere im Entstehen. Der alte Mythos sieht Wirklichkeit als permanentes Chaos und hält Kampf, Krieg und wirtschaftlichen Wettbewerb für unvermeidlich; er glaubt an eindeutige Sieger und an den Fortschritt. Der neue Mythos versteht Leben und Wirklichkeit als ein in sich geschlossenes System voneinander abhängiger Wesen, deren Wohlbefinden in dem Maße wächst, wie sie miteinander kooperieren und sich solidarisch verhalten; er entwirft das Bild einer Welt, deren Ordnung nicht auf Kriege angewiesen ist, und das eines Wirtschaftssystems, das ökologisch orientiert ist.

Die Tragik der alten Männlichkeitsrituale besteht darin, daß sie unser moralisches Empfinden abgetötet haben. Wir sind derart kaltschnäuzig und kaltherzig geworden, derart fixiert auf Befehlen und Kontrollieren, daß wir die drängenden Nöte der Gegenwart ebensowenig wahrnehmen wie die ersten fernen Klänge, die eine neue Epoche ankündigen.

Sie ließen sich auch nur mit dem Herzen vernehmen und auch nur dann, wenn man willens ist, sich auf dem Weg zu neuen Ufern begeistern, inspirieren und mitreißen zu lassen.

Was hat uns die historische Stunde geschlagen? Welches sind die Aufgaben, die es zu bewältigen gilt? Wozu sind wir berufen?

Während die Sonne im Zenith zu stehen scheint, muß sich der Mann der Gegenwart mit den Schattenseiten des Lichtes auseinandersetzen, mit dem Scheitern im Erfolg, mit der Impotenz der Macht, mit einer Kreativität, die nur Überflüssiges hervorbringt. Die Geißeln unserer Zeit sind der Krieg (die Schattenseite der Macht) und die Umweltverschmutzung (die Schattenseite des Fortschritts). Wenn wir diese Herausforderungen der Geschichte bestehen, dann wird sich alles wandeln – die Idee des Nationalstaates, unser Wirtschaftssystem und unsere Mentalität, ob wir nun Männer sind oder Frauen. Sollten wir allerdings versagen, wird die Gattung Mensch von der Erde verschwinden – wie andere vor ihr. Als Männer sind wir aufgefordert, den Mythos des Krieges und die damit verbundenen Ideale zu überwinden und eine neue Form einer ökologisch verantwortlichen Existenzsicherung zu entwickeln, die das Fortbestehen unserer Erde gewährleistet.

Jenseits der Mythen von Krieg und Heldentum

Die Gesellschaft mit Hilfe von Kriegen zu organisieren und die männliche Psyche notwendig als die eines Kriegers zu verstehen, wird mehr und mehr zu einem Anachronismus, den wir in der nahen Zukunft überwinden müssen. Für die Vergangenheit gilt, daß Stammeskämpfe und begrenzte Kriege gelegentlich unvermeidlich waren und Männern die Gelegenheit boten, sich als Helden zu verwirklichen. Doch seit es den totalen Krieg und Atomwaffen gibt, kann man nicht mehr an der Vorstellung von einem Kriegstheater festhalten, in dem die Zivilbevölkerung im

Zuschauerraum bleibt und zusieht, wie tapfere Männer bösen Feinden den Garaus machen, zur Rettung edler Jungfrauen herbeieilen und ihre Familien beschützen. Der Atomschild des modernen Kriegers bietet keinen Schutz mehr. Seite an Seite kauern wir auf einem weltweiten Schlachtfeld, Brüder und Schwestern einer Atomfamilie, die alle im gleichen Maße dem Fallout und dem drohenden Untergang ausgeliefert sind.

Unsere Schlachtgesänge klingen hohl, die Zweifel wachsen. Es hat den Anschein, als ob unsere Begeisterung für die Tugenden des Mannes und seinen Opfermut nur der Abgesang auf die Vergangenheit sind. Vielleicht ist das letzte Kriegerdenkmal (das erste übrigens, das eine Frau entworfen hat) schon errichtet. Das Mahnmal in Washington, D.C., das an den Vietnamkrieg erinnert, ist die amerikanische Klagemauer, ein Ort der Trauer und der Besinnung, Zeugnis für die Sinnlosigkeit des Krieges. Die Trauernden, die hierher kommen, fahren mit den Fingern über einen der Namen auf dem Mahnmal, als wären sie blind und versuchten auf diese Weise, den in die Marmorfläche eingemeißelten Zeichen einen Sinn abzugewinnen, der ihnen über den schmerzlichen Verlust des Sohnes, Bruders, Vaters, Freundes oder Geliebten hinweghelfen soll. Die Namen der Toten stehen hier nicht nach Rang oder »Wichtigkeit« geordnet, sondern nach den Daten, an denen die Soldaten ihr junges, hoffnungsvolles Leben hingaben – und die Botschaft des Monuments scheint zu lauten: »Nie mehr Krieg! Nie mehr sinnloser Ruhm!« Nie mehr ein politisches Schauspiel, in dem Männer und Frauen kämpfen und sterben müssen auf fernen Schlachtfeldern, wo sich die Grenzen zwischen Heldentum und Schande verwischen!

Die Logik der Geschichte scheint auf ein Ende aller nationalstaatlich organisierten Gewalt hinauszulaufen, obwohl niemand zu garantieren vermag, daß es uns tatsächlich gelingen wird, den Krieg abzuschaffen. Möglicherweise werden wir aus Versehen noch die Weltkriege drei und vier auslösen und durch unkontrolliertes Handeln, quasi unbewußt, unsere ökologischen Probleme lösen, indem wir in jeder Generation die Weltbevölkerung um eine Milliarde Menschen verringern. Doch wie auch immer sich das abspielen wird, der Vorhang vor dem »Kriegsspiel« ist dabei zu fallen, und die Schauspieler legen die rituellen Masken ab.

Es ist ein utopisch anmutender Gedanke, sich eine Welt vorzustellen, in der Staaten ihre Konflikte nicht mit Hilfe von Kriegen austragen. Doch hören wir, was Albert Camus, sicher einer der klarsten und scharfsinnigsten Denker unserer Zeit, dazu zu sagen hat: »Es ist utopisch, sich zu wünschen, daß die Menschen sich nicht länger umbringen... Doch ist es eine viel vernünftigere Utopie, die darauf drängt, daß das Morden nicht länger als Akt des Rechts gilt... Die Entscheidung ist einfach: Utopia oder den Krieg, den die ewig Gestrigen schon vorbereiten... So skeptisch wir auch sein mögen (mich schließe ich da nicht aus), der gesunde Menschenverstand läßt uns nur diese utopische Alternative. Wenn unser Utopia Geschichte geworden ist..., werden sich die Menschen eine Welt ohne dieses Utopia gar nicht mehr vorstellen können. Denn Geschichte ist nichts als der verzweifelte Versuch des Menschen, seine zutiefst prophetischen Träume in die Tat umzusetzen.«[4]

Im Augenblick ist dieser »prophetische Traum« die größte Hoffnung der Männer. Das Bild des Mannes der Zukunft beginnt sich erst am Horizont abzuzeichnen, doch ist klar, daß wir vor der Notwendigkeit eines Neuanfangs stehen. Wir müssen eine Welt ohne Kriege denken lernen, von einer neuen Männlichkeit träumen und Helden in solchen Männern sehen, die nicht mehr darauf bedacht sind, die Kunst des Tötens weiterzuentwickeln und sich mit ihren im Kampf erworbenen Narben, Orden und ruhmreichen Schlachten zu brüsten.

Allerdings werden auch in Zukunft Männer und Frauen, sofern sie sich mit Macht auseinandersetzen, Kämpfer sein müssen, doch stehen sie erstmals in der Geschichte vor der Schwierigkeit, mit Macht umgehen zu müssen, ohne auf Mittel der Gewalt zurückgreifen zu dürfen.

Sucht man nach einem bildhaften Vergleich für den friedlichen Umgang mit der Macht, so bietet es sich an, verschiedene Vorstellungen – wie z. B. die eines Ringkampfes, eines Dialogs, einer Demokratie und eines Liebespaars – miteinander zu verbinden. Für die alten Griechen verkörperten die olympischen Spiele das Friedensideal in höchster Form, ein Wettkampf oder Agon zwischen gleichwertigen, sich gegenseitig respektierenden Gegnern, die in geordnetem Ritual aufeinandertrafen. Das Modell für den friedlichen Wettstreit ist der Dialog. Indem wir miteinander streiten, schaffen wir eine Synthese, die über die Widersprüchlichkeit der Einzelmeinungen hinausgeht. Dialog, Miteinanderreden – das ist Demokratie. »Ein demokratischer Staat besteht aus Leuten, die sich in friedlichem Meinungsaustausch miteinander befinden, dessen Ziel weder darin besteht, einen Sieger zu küren, noch darin, die Vielfalt der Meinungen und Machtpositionen aufzuheben. Frieden heißt, Meinungsaustausch in gewaltfreier Form zu führen – ad infinitum.«[5]

Wenn ich mir Frieden vorstelle, so sehe ich entschlossene Männer, Frauen und Nationen in ernsthaftem Bemühen, ihre Interessen gegeneinander abzugrenzen, ihre Selbstachtung mit Liebe zu verbinden und Politik als Spiel zu betreiben. Ich sehe Rivalen, die sich nicht gegenseitig als Inkarnation des Bösen betrachten, sondern sich auch in der Auseinandersetzung respektieren.

Niemand hat deutlicher gesehen als Nietzsche – der Philosoph, der seine Vorstellung vom Übermenschen auf die Idee der Macht gründete –, wie sich das Ideal des Kriegers entscheidend verändert, wenn man ernsthaft darangeht, Frieden zu schaffen:

»Und es kommt vielleicht ein großer Tag, an welchem ein Volk, durch Kriege und Siege, durch die höchste Ausbildung der militärischen Ordnung und Intelligenz ausgezeichnet und gewöhnt, diesen Dingen die schwersten Opfer zu bringen, freiwillig ausruft: *Wir zerbrechen das Schwert* – und sein gesamtes Heerwesen bis in seine letzten Fundamente zertrümmert. *Sich wehrlos machen, während man der Wehrhafteste war*, aus einer Höhe der Empfindungen heraus –, das ist das Mittel zum wirklichen Frieden, welcher immer auf einem Frieden der Gesinnung ruhen muß: während der sogenannte bewaffnete Friede, wie er jetzt in allen Ländern einhergeht, der Unfriede der Gesinnung ist, der sich und dem Nachbarn nicht traut und halb aus Haß, halb aus Furcht die Waffen nicht ablegt. Lieber zugrunde gehen als hassen und fürchten machen –, dies muß einmal auch die oberste Maxime jeder einzelnen staatlichen Gesellschaft werden!«[6]

Wir können das Problem des Krieges nur lösen, wenn wir unser Rollenverständnis ändern, also unsere tiefverwurzelten Gefühle, was das Wesentliche an uns ist, das uns zu Mann bzw. Frau macht. Wie das Licht Partikel und Welle zugleich ist, so vermischen sich auch im Krieg die dunklen Seiten beider Geschlechter, die verleugnete Macht und die verdrängte Liebe. Was wir brauchen, ist eine neue »Quantenpolitik«, unsere Überzeugungen müssen neu eingestellt werden: Um den nuklearen Frieden herbeizuführen, bedarf es der Emanzipation des Mannes und der Frau; wir müssen lernen, tiefer in die Zusammenhänge des Systems einzudringen, das uns in Feindseligkeit und blindem Haß aneinander bindet.

Das Ende der Konsumgesellschaft: Auf dem Weg zur Rettung der Erde

Der Kampf zwischen Fortschrittsglauben und ökologischer Weltsicht hat bereits begonnen, er tobt überall in unseren Städten und Gemeinden: Es bekämpfen sich Grundstücksspekulanten und Naturschützer, Holzhändler und Umweltgruppen, die Verfechter des schnellen Wachstums und die Befürworter des Nullwachstums. Der Konflikt zwischen diesen zwei grundverschiedenen Weltanschauungen dreht sich um zwei unversöhnliche Visionen der Zukunft, zwei unterschiedliche Vorstellungen von der Beziehung des Menschen zu seiner Umwelt, und also auch um zwei divergierende Idealvorstellungen von Mann und Frau. Vorläufig wollen wir hier von den Fortschrittsgläubigen und den Radikalreformern sprechen. Eine zusammenfassende Darstellung (Seite 163) ihrer Perspektiven für die Zukunft und ihrer Einschätzung der Probleme der Gegenwart zeigt die Gegensätze.

Die Fortschrittsgläubigen lassen sich immer noch vom Mythos des Fortschritts leiten, der für die Industrienationen, seit es hieß »Gott ist tot« und die industrielle Revolution begann, als Leitbild fungiert hat. Diesem Ansatz zufolge ist die Gattung Mensch durch ihre Vernunftbegabtheit und ihr technisches Vermögen dazu bestimmt, den weiteren Verlauf der Evolution zu kontrollieren. Fortschritt (übrigens nie unterschieden von »Wachstum«, »Wandel« oder »Fortbewegung«) und eine weltweit stetig wachsende Produktion sind unser Schicksal, unser moralischer Imperativ. So lauten denn die Axiome der Fortschrittsgläubigen: Viel ist besser als wenig; das Neueste ist immer das Beste: je schneller desto besser; die Grenzen von gestern sind die Herausforderungen von heute; die Technik macht es möglich, daß es bald nur noch ein einziges Wirtschaftssystem für unsere Welt geben wird, ein globales Dorf, in dem alle Menschen an den Segnungen des Konsums teilhaben können.

Die Radikalreformer	Die Fortschrittsgläubigen
Im Mittelpunkt steht die Ökologie. Ihr Weltbild ist lokal, bioregional und planetarisch. Ihre Loyalität gilt der Gemeinschaft, dem häuslichen Herd.	Im Mittelpunkt steht die Wirtschaft. Ihr Weltbild ist international, urban und abstrakt. Ihre Loyalität gilt Job, Berufsstand und Konzern.
Ihr Leitbild ist biologisch: die Verbindung zwischen Organismus und Umwelt.	Ihr Leitbild ist technologisch: die Verbindung zwischen immer komplexerer Technik und Wirtschaftswachstum.
Sie wollen eine Welt, in der jede Gattung aus der Gemeinschaft der Lebewesen ihre Daseinsberechtigung hat.	Sie wollen eine Welt, in der allen Nationen wirtschaftliches Wachstum ermöglicht wird.
Sie begeistern sich für die sinnliche Freude an der Welt der Natur, für die Wildnis und die Gärten, für menschliche Nähe, Freundschaft und Gemeinschaft.	Sie begeistern sich für Organisation, Unternehmertum, Erfinder, die Verbreitung der Datenverarbeitung, Industrie und den Konsum.
Sie sehen Männer und Frauen als geheimnisvoll gegensätzliche Wesen, aus deren unterschiedlichen Gaben sich die Art ihrer Beziehungen ergibt.	Sie sehen Männer und Frauen als prinzipiell gleich an. Dies trifft nur nicht für den Bereich der Fortpflanzung zu, was jedoch nur für den privaten Aspekt von Beziehungen von Belang ist.

Die Amerikaner im allgemeinen und die Konzerne im besonderen haben unerschütterlich feste Vorstellungen von der Zukunft, und dies aufgrund einer unausgesprochenen Unterstellung, die so alt ist wie der Dualismus in der Erkenntnistheorie – es ist der Glaube, daß Materie, alles Dinghafte, die Natur überwunden und beherrscht werden müssen. Unsere derzeitige Hoffnung auf eine glänzende Perspektive für die Zukunft gründet sich auf die »Informationsrevolution«, als deren Herold unser neuester Messias, der Computer, auftritt. Der Microchip – ein Minihirn, das mit Lichtgeschwindigkeit arbeitet – verkündet den Beginn des postindustriellen Zeitalters. Wir, die Herren der neuen Technologie, werden uns nicht mehr mit Schwerindustrie, Schmutzarbeit und unappetitlichen Rohstoffen herumschlagen müssen. Der eigentliche Herstellungsprozeß wird in unterentwickelte Länder verlagert – die Hinterhöfe der Geschichte –, in Länder also wie Taiwan und Korea, wo es Unmengen billiger Arbeitskräfte gibt und Regierungen, die nicht auf der Erfüllung von Umweltauflagen bestehen. Wie die Götter der Antike werden wir, ohne uns mit irdischer Mühsal abplagen zu müssen, im Reich der reinen Ideale leben.

Die alte philosophische Verheißung der Freiheit von der Materie, man hört sie aus den Formulierungen, wie sie kürzlich in »Fortune« zu lesen waren:

»Die größte Errungenschaft des 20. Jahrhunderts ist der Sieg über die Materie... Der menschliche Intellekt erweist sich überall *den rohen Kräften der Materie* überlegen [Hervorhebung von mir]... *Dreck, Matsch und Steine* [Hervorhebung von mir], Dinge, die über Jahrhunderte unwichtig waren, gewannen plötzlich im Zeitalter der Massenproduktion an Bedeutung. Im Zeichen der neuen industriellen Revolution wird das, was man als ›wertvolle natürliche Ressourcen‹ zu bezeichnen pflegte, wieder als das gesehen, was es war und ist, nämlich Dreck, Matsch, Steine... *Die Erde primär unter dem Aspekt ihrer Abfallprodukte zu sehen, ist wohl der merkwürdigste Ansatz in der Geschichte der Naturwissenschaft* [Hervorhebung von mir]... Indem er den Irrglauben des Materialismus überwindet... *dringt der moderne Mensch mit dem Bazillus seiner Intelligenz in das Universum ein und drückt ihm seinen Stempel auf* [Hervorhebung von mir]... Auf diese Weise macht der Triumphzug des Computers die Welt nicht weniger menschlich, sondern unterwirft die Natur endgültig dem Wollen des Menschen.«[7]

Es ist bemerkenswert, mit welcher Emotionalität und welchen Bildern George Gilder die Natur charakterisiert: »*rohe Kräfte der Materie*«, »*Dreck, Matsch und Steine*«, »*Abfallprodukte*«. Wie schön, daß nun endlich die blühenden Narzissen, der Gesang der Lerche und der fruchtbare Humus mit dem »Bazillus« der Intelligenz des modernen Menschen geimpft werden, daß unsere Vernunft dies alles vereinnahmt und unserem Willen untertan macht. Endlich ist Schluß mit Dreck, Matsch, roher Materie.

Was wir hier vor uns haben, ist die ultima ratio des Machos: der kosmische Supermann im Gewand der Technologie.

Nun zu den Radikalreformern. Sie berufen sich auf den Mythos von der Interdependenz aller Formen des Lebens, der sich auf die Ergebnisse der Quantenphysik, der Systemanalyse und der Ökologie stützen kann. Im Zusammenhang dieser Weltanschauung muß die Menschheit lernen, ihr Bevölkerungswachstum zu bremsen und die Umwelt weniger auszubeuten. Die zentrale Doktrin des radikalreformerischen Zukunftsprogramms lautet: Weniger ist mehr; das Kleine ist schön; Geschwindigkeit gefährdet das Leben; Null-Wachstum der Bevölkerung; laßt die Erde leben; sinnvolle Technologie; am Möglichen orientierte Volkswirtschaft und sanfte Landwirtschaft.

In den neunziger Jahren dieses Jahrhunderts und darüber hinaus werden diese rivalisierenden Weltanschauungen den Rahmen abstecken, innerhalb dessen wir, wieder einmal, entscheiden müssen, wo ein Mann von Charakter steht. Der jetzige Zeitpunkt ist dazu der beste und der schlechteste zugleich. Niemals zuvor haben so viele so viel besessen, niemals aber auch so viele so wenig. Niemals ist Wachstum so unermeßlich, geradezu krankhaft gewesen, wobei weltweit die Produktion steigt – in direkter Entsprechung zum Sterben der Wälder, dem Anwachsen der Wüsten und der Erosion des Bodens. Wir leben in einer Situation moralisch-kultureller Schizophrenie, schwankend zwischen der Zukunftsvision scheinbar unendlicher Möglichkeiten und dem Trauma immer geringer werdender Rohstoffvorräte. Vollgas geben oder auf die Bremse gehen? Expandieren oder die Natur erhalten und lernen, unsere Ansprüche einzuschränken? Was sollen wir tun?

Auch die blindwütigsten Vertreter technologischen Fortschrittsglaubens erweisen mittlerweile der Mutter Erde ihre Reverenz. Sie konzedieren, daß »wir mit der Erde um so freundlicher umgehen müssen, je mehr uns ihre Gefährdung deutlich wird«.

»Freundlicher mit ihr umgehen«? Was kann das heißen? Freundlichkeit begründet sich aus der Anerkennung von Verwandtschaft. Welche noch gar nicht auszudenkende philosophisch-religiöse-soziale-politische-psychologische und das Geschlechterverhältnis betreffende Revolution verbirgt sich hinter der unschuldigen Rede vom Verwandt-Sein? Wird es uns zum Beispiel in einer zunehmend urbanen Kultur möglich sein, unsere Verwandtschaft mit den Tieren der Wildnis neu zu begreifen, unsere eigene Naturhaftigkeit, unsere Einheit mit den Elementen Erde, Luft und Wasser wiederzuentdecken?

Werden Generationen von Menschen, die in riesigen Betonburgen aufgewachsen sind, vielleicht von Walt Disney und solchen TV-Sendungen wie »Die wunderbare Welt der Tiere« lernen, die Lebensräume der Berglöwen und Antilopen zu respektieren und für ihre Erhaltung zu kämpfen? Wird es uns, die wir in einer Fertigbau-Welt leben, gelingen, uns dem Reich der Lebewesen wieder anzunähern, wenn wir sie nur vom Bildschirm her kennen? Wann werden wir überhaupt in der Lage sein, das Ausmaß des Schadens zu realisieren, den wir Menschen anderen Formen des Lebens zugefügt haben, und wann endlich werden wir aufhören, Leben wesentlich als Konsum zu begreifen? Wenn ich bedenke, wie viele Tiere Tag für Tag allein in meiner direkten Umgebung ihr Leben im Straßenverkehr verlieren – Rehe, Eulen, Fasane, Skunks, Waschbären, Füchse usw. – und wenn ich sehe, wie Wälder und Gewässer vom sauren Regen zerstört werden, dann frage ich mich, wie viele andere Gattungen wir noch ausrotten werden, ehe wir uns zu der notwendigen Neuorientierung unserer Wirtschaft und Industrie entschließen, wodurch allein der Erde zu helfen wäre.

Doch damit nicht genug der Probleme: Auch wenn wir tatsächlich den Willen hätten, wieder Bürger dieser Erde zu werden, wie können wir die gewaltigen Aufgaben bewältigen, die sich daraus ergäben? Kleinere Veränderungen vermögen wir uns vorzustellen – wie etwa das Recycling unserer Bierflaschen oder die Entwicklung umweltschonender Automobile. Unsere Politiker und unsere Industrie machen uns weiterhin glauben, daß permanentes Wirtschaftswachstum machbar ist, ohne gleichzeitig das ökologische Gleichgewicht zu stören. Sieht man einmal vom Dow-Jones-Index ab, so erscheint uns das Bild eines technologischen Utopia nur deshalb so ungetrübt, weil wir leugnen und verdrängen, was wir tatsächlich doch bereits wissen.

Man addiere: Fortschritt + Umweltverschmutzung + Bevölkerung

Man ziehe ab: Seuchen und Armut

Nachlaß (um unnütze Argumentation zu vermeiden) für chemische Kriegführung und nukleare Winter.

Und gleichwie man rechnet – was unter dem Strich herauskommt, ist die Vision einer beängstigenden, kaum zu meisternden Zukunft.

Die Zukunft, die uns ins Haus steht, verlangt eine völlige Neuorientierung, andere Ideale, eine Neubestimmung dessen, was und wer wir sind, eine postindustrielle, postökonomische Identität.

Wenn wir überleben und nicht untergehen wollen, gibt es nach Ansicht der Radikalreformer für uns nur eine Perspektive:

1. Der Mensch ist aufgerufen, die Erde zu heilen.
2. Wir können nur heilen, was wir lieben.
3. Wir können nur lieben, was wir kennen.
4. Wir können nur kennen, was wir berühren.

Bei der ökologischen Sichtweise geht es nicht darum, den Bau von Staudämmen zu stoppen oder Wälder zu erhalten, nur um ein paar seltene Fisch- und Vogelarten zu retten. Es geht nicht darum, Noblesse walten zu lassen, mit der »rohen« Natur Nachsicht zu üben oder »Dreck, Matsch und Steine« zu erhalten. Es geht auch nicht darum, Reservate für ausgefallene Tierarten wie z. B. die Pandabären anzulegen. Ökologie ist der neue Schlüsselbegriff für die Identität des Menschen und die Bestimmung seines Schicksals.

Doch warum sollte dies alles nur die Männer angehen? Sind nicht alle Menschen betroffen? Oder handelt es sich nicht sogar um eine Angelegenheit der Frauen? Schließlich sind ihnen doch im gleichen Maße wie den Männern die Segnungen der Industriegesellschaft – weniger Arbeit, höhere Lebenserwartung – zuteil geworden. Und was den Konsum betrifft, so haben sie keine Gelegenheit dazu ausgelassen. Nicht weniger als die Männer sind auch sie der Philosophie des schnellen Verschleißes verfallen und haben jede Modetorheit mitgemacht. Ihre Begeisterung für Wegwerfwindeln und Fertiggerichte hat beträchtlich zum Anwachsen unserer Müllhalden beigetragen. Die Frauen haben ihr gerüttelt Maß an Schuld und Verantwortung für unsere Verschwendungssucht. Und dennoch assoziierte man bis in die jüngste Vergangenheit die Frau eher mit der Natur und sah sie nicht als entscheidenden Wirtschaftsfaktor. So sehr auch sie dem Konsum verfallen war, stets sah man ihre Wurzeln im biologisch-naturhaften Bereich. Im Mittelpunkt ihres Lebens stan-

den nicht Profit und Verlust, sondern Geburten und Kindererziehung. Die Identität der Männer dagegen ist seit der industriellen
Revolution so eng mit der Ausbeutung der Natur verknüpft, daß
die Entwicklung einer sozusagen sanften Naturphilosophie sie zu
einer völligen Neubestimmung ihres Selbstverständnisses zwingen wird. Nicht nur in dem, was wir tun, müssen wir Männer uns
ändern, sondern auch unsere personale Identität ist hier in Frage
gestellt.

*Die Erde als natürlicher Lebensraum und die künstliche Welt
der Wirtschaft stecken den Horizont ab, vor dem unsere zentralen Wertvorstellungen neu zu definieren sind.* Wenn wir unsere
ursprüngliche Zugehörigkeit zur Gemeinschaft der fühlenden
Lebewesen nicht wieder tief in unserem Inneren, in Herz, Bauch
und Hoden verspüren, wenn diese Wiederentdeckung nicht
dazu führt, daß wir unsere Selbsteinschätzung als Männer einer
kritischen Prüfung unterziehen, und wenn wir nicht unsere Leitfiguren austauschen und unsere Ziele anders definieren, so werden wir die Erde, unser aller Heimat, zerstören.

Ob wir homosexuell oder heterosexuell sind, ob knallhart
oder sanft, ob eher gefühlsbetont oder eher rational, das ist nur
in zweiter Linie wichtig. Wenn Männer sich einseitig über ihre
Potenz, ihr Geld, ihre Macht oder sogar über das »feminine Element« in ihrer Persönlichkeit als Männer definieren, unterschätzen sie in jedem Fall die Möglichkeiten ihres Geschlechts.

In allererster Linie ist es für den Mann der Gegenwart und
der Zukunft wichtig, behutsamer und erdverbundener zu werden, also sich dem Kreislauf der Natur wieder einzufügen. Wir
können nur dann wirklich stolz auf uns sein, wenn wir bereit
sind, im gesellschaftlichen wie im individuellen Bereich die Veränderungen herbeizuführen, die nötig sind, die drohende Katastrophe abzuwenden. Wie können wir den Glauben an uns selbst
und an unsere Kraft behalten, wenn wir nicht die Erde wieder
ehren? Wie können wir unsere Selbstachtung behalten, ohne
Sorge dafür zu tragen, daß wir den Reichtum der Erde pflegen
und erhalten, um ihn unseren Kindern weiterzugeben? Wie können wir unseren Stolz als Männer wahren, wenn wir uns so verhalten, wie es die zynischen Aufkleber auf den Wohnmobilen
unserer Rentner ausdrücken: »Wir verjubeln das Erbe unserer
Kinder«? Wenn die Männer sich nicht den Herausforderungen
unserer Epoche stellen, dann wird uns der Sinn für das, was die

Macht des Phallus in Wahrheit bedeutet, verlorengehen – wie viele Frauen wir auch erobert haben und wie viele Besitztümer wir angesammelt haben.

Der leidenschaftslose, kühle Mann der Postmoderne ist das Gegenteil des phallischen Mannes: Er kennt weder Leidenschaft noch Wagemut oder Eros, er fühlt nicht den Drang, sich im Buch der Geschichte zu verewigen, sich Unsterblichkeit zu sichern. Der Mann des New Age ist auf seine eigenen Gefühle fixiert und auf seine persönliche Weiterentwicklung – den Wunsch, ein Held zu sein, verspürt er nicht. Es ist eine Illusion zu glauben, daß die ursprüngliche Männlichkeit, die den Männern verlorengegangen ist, anders zurückgewonnen werden kann als durch die leidenschaftliche Verwirklichung neuer Ziele.

Unser Verlust ist nicht psychologischer, sondern existentieller Art. Unser Leben hat an Ursprünglichkeit und Sinn verloren. Wir verleugnen das Wesentliche, wir weichen vor der historischen Herausforderung zurück. Die uns gestellte Aufgabe scheint unlösbar, und verständlicherweise neigen wir dazu, uns hinter Arbeit und Karriere zu verschanzen oder uns in den Kokon des Privatlebens zurückzuziehen und uns ans Konsumieren zu halten. Aber das läßt sich, rundheraus gesagt, nur als moralische Feigheit und Flucht vor der Verantwortung bezeichnen. Wir stecken den Kopf in den Sand. Und wenn wir so weitermachen, werden wir auch weiterhin eine innere Leere spüren, ein selbstentfremdetes und sinnentleertes Leben führen.

Es ist klar, was für den modernen Mann ansteht: Er ist aufgerufen, eine friedliche Form der Männlichkeit zu entwickeln und eine ökologisch intakte Welt zu schaffen – zupackend und sanft zugleich.

Wie das gelingen soll, weiß derzeit niemand. Der moderne Mann versteht sich noch kaum darauf, als Sachwalter der Interessen unserer Erde und sparsamer Haushalter aufzutreten. Er weiß noch nicht, wie es ihm gelingen soll, seine unbändige Lust am Kampf, seinen Drang, Besitz zu ergreifen und Herrschaft auszuüben – Verhaltensweisen, auf die er Jahrhunderte stolz gewesen ist – nutzbar zu machen für eine Zukunft, in der es mehr Hoffnung und mehr Rücksicht gibt. Er weiß noch nicht, wie er seine zwanghafte Orientierung auf Technologie abbauen, das Wirtschaftswachstum begrenzen und das Bevölkerungswachstum ökologisch ausbalancieren kann. Er verfügt noch nicht über einen zwar rational organisierten, aber freundlichen, nicht ausbeuterischen Zugriff auf die Natur. Es fehlt ihm an technologischer Weisheit und Disziplin, an der Bereitschaft, die Technik im Sinne der Natur einzusetzen. Die ökologische Katastrophe ist nicht das Ergebnis von Naturwissenschaft und Technik, sondern die Konsequenz aus gesellschaftlichen Entscheidungen, die Wissenschaft und Technik erlauben, sich unkontrolliert zu entwickeln. Wir kennen noch nicht den Unterschied zwischen Fortschritt und Wachsenlassen, zwischen Entwicklung und hektischer Betriebsamkeit. Noch bringen wir nicht den Mut auf, die wahre Gewinn- und Verlustrechnung für alle Lebewesen aufzumachen, die das Resultat von Handel, Business und Industrie ist. Noch haben wir keine Staatsform entwickelt, in der nicht nur der Mensch Stimmrecht genießt, wenn es darum geht, über das Schicksal aller Lebewesen in unserer gemeinsamen Welt zu entscheiden.

Dem Menschen, der uns einen Weg aus diesem Nicht-Wissen weisen wird, ist ein Platz im Ruhmestempel unserer Söhne sicher.

Wen lockt das Unbekannte? Schon immer war das Sache von Helden, männlichen Leitfiguren. Ein Held hört den Ruf und folgt ihm, auch wenn er nicht weiß, wohin die Reise geht und welche Hindernisse sich ihm in den Weg stellen werden. Vorsichtige Männer werden warnend ihre Stimmen erheben und sagen, daß es töricht ist, sich aufzumachen ohne die nötigen Papiere, ohne eine von Experten erarbeitete Prognose und ohne staatliche Subventionen. Doch radikal Neues wird selten offiziell abgesegnet, und glücklicherweise legen Helden wenig Wert auf behördliche Genehmigungen. In ihrer Unvernunft kümmern sie sich nicht um das Gerede vom Machbaren, sondern nehmen all ihren Mut zusammen, schultern ihre Zweifel und machen sich auf den Weg.

IV
Eine Fibel
für gegenwärtige und
zukünftige Helden

Kapitel 10
Die Seelenreise:
Eine Pilgerfahrt ins Ich

»Die Suche ist etwas, das jeder unternähme, wäre er nicht in die Alltäglichkeit seines Lebens versunken... Sich der Möglichkeit der Suche bewußt zu werden, heißt: etwas auf der Spur sein. Nichts auf der Spur sein, heißt: Verzweiflung.«
Walker Percy: Der Kinogeher

»Die Seele ist immer auf der Reise; von der Seele und nur von ihr allein können wir mit voller Berechtigung sagen, daß ›Sein‹ nichts anderes bedeutet als ›unterwegs sein‹ (en route).«
Gabriel Marcel: Homo Viator

Reiseroute für eine Abenteuerfahrt

Es ist in jeder Gesellschaft das gleiche: Die große Mehrheit der Männer durchläuft die üblichen Stationen, verdient sich dabei das Prädikat Mann und ist damit relativ zufrieden. In normalen Zeiten stellen die meisten Männer und Frauen ihre Identität nicht radikal in Frage. Sie lassen sich von den Klischeevorstellungen, Leitbildern, Heldenfiguren und der Ideologie ihrer Zeit leiten, sie werden von ihnen indoktriniert und beherrscht. Sie akzeptieren die gängigen Mythen als die einzig wahre Realitätsbeschreibung und vertrauen auf die Große Mutter oder Gottvater, auf den dialektischen Materialismus, die Demokratie, die Technologie oder die Unaufhaltsamkeit des Fortschritts. Die meisten Leute machen sich kaum bewußt, welche Kräfte ihr Leben bestimmen.

Es finden sich jedoch in jeder Gesellschaft auch außergewöhnliche Männer und Frauen, die aus den verschiedensten Gründen außerhalb stehen, sich nicht nach den Normen richten und die Berechtigung des Status quo ständig in Frage stellen. Diese Bilderstürmer – Propheten, Rebellen, Revolutionäre, Reformer,

Schamanen, Visionäre, Mystiker, Künstler, Verrückte, Genies, Schizophrene – wühlen alles auf und stören die Mehrheit, aber sie sorgen für neue schöpferische Energien in der Gesellschaft. Als Wegbereiter neuer Lebens- und Sichtweisen zahlen sie einen hohen persönlichen Preis. Oft sind sie einsam, von Selbstzweifeln gequält und ganz anders, aber auch stärker als der Durchschnittsmensch.

In ruhigen Zeiten sind es nur diese Ausnahmemenschen, die das allgemein akzeptierte Bild der Wirklichkeit anzweifeln. In schwierigen Zeiten nimmt dagegen die Zahl der Menschen, die sich in einem seelischen Aufruhr befinden und radikal alles in Frage stellen, zu. Und so steht es natürlich heute um uns. Während die überentwickelten Länder am Ende des Industriezeitalters und seines Fortschrittsglaubens stehen und die unterentwickelten Länder erst mit der Industrialisierung beginnen, fangen immer mehr Leute an darüber nachzudenken, nach welchen Wertmaßstäben und Leitvorstellungen sie eigentlich leben wollen. Niemals zuvor ist ein so hoher Prozentsatz der Weltbevölkerung im Zweifel gewesen. Eine Zeit des Umschwungs und der Kreativität hat eingesetzt; die »normale« Mehrheit wird immer reaktionärer, weil sie hofft, so die Wertvorstellungen der Vergangenheit konservieren zu können, und auf den Spuren der Helden tummeln sich immer mehr Einzelgänger auf der Suche nach einer besseren Zukunft.

In den kommenden Jahrzehnten werden wir erleben, wie die Kluft zwischen zwei verschiedenen Sorten von Männern und zwei verschiedenen Vorstellungen von Männlichkeit immer mehr zunimmt, die traditionelle westliche, patriarchalische, technologische, konfliktbetonte, militaristische Weltsicht auf der einen und die neue ökologische, kooperative Weltsicht auf der anderen Seite. Vorläufig möchte ich sie folgendermaßen charakterisieren (siehe folgende Seite):

In den nächsten zwei Kapiteln entwerfen wir den Weg solcher Gralssucher auf ihrer Seelenreise. Da ihn noch niemand gegangen ist, läßt sich kaum mehr als ein vorläufiger Entwurf der Stufen und Stationen auf diesem Weg zeigen. Denn unsere alten Modellvorstellungen der Männlichkeit passen, ähnlich wie die Newtonschen Modelle des Universums, nicht mehr zum heutigen Kenntnisstand. Aber unsere Situation weist Parallelen zu längst vergangenen Zeiten auf, die uns nützlich sein können.

Seßhafte	Suchende
Brave Bürger	Gralssucher
Gläubige	Fragende
An ihre Kultur gebunden	Transzendieren ihre Zeit und ihr Volk
Naiv / unkritisch	Selbsterfahren
Häufig unreflektiert	Oft von Selbstzweifeln gequält
In die Mythen ihrer Gesellschaft initiiert und ihnen treu bleibend	Unternehmen eine Abenteuerfahrt in ein auf keiner Karte verzeichnetes Gebiet
Können entweder stark oder schwach sein	Sind meistens verletzlich und stark zugleich
Das Gute, das sie bewirken, hat seinen Ursprung in staatsbürgerlichen Tugenden, Gesetzestreue, Ordnung, Pflichtbewußtsein, dem Pflegen von Traditionen	Das Gute, das sie bewirken, entspringt aus von ihnen neu erfundenen Tugenden, prophetischen Visionen, Empfänglichkeit für neue Berufungen, der Schaffung von Neuem
Das Schlechte, das sie verursachen, leitet sich aus Gehorsam und Banalität her	Das Schlechte, das sie verursachen, hat mit übersteigerten Ambitionen oder Hybris zu tun
Vielleicht Kandidaten für den Ruhmestempel als Archetypen bekannter Heldengestalten	Vielleicht Kandidaten für den Ruhmestempel, weil sie Leitfiguren für neue Ideale und Lebensphilosophien sind

Joseph Campbell, der große Mythologe und Kartograph spiritueller Landschaften, hat die Wegstationen des »Heros in tausend Gestalten« als eine Ausweitung der Formel verstanden, die sich in dem Übergangsritus von »Trennung–Initiation–Rückkehr« verkörpert. Ein Held tritt wagemutig aus der Welt des Gewöhnlichen hinüber in ein Land des Übernatürlichen. Er trifft auf sagenhafte Kräfte, siegt in einem entscheidenden Kampf, und wenn er endlich von seiner mysteriösen Abenteuerfahrt heimkehrt, bringt er neue Segnungen als Geschenk an die Menschheit mit zurück. Wenn wir diese Formel aus den mythologischen in psychologische Begriffe übertragen, können wir uns eine ungefähre Vorstellung von dem vor uns liegenden Weg machen, bevor wir uns in den folgenden Jahren daran machen, ein neues männliches Ideal zu erschaffen. Es ist unvermeidlich, daß eine größere Veränderung im seelischen Bereich einen langwierigen Prozeß nach sich zieht, in dessen Verlauf das Gemäuer des alten Ich eingerissen werden muß, bevor eine neue Identität aufgebaut werden kann. Die neue Seelenreise des Mannes ist eine Reise des Sterbens und der Wiedergeburt. Sie hat zwei deutlich voneinander getrennte Abschnitte:

In Kapitel 10, der »Seelenreise«, steigen wir in die Tiefen des Ich hinab. Wir lassen die sonnenbeschienene Welt der einfachen Rollen und vorfabrizierten Männlichkeitsmerkmale hinter uns, durchdringen unseren Charakterpanzer, gelangen hinter die zur Schau getragene Persönlichkeitsfassade und lassen uns in das Chaos und den Schmerz des alten »maskulinen« Ich fallen. Dabei handelt es sich nicht gerade um den spaßigsten Teil unseres Unternehmens. Denn es bedeutet, in der Höhle des Plato zu forschen, uns durch Illusionen hindurchzutasten, die wir für die Wirklichkeit gehalten haben, durch Abwasserkanäle zu kriechen, wo die verbotenen »unmännlichen« Gefühle wohnen, und all die Dämonen und dunklen Schattengestalten in ihren untergründigen Verstecken zu konfrontieren, die uns so lange gefangengehalten haben. Auf diesem Abschnitt der Reise brauchen wir die Härte, den Mut und die Aggression des Kriegers, um die rigiden Strukturen der alten Männlichkeit zu zerbrechen und die dunklen und tabuisierten »negativen« Gefühle zu untersuchen, die Schattenseite der modernen Vorstellung vom Mann. Auch zu dieser Reise gehören verschiedene Übergänge, die gemeistert werden müssen: vom sonnigen Pragmatismus zu der dunklen Weisheit der Traumzeit; vom Alles-schon-Wissen zum Leben der Fragen; von emotionaler Abgestumpftheit zu männlichem Trauern; von überheblicher Selbstsicherheit zu produktivem Zweifel; von künstlicher Härte zu mannhafter Furcht; vom kindlichen Schuldbewußtsein zu reifer Verantwortung; von der Isolation zum Bewußtsein unserer Einsamkeit; vom falschen Optimismus zu ehrlicher Verzweiflung; vom zwanghaften Aktivsein zum entspannten Abwarten, Brachliegen und zur Erneuerung.

Im zweiten Abschnitt der Reise, der »Heimkehr« in Kapitel 12, kehren wir wieder in die Alltagswelt zurück, mit einem neuen Selbstgefühl, neuen Wertvorstellungen und einem neuen Männlichkeitsideal.

Vom sonnigen Pragmatismus zur dunklen Weisheit der Traumzeit

Als ich zum erstenmal einen Psychotherapeuten aufsuchte, erklärte mir dieser, daß ich mich auf einen totalen Umschwung gefaßt machen müsse. »Wenn Sie sich wirklich verändern wollen«, warnte er mich, »dann müssen Sie sich darauf einstellen, daß Sie eine monate- oder jahrelang dauernde Verpflichtung eingehen und in dieser Zeit dazu bereit sein müssen, alles, was sich in Ihrer Vorstellungswelt, in Ihren Träumen, Phantasien, Gefühlen und in Ihrer Beziehung zum Therapeuten abspielt, für wichtiger zu halten als das, was in ihrem ›realen‹ Leben passiert.« Er warnte mich, daß es verwirrend sein würde. Und das war es auch.

In den folgenden drei Jahren verschoben sich meine Prioritäten und Perspektiven völlig. Wie bei Chuang-tze, der träumte, er sei ein Schmetterling und dann nicht mehr wußte, ob er ein Mann war, der im Traum ein Schmetterling war oder ein Schmetterling, der im Traum ein Mann war, so vertauschten mein Tag- und mein Nacht-Ich ihre Positionen. Die Personen, die meine Träume bevölkerten, wurden realer für mich als die, mit denen ich tagsüber zusammentraf. Mein Vater, der schon lange tot war, wurde wieder lebendig, und es kam zum Zweikampf. Ich fand den Mut, meine Wut über alles, was er mir angetan hatte, zuzulassen und ihm die Stirn zu bieten und seine Tabus zu brechen, und schließlich war es mir möglich, mich so tief in ihn hineinzuversetzen, daß ich erkennen konnte, welches Leid er vor mir verborgen hatte, und dadurch fähig wurde, ihm schließlich zu vergeben und ihn zu heilen, indem ich das wagte, wozu er nicht fähig gewesen war. Ich wütete gegen meine Mutter-Frau-Geliebte-Anima, duckte mich vor ihrer Urgewalt aus Angst, verlassen zu werden und zu sterben, bis ich schließlich spürte, wie über mir das Antlitz alles Weiblichen lächelte und sich die Schenkel öffneten, um mich wieder zu Hause willkommen zu heißen. In vielen Nächten schreckte ich aus dem Schlaf und wußte, daß ich schon wieder, wie seit Ewigkeiten, vor gesichtslosen Dämonen geflohen war statt ihnen ins Auge zu schauen, und ich nahm mir beim Wiedereinschlafen fest vor, ihnen beim nächstenmal gegenüberzutreten und sie zu überwältigen. In meinen Träumen lernte ich alle meine Exzesse kennen, die tagsüber, während der Arbeit, so gut verborgen blieben. Kaum war mein maßvolles, pragmatisches und vernünftiges Ich eingeschlafen, da erwachte schon mein dionysisches Ich und wollte spielen. In meinen Träumen war keine Spur mehr von dem braven Pfadfinder von früher zu finden (»vertrauenswürdig, loyal, hilfsbereit, freundlich, höflich, warmherzig, gehorsam, stets guter Dinge, sparsam, tapfer, sauber und ehrerbietig«). Tausend Nächte lang wälzte ich mich im Dreck, schwelgte in Grausamkeit, sexuellen Exzessen, »polymorpher Perversität«, Allmachtsgefühlen. Nacht für Nacht verwandelte ich mich wie Proteus zugleich in Vogel, Raubtier, Mann oder Frau. Ich und mein Vater, ich und meine Mutter, ich und meine Frau-Geliebte-Freundin, ich und meine Kinder wurden alle eins und vertauschten willkürlich Kostüme und Rollen.

Alles in allem hat sich die Extrovertiertheit der Männer in der modernen Welt als Falle erwiesen. Psychologische Studien zeigen, daß Männer sich sehr viel weniger an ihre Träume erinnern als Frauen und daß sie selten in Farbe träumen. Als Problemlöser, Vermittler von Veränderungen, Ingenieure, die für das Voranschreiten des Fortschritts verantwortlich sind, und als Kaufleute, die ihr Leben der Steigerung des Bruttosozialprodukts geweiht haben, haben wir uns nicht den Luxus geleistet, auf die Dramen zu achten, die sich in der Schattenwelt unserer Traumzeit abspielen. Wenn wir unsere unbekannten Seelenlandschaften erkunden wollen, müssen wir deshalb als erstes die Kreaturen, die das unbewußte Königreich der Nacht regieren, überhaupt kennenlernen. Das bedeutet, daß wir Rationalität und Pragmatismus beiseite lassen müssen und uns der Logik der Phantasie unterwerfen müssen. Wenn wir durch den Spiegel treten, ändern sich unsere Werte und unser Bild von uns selbst; oben und unten werden vertauscht. Die Dinge sind nicht mehr was sie scheinen. Vielleicht sind Männer nicht stark und Frauen nicht schwach. Vielleicht ist der Krieg nur ein Schattenspiel, und die Erfolge der Wirtschaft sind ein bloßer Mythos, der an unseren wesentlichen Bedürfnissen vorbeigeht. Vielleicht regieren die Träume die Welt. Anfangs ist nur dies eine sicher: Wenn wir nicht dem freien Spiel der Phantasie freien Lauf lassen, können wir nie wieder realistisch werden.

Vom Alles-schon-Wissen zum Leben der Fragen

Der Anstoß zu der männlichen Pilgerreise kann auf hunderterlei Weisen kommen. Vielleicht ist es der Tod des Vaters, der Mutter, der Frau oder eines Kindes, der dir urplötzlich den Boden unter den Füßen wegzieht und alles, was bisher deine Sicherheit ausmachte, mit sich reißt. Der Mercedes, der Tennisclub, die gut gestreuten Geldanlagen können gegen den Tod nichts ausrichten. Oder du wachst eines Morgens auf und stellst fest, daß dich dein Beruf, deine Frau, deine Bekannten anöden und du nur noch den einen Wunsch hast – abzuhauen. Oder du unternimmst eine Reise nach Nicaragua und kommst mit einer Frau ins Gespräch, deren Sohn von CIA-finanzierten Contras umgebracht wurde, und kannst kein Vertrauen mehr zu einem Präsidenten haben, der diese als »Freiheitskämpfer« bezeichnet. Oder du siehst ein Foto von einem äthiopischen Kind, das am Verhungern ist, und hast plötzlich das Gefühl, du müßtest deine blühende Anwaltspraxis aufgeben und den Hungernden Brot bringen. Oder du wirst krank und fühlst dich auf einmal alt und verwundbar. Oder alles, was in deiner Jugend fest und aufrecht war, hängt nur noch an dir herum, und du kannst nicht mehr so wie du möchtest. Oder du fragst dich eines Tages ganz ohne Anlaß, wer du eigentlich wirklich bist, und nicht eine einzige der Karten in deiner Brieftasche gibt dir eine Antwort darauf. Oder du findest auf dem Küchentisch einen Zettel von deiner Frau, auf dem steht: »Es ist aus.«

Du kannst es Midlife crisis nennen oder Depression, Selbstentfremdung, die dunkle Nacht der Seele, einen neuen Lebensabschnitt. Aber nimm es ernst. Höre hin. Reagiere darauf. Am Anfang weißt du nur eines: Die alten Säulen, die deine Identität gestützt haben, tragen dein Gewicht nicht länger. Es ist Zeit, deine Leistungen und Tugenden, die du mühsam im ersten Teil des Lebens zusammengetragen hast, hinter dir zu lassen. Sage den stereotypen Rollenklischees Lebewohl – dem Reichen, dem Armen, dem Arzt, Anwalt, Kaufmann, Häuptling – dem Krieger und Eroberer.

Unsere ersten Mannbarkeitsriten werden uns als Knaben von der Gesellschaft aufgezwungen, sie sollen uns von der warmen, einhüllenden, begrenzten Perspektive von Mutter und Familie lösen und in die Verantwortung eines Erwachsenen entlassen. Aber die Initiationsriten für ein neues Männlichkeitsideal muß man sich selber auferlegen. Die Krise des Mannes tritt ein, wenn er feststellt, daß er keinerlei Verbindung mehr zu der einhüllenden, aber beschränkten Perspektive der normalen Erwachsenenwelt hat. Das ist der Augenblick, wo er eine tiefere Beziehung zu sich selbst finden muß, sich zum Kenner aller kleinen Einzelheiten seiner eigenen Lebenserfahrungen entwickeln muß, um schließlich selbst darüber zu befinden, was männlich ist. Bei unserer Initiation als Jugendliche mußten wir vor allem die durch die Erwachsenenwelt vorgegebenen *Antworten* erlernen. Ob im Konfirmanden- oder Staatsbürgerkundeunterricht, am Arbeitsplatz oder in der Armee, wir mußten die Mythen und Deutungen auswendig lernen, bevor wir das Leben kennengelernt hatten. Wir mußten einen Eid auf die von oben vorgegebenen Folgerungen ablegen. Unsere Einführung in eine ganz andere Form von Männlichkeit beginnt damit, daß wir uns neue und beunruhigende *Fragen* stellen.

Die Fragen, die den Seßhaften bewegen, sind:

Welche Pflichten habe ich?

Was denken die Nachbarn von mir?

Wie werde ich erfolgreich?

Wie kann ich Geld, Macht, Prestige bekommen?

Habe ich den Mut, für mein Land zu kämpfen?

Kann ich leiden, ohne zu klagen?

Wie ernähre ich meine Familie?

Aber ein Suchender, der sich verirrt hat, stellt sich die ewigen, mythischen Fragen:

Was will ich wirklich?

Was macht mir Freude?

Wer bin ich in meinen Träumen?

Warum habe ich die Gefühle, die ich habe?

Wovor habe ich Angst?

Wer hat mir weh getan?

Wen habe ich verletzt?

Wie gehe ich mit meinen Schuldgefühlen um?

Brauche ich Feinde?

Wie kann ich anderen vergeben?
Wen und was will ich lieben?
Wie will ich meine Sexualität leben?
Wer gehört zu mir? Wer ist meine Familie?
Wo ist mein Platz im Leben?
Woher schöpfe ich meine Kraft? Meine Selbstachtung?
Was ist mir heilig? Wovor habe ich Respekt? Was muß
unantastbar bleiben?
Für was oder wen würde ich meine Zeit, Energie,
Gesundheit, mein Leben hingeben?
Was kann ich tun, damit das Böse auf der Welt weniger
wird?
Welche Talente habe ich? Wo liegt meine Berufung?
Was muß ich tun, damit ich zufrieden sterben kann?
Welchen Mythos habe ich (unbewußt) ausgelebt?
Inwieweit handelt es sich bei meinen Wertvorstellungen um
bloße Vorurteile und bei meinen Pflichten um blindes
Befolgen von nicht hinterfragten Normen?
Worauf habe ich verzichtet, um von anderen anerkannt zu
werden oder um »erfolgreich« zu werden?
Wovor habe ich die Augen verschlossen, meine Macht
verleugnet, meine Möglichkeiten nicht ausgelebt?

Auf der Suche zu sein, bedeutet nicht mehr und nicht weniger
als ein Fragender zu werden. In der Legende vom Heiligen Gral,
der klassischen Heldensage, wird berichtet, daß die Ritter der
Tafelrunde sich einzeln auf die Suche machten und zuerst immer
in den tiefsten Wald gingen, dorthin, wo niemand vorher gewesen war. Aus psychologischer Sicht liegt die tiefere Bedeutung
dieses Mythos darin, daß wahres Mannestum nur dort zu finden
ist, wo wir uns zu einem Leben des Fragens und Suchens bekennen.

Die Stimmung unserer gegenwärtigen Suche findet sich in Ril-
kes Rat an einen jungen Mann wieder: »... und ich möchte Sie, so
gut ich es kann, bitten, ..., Geduld zu haben gegen alles Ungelö-
ste in Ihrem Herzen und zu versuchen, *die Fragen selbst* liebzu-
haben wie verschlossene Stuben und wie Bücher, die in einer
sehr fremden Sprache geschrieben sind. Forschen Sie jetzt nicht
nach den Antworten... *Leben* Sie jetzt die Fragen.« [1]

Von überheblicher Selbstsicherheit zu produktivem Zweifel

Wenn Suchen und Fragen das Wesentliche am Mann sind, dann wird die männliche Mentalität in Zukunft eine ganz andere als die gewohnte sein. Bisher waren die Qualitäten, die wir von einem durchschnittlich guten Mann erwarten, Eindeutigkeit, Entscheidungsfreude, Willenskraft, Selbstbeherrschung, Durchhaltevermögen, Selbstsicherheit und eine stoische Haltung dem Leiden gegenüber. Aber solche Eigenschaften vertragen sich nicht mit einem Dasein, das sich selbst ständig in Frage stellt. Denn es ist wohl nicht gut möglich, daß wir zugleich gute Bürger sind – solide und charakterfest – und den Kopf voll radikaler Fragen haben.

Da die Welt ein ungelöstes Rätsel darstellt, das von unseren Erkenntnis- und Erklärungsbemühungen nur eben an der Oberfläche gestreift worden ist, ist die Annahme, daß wir sie ganz verstehen und in Besitz nehmen können, in Wirklichkeit nur ein Symptom unserer Unsicherheit und Unfähigkeit, Mehrdeutigkeit und Ungeklärtes auszuhalten. Doch nichts ist in der heutigen Zeit unangebrachter, als weiter eine unerschütterliche Gewißheit zur Schau zu tragen.

Als vor einigen Jahren Alexander Haig zum Minister ernannt wurde, schrieb ein Reporter in der »New York Times«, daß er »ein Mann ohne Selbstzweifel« sei. Ein Mann mit drei Bypässen und keine Selbstzweifel? Ein erschreckender Gedanke! Ich möchte nicht, daß ein Mann, der keine Zweifel kennt, seinen Finger am roten Knopf hat. Je mächtiger ein Mann ist, desto mehr sollte er seine Grundüberzeugungen in Frage stellen und überlegen, ob es sich vielleicht nur um eigennützige Rationalisierungen handelt. Tiere handeln, ohne zu fragen oder zu zögern. Menschen und Männer denken nach, diskutieren mit anderen und quälen sich mit schwerwiegenden Entscheidungen herum. Als Hannah Arendt den Eichmann-Prozeß in Jerusalem verfolgte, war sie vor allem von der Gedankenlosigkeit und Banalität dieses Mannes beeindruckt, der mit großer Akribie den Abtransport der Juden in die Konzentrationslager organisiert hatte. Er tat seine Pflicht, befolgte die Anweisungen seiner Vorgesetzten und stellte keine Fragen.

Descartes wurde der erste moderne Mann, als er sich gegen die mittelalterliche Vorstellung auflehnte, daß wir unseren Verstand der Autorität der Kirche unterordnen sollten, den Hütern der offenbarten Wahrheit. Er verbrachte einen ganzen Winter in seinem einsamen Studierzimmer damit, Tag für Tag die Fundamente seines Glaubens anzuzweifeln. Damit ist er ein Beispiel für die ersten Schritte, die auf dem heroischen Weg zurückzulegen sind. Durch den Mut zu sagen: *Dubito ergo sum* – ich habe Zweifel, also bin ich – unterscheiden sich die Männer von den Knaben.

Wenn du neue Wege suchst, dann wirst du dich mit Sicherheit auch gelegentlich verirren. Da kann dir das gute alte Pfadfinderhandbuch mit praktischen Weisheiten zur Hilfe kommen. Erstens, gerate nicht in Panik. Zweitens, mach nicht so weiter wie bisher, sondern hör' erst einmal auf. Drittens, setz' dich hin und beruhige dich. Viertens, sieh dich um, ob du irgendwelche Orientierungspunkte entdeckst. Fünftens, folge Fußpfaden oder Bächen, die hügelabwärts oder auf Lichtungen führen. Ein Mann aus den Bergen wurde einmal gefragt, ob er sich oft verirrte. »Nein«, erwiderte er, »bisher noch nicht. Aber es ist schon mal vorgekommen, daß ich ein, zwei Monate nicht wußte, wie ich da hinkommen sollte, wo ich hinwollte.« Forschungsreisende müssen wissen, wie man es sich gemütlich macht, wenn man nicht mehr weiß, wo man ist. Das geistige Abenteuer beginnt damit, daß wir aufhören, eine Show abzuziehen und uns etwas vorzumachen, und statt dessen unsere Verwirrung und Unsicherheit akzeptieren.

Vergleiche diese traditionellen männlichen Selbstdefinitionen und was sie für heilig hielten miteinander:

Ich befinde mich in Mutter Erdes Schoß, also bin ich. Der neolithische Mann. Heilig: die fruchtbare Erde.

Ich folge den archetypischen Taten von Helden und Göttern, also bin ich. Der Mythen-Mann. Heilig: Zeremonien, Tanz.

Ich denke, also bin ich. Der griechische Mann. Heilig: der geordnete Dialog, die Gemeinschaft, der Kosmos.

Ich gehorche dem Willen Gottes, also bin ich. Der jüdische, christliche, islamische Mann. Heilig: Synagoge, Kirche, Moschee, der Ort der Offenbarung.

Ich kämpfe, also bin ich. Der Krieger. Heilig: das Schlachtfeld, durch blutige Opfer geheiligter Boden.

Ich mache, also bin ich. Der Industrielle. Heilig: die Fabrik.

Ich arbeite, also bin ich. Der Mann der Wirtschaft. Heilig: der allmächtige Dollar, Investitionen.

Ich habe etwas, also bin ich. Der kapitalistische Mensch. Heilig: sein Besitz.

Ich konsumiere, also bin ich. Der Verbraucher. Heilig: das Einkaufszentrum.

Ich gehöre meiner Firma, also bin ich. Der Konzernangehörige. Heilig: die Firma.

Ich habe Zweifel, also bin ich. Der Suchende. Heilig: die Gralssuche.

Man beachte die ständigen Umschwünge, die Umkehr der Werte. Wenn man es als das Höchste im Mann ansieht, daß er fragt, staunt und Zweifel anmeldet, dann heißt das, daß man auf etwas stolz ist, was noch vor kurzem als eine Schande galt. Der Stein, den der Baumeister nicht haben wollte, wird zum Fundament eines neuen Tempels. Die Bereitschaft, Dinge in Zweifel zu ziehen und zu hinterfragen, ist unser neuer heiliger Boden. Bei einer Seelenreise geht es nicht darum, woanders anzukommen. Es geht nicht um Fortschritt oder Ziele. Es geht darum, »den Geist eines Anfängers« (Zen) zu bekommen und mit neuen, unschuldigen Augen zu sehen. Indem wir zugeben, daß wir uns verirrt haben, legen wir den Keim zu einer neuen Identität. Unser Sein ist Werden, unser Ziel ist der Neuanfang.

Mein ältester Geistesheld, der christliche Existentialphilosoph Sören Kierkegaard, beschrieb die Lage des authentischen Mannes folgendermaßen: »Und dies ist die schlichte Wahrheit: zu leben heißt, sich verloren zu fühlen. Wer das akzeptiert, ist bereits dabei, zu sich selbst zu finden und festen Boden unter die Füße zu bekommen. Wie ein Schiffbrüchiger wird er instinktiv nach etwas Ausschau halten, an das er sich anklammern kann; und dieser tragische, rücksichtslose Blick, der absolut ehrlich ist, weil es sich um eine Frage des Überlebens handelt, wird dazu führen, daß er Ordnung im Chaos seines Lebens schafft. Solches sind die einzigen echten Ideen, die Ideen der Schiffbrüchigen. Alles übrige ist Rhetorik, Pose, Farce.«[2]

Von der emotionalen Erstarrtheit zur mannhaften Trauer

Wenn Männer, die ihre entscheidenden Jahre mit lauter nach außen gerichteten Aktivitäten verbracht haben, zum erstenmal den Blick in ihr Inneres lenken, in das unbekannte Land ihrer Seele, dann stoßen sie sehr bald auf eine große Leere – ein ödes, weites Nichts. Bevor wir ein neues Leben beginnen können, muß uns erst einmal bewußt werden, daß wir bereits seit langem Tote waren. Bevor die Gefühle erwachen, steht uns die furchtbare Erkenntnis bevor, daß wir betäubt waren und jetzt völlig empfindungslos sind.

Das übliche Klischee besagt, daß Männer denken und handeln, während Frauen fühlen und hysterisch sind. Eine Halbwahrheit, mit der sich jedoch ein Gedankenspiel lohnt. Die meisten von uns haben gelernt, daß richtige Männer ihre Gefühle beherrschen. Von Kindheit an hören wir: »Ein Mann weint nicht.« Wir haben gelernt, hart zu arbeiten, häufig bestraft zu werden und uns nicht lange darüber zu beschweren. Könnt ihr euch noch daran erinnern, wie stolz wir darauf waren, daß wir auf hohe Berge stiegen, daß die Kälte uns nichts anhaben konnte, daß wir bis zur Erschöpfung immer weitermachen konnten, harte Schläge wegsteckten, bis an den Rand unserer Kräfte gingen, daß es uns nichts ausmachte, die ganze Nacht durchzufahren? Gelobt sei, was hart macht. Was sein muß, muß sein.

Wir gaben uns männlich – gürteten unsere Lenden, zogen den Bauch ein, streckten die Brust raus, bissen die Zähne zusammen und hielten den Atem an – und merkten nicht, daß wir so die meisten unserer Gefühle vertrieben, in den Untergrund, in unser Unbewußtes. Es ist schwer, seelisch beweglich und bewegt zu sein, wenn der Körper sich nicht so bewegen kann, wie er möchte.

Als ich das erste Mal bei einer Encounter-Gruppe ein Sensitivitäts-Training mitmachte und der Leiter mich fragte: »Und was fühlst du *jetzt*?« konnte ich ehrlicherweise nur antworten: »Ich weiß es nicht.« Es ist typisch für den modernen Mann, daß er keinen Bezug zu den eigenen Gefühlen herstellen kann. Wie die meisten erfolgreichen Männer hatte ich mich voll darauf konzentriert, was ich erreichen wollte und wie ich das am besten schaffen würde. Zehn Jahre als Universitätsprofessor war ich rastlos am Ball geblieben, hatte Konkurrenten aus dem Feld geschlagen und meine Ziele verfolgt – aber was Gefühle anging, war ich völlig unflexibel und unsensibel für feinere Nuancen. Ich kannte mich besser in den verschiedenen Richtungen der Philosophie des 19. Jahrhunderts aus als in meiner eigenen Gefühlswelt, wo ich nicht sagen konnte, ob ich Zorn, Trauer oder Angst empfand.

Am Anfang meiner Reise in die Innenwelt fürchtete ich mich davor, »die Zwiebel zu häuten«, also die Schichten, die sich auf meiner Persönlichkeit abgelagert hatten, eine nach der anderen wieder abzutragen, denn ich glaubte, dabei würde sich womöglich herausstellen, daß ganz innen nur ein leerer Hohlraum war. Vielleicht würde es besser sein, so weiterzumachen wie bisher und »Satchel« Paiges Rat zu befolgen: »Blick niemals zurück, denn wer weiß, was hinter dir ist und dich dann womöglich einholt!«

Diese Befürchtung ist nicht unberechtigt. Es wäre wunderbar, wenn nur ein lauer Föhnwind auf unsere eingefrorenen Emotionen zu pusten brauchte und wir alsbald die schönsten Frühlingsgefühle hätten. Doch leider müssen erst alle »negativen« Gefühle, die von uns so lange verdrängt, tabuisiert oder geleugnet worden sind, ins Bewußtsein gehoben werden, bevor uns ein »positiveres« Gefühlsrepertoire zur Verfügung steht. Um frei zu werden, muß man die Gefängnistore aufreißen und die eingesperrten Gefühle einladen, sich wieder in unserem Ich heimisch zu fühlen.

Weil man als Junge gelernt hat, daß Männer nicht weinen, muß man als erwachsener Mann das Weinen wieder lernen. Wenn ein Mann die unfruchtbare Wüstenstarre seiner Gefühle durchquert hat, steht er vor einem wuchernden Dschungel von Trauer und namenlosem Leid. Der Weg zu einem mannhaften Herzen führt durch ein Tränental.

Ich war dreiunddreißig, als ich meine ersten Tränen als Mann weinte. An dem Tag, als mein Vater starb, brachen alle Dämme, und ich konnte mich nicht mehr kontrollieren. Vom ersten erschreckenden Telefonanruf bis nach dem Begräbnis schwamm ich in einem Meer von Trauer. Es war das erstemal, daß meine Frau mich weinen sah.

Äußerlich machte ich bald wieder einen beherrschten Eindruck, und immer wenn ich merkte, daß mir die Tränen kamen, ging ich aus dem Haus und unternahm einen langen Spaziergang. Erst vier Jahre später, als ich gerade in meiner Therapiegruppe erzählte, wie sehnlich ich als Kind immer auf die Rückkehr meines Vaters von seinen langen Reisen gewartet hatte, wurde ich plötzlich und ohne jede Vorwarnung von einem elementaren Trauerausbruch überwältigt. Ich weinte und weinte und konnte nicht wieder aufhören zu schluchzen; alle Schmerzen, die ich je in meinem Leben gefühlt hatte, verbanden sich zu einem einzigen Crescendo. Ich weinte um das Kind, das sich nach den Armen seines Vaters sehnte, um den jungen Professor, der sich schon alt und beladen fühlte, und um den Mann, der eines Tages sterben würde, ohne zu wissen, warum. Als meine Tränen schließlich versiegten, fühlte ich mich innerlich leer und war sehr verlegen. Was würden »die anderen« bloß von mir denken? Sicher würde mich keiner mehr respektieren, weil ich nicht cool geblieben war. Beklommen blickte ich hoch und sah mich im Kreis um. Zu meiner Überraschung stellte ich fest, daß viele Tränen in den Augen hatten und mich mit einer unglaublichen Zärtlichkeit und Teilnahme anblickten. Und noch überraschender war, daß mich ein Gefühl erfüllte, als hätte ich mich gerade von einer Art Gift befreit. Mein harter Muskelpanzer lockerte sich, mein Atem wurde leicht, und sprudelnde warme Quellen schienen aus meinen Lenden emporzusteigen.

Männer haben viel zu betrauern, bevor sie ein neues Leben anfangen können.

Am Anfang steht die Erkenntnis, von welch zerbrechlicher, flüchtiger Schönheit das Leben ist, und das macht uns traurig. Wir alle tragen die Ewigkeit in unseren Herzen, doch unser Zugriff auf die Zeit ist kurz und endet tragisch. Der Tod unterbricht auch das glücklichste Leben, bevor es alle seine Verheißungen eingelöst hat. Die Griechen wußten, was wir in einer Verschwörung des aufgesetzten Lächelns und des falschen Optimismus unterdrücken – daß ein tragisches Lebensgefühl paradoxerweise mehr Freude bringt als warme Gefühlsduselei.

Fragt mich nicht, ob das logisch ist, aber ich weiß, daß es eine psychologische Tatsache ist, daß Altern und Tod für die Männer immer überraschend kommt. »Das Alter ist das Unerwartetste, was einem Mann passieren kann«, sagte Leon Trotzki. Als Joseph Campbell schon in den Achtzigern war, sagte er zu mir: »Ich fühle mich nicht als alter Mann. Ich fühle mich wie ein junger Mann, mit dem irgend etwas nicht stimmt.« Wenn man darauf achtet, hört man immer wieder Männer von ihrer Auflehnung gegen das Alter sprechen. Wir »gehen nicht sanft in jene gute Nacht hinein«. Vielleicht ist das ein speziell amerikanisches Gefühl, eine Auswirkung unseres Jugendkults, unserer geradezu fanatisch optimistischen Kultur. Oder vielleicht finden Männer es schwierig, alt zu werden, weil sie nie richtig jung sein durften.

Und dann gibt es noch unsere Trauer über den Verlust unserer Unschuld. Das Leben, für das die meisten von uns abgerichtet wurden, verlangte, daß wir vorzeitig die »Kindereien« lassen sollten: Spiel, Phantasie, Sinnlichkeit, sorgloses Herumstreunen, das Ausprobieren von unterschiedlichen Rollen, Abenteuer. Als wir Mitte Zwanzig waren, hatten wir bereits die Last von Arbeit und Familie mannhaft auf unsere Schultern genommen.

Ein weiterer Grund zu trauern, der dicht an der Oberfläche liegt, ist für moderne Männer die schmerzhafte Leere, die der abwesende Vater hinterlassen hat. Viele haben schon als Jungen ihren Vater an die Welt der Arbeit verloren, oder sie mußten ohne ihn aufwachsen, weil die Eltern sich scheiden ließen oder der Vater das Weite suchte. Aber selbst wenn der Vater körperlich anwesend war, war er oft zu gehemmt, um seine Gefühle zu zeigen, oder er war nach der Arbeit einfach zu erschöpft, um noch eine enge Beziehung zu seinen Kindern zu pflegen. Ein Freund erzählte mir: »Mein Vater war von Beruf Vertreter und immer unterwegs, aber selbst wenn er einmal zu Hause war, gab es keine Vertrautheit zwischen uns. Ich war mein Leben lang unsicher, ob ich als Mann genügte. Ich glaube, das liegt daran, daß er nie wirklich mit mir geredet hat. Er hat nie darüber gesprochen, mit welchen Problemen er sich herumschlug, was er fühlte und was es für ihn bedeutete, ein Mann zu sein. Ich habe das alles immer allein herausfinden müssen, und ich bin immer unsicher, ob ich es richtig mache.« (Leider wird sich das in Zukunft kaum bessern, im Gegenteil. 60 Prozent der 1987 [in den USA, Anm. d. Ü., in Deutschland schätzt man 40 Prozent] geborenen Kinder werden, wenn sie die Adoleszenz erreichen, nicht mehr mit ihrem Vater zusammenleben oder von ihm ernährt werden. Heute wachsen bereits 50 Prozent der Kinder in Familien mit nur einem Elternteil auf, wobei dieser gewöhnlich die Mutter ist, während der Vater fehlt.)

Um zu einem vitalen Mannestum zu gelangen, müssen viele Männer erst die Abwesenheit ihrer Väter betrauern und dann, sofern ihre Väter noch leben, den wiederholten Versuch machen, ein neues Verhältnis zu ihnen herzustellen. Eine ganze Reihe von erwachsenen Söhnen hat mir von so einem Besuch bei ihrem Vater erzählt, wo sie zum erstenmal, zitternd vor Angst, gesagt haben: »Ich habe dich lieb, und ich möchte etwas über uns wissen.« In den meisten Fällen haben die Väter zwar ungeschickt, aber doch dankbar darauf reagiert. Auch ihnen hat ein Leben lang die enge Verbindung zu ihren Söhnen und Töchtern gefehlt, doch sie wußten einfach nicht, wie sie den Dialog eröffnen sollten.

Wenn wir uns umsehen, wird deutlich, daß ein Tag ohne Leid ein Tag ohne Problembewußtsein oder Mitgefühl wäre. Man braucht nur die Zeitung aufzuschlagen, um das ganze Ausmaß des Leidens vor Augen zu haben, das nun einmal zum menschlichen Dasein gehört.

Im Gegensatz zu den Optimismus-Verkäufern, die uns ständig aufmuntern und sagen, wir sollten immer nur das Positive sehen, machen uns die großen Erforscher des Geistes Mut, dem Leiden offen ins Antlitz zu blicken. Siddhartha, der junge Prinz, der später zu Buddha wurde, lebte in der Zurückgezogenheit des Reichtums, wo er weder Häßliches noch Armut, Krankheit, Alter oder Tod zur Kenntnis zu nehmen brauchte. Seine Suche nach Erleuchtung begann, als er sich aus seinem engen Privatbezirk herauswagte und einen Greis, einen Kranken, einen Leichnam und einen Mönch sah, der sein Leben der Suche nach Befreiung gewidmet hatte. Die erste der hochherzigen Wahrheiten, die er entdeckte, war: »Leben heißt leiden.« Wir können uns nicht befreien, solange wir uns an die Illusion klammern, daß wir die Welt in ein Paradies verwandeln können.

Im Christentum, das uns ja noch nähersteht, werden wir zu einer freudigen Teilhabe am Leiden der Welt aufgefordert. So wie das zentrale heroische Drama, die Passion Jesu, uns lehrt, daß unsere Seelen im Feuer von Traurigkeit und Vertrauen geschmiedet wurden. Selbst Albert Camus, der jede Religion ablehnte, sagte, daß wir Glück nur finden könnten, wenn wir bewußt der Absurdität und Ungerechtigkeit der Welt ins Auge geblickt hätten.

Wenn wir uns weigern, weicher zu werden, uns zu ergeben und unser tägliches Sterben zu betrauern, dann leben wir mit einem hohen Maß an Illusion und Depression. Von Freud haben wir gelernt, daß jemand, der nicht trauern will, in Melancholie versinkt. Wenn wir insgeheim noch den Jünglingstraum hegen, daß wir ewig jung und siegreich bleiben, dann werden wir mit Sicherheit dann, wenn das Alter einsetzt, das Gefühl haben, daß wir irgendwie versagt haben und der nahende Tod eine endgültige Niederlage darstellt.

Die Alternative dazu heißt, die bittersüße Disziplin der Trauer zu pflegen und jeden Tag, der vergeht, zu genießen. »Selig sind, die da trauern, denn sie sollen getröstet werden.«

Von künstlicher Härte zu mannhafter Furcht

Je tiefer wir in die männliche Psyche eindringen, desto deutlicher erkennen wir hinter der ungerührten, beherrschten Fassade eine Landschaft von undifferenzierten Ängsten, wo die wilden Tiere, Dämonen und Geister in ihren Verstecken lauern. Wenn wir unsere Seele retten oder unser Ich aus den Fesseln unserer starr gewordenen Persönlichkeit erlösen wollen, dann müssen wir zum Kampf mit einer Legion von Ängsten antreten, von deren Existenz wir früher keine Ahnung hatten.

Wie lange ist es her, daß wir Männer die Angst außer Landes gejagt haben, dazu verdammt, ein Schattendasein zu führen? Die Evolution erforderte, daß der Mann mutig genug war, um sich gegen Säbelzahntiger zu verteidigen – oder letzthin gegen die Hyänen der großen Konzerne. Wer eine knappe Definition des Mannes haben will, muß als erstes den »Homo sapiens« vergessen und direkt zum Adjektiv »furchtlos« und seinen Synonymen vorrücken – unerschrocken, kühn, mutig, tapfer, beherzt, wagemutig, keck, schneidig, draufgängerisch, löwenherzig, heroisch, couragiert, stramm, forsch, unverzagt.

Ich kann mich kaum an eine Zeit erinnern, wo ich mich nicht darum bemüht hätte, keine Angst zu haben. Können Sie es? Es fing mit den scheinbar unschuldigen Anweisungen der erwachsenen Männer, großen Brüder und manchmal auch der Mütter an: »Sei kein Angsthase. Du brauchst dich nicht zu fürchten.« Schon sehr früh lernten wir, daß man mit der Angst auf dieselbe Weise fertig werden kann wie mit der Trauer: Du beißt die Zähne zusammen, damit sie nicht aufeinanderklappern, holst tief Luft und marschierst mit angehaltenem Atem direkt in die Höhle des Löwen, denn nur so kannst du dich beweisen. Alles, was uns Angst einjagte, mußte ausprobiert werden: Um Mitternacht auf den Friedhof gehen; durch das Gebiet der feindlichen Bande laufen; in ein Spukhaus schleichen; ein Auto klauen; vom Rand der Steilküste ins Wasser springen; jemanden herausfordern; in den Puff gehen. Und schließlich zogen wir in den Krieg – ohne jemals das ganze Ausmaß unseres Schreckens zuzugeben. Jedesmal, wenn wir es schafften, der Verführung durch die Furcht zu widerstehen, verliebten wir uns noch stärker in unser Selbstbild als Helden. Wir sind Männer, wir kennen keine Angst. Wir tun, was getan werden muß.

Aber der Preis für unseren Sieg über die Angst, für die Einbildung, daß wir echte oder potentielle Helden seien, war hoch.

Als allererstes engten wir unsere Welt so ein, daß in ihr Mut ständig gefragt war, während andere Qualitäten – Geduld, Ehrlichkeit, Güte, Zufriedenheit, Intelligenz, Weisheit – durchaus nicht geübt zu werden brauchten. Irgendwie ist es den Männern gelungen – übrigens nicht ohne Einverständnis und Mithilfe der Frauen – eine Welt zu erschaffen, die von Wettbewerb und Krieg beherrscht wird. Wir befinden uns ständig in Gefahr und müssen immer wieder unser Leben riskieren, um unser Überleben zu sichern. Es ist fast so, als ob die Geschichte der Moderne eine einzige Wiederholung der alten Western-Story von der Schießerei am O. K. Corral ist. Lieber die ganze Welt in die Luft jagen, als ein Feigling sein. Trotz Glasnost und der schwindenden »Bedrohung durch den Kommunismus« finden wir es schwierig, unsere ängstliche Abwehrhaltung aufzugeben, die zu einer beinahe suchtartigen Gewohnheit geworden ist. Irgendwie ist der Mut zu einer Lumpentugend verkommen, hat sich aus dem Guten etwas Schlechtes entwickelt.

Das schlimmste Nebenprodukt unserer besessenen Vorstellung, man dürfe ja keine Angst haben, ist vielleicht, daß wir nach außen hin stark wirken, doch drinnen gähnende Leere herrscht. Wir sind hohle Menschen. Der Zusammenhang zwischen Furchtlosigkeit und Empfindungslosigkeit ist sicher augenfällig. Furcht gehört neben Trauer, Freude und Zorn zu den elementarsten Gefühlen. Und die Fähigkeit zu fühlen ist unteilbar. Wenn man nur ein einziges Gefühl unterdrückt, wird die gesamte Empfindungsfähigkeit geschwächt. Wenn wir keine Angst zulassen, verlieren wir auch unsere Fähigkeit zu staunen. Wenn wir unsere Trauer unterdrücken, wird auch unsere Fähigkeit, uns zu freuen, gedämpft. Es sind die gleichen Nervenenden, die zum Weinen wie zum Tanzen, für die Angst wie für die Ekstase nötig sind. Als ich kürzlich den Dokumentarfilm »Faces of the Enemy« (Bilder des Bösen) für das PBS-Fernsehen drehte, machte ich u. a. ein Interview im Gefängnis mit einem Mann, der auf seinen Prozeß wartete, weil er eine ganze Familie – Mann, Frau und zwei Kinder – auf brutale Weise umgebracht hatte. Es jagte mir einen Schauer über den Rücken, als er von seiner totalen Gefühllosigkeit sprach. »Wenn sie mich hängen wollen, dann hängen sie mich eben. Ich hab' keine Angst vorm Sterben«, sagte er. »Sie scheinen auch nicht gerade viel Reue zu fühlen«, sagte ich. »Ich fühle überhaupt nicht viel, weder so noch so«, entgegnete er.

Als Folge davon, daß Männer beinah krankhaft bemüht sind, keine Gefühle zuzulassen, gehen ihre Ängste in den Untergrund und verstecken sich, statt daß Angst und Mut in einem ausbalancierten Verhältnis zueinander stehen. Im männlichen Unterbewußtsein verbirgt sich ein ganzes Verbundsystem von Gefühlen, das von größeren und kleineren Ängsten kontrolliert wird. Wenn wir nicht wollen, daß uns diese unbewußten Ängste immer weiter beherrschen, bleibt uns nur eine Alternative – wir müssen endlich das Tabu durchbrechen und uns in die bisher gemiedene, üppig wuchernde Landschaft unserer Ängste hineinwagen.

Ich habe kürzlich angefangen, so etwas wie einen Katalog der Männerängste aufzustellen, wobei ich mich auf eigene Erfahrungen, die Bekenntnisse meiner besten Freunde und meine Vermutungen, was sich hinter der männlichen Fassade verbirgt, stütze.

Manche Ängste sind unveränderliche Urängste, die mit der conditio humana untrennbar verbunden sind. Im Buddhismus spricht man von fünf Hauptängsten: Angst vor dem Tod, Angst vor Schmerzen, Angst, den Verstand zu verlieren, Angst, seinen Lebensunterhalt nicht mehr bestreiten zu können und Angst vor einem Verlust des guten Rufs (dazu gehört auch die Angst vor dem Sprechen in der Öffentlichkeit).

Andere Ängste sind zu bestimmten Zeiten oder Umständen in Mode und verschwinden dann wieder. Die Amerikaner haben traditionell eine so große Angst vor der Homosexualität, daß man schon von einer krankhaften Abneigung, einer Homophobie unserer Kultur sprechen kann. Richtige Männer berühren sich nicht, abgesehen von dem rituellen Klaps auf den Hintern unter Sportlern. Denn sonst könnte uns ja jemand für weibisch halten. Reaktionäre Grobiane machen sich einen Jux daraus »Homos zu ticken«, und jeder weichherzige oder sich geziert gebende Mann wird mit Schimpf und Schande aus der Kumpanei der Biertrinker ausgeschlossen. Aber in der Welt der Antike oder Renaissance hat sich die Homophobie nie an die Spitze der Liste setzen können, wie wir an Sokrates, Hadrian oder Michelangelo sehen.

Die Ängste von Männern und Frauen scheinen verschieden zu sein. Die Ängste der Männer drehen sich um den Verlust ihrer (vermeintlichen) Unabhängigkeit und die der Frauen um den Verlust wichtiger Beziehungen zu bestimmten Menschen. Wir Männer fürchten uns am meisten davor, verschlungen und vereinnahmt zu werden, also vor allem, was uns unserer Macht und Kontrolle zu berauben droht. Frauen haben am meisten Angst vor dem Verlassenwerden, vor Isolation und Liebesverlust. Traditionell werden Frauen für ängstlicher als die Männer gehalten. Doch nach meiner Erfahrung und nach allem, was ich gehört habe, haben die Männer zumindest mehr Angst vorm Tod. Wenn wir krank werden und wenn unser Fleisch unserem Willen nicht mehr gehorcht, dann meinen wir gleich, daß der Schnitter, der Sensenmann naht, und brechen in Panik aus. Männer sind schrecklich schlechte Patienten, wie Ihnen jeder Arzt bestätigen wird. Krankheit und Behinderung jagen uns mehr Angst ein als den Frauen, die seit ihrer ersten Menstruation und von ihren Entbindungen her wissen, daß unser sterbliches Dasein nun einmal häufig von Krämpfen und Schmerzen begleitet wird und daß wir dazu geboren werden, unser Kontrollbedürfnis eines Tages fahren zu lassen. Doch vor dem inneren Auge des Mannes beschwört eine Krankheit Vorstellungen von allem herauf, was er zu fürchten gelernt hat: Schwäche, Abhängigkeit, Passivität.

Erkennen Sie sich wieder? Ob mit oder ohne Cowboystiefel und Jeans, die meisten von uns Männern wären gern der Marlboro-Mann (was ihnen aber nie gelingt). Unsere Mottos heißen: Sperr mich nicht ein; Freiheit oder Tod; laß dich in nichts verwickeln; Vorsicht vor den Fallen des schwachen Geschlechts. Eine feste Bindung einzugehen, fühlt sich für die Männer selbst dann, wenn es nötig ist, wie ein bedrohliches Verschlungenwerden an. Und die Vagina, dieser liebliche Zufluchtsort umherschweifender Krieger, ist in ihren Träumen gespickt mit scharfen Zähnen. Wir fürchten (und begehren) »the old black magic«, die uralte schwarze Magie, die uns tiefer und tiefer in die süße Umarmung des Fleisches zieht, in die geheimnisvolle Verschmelzung, wo wir uns im Fühlen verlieren, endlich loslassen können. Aber nach jeder Beinahe-Hingabe treten wir eilends den Rückzug in die Festung unserer Unabhängigkeit an, fliehen vor der bedrohlichen Umschlingung durch das Weibliche. Richtige Männer sollten allein bleiben. Und aufrecht.

Natürlich besteht ein radikaler Unterschied, fast schon ein totaler Gegensatz zwischen dem Selbstbild der Männer und ihrem realen Leben. Die wenigsten Männer schaffen sich ihre Wertvorstellungen im Alleingang. Selten gelangen Männer, so wie Martin Luther und Martin Luther King jr., an den Prüfstein des Gewissens, wo es nur ein »Hier stehe ich, ich kann nicht anders« gibt. Menschen, die für ihre Überzeugung eintreten, sind schon immer eine vom Aussterben bedrohte Helden-Gattung gewesen. In Fragen der Moral sind die meisten von uns passiv und angepaßt, und wir schrecken vor der Mißbilligung unserer Mitmenschen und der Rache der Obrigkeit zurück. Viele Vietnamveteranen haben mir gesagt, daß sie mit diesem Krieg nicht einverstanden waren und sich vor dem Feind gefürchtet hätten. Doch ihre Angst davor, ungehorsam zu sein, als Feigling zu gelten und die Kameraden im Stich zu lassen, war größer.

Für gewöhnlich reden Männer nicht viel über ihre sexuellen Ängste und Enttäuschungen. Sex ist für uns eine ganz große Sache. Und wir beurteilen die Sexualität in absoluteren Maßstäben als die Frauen. Hier gibt's nur ein Entweder-Oder. Stehen oder fallen. Und wenn unser Erigiermechanismus mittendrin zusammenbricht, dann ist das selbst den Weltgewandtesten unter uns irgendwie peinlich. Es ist schon bald eine Generation her, daß in der feministischen Frauenzeitschrift »Ms.« immer wieder Artikel standen, in denen Frauen bekannten, daß sie jahrelang einen Orgasmus nur vorgetäuscht hätten. Aber bis heute hat noch kein Mann einen Artikel mit dem Titel »Wie ich eine Erektion vortäuschte« schreiben können. Und ganz gleich, wie oft die Frauen uns schon gesagt haben, daß es am meisten auf Zärtlichkeit und Sinnlichkeit ankomme, in unseren Köpfen geht es immer noch ums Punktemachen und um gute Zensuren.

Es gibt zwei klassische Wege, zu lernen, wann Angst berechtigt ist und wann Mut eine Tugend darstellt: Handelt es sich um den extrovertierten Abenteurer-Typus, dann schlägt er den Weg ein, wo er es mit körperlichen Gefahren aufnehmen muß; der Weg des introvertierten »Psychonauten« dagegen führt zu einem Kampf mit den Monstern der Seele und des Geistes.

Seit Menschengedenken hat man Heldentaten besungen, haben die Männer die Gefahr an weit entfernten, furchterregenden Orten gesucht, auf den Gipfeln der Berge, in tiefen Höhlen, in Wüsten, Ozeanen, Sportstadien und auf den Schlachtfeldern. Irgend etwas treibt sie immer wieder zu neuen Mutproben. Und in ihrer Extrovertiertheit und Realitätsgläubigkeit kann sich die Mehrheit der Männer diese immer nur auf eine einzige Weise vorstellen, nämlich als Überwindung der physischen Angst: Wir wollen uns an einer eindeutigen, greifbaren Gefahr messen. Nur eine Situation, in der wir es mit Schmerzen und Tod aufnehmen müssen, kann uns – so wollen wir es sehen – lehren, was es heißt, ein Mann zu sein.

Sporttauchen war jahrelang mein Hobby. Eines Tages fragte mich Gif Warner, der Kapitän eines Bergungsschiffs, ob ich ihm dabei helfen würde, das Vorderteil der »African Queen« zu heben, die 1960 in den Untiefen vor der Fenwick-Insel auf Grund gelaufen und gesunken war. Ich war reichlich nervös bei den Vorbereitungen auf den ersten Tauchgang, bei dem wir das Innere des Schiffs erkunden wollten. Die Wellen gingen fast zwei Meter hoch, so daß es sehr schwierig war, ins Wasser zu gelangen, ohne zwischen dem Tauchboot und dem Teil des Wracks, der aus dem Wasser ragte, zerquetscht zu werden. Aber sobald wir unter der Wasseroberfläche waren, war von den Wellen nichts mehr zu spüren, und wir befanden uns in einer schwerelosen Welt. Je näher wir an die Ladeöffnung kamen, desto stärker wurde das häßliche Knirschen und Stöhnen des Wracks und bildete einen Kontrapunkt zu dem rhythmischen Zischen unserer Atmungsgeräte. Alles ging gut, bis wir anfingen, den engen dunklen Korridor, der zum Kettenraum führte, hinaufzuschwimmen bzw. uns hindurchzutasten. Welche unbekannten Gefahren mochten im tiefschwarzen Wasser lauern? Haie? Muränen? Konnte das Wrack umkippen, so daß wir nicht wieder herauskämen? Aus leichten klaustrophobischen Anwandlungen wurde im Nu eine totale Panik. Ich machte kehrt und suchte tappend nach dem Ausgang. Dann, ebenso plötzlich, verschob sich wieder etwas in mir, und meine Befürchtung, was aus mir würde, wenn ich meiner Angst nachgab, war noch stärker als die Angst vor der Dunkelheit. Ich drehte wieder um und konnte auch sofort wieder etwas sehen. Aus den Löchern im Wrack drang gerade genug Licht herein, um Gif zu erkennen, der in diesem Moment mit wedelnden Barthaaren in einem Schwall von Luftblasen aus einer Luke im Kettenraum auftauchte – wie Mephistopheles aus dem Höllenschlund. Ich lachte vor Erleichterung. Meine Furcht vor mir herstoßend, machte ich mich auf, noch tiefer in die verschlungenen Gänge des Wracks einzutauchen.

Im Kampf mit der Angst vor einer körperlich spürbaren Gefahr wird man von einer rauschhaften Hochstimmung durchströmt. Oder wie es mein Freund Jim Peterson, ein Ski-As, Radfahr-King und Berater von Playboys, ausdrückt: »Adrenalin ist Gottes ganz spezielles Aphrodisiakum.« Aber wie alles, was die Intensität erhöht, ob es nun Kaffee oder Cola oder sonst etwas ist, hat es auch seine Gefahren. Das Flirten mit der Gefahr kann süchtig machen, bis man sich nur noch wirklich lebendig fühlt, wenn Risiko und Nervenkitzel im Spiel sind. Um zu erfahren, was Mut ist, kann es durchaus ein nützliches Ritual sein, sich auf ein kalkuliertes Risiko einzulassen. Aber wenn das Ritual zum Selbstzweck wird und nicht mehr der Selbsterfahrung dient, dann wird daraus eine Obsession. Wer den Weg des Mutes beschreitet, der läßt sich vom äußerlichen Abenteuer in sein Inneres führen und andersherum.

Der Weg des Psychonauten führt in den Dschungel der Seele, in das »Herz der Dunkelheit«. Er ist nicht weniger furchteinflößend oder gefährlich als der Weg durch die von außen drohenden Gefahren. Wie Gerard Manley Hopkins sagt: »O der Geist, Geist hat Berge; Klippen des Sturzes / Graß, jach, von keinem erlotet. Sie gering achten / Mag, wer niemals dort hing.«[3]

Psychischer Mut ist seltener als körperlicher. Viele extrovertierte Typen haben es nie gewagt, mit Angst und Schrecken, Haß, Zorn, Stolz, Habgier, Sehnsucht, Trauer, Einsamkeit, Verzweiflung, Impotenz und Ambivalenz zu ringen, und deshalb beugen sie sich gehorsam vor der Obrigkeit und der öffentlichen Meinung und erheben niemals Anspruch auf die Unantastbarkeit ihres persönlichen seelischen Territoriums.

Die Ungeheuer, die sich dem Psychonauten in den Weg stellen, haben im Osten und Westen verschiedene Namen. Im Hinduismus und Buddhismus sind die Feinde der Selbsterkenntnis Angst und Begierde, Abscheu und Anziehungskraft. Was wir in uns besiegen müssen, ist nichts weniger als die Angst vor Leiden und Tod und unser Vergnügungsdrang. Die westliche Psychologie hat den inneren Dämonen die Namen Scham und Schuldgefühl gegeben – unser Bedürfnis nach Anerkennung und unsere Angst vor Strafe. Der Psychonaut wagt es, die Innenwelt mit ihren Empfindungen, Gefühlen und Gedanken zu erkunden, Erfahrung auszukosten und schließlich seine eigenen Wertvorstellungen und Überzeugungen, kurz, seine innere Stärke zu entwickeln. Solche Menschen sind durchaus nicht furchtlos zu nennen, doch sie fürchten vor allem den Selbstbetrug und den Verlust ihres Ich und nicht so sehr den Verlust ihres Ansehens.

Von Schuld und Scham zu einer Moral der Verantwortung

Es gehört schon detektivischer Scharfsinn dazu, um zu entdekken, wie viele unserer Handlungen durch Schuld- und Schamgefühle motiviert sind. Wäre ich mit vierzig gefragt worden, ob ich derartige Gefühle hätte, wäre ich empört gewesen und hätte das weit von mir gewiesen – wie die meisten Männer. Aber falls sich ein Anthropologe vom Mars mit meinem Verhalten beschäftigt hätte, würde er sicher den Schluß gezogen haben, daß ich von irgendeiner unsichtbaren Kraft angetrieben wurde. Meine Handlungen ließen darauf schließen, daß ich mich ständig bemühte, einem ungeschriebenen Perfektionsideal gerecht zu werden. Ich verbrachte zwar fast alle Zeit mit Arbeit, aber trotzdem hatte ich ein Gefühl des Ungenügens. Ich verglich mich ständig mit anderen Männern und meinte dann, daß meine Leistungen nicht ausreichten. Andauernd saß ich über mich und andere zu Gericht. Und außerdem nagte es an mir, daß ich es anscheinend niemals schaffte, die Erwartungen der Frauen in meinem Leben zu erfüllen.

Wenn ein Mann in das geheimnisvolle Herz der Dunkelheit hinabsteigt, stößt er auf schattenhafte Gestalten mit feurigen Augen, die ihn furchtbarer Verbrechen anklagen und als schrecklichen Versager hinstellen. »Du solltest... du solltest nicht... du hättest... hättest nicht... Du hast gegen meine Gebote verstoßen. Du hast meine Erwartungen nicht erfüllt. Du wirst deine gerechte Strafe erleiden. Ich werde dich verstoßen, so daß du einsam und verlassen sterben mußt.«

Du brauchst nur ein bißchen an der Oberfläche zu kratzen, und du findest hinter der Fassade des Machers, ohne den nichts läuft, einen schuldbewußten kleinen Jungen. Und wenn du die Politur von dem umtriebigen Manager abreibst, dann findest du das Kind, das sich schämt, weil es nie den an es gestellten Erwartungen entspricht. Woody Allen ungeachtet, man braucht kein Jude zu sein, um an Schuldgefühlen zu leiden!

Von Männern wird erwartet, daß sie etwas bewegen. Wenn also nichts geschieht oder wenn etwas schiefgeht, dann sind sie schuld daran. Da wir das Geschlecht sind, das die Führung an sich gerissen und die Verantwortung für die Ordnung und Kontrolle der Welt übernommen hat, kreiden wir uns auch jeden Schlamassel unbewußt als unser persönliches Versagen an. Die männliche Psyche spielt eine ähnliche Rolle wie der Angeklagte in Kafkas »Prozeß«. Man bezichtigt uns auf eine unbestimmte Weise eines namenlosen Verbrechens; und auch wir selbst fühlen, daß wir wahrscheinlich schuldig sind, und doch wissen wir nicht genau, was wir eigentlich Schlimmes getan oder unterlassen haben.

Es ist, als ob eine tödliche Mischung aus Schuld- und Schamgefühlen einen psychischen Smog bildet, der sich im männlichen Unterbewußtsein ausbreitet, die Sonne verdunkelt und uns von unserer ursprünglichen Mannhaftigkeit abtrennt. Unsere Angst vorm Ungenügen, unsere Manipulierbarkeit durch Frauen, unsere nicht hinterfragte Autoritätshörigkeit, unsere ängstliche Anpassung an Firmenhierarchien sind allesamt Erscheinungen, die mit unbewußten Schuld- und Schamgefühlen zu tun haben. In den meisten Männern tut sich eine gewaltige Kluft auf zwischen ihrem unerschrockenen Auftreten einerseits und ihrem inneren Erschrecken angesichts vager Androhungen von Bestrafung und Verlassenwerden andererseits.

Wenn wir frei werden wollen, müssen wir uns mit unseren unbewußten Scham- und Schuldgefühlen auseinandersetzen und zu erkennen versuchen, in welchem Maße unsere Handlungen durch die Angst vor Strafe, Zurückweisung und Mißerfolg vorprogrammiert sind.

Eine der erschreckendsten Äußerungen, die ich je gehört habe, war für mich Sebastian Moores Definition »Sünde bedeutet, sein Leben mit den Augen anderer zu betrachten«. Dieser Satz faßt zusammen, wie kindliche Schuld- und Schamgefühle uns von unserem wahren Ich entfremden, und impliziert, daß es zur geistig-seelischen Reife gehört, das Leben von einem eigenen Standpunkt her zu betrachten. Solange wir noch sehr jung sind, können wir gar nicht anders als unser Leben vom Standpunkt unserer Eltern, der Erwachsenenwelt, der Obrigkeit her zu interpretieren. Wir sind klein, und sie sind groß. Wir nehmen automatisch ihre Wertvorstellungen, ihre Religion und ihre Lebensphilosophien an. Unser Gewissen ist ihr Gewissen. Aber irgendwann kommt der Zeitpunkt, an dem wir Vater und Mutter, den Pastor, den Papst und den Präsidenten aus unserer Psyche hinauswerfen und selbst die Macht ergreifen müssen. Wir müssen Werte und Visionen haben, für die wir selbst verantwortlich sind. Auf dem Weg des Pilgers muß jeder Mann zu Moses werden, selbst auf den Gipfel des Berges steigen und die zehn oder zwanzig Gebote, die ihm heilig sind, mit sich herabbringen. Solange wir die Regeln befolgen, die irgendwelche Giganten – Eltern und andere Autoritäten – über uns bestimmt haben, bleiben wir immer nur gute oder böse Kinder. Wahre Menschen werden wir erst, wenn wir die Maßstäbe, nach denen unser Leben beurteilt wird, selbst mit aufstellen.

In den Annalen des Heldentums findet sich eine Geschichte, die mich immer bewegt hat. Sie berichtet von einem deutschen Soldaten im Zweiten Weltkrieg, der den Befehl bekam, zivile Gefangene zu erschießen. Er trat vor das Erschießungskommando und sagte, er könne nicht gegen die Stimme seines Gewissens handeln und auf unbewaffnete Menschen schießen. Daraufhin gab sein Vorgesetzter den Befehl, er müsse bei der Erschießung mitmachen, anderenfalls müsse er sich selbst zu den Gefangenen an die Wand stellen. Ohne zu zögern wechselte er auf die andere Seite hinüber und wurde von den gehorsamen Soldaten, die eben noch seine Kameraden gewesen waren, erschossen.

Von der Isolation zur bewußten Einsamkeit

Die westliche Kultur baut sich auf der Vorstellung von der Menschenwürde jedes einzelnen auf, und es gibt wenig andere Lebensphilosophien, die so oft und mit solchem Recht gepriesen worden sind. Die Tugend des Individualismus fand ihre praktische Bestätigung durch die amerikanische Revolution und erwies sich in der Folge als genau das Richtige für eine Nation von Pionieren.

Aber in letzter Zeit hat es den Anschein, als ob uns der Individualismus rapide in die Anarchie führt. Was einmal unsere Stärke war, reißt uns heute auseinander. Wir sind dabei, unseren moralischen Konsens zu verlieren, unseren Gemeinschaftssinn, unsere Bereitschaft, für ein gemeinsames Zukunftsideal Opfer zu bringen, und unsere Übereinkunft darüber, was dem Leben eines Mannes oder einer Frau Würde verleiht.

Der Individualismus hat als einer der charakteristischsten Züge der Männlichkeit Generationen großer, isoliert dastehender Männer hervorgebracht, Männer, die den Mut hatten, sich allein auf sich selbst zu stellen, denen aber das Bewußtsein abging, daß auch sie die Gemeinschaft brauchten. In der kapitalistischen Gesellschaft erreicht man männliche Triumphe dadurch, daß man die Konkurrenz aus dem Feld schlägt und die Nummer Eins wird. »Top dog, top man, top gun«. Der Olympiasieger steigt die Treppe hoch und erhält die Goldmedaille. Aber die oberste Stufe ist schmal – da ist nur für einen Platz.

Ich fragte einmal einen leitenden Angestellten eines großen Ölkonzerns, der im Laufe seines Aufstiegs an die Spitze elfmal innerhalb von neunzehn Jahren umgezogen war, ob seine Freunde auch alle in seiner Firma arbeiteten. »Ich habe keine Freunde mehr«, sagte er. »Nachdem wir mehrere Male umgezogen waren, fanden wir, daß es für uns allzu schmerzlich war, uns immer wieder von Freunden verabschieden zu müssen, und deshalb haben wir aufgehört, andere Leute näher kennenzulernen. Wenn wir in eine andere Stadt ziehen, treten wir in den Country Club ein. Die Leute, die wir dort und in der Kirchengemeinde kennenlernen, sind dann unser Umgang. Richtig enge Beziehungen haben wir nur innerhalb der Familie.«

Als Kehrseite des Individualismus hat die männliche Bindungsfähigkeit abgenommen, sei es zu anderen Männern, zu

Frauen oder zur Natur. Dadurch, daß wir uns zu einzigartigen Individuen machten, haben wir uns von anderen Menschen abgetrennt und sind immer mehr zu überheblichen Fremden geworden, ohne eine Gemeinschaft oder einen Kosmos, in dem wir uns zu Hause fühlen.

Joseph Campbell erzählt gern die folgende Geschichte: Als D. T. Susuki, der große Zen-Lehrer, nach seiner Meinung zum Christentum gefragt wurde, antwortete er: »Gott gegen Mann. Mann gegen Mann. Mann gegen Frau. Mann gegen Natur. Sehr komische Religion.«

Im Vergleich zu unserem Gefühl der Isoliertheit mutet beispielsweise das Lebensgefühl des afrikanischen Buschmanns total entgegengesetzt an: »Der erste Mann lebte in einer ungewöhnlichen Nähe zur Natur. Es gab keinen Flecken, an dem er sich nicht heimisch gefühlt hätte. Er kannte... nicht das furchtbare Gefühl, nirgendwo hinzugehören, isoliert zu sein, wußte nichts von der Sinnlosigkeit, die das Herz des modernen Mannes vernichtet. Wo immer er sich aufhielt, er verspürte ein Gefühl der Zugehörigkeit und, was noch entscheidender war, wo immer er sich aufhielt, wußte er, daß man ihn kannte... Die Bäume kannten ihn; die Tiere kannten ihn so wie er sie kannte; die Sterne kannten ihn. Er setzte sich zu allem in Bezug, so daß er von ›unserem Bruder, dem Geier‹ sprechen konnte. Er blickte zu den Sternen empor und sprach von ›Großvater Sirius‹..., denn das war die größte Ehrenbezeugung, die er verleihen konnte.«[4]

Die Reise ins Ich verläuft schraubenförmig immer weiter nach unten und innen, bis wir verstehen, daß wir bisher in einer Illusion befangen waren, die uns schon von Geburt an eingesponnen hat – die Illusion, daß wir Abgetrennte, Vereinzelte sind. Tatsächlich aber sind wir zwar Einzelwesen, die aber nur innerhalb einer Gemeinschaft gegenseitiger Abhängigkeit existieren können. Es gibt kein Ich ohne ein Du. Wenn uns bewußt wird, wie isoliert wir gewesen sind, dann spüren wir zum erstenmal unsere Einsamkeit und sehnen uns danach, wieder aufgenommen zu werden ins große Ganze. Wie der verlorene Sohn, der eines Tages allein in einem fremden Land erwacht und anfängt, von der Heimkehr zu träumen.

Vom falschen Optimismus zu ehrlicher Verzweiflung

Sie denken inzwischen sicher: »So eine Reise macht keinen Spaß. Sie ist zu traurig, zu einsam, sie macht zuviel Angst und ist zu schwer. Wann sind wir endlich da angelangt, wo es wieder vergnüglich wird?«

Noch ist es nicht ganz soweit.

Auf dem Weg zu einem authentischen Selbstgefühl ist es unumgänglich, uns eine Weile in der »dunklen Nacht der Seele«, im »Winter unseres Mißvergnügens« aufzuhalten, bis wir auf den Grund der Verzweiflung gelangt sind. Nur dann können wir entdecken, daß die Keime der Erneuerung bereits ihren Weg nach oben durch den fruchtbaren Lehmboden zur noch verdeckten Sonne angetreten haben. In der Sprache der Theologen, Philosophen und Sinnsucher vergangener Zeiten fungierte dieser Wegabschnitt als Kreuzigung, Tod und Begräbnis, als Verlust des Ego, als Herumirren in der Wüste oder im Sumpf der Verzweiflung, als Höllenfahrt, als Gefressenwerden von hungrigen Geistern, als Aufenthalt im Bauch eines wilden Tieres, als Kampf mit dem Drachen und Heimsuchung durch die Dämonen. Heutzutage entfernen wir das dichterische Beiwerk und geben dem Zustand klinische Bezeichnungen: Streß, Depression, Burnout. Und natürlich sind zugleich mit den neuen Namen für das Phänomen auch eine neue Klasse von Spezialisten entstanden – Streßmanager, Psychotherapeuten, Burnout-Berater –, die seine frühere spirituelle Bedeutung zerstören.

Aber hüten Sie sich vor den platten psychologischen Aufmunterern, vor allen, die eine Sofortlösung parat halten und Ihnen versichern, alles, was Sie brauchten, seien eine neue Diät oder eine effektivere Zeitplanung, mehr Bewegung oder bestimmte Entspannungsübungen, die sich am Schreibtisch absolvieren lassen; oder daß es genügen würde, wenn Sie Ihre Prioritäten klärten, bessere Kommunikationstechniken erlernten, den Streß als etwas Positives ansehen könnten oder wenn sie positiver denken und »negative« Gefühle vermeiden würden. Streß ist nicht einfach eine Krankheit; er ist ein Symptom dafür, daß Sie nicht Ihr eigenes Leben leben, sich einem Rhythmus anpassen, der Ihrem eigenen nicht entspricht, eine Rolle spielen, die nicht Ihre eigene ist, sich nach einem Drehbuch richten, das eine fremde Autorität für Sie vorbereitet hielt. Depression ist mehr als ein geringes Selbstwertgefühl; es ist eine Vorwarnung, daß Sie auf dem falschen Weg sind und daß etwas in Ihnen unterdrückt, fertiggemacht, eingekerkert, beleidigt wird. Burnout bedeutet, daß die Natur Ihnen zu verstehen gibt, daß Sie zwar äußerlich noch funktionieren, aber daß Ihre Seele nicht mehr dabei ist; Sie sind ein Zombie, ein Scheintoter, ein Schlafwandler. Und es mit falschem Optimismus zu versuchen, wäre so, als ob Sie ein erschöpftes Nervensystem mit Aufputschmitteln behandelten.

Wenn wir in der Verzweiflung wie in einem tiefen schwarzen Loch versinken, dann haben wir den Tiefpunkt der Seelenreise erreicht – den Ort, der paradoxerweise zugleich die Keimzelle eines neuen Ich ist. Die Verzweiflung ist das Grab, in dem wir zu einem neuen Leben erwachen können.

Aber vor der Wiedergeburt muß das Alte sterben. Wir Männer haben gewohnheitsmäßig, wenn nicht sogar mit einer gewissen Besessenheit, die fragwürdige Tugend des Optimismus praktiziert. Wir leben nach Muntermacher-Mottos: »Jedes Problem ist nur eine Gelegenheit, die auf ihre Lösung wartet. Schwieriges wird sofort erledigt, Unmögliches dauert etwas länger. Wir packen alles.« Verzweiflung bedeutet, daß unsere männliche Illusion, daß wir das Ruder in der Hand hielten, in sich zusammenbricht, und sie tritt zugleich mit der Erkenntnis auf, daß unsere Herrscherpose eine Illusion ist und wir nicht »Herr über unser Schicksal« und »Kapitän unserer Seele« sind. Soviel Macht wir auch haben, im Auge des Hurrikans sind auch wir hilflos. Die Erde bebt, wenn es ihr paßt, die Sterne ziehen ihre Bahnen im All, und ein Großteil unseres bio-humanen Hirn-und-Körper-Computers wird von unseren Genen vorprogrammiert. Man mag die Depression als eine bloß angelernte Emotion ansehen, die aus einem künstlich aufgepfropften Gefühl der Hilflosigkeit erwächst – die Verzweiflung jedoch ist und bleibt immer noch ein Urgefühl, das seine Wurzeln in dem ehrlichen Eingeständnis unserer tatsächlichen Hilflosigkeit im Angesicht des Kosmos hat.

Wenn man in Verzweiflung versinkt, kommt es einem wie ein Sterben vor. Wir verlieren unsere alte männliche Identität. Es ist, als ob wir eines Tages erwachten und klirrender Frost in unserer Seele herrschte. Unser altes Ich ist tot, und ein neues, das seinen Platz einnehmen könnte, ist nirgendwo in Sicht. Alles, was uns bisher befriedigt hat und eine angemessene Zielvorstellung zu sein schien, ist schal geworden. Wenn wir im Spiel des Lebens doch nicht gewinnen können, warum überhaupt erst mitmachen? Warum sollten wir morgens aufstehen?

Von zwanghaftem Handeln zu Brachliegen und Abwarten

Dadurch, daß wir es in der Verzweiflung aushalten und unsere Depression, unsere wahren Gefühle ernst nehmen, finden wir die Tür zur neuen Welt.

In der dunklen Nacht der Seele verlieren wir unsere Identität als Eroberer und Arbeiter. Und es ist nur natürlich, daß wir ungeduldig werden. »Wir müssen vorankommen. Schluß mit diesem Herumwälzen im Seelenschlamm der ›negativen Gefühle‹.« Schließlich können wir nicht auf Erfahrungen zurückgreifen, aus denen sich schließen ließe, daß irgend etwas Gutes passiert, wenn wir nicht die Zügel fest in der Hand halten. Nichts hat uns darauf vorbereitet, eine Zeit der Brache als etwas Wertvolles anzusehen. Die männliche Unrast und Unfähigkeit, das Brachliegen zu genießen, hat nur eine Ursache: den Mangel an Vertrauen. Die Wunde des Mannes ist ein angeborenes Mißtrauensvotum für das Universum.

Frauen, selbst die Betriebsamsten, die ständig unter Strom stehen, wissen instinktiv, was Reifen bedeutet. Denn mit ihrer ersten Menstruation setzte ein Lernprozeß ein, in dessen Verlauf sie ein Empfinden für das Periodische, Jahreszeitliche von Körper und Seele entwickelten. Sie erleben im Einklang mit der Natur das Warten, Hoffen, Werben, Empfangen, sie spüren Kindsbewegungen, fühlen die zunehmende Rundung ihres Leibes und bringen dann ihr Kind auf die Welt, und in alldem erfahren sie, daß alles neue Leben innen beginnt, in der Tiefe, außerhalb der Reichweite unseres Verstandes. Frauen können leichter dem Werden vertrauen; sie wissen, daß die Hoffnung schon in uns wohnen kann, lange bevor wir Klarheit gewinnen. Warten heißt darauf vertrauen, daß sich etwas ohne unsere bewußte Absicht, ohne unsere Willenskraft vollzieht.

In der tiefsten Verzweiflung werden wir von der Weisheit der Schlange geleitet. Schlangen, diese alten phallischen Symbole, die die Göttin der Vorzeit liebte, sind am Ende des Sommers reizbar und beißen leicht zu, während sie sich häuten und neu geboren werden.

In den »Vier Quartetten« begegnet der Dichter T. S. Eliot der Dunkelheit und verwandelt sie durch sein stilles Abwarten in Licht und »Tanzen«. Und hier noch das Zeugnis eines anderen außergewöhnlichen Mannes, der mit der Nacht bekannt war: »Unser Gutes ist schwer auszumachen, weil es sich hinter seinem Gegenteil verbirgt. So ist Leben hinter dem Tod, Selbstliebe hinter Selbsthaß, Ruhm hinter Schande, Erlösung hinter Verdammnis, Gerechtigkeit hinter Sünde, Kraft hinter Schwachheit, und alles, woran wir glauben, hinter dem, was wir ableugnen.«[5]

Erneuerung und die Wiedergeburt der Freude

Fast eine Woche bin ich bereits abgespannt, energielos, unfähig etwas zu leisten. Wenn ich morgens aufwache, bin ich wie zerschlagen. Trotzdem, schließlich bin ich ja ein Mann, stehe ich auf und mache weiter im Text. Ich schalte sozusagen den Autopiloten ein und setze mich an die Arbeit. Gegen Mittag sagt ein Freund zu mir: »Du siehst müde aus.« Das trifft. Der Damm der Beherrschung bricht, und ein überwältigendes Gefühl von Erschöpfung überflutet mich.

Schließlich sitze ich da, warte und horche auf etwas, was, weiß ich noch nicht. Erschöpfung und unendliche Traurigkeit fließen ineinander, aber als Depression läßt sich das Gefühl nicht einordnen. Zur Zeit ist alles in meinem Leben in Ordnung, mir fehlt nichts. Im Gegenteil. Meine Ehe ist besser als je zuvor, meine Arbeit findet Anklang. Ich bin gesund und habe keine persönlichen Probleme. Während ich schweige und warte, spüre ich die überwältigende Trauer und Verzweiflung unserer Zeit: die unendlichen Leiden der Bauern in El Salvador, die Zunahme der Diktaturen ringsumher, der Wahnsinn des Krieges, das Wachsen der Wüsten und die immer häufigeren Hungersnöte in Afrika. Ich schäme mich für die Leichtigkeit und Bequemlichkeit meines eigenen Daseins, und weiß doch, daß ich wenig mehr tun kann als etwas zu spenden und von weitem Solidarität zu fühlen. In diesen Weltschmerz mischt sich die Wehmut darüber, daß sich mein eigenes Leben dem unausweichlichen Ende immer mehr zuneigt.

Und dann nehme ich auf einmal, irgendwo hinter der Traurigkeit, eine tiefe, gelassene Symphonie wahr: das Säuseln des Windes, der sanft durch das Tal streicht, in dem ich lebe, das Summen von vielen emsigen Bienen, den heiseren Schrei des Eichelhähers, einen Specht, der seine Synkopen auf einem morschen Baumstamm hackt. Mein Geist senkt sich tief in die fruchtbare Stille, kommt zur Ruhe und erholt sich.

Auf halbem Weg, auf dem Tiefpunkt der Seelenreise, nimmt der Weg unerwartet wieder eine Aufwärtsrichtung. Inmitten der Erstarrung allen Begehrens regt sich der Geist auf einmal wieder und wird neu geboren, der Phallus zeigt sich der Gelegenheit gewachsen. Ohne Vorwarnung ändert sich deine Stimmung. Du kannst keine unmittelbare Ursache dafür finden, doch deine depressive Stimmung hebt sich, die Verzweiflung macht einem undefinierbaren Gefühl von Hoffnung Platz und dein Enthusiasmus kehrt zurück. Vielleicht tauchen jetzt in deinen Träumen Bilder vom Fliegen auf, unbeschwerte Menschen, eine neue Geliebte, schöne Landschaften. Vielleicht überkommt dich ein Gefühl metaphysischen Friedens, und ganz plötzlich packt dich der Gedanke: »Vielleicht ist es in Ordnung, daß ich so bin wie ich bin. Vielleicht muß ich gar nichts tun, um mein Leben zu rechtfertigen. Vielleicht muß ich mich nicht immer abmühen.« Solche Gedanken werden dann von einem Gefühl tiefer Zufriedenheit und Entspannung begleitet. Es ist, als ob ein ausgerenktes Glied wieder ins Gelenk zurückrutscht, der verlorene Sohn heimkehrt, der Schläfer aus einem Alptraum erwacht, ein langer Krieg beendet ist, ein müder Wanderer sein Haupt zum Schlafen bettet, der zu Unrecht Angeklagte seine Unschuld bewiesen hat.

Einen flüchtigen, aber alles verändernden Augenblick lang – am Anfang mag es oft nicht mehr sein – verspürst du ungetrübte Daseinsfreude. Nicht die Befriedigung über eine Arbeit, die du anständig zu Ende gebracht hast, nicht Stolz auf irgendeine Leistung. Sondern schlicht Dankbarkeit für das Geschenk des Lebens. Solche Momente der Gnade überfallen dich vielleicht, während du tanzt, ein Müsli ißt, einen Werbespot im Fernsehen siehst, mit einer Frau schläfst oder auch, wenn du bloß dasitzt und an nichts Bestimmtes denkst. Martin Luther erlebte es, als er auf dem Klo saß. Nachdem er jahrelang verstopft und zwanghaft gewesen war, dämmerte es ihm plötzlich, daß der Wert seines Lebens nicht davon abhing, daß er etwas geleistet hatte, sondern sein wahrer Wert darin lag, daß er von Gott angenommen wurde, auch wenn er nie etwas anderes als ein verstopfter Sünder bliebe. Kaum hatte er die Erkenntnis »Ich lebe durch Gottes Gnade«, als sich seine verkrampften Eingeweide lösten und er Stuhlgang hatte; seine zwanghafte anale Persönlichkeit machte eine entscheidende Wandlung durch.

Auf dem Teil der Seelenreise, wo es wieder aufwärts geht, beginnt sich ein neues Selbstgefühl zu entwickeln. Sollte ich ein psychologisches Porträt von einem Mann malen, der seine Suche noch vor sich hat, dann würde ich vor allem verschiedene Schattierungen von Schwarz, Weiß und Grau benutzen, um seine Gefühlsarmut darzustellen. Während des tiefen Falls in die Innenwelt würde ich dunkle Blautöne und lebhaftes Rot hinzufügen, um Trauer, Depression und Zorn anzudeuten. Am Ende der Reise würde ich alle übrigen Farben des Regenbogens hinzunehmen, um so die Rückkehr des gesamten Gefühlsspektrums darzustellen. Während der alte rigide Gefühlspanzer des Mannes – der flache, schnelle Atem, die beengte Brust und der zusammengekniffene Schließmuskel, das durch die Kampf-oder-Flucht-Mentalität überreizte Adrenalinsystem und die defensive Denkweise – sich lockert, wird sein gesamter Körper sinnlicher und erotischer. Sein Geschmacks- und Geruchssinn, sein Hören und Fühlen wird sensibler, er nimmt alle seine Emotionen wahr. Statt mit starr auf sein Fernziel gerichtetem Blick durch die Welt zu marschieren, bewegt er sich langsamer und nimmt sich die Zeit, die Schönheit, die ihn umgibt, wahrzunehmen. Es ist, als ob ein Mann, der lange unter Anklage für ein nicht näher erläutertes Verbrechen gestanden hat, eines Morgens mit dem Beweis seiner Unschuld aufwacht und fühlt, daß ihm sein Leben neu geschenkt worden ist.

Das Ende des ins Innere führenden Abschnitts der Seelenreise wird durch ein Paradox markiert. Wir können unser Ich erst vergessen, wenn wir es uns zuvor in Erinnerung gerufen haben. Wir sind uns selbst solange ein Problem – selbstsüchtig, zwanghaft introspektiv und narzißtisch –, wie wir keine authentische Selbstliebe haben. Erst wenn wir uns selbst von Grund auf annehmen, können wir wieder selbstvergessen und spontan sein. Erst nach seinem gewagten Sprung in die Tiefen seiner Seele kann ein Mann die Vielfältigkeit seines Wesens akzeptieren. Er fühlt sich von sanfter Kraft erfüllt, deren Ursprung aber nicht darin liegt, daß er glaubt, er müsse nur weiter an sich arbeiten und dann könne er seine »negativen« Gefühle überwinden und verbannen, sondern dieses Bewußtsein beruht auf dem Wissen, daß er ein ganzes Kaleidoskop von menschlichen Tugenden und Lastern in sich trägt.

Wenn der verlorene Sohn von der langen Reise in die Schattenseite seines Inneren wieder heimkehrt, dann kommt er in eine Welt zurück, die erst als er sich sehr weit von ihr entfernt hatte, wirklich zu seiner Heimat geworden ist.

Kapitel 11
Heimkehr:
Eine Auswahl von
heroischen Tugenden

Der zweite große Abschnitt der Heldenreise führt heraus aus dem eigenen Innern und in die Welt hinein, es geht vom »Ich« zum »Wir«, vom vereinzelten Selbst zur Gemeinschaft, von der Therapie zum Handeln in der Alltagswelt. Um Joseph Campbell zu zitieren: »Der Held kehrt von seinem geheimnisvollen Abenteuer heim und bringt neue Segnungen für die Menschheit mit zurück.«

Welche Qualitäten würden einen modernen Helden charakterisieren? In welchen Moralbegriffen würde er denken? Wie sieht ein Mann aus, nachdem er eine lange Reise getan hat, auf der er seine alte Identität verloren, sich seiner Schattenwelt ausgesetzt, seinen heimlichen Ängsten ins Gesicht geblickt, seinen verbotenen Sehnsüchten Genüge getan hat? Werden solche Männer Übermenschen sein? Softies? Androgyne? Wilde Männer? Postmoderne Ästheten? Playboys? Sich selbst verändernde Wissenschaftler?

Wenn wir ein modernes Heldenideal zu skizzieren versuchen, werden wir mit einem eigenartigen Problem konfrontiert:

Es ist leicht, anschauliche Porträts von traditionellen Helden zu zeichnen. Sie sind der Stoff, aus dem Geschichte, Biografien und Filme gemacht werden – Alexander der Große, Isaac Newton, Lawrence of Arabia, Winston Churchill, George Patton, Albert Einstein, John F. Kennedy, Martin Luther King Jr., John Lennon und Paul Newman. Die Formel für das traditionelle Heldenbild ist einfach. Ein Held muß überlebensgroß dargestellt werden. Er soll alle anderen Männer um mehr als einen Kopf überragen und in seinen Beziehungen zu Frauen sogar noch großmächtiger wirken. Der Held ist derjenige, der einem als erster ins Auge fällt. Die Macht, die er über andere hat, ist außergewöhnlich. Er ist in einer Klasse für sich.

Soweit ich es sehen kann, ist der neue heroische Mann fast das Gegenteil des traditionellen Helden. Die eher gewöhnlichen Tugenden der Bescheidenheit und Demut waren die Antithese des traditionellen Helden, doch sie bilden das Herzstück des neuen Heldenideals. Deshalb fällt der neue Held vielleicht sehr viel weniger ins Auge, denn er bildet sich nicht mehr ein, daß irgend jemand »überlebensgroß«, größer als das Leben sein kann. Sein Heldenmut äußert sich in der Bereitschaft, sich einzufügen, Teil eines Ganzen zu sein, in Harmonie mit seiner Umwelt zu leben – das Kernstück der ökologischen Moral. Er will nicht im Rampenlicht stehen. Sein Leben mag vielleicht Würde ausstrahlen, aber es fehlt ihm die dramatische Größe des überlieferten Heldenideals. Auf den Spuren des herkömmlichen Helden türmten sich gewöhnlich die Figuren, die er auf seinem Weg zur Macht niedergetrampelt hatte. Heute scheint sich ein neues, demokratischeres Ideal des Heldentums herauszubilden. Selbst in der Politik wird anscheinend die Bewunderung für den alten Machtmenschen, starken Macher und eisernen Despoten allmählich ersetzt durch die Bewunderung für eine ganz neue Art von Führungspersönlichkeit, der es darum geht, mehr Macht für andere Menschen zu erreichen, wie z. B. Michail Gorbatschow, Lech Walesa, Nelson Mandela und Vaclav Havel.

Wir könnten auch die Ansicht vertreten, daß der Begriff des Helden im Grunde elitär, chauvinistisch, vermessen und arrogant ist – ein falsches Ideal, das die tiefere Ursache der Krankheit unserer Zeit, der Macho-Politik und unserer destruktiven Bemühungen, uns die Erde untertan zu machen, ist. Kurz gesagt, daß die Idee des Heldentums bereits das Pathologische am Mann sei und auf den Schutthaufen der Geschichte gehöre.

Aber ich würde dagegenhalten, daß das Bedürfnis nach Helden zum Wesen des Menschen gehört und daß deshalb nur der Begriff des Heldentums von Zeit zu Zeit neu definiert werden muß. In demselben Augenblick, wo wir uns eingestehen, daß wir weniger sind, als wir sein könnten, daß wir nicht mehr heil, sondern gebrochen, verwundet, sündig, neurotisch, unangepaßt oder entfremdet sind, beginnen wir notwendigerweise auch, uns das Gegenteil davon vorzustellen. Tillichs erste Frage: »Was ist unsere Krankheit?« führt zwangsläufig zu der zweiten Frage: »Wie würden wir sein, wenn wir heil und gesund wären?« Ideale sind die Polarsterne, die uns auf unserer Reise vom Bestehenden zum Möglichen leiten. Und Helden sind die Verkörperung von Idealen – Fleisch und Geschichte gewordene Ideale. Wir brau-

210

chen sie, weil sie unseren Ambitionen Umriß verleihen und unserer Sehnsucht nach Ganzheit ein Gesicht geben. Wir Menschen sind Tiere mit einem Bewußtsein, und deshalb sind wir unwiderruflich auch Erfinder von Metaphern, Erzähler von Geschichten und Schöpfer von Helden und Schurken.

Trotzdem habe ich Schwierigkeiten, wenn ich mir den Helden der Gegenwart und Zukunft vorstellen will. So gern ich ein lebendiges Einzelporträt von herausragender Mannhaftigkeit zeichnen würde, so muß ich doch feststellen, daß ich kein derartiges Idealbild kenne. Alles, was ich vorweisen kann, ist eine Art Collage alter und neuer Tugenden, die sich im Leben von Männern, die ich bewundere, manifestiert haben.

Die folgenden Geschichten und Reflexionen bilden eine Art Assemblage heroischer Qualitäten, die zusammengenommen das Porträt eines neuen Mannes, einer beispielhaften neuen Bruderschaft bescheidener und dabei männlicher Männer bilden. In diesem Kapitel gehe ich nicht linear oder systematisch, sondern eher impressionistisch vor. Die moderne Männlichkeit ist ein »work in progress«, ein Kunstwerk, das noch nicht fertig ist. Es ist noch zu früh, um zu sehen, was aus uns wird. Wir können nur ab und zu einen Blick auf einen der verlorenen Söhne erhaschen, die eine Reise in die Tiefen ihres Ichs hinter sich haben und nach ihrer Heimkehr in diese zugleich vertraute und fremde Welt erste Ansätze zu einem neuen vorbildhaften Leben ahnen lassen.

Die Tugend des Staunens

Die Fähigkeit zu staunen hat sich für mich immer in meinem Vater verkörpert. Während der sechs Jahre, in denen ich an meinem Buch *Apology for Wonder*[6] gearbeitet habe, dachte ich immer wieder über die Widmung nach, die ich an den Anfang des Werkes setzen wollte. Sie ist meiner Meinung nach noch heute die beste Einführung in das Leben des Mannes, der mich lehrte, daß das Staunen das wichtigste männliche Attribut ist.

Für meinen Vater, J. Alvin Keen (1899–1964)
Und wie soll ich erklären, warum?
Sein Leben war in den großen, einfachen Dingen der Erde verankert:
der Berührung geschmeidiger Kinderkörper,

der Tönung geschliffener Steine,
der strengen Sonne und der klaren Luft der Wüste,
der eleganten Geometrie von Muscheln und Treibholz, das
lange vom Meer umspült wurde,
den Duft des frühen Flieders,
Redwoodbäumen, schweigenden Zeugen,
allem, was uns durch Schönheit und Anmut erfrischt.
Aber es gab auch den Widerhall der ungreifbaren
Harmonien, von denen die Musik zeugt und nach denen der
Glaube strebt.
Im Laufe der Jahre wuchsen seine Fähigkeiten,
die Bündnisse der Freundschaft zu vertiefen,
Einfachheit und Hingabe zu bewundern,
Grenzen und Enttäuschungen ohne Groll zu akzeptieren,
das Ungebührliche zu vergeben und dem Unbekannten zu
vertrauen,
zu lieben ohne festzuhalten,
dankbar zu sein für das Geschenk des Lebens.
In seinem Licht lernte ich, daß es gut ist, wenn man sich Zeit
zum Staunen nimmt.

Wenn man mit meinem Vater unterwegs war, glich die Reise
mehr einem Meander als einer geraden Linie. Wenn wir zum
Einkaufen fahren wollten und ihm plötzlich einfiel, daß es ja
Erdbeerzeit war, erinnerte er sich daran, daß er einen Farmer nur
ein paar Meilen hinter der Stadt kannte, der die schönsten, saftig-
sten, aromatischsten Beeren anbaute. Und schon machten wir
uns auf den Weg dorthin, wobei wir natürlich unterwegs anhalten mußten, um einen besonders eindrucksvollen Sonnenunter-
gang zu genießen. »Schaut euch das an, Jungs«, sagte er dann und
schüttelte staunend mit dem Kopf. »Habt ihr jemals so was Tol-
les gesehen?« Als er auf einer Kalifornienreise einmal am Strand
von Monterey spazierenging, sammelte er so viel »grandioses«
Treibholz, daß es nicht in seinen Wagen paßte. Deshalb tat er das
einzig Vernünftige – er schickte die Autositze mit der Bahn nach
Hause und behielt das Treibholz bei sich. Auf einer Reise nach
Florida verliebte er sich in die apart strukturierten Kniewurzeln
der Zypressen, und im Handumdrehen nannte er schon 76
»Knie« sein eigen, bevor wir es richtig mitbekommen hatten. Bei
einer anderen Gelegenheit mußte ihn die ganze Familie bearbei-

ten, bis er darauf verzichtete, einen ausgestopften Büffelkopf zu kaufen.

Bis heute beurteile ich Männer nach dem Maßstab, den mein Vater gesetzt hat. Die Männer, mit denen ich am liebsten zusammen bin und die ich am meisten bewundere, sind solche, die innehalten und staunen können. Sie erinnern mich an die Schilder an Bahnübergängen: »Stop. Look. Listen.« Anhalten, Schauen, Horchen – eine Weisheit am Wegesrand. Gehe ich zum Beispiel mit einem Freund, der Architekturhistoriker ist, durch die Stadt, dann sehe ich die Gebäude mit seinen Augen und lerne die Sprache des Raums und der Flächen kennen. Ein anderer Freund ist Filmemacher und Maler und weist mich häufig auf das Spiel von Licht und Schatten in der Landschaft hin. Ich habe auch eine Reihe von Freunden, die sich einer Sache oder ihrem Beruf so verschrieben haben, daß sie sich niemals während eines Spaziergangs oder einer Unterhaltung unterbrechen würden, um zu sagen: »Moment mal, hast du die Goldammer da gesehen?« Es sind gute Männer, aber ihnen fehlt eine wesentliche Qualität. Ohne Staunen besteht die Welt des Mannes nur aus zwanghaftem Aktivsein und nach außen abgeschotteten Gedankengebäuden und Organisationsformen, und aus den Männern werden bestenfalls besonders tüchtige Experten und schlimmstenfalls Marionetten und Funktionäre irgendwelcher Institutionen.

Typisch für den zweiten Abschnitt der Heldenreise ist das Wiedererleben des Staunens, denn unser Blick, unsere Wahrnehmung der Welt ändern sich in Folge der desillusionierenden Erfahrungen in der Innenwelt. Ein Mann, der hinter die eigene Fassade blickt, kann sich nicht mehr vormachen, er könne das Leben seinem Willen unterwerfen. Er versteht die Welt nicht mehr als bloßen Schauplatz für seinen persönlichen Triumph oder die Natur als etwas, was beherrscht werden kann.

Es ist eine uralte Weisheit, daß die wahre Männlichkeit im Staunen wurzelt. Die Besten unter uns haben schon immer diese Grundeinstellung zum Leben gepriesen. Platon und Aristoteles: »Die Philosophie beginnt mit dem Staunen.« Jesus: »Es sei denn, daß ihr euch umkehrt und werdet wie die Kinder, so werdet ihr nicht ins Himmelreich kommen.« Kant: »Zwei Dinge erfüllen das Gemüt mit immer neuer Bewunderung und Ehrfurcht: der bestirnte Himmel über mir und das moralische Gesetz in mir.« D. H. Lawrence: »Das Staunen ist unser sechster Sinn. Es ist der natürliche Sinn für Religion.« Dag Hammarskjöld: »Wir sterben an dem Tag, an dem das Leben für uns nicht länger von dem stets wiedergeschenkten Glanz des Wunders durchstrahlt wird, von Lichtquellen jenseits aller Vernunft.«[7] Staunen heißt, uns dem Geschenk des Seins dankbar zu öffnen. Bevor wir integer handeln und respektvoll denken können, müssen wir innehalten und staunen. Im Laufe der letzten dreihundert Jahre haben die Menschen ihr Staunen aufgegeben zugunsten des »Wissens«. Wir sind Neunmalkluge geworden, und unser Motto heißt »Das kriegen wir schon hin!«. Sind wir weise genug, um unser Schicksal in die Hand zu nehmen? Würden Sie Lee Iacocca die Zukunft anvertrauen? Keine Frage, der Mann ist clever. Aber ist er auch weise? Möglicherweise ist das, was für General Motors gut ist, doch nicht so gut für unser Land, die Biosphäre oder die Zukunft des Planeten. Die moderne Männerangewohnheit, unsere Intelligenz ohne Weisheit und die Technik ohne Staunen zu benutzen, bedeutet den sicheren Untergang.

Die Tugend des Staunens schützt uns auch vor der spirituellen Klaustrophobie, die in einer allzu domestizierten Umgebung und in den Grenzen eines allzu eng definierten Selbstbildes auftritt. Trotz aller wissenschaftlichen Errungenschaften ist letzten Endes weder die Welt noch das Ich voll mit unserem Wissen erfaßbar. Das Leben ist ein Mysterium, zugleich erschreckend und faszinierend, und es wird immer über unseren Verstand gehen. Alle Definitionen, die uns beschreiben und erklären sollen, sind zu eng. Wir sollten uns selbst als ein Land ansehen, in dem es immer unerforschte Gebiete und unausgelotete Meerestiefen geben wird. Wer bin ich? Mehr als ich je wissen werde.

Die Tugend der Einfühlsamkeit

Es gibt eine schwer zu bezeichnende Qualität, die diejenigen auszeichnet, die von einer Reise in ihr Inneres zurückgekehrt sind. Wenn der erste Teil der heroischen Reise sich durch eine intensive Konzentration auf das Ich – Selbstbefragung und Hervorholen von Erinnerungen, Selbstanalyse, Selbstkritik – auszeichnet, so wird der zweite Teil durch Selbstvergessenheit charakterisiert. Ein Mann, der zu einem ganzen Leben erwacht ist, ist sich selbst kein Problem mehr. Er ist frei von der quälenden

Bewußtheit seiner Selbst und kann nun die Welt jenseits des Ichs erkunden und seine Rolle in ihr spielen.

Der Philosoph Gabriel Marcel hat in seinem Lebensweg und in seinen Schriften diese heroische Tugend verkörpert und beschrieben, der er den Namen »disponibilité« gab, was man als »geistig-seelische Verfügbarkeit« oder »spirituelle Bereitschaft« übersetzen kann, wie er selbst es vorschlug. Diese Qualität läßt sich am besten verstehen, wenn wir mit ihrem Gegenteil beginnen. Der nicht verfügbare Mann ist nicht ansprechbar, weil er mit sich selbst belastet ist. Er ist ständig bis zur Besessenheit von etwas in Anspruch genommen, sei es Geld, Macht, Ruhm, Gesundheit, Psychoanalyse oder sogar seine »spirituelle« Reise. Was es auch sei, es wirkt sich jedenfalls so aus, daß er unerreichbar ist, weder anderen etwas von sich geben kann, noch selbst ein reiches Leben lebt. Für den nicht verfügbaren Mann stellt das Leben ein Bankkonto dar, und er muß ständig berechnen, was und wieviel er anderen von sich abgibt. Der verfügbare Mensch dagegen wird weder von seinen Besitztümern noch von seinem Selbstbild derart beansprucht, und daher hat er die Fähigkeit, anderen zuzuhören und auf sie einzugehen. Er muß sich zwar ständig gegen die Kräfte in ihm selbst und in seiner Umgebung wehren, die ihn drängen, eine sich selbst genügende Monade zu werden, aber er glaubt nicht mehr, daß das Leben begrenzt ist. An ihm prallt nicht alles ab, sondern er ist offen, vom Vertrauen in die Unerschöpflichkeit des Seins beseelt.

Vielleicht kommt der in der Psychologie verwendete Begriff der »Empathie« dieser Tugend noch am nächsten. Ein guter Mann *hat* keine Empathie, er *ist* empathisch, also bereit und fähig, sich in andere Menschen einzufühlen. Weil er nicht mehr die Illusion nährt, er sei in sich geschlossen, verströmt er sich an andere. Wenn ich mich selbst kenne – die Narben, welche Scham- und Schuldgefühle zurückgelassen haben, die Enttäuschungen in der Liebe, die unerfüllten Träume –, dann erkenne ich dasselbe auch bei anderen. Ein Freund von mir, ein ganz außerordentlicher Psychiater, hat einmal einen Monat lang jeden Tag bei einem Mann angerufen, der zusammengeschlagen und ausgeraubt worden war, und zwar nicht, weil dieser Mann ein Klient von ihm war, sondern weil er dessen Verletzung so fühlte, als sei sie seine eigene. In gewisser Weise hatte er gar keine andere Wahl, denn weil er seine eigenen Gefühle kennt, ist sein Mitgefühl, seine Einfühlung angesprochen Männer, die sich in andere einfühlen können, haben die hierarchischen Gesichtspunkte, unter denen andere Leute Beziehungen betrachten – du stehst entweder eine Stufe höher oder eine drunter –, weit hinter sich gelassen und sind Mit-Menschen geworden. Das spürt man sofort, wenn man mit ihnen zusammen ist, denn sie reden nicht auf dich ein, unterbrechen dich nicht, erteilen keine Ratschläge. Sie hören zu und stehen dir zur Seite, und in ihrer Gegenwart hast du das ungewohnte Gefühl, daß man dir erlaubt, du selbst zu sein.

Die Tugend eines herzerwärmten Verstandes

Von Howard Thurman hörte ich zum erstenmal, als ich an der Harvard-Universität Theologie studierte. Es war im Jahre 1953, Gott war noch nicht tot, und in der theologischen Welt passierten spannende Sachen. Die ganz Großen lebten noch – Karl Barth, Reinhold Niebuhr, Rudolf Bultmann, Paul Tillich. Als ich mein Studium begann, war ich gerade dem Gefängnis des Fundamentalismus (der strenggläubigen Richtung im amerikanischen Protestantismus, die am Wortsinn der Bibel festhält, Anm. d. Ü.) entsprungen und schleppte, wild dreinschauend, noch die gesprengten Ketten hinter mir her. Ich brauchte jemanden mit einem scharfen Verstand, der mir dabei half, die zerbrochenen Fesseln endgültig abzuwerfen. In Tillich fand ich einen »Erlöser«, (wobei er uns darauf hinwies, daß das engl. savior sich von lat. Salvator – heil oder gesund machen, ableitete). Er zeigte mir, auf welche Weise ein Mann leidenschaftlich, tiefgründig und klar über die Komplexität der Conditio humana nachdenken kann. An ihm konnte man die Liebe zur Vernunft, den Eros für den Logos verkörpert sehen. Aber mein Geist war noch nicht zufriedengestellt. In Harvard war der Intellekt König und Tyrann. Inzwischen las ich bereits die Mystiker – Meister Eckehart, Jakob Böhme, D. H. Lawrence – und fragte mich, wie ich die Sehnsüchte in meinem Herzen, die Forderungen meines Verstandes und das Begehren meines Körpers harmonisch zusammenbringen könnte. Etwa zu dieser Zeit drang es zu uns über den Charles River, daß an der Universität von Boston ein Mystiker ein Seminar mit dem Titel »Quellen und Disziplinen der Spiritualität« gab.

Ich kann mich noch an die erste Sitzung erinnern, als Howard Thurman, damals Dekan der Marsh Chapel, den Raum betrat – ein großer schwarzer Mann mit drei auffallenden Höckern auf der Stirn und der Angewohnheit, so durchdringend zu schweigen, daß jeder, der mit ihm in Kontakt kam, ruhig wurde. Eine Ewigkeit lang blieb er auf der Tischkante sitzen und sprach kein einziges Wort, sondern betrachtete das Dutzend Seminarteilnehmer – und zwar jeden einzelnen von uns. Schließlich fing er mit langsamer, tiefer Stimme an, aus den Aufzeichnungen von Admiral Byrd vorzulesen, als dieser allein und dem Tode nah am Nordpol war. Als er zu Ende gelesen hatte, machte er eine Pause, und dann fragte er uns: »Wenn Sie allein wären, über tausend Meilen von irgendwelchen anderen Menschen entfernt, und es herrschte eine Kälte von fünfzig Grad minus, und sie müßten sterben – was hätte bereits geschehen sein müssen, damit es Ihnen möglich würde, mit Integrität und einem Gefühl der Erfülltheit zu sterben?« Die Frage fiel wie ein Stein durch all meine zusammengebastelten verstandesmäßigen Überzeugungen hindurch und traf mich im Innersten, mit der Explosivkraft einer Sprengladung. Ich spürte, daß ich vor einem Mann stand, dessen Denken mit der äußersten Anspannung seines Verstandes, Herzens und Körpers einherging.

Vieles von dem, was ich immer noch versuche von Howard zu lernen, hat mit Rhythmus zu tun, also damit, wie ich die einzigartigen Kadenzen meiner Zeit, meines Lebens, meines Körpers wahrnehme und mich danach bewege. Ich habe nie wieder jemanden getroffen, der seinem eigenen Rhythmus wie dem Rhythmus anderer Menschen soviel Achtung erwies. Im Gespräch konnte er längere Pausen machen als sonst irgend jemand auf der Welt; er weigerte sich, dem Druck nachzugeben, bereits Worte auszusprechen, bevor seine Gedanken soweit gediehen waren, daß sie mit seinen Erfahrungen in Berührung gekommen waren. Wenn er innerhalb der Vereinigten Staaten reiste, nahm er immer die Bahn, weil er der Meinung war, daß Flugzeuge seinen Rhythmus durcheinander brächten. Seine Lebensregel, die gleichermaßen auf das Zubereiten eines Fischgerichts, das Bourbontrinken oder Pfeiferauchen wie auf das Denken Anwendung fand, war, alles ganz in Ruhe auszukosten. »Köcheln lassen« nannte er es. »Wenn du morgens aufwachst«, sagte er zu mir, »dann spring *niemals* gleich aus dem Bett – sondern laß es

noch köcheln. Und wenn du abends zu Bett gehst, dann schlaf'
niemals einfach ein – laß es noch köcheln.« Damals wußte ich es
noch nicht, aber Jahre später, nach einer längeren Psychotherapie, wurde mir klar, daß er mich die große Kunst der Schamanen
gelehrt hatte, nämlich wie man in die Traumzeit gelangt, oder
wie Freud es ausdrückt, wie man auf dem »Königsweg des Unbewußten« reist.

Eine Metapher, die eine zentrale Rolle in Thurmans Denken
spielte, war die Vorstellung der Reise. Wie Gabriel Marcel sah er
die Begriffe »Geist« und »Wanderschaft« als untrennbar miteinander verbunden. Damals, als mich die Konflikte mit meiner
Scheidung, meiner neuen großen Liebe und meinen Lebenszie-
len zu zerreißen drohten, ermahnte er mich, meine Komplexität
nicht für einen Scheinfrieden einzutauschen. »Trau dich hinaus
auf die hohe See«, sagte er. »Wenn ein Sturm aufkommt, ist es
sicherer auf dem offenen Meer. Wenn du zu nah am Kai bleibst,
wirst du zerschmettert werden.«

Bis zu seinem Tode kämpfte Howard darum, das Paradox
zu verstehen, das das Herzstück jeglichen religiösen Erlebens
ist – die geheimnisvolle Verbindung von Wahlfreiheit und Unterwerfung, freiem Willen und Schicksalsergebenheit. »Als
Menschen«, sagte er, »müssen wir auf unserem Recht bestehen,
unsere Stimme in die Waagschale zu werfen. Und dennoch muß
der individuelle Geist schließlich doch auf Ergebung gegründet
sein – ›Nicht mein, sondern Dein Wille geschehe‹.« Sein letztes
Lebensjahr verbrachte Howard im Krankenhaus. In dieser Zeit
war er mehr als einmal nahe daran zu sterben oder sogar klinisch
tot. Aber er kam immer wieder ins Leben zurück, um einen weiteren Teil seiner Reise abzuschließen. »Ich habe versucht, mich
von allem Überflüssigen frei zu machen. Ich habe mich bereitge-
macht, mit Gott zu ringen. Ich wollte nicht sterben, ohne gefragt
zu werden«, sagte er zu mir. Im letzten Monat vor seinem Tod
versuchte er mir von seiner Begegnung mit Gott zu berichten.
»Ich bin dort gewesen, wo die Entscheidungen über das Universum fallen, wo der Stoff des Lebens Gestalt annimmt. Und ich
habe das Recht gefordert, daß ich gehört werde, wenn es um
mein Leben oder Sterben geht.« Eine Woche vor seinem Tod
sprachen wir zum letztenmal miteinander. Auf eine für mich
nicht deutliche Weise hatte er eine befriedigende Antwort auf
seine Frage, warum er als Mensch geboren worden war, erhalten.

Sein Ringen aber ging weiter; er fragte nach dem einmaligen Charakter seines Lebens, suchte nach Gründen für »die Maserung in seinem Holz«.

»Warum«, so fragte er, »wurde ich als *Schwarzer* geboren und du als *Weißer*? Was war es, was es unter den unendlichen Möglichkeiten unbedingt erforderlich machte, daß ich derjenige wurde, der ich bin?« Die Kühnheit seiner Frage schien ihn selbst zu erschrecken. Er machte eine Pause. »Es wird wohl so sein, daß ein Mensch niemals wissen wird, warum er gerade der ist, der er ist«, sagte er. Er machte eine noch längere Pause und fuhr in einer ganz anderen Stimmung, fast wütend fort. »Aber warum«, fragte er mit zorniger Flüsterstimme, »warum soll das größte Rätsel meines Lebens vor mir verborgen bleiben?«

Wir wechselten das Thema, sprachen noch eine Weile über unsere Freundschaft, die uns so viel gegeben hatte, bis ich schließlich aufbrach, um ein andermal wiederzukommen und mit ihm gemeinsam weiter dieser Frage nachzugehen und die Bastion, an der alle Fragen ohne Antwort bleiben, noch einmal zu bestürmen. Aber als ich von einer kurzen Geschäftsreise zurückkehrte, erfuhr ich, daß Howard gestorben war. Oder vielleicht sollte man sagen, daß er den Punkt auf seiner Reise erreicht hatte, an dem sein Körper nicht länger mit seinem Abenteuergeist Schritt halten konnte. Mein Gott, wie er mir fehlt! Aber jedesmal, wenn ich meine spirituelle Kraft spüre, weiß ich auf eine Weise, die meinen Verstand übersteigt, daß Howard noch immer mein Reisegefährte ist.

Wie wir bereits bemerkt haben, sind die modernen Männer im allgemeinen mehr im Denken und Handeln zu Hause als im Gefühl. Was das Denken angeht, so ist dabei allerdings vor allem die abstrakte, objektive und unpersönliche Art zu denken gemeint. Bei wissenschaftlichen Untersuchungen, beim Anhäufen von Fakten, in der Marktforschung und der rationalen Analyse glänzen wir. Doch Verbindungen zwischen unserem Verstand und unserem Herzen herzustellen und klare Gedanken über unsere tiefsten Erfahrungen und Sehnsüchte zu fassen, liegt uns weniger. Wir fragen sehr viel häufiger, wie wir etwas tun können als danach, welche Sache es wert ist, getan zu werden. Oder wie Aldous Huxley es einmal ausdrückte: »Zwecke sind affenerkoren; nur die Mittel sind menschlich.«[8] Im technischen Denken tun wir uns hervor, aber die Kunst des meditativen Denkens ist uns unbekannt. Es ist nur eine unwesentliche Übertreibung, wenn man sagt, daß wir Maschinenköpfe geworden sind. Kopf, Herz und Hoden scheinen oft völlig voneinander isoliert zu existieren. Der Punkt ist nicht, daß wir zu wenig denken – wir werden sicher ebensowenig durch irrationale Emotionalität oder kopflosen Fanatismus geheilt werden –, sondern daß wir nicht gelernt haben, auf eine ganzheitliche Weise zu denken.

Wir müssen einen herzerwärmten Verstand herausbilden. Die wesentlichen Voraussetzungen dafür scheinen mir die bewußte Kultivierung der Einsamkeit sowie die Gewohnheit, sich zu erinnern und autobiographisch zu denken.

Der Mensch wird zunehmend ärmer im Geiste und verliert jegliche Beziehung zu der ganzen Fülle seines Seins, wenn er nicht eine Liebesgeschichte mit sich selbst beginnt – eine »ménage à moi«. Wenn ich mir den heroischen Mann anhand von Howard Thurmans Leben vorstelle, dann sehe ich einen Menschen vor mir, für den das Alleinsein ein Genuß ist. Ich sehe vor mir, wie er durchs Leben geht – gelassen, mit gelösten Bewegungen, im Einklang mit seinem eigenen Rhythmus, der durch das Anschwellen und Abebben seiner Energieströme bestimmt wird. Vielleicht beginnt er den Tag, indem er sich bei einer Tasse Tee daran erinnert, was er geträumt hat, oder seine Pläne für den vor ihm liegenden Tag Revue passieren läßt, um sicherzugehen, daß seine Zeit so geordnet ist, wie es seinem Wertesystem entspricht. Ich sehe einen Mann vor mir, der sich, wenn er allein ist, so verhält, als ob er einen hochgeschätzten Gast vor sich hätte.

Um zu verstehen, warum das Alleinsein-Können eine so entscheidende Tugend in der heutigen Zeit ist, muß man sich die blutige Geschichte des zwanzigsten Jahrhunderts vor Augen halten, in der die Männer, von den verschiedensten Ideologien und »Ismen« – Faschismus, Kommunismus, Nationalismus, Kapitalismus – getrieben, Millionen ihrer Mitmenschen getötet haben. Das größte moralische Versagen unserer Zeit liegt darin, daß so viele Menschen bereit waren, sich in gedankenlosem Konformismus in die anonymen Massen einzureihen. Ohne sich viel zu besinnen, haben sie auf ihre geistige Freiheit verzichtet und sich skrupellosen Regierungen und Führern ausgeliefert. Wie Erich Fromm es ausdrückte, drängen wir uns danach, »aus der Freiheit zu fliehen«.

Wenn ein Mann sich dem Lärm der großen Masse, den widerstreitenden Stimmen auf dem Marktplatz, in der Polis und in seinem Heim entzieht und statt dessen auf die Eingebungen seines eigenen Herzens hört, macht er den ersten entscheidenden Schritt in die heilsame Einsamkeit. Die Eigenliebe erfordert den gleichen Aufwand von Zeit und Energie wie jede andere Liebesbeziehung. Deshalb muß ich mir Zeit für mich allein nehmen, um allmählich meine ureigenen Sehnsüchte, meinen Rhythmus, meine Vorlieben, Talente, Hoffnungen und Verletzungen kennenzulernen. Nur in der Abgeschiedenheit kann eine Beziehung zu uns selbst sich herausbilden und gedeihen.

Es gibt viele verschiedene Arten, das Alleinsein zu praktizieren. Manche Männer wandern gern in der freien Natur, teils mit Angel oder Gewehr, teils ohne. Andere ziehen sich zeitweilig in ein Kloster oder irgendeinen anderen religiösen Zufluchtsort zurück. Wieder andere unternehmen lange Reisen mit der Eisenbahn, verbringen ein paar Tage in einem Hotelzimmer in einer fremden Stadt oder vertiefen sich mitten in einer voll besetzten 747, die von Boston nach Austin fliegt, in ihre Innenwelt. Alleinsein ist immer möglich. Virginia Woolf hat einmal gesagt, daß jede Frau »ein Zimmer für sich allein« braucht. Das gilt auch für Männer.

Vor zehn Jahren, als ich wieder geheiratet hatte und noch einmal Vater geworden war, baute ich neben unserem Haus ein kleines Holzhaus. Als erstes stattete ich es mit allen praktischen Dingen aus, die nötig waren, um es mir gemütlich zu machen und für mich sorgen zu können – ein Kaminofen, eine kleine Küche, eine Toilette, ein Bett, ein Tisch, eine Dusche im Freien. Als nächstes machte ich das Häuschen zu meinem persönlichen Refugium, indem ich alle Dinge, die mir heilig waren und die ich seit meiner Kindheit mit mir herumgeschleppt hatte, dort hinbrachte, Dinge, die ein Teil meiner Lebensgeschichte sind. Besonders schöne Stücke Treibholz, Steine, die einen Erinnerungswert besitzen, Indianerteppiche, die mir mein Vater vor seinem Tod schenkte, ein Bild, das ein Freund für mich gemalt hat, eine kobaltblaue Flasche, Bücher, die man auf die sprichwörtliche einsame Insel mitnehmen würde und vieles mehr. Als meine Hütte fertig war, fing ich an, mich im Alleinsein zu üben. Ein oder zwei Abende in der Woche bereitete ich mir mein Essen selbst zu, aß allein bei Kerzenlicht, rauchte meine Pfeife am offenen Feuer, saß im Schaukelstuhl, dachte über die letzten Tage nach, schlief allein, achtete auf meine Träume – und schwor mir, mich selbst zu akzeptieren »in guten und in schlechten Tagen«. In meinem abgeschiedenen Winkel horchte ich auf mich selbst und führte viele gute Gespräche mit mir. Wenn ich zu Haus und Familie zurückkehrte, hatte ich aufgetankt und fühlte mich erfrischt.

Um einen herzerwärmten Verstand zu bekommen, ist es wichtig, daß ich die ununterbrochen sich entfaltende Geschichte meiner selbst und meiner Gedanken nicht als neutraler Beobachter, sondern als autobiographisches Ich betrachte. Beim wissenschaftlichen Denken ist es angebracht, sich um Objektivität zu bemühen und sich in einen anonymen, nicht wertenden Beobachter zu verwandeln. Aber wann immer es um eine Entscheidung geht, in der unsere grundlegenden Überzeugungen und Wertvorstellungen angesprochen werden, dann taugen unsere Denkprozesse nur etwas, wenn wir direkten Kontakt zu allem, was uns am Herzen liegt, haben. Wenn wir beispielsweise vor der Entscheidung stehen, ob wir heiraten, Kinder bekommen, eine Abtreibung haben, uns scheiden lassen, chemische Waffen herstellen, uns aus dem Berufsleben zurückziehen, unsere alten Eltern in ein Seniorenheim geben, uns einer Chemotherapie unterziehen wollen oder nicht, dann ist es wichtig, daß wir uns nicht nur auf das jeweilige Problem konzentrieren, sondern unsere Entscheidung unter Berücksichtigung unseres gesamten bisherigen Lebens treffen. Um zu erfahren, wie Sam Keen sich verhalten sollte (und nicht, wie »man« oder »jeder« sich verhalten sollte), muß ich meine Vergangenheit vor mir ablaufen lassen und meine Zukunft überdenken und den gegenwärtigen Augenblick in den Kontext meiner Erinnerungen und Hoffnungen stellen. Ich muß denken als jemand, der eine Geschichte hat.

Wenn es möglich wäre, daß unsere dringlichsten privaten und öffentlichen Probleme durch die Anwendung abstrakter Intelligenz gelöst werden könnten, dann wären wir schon längst auf dem Weg zu immerwährender Glückseligkeit im Land Utopia. Man könnte zwar behaupten, daß wir uns derzeit mitten in einer Revolution des Wissens befinden (wenn es sich vielleicht auch nur um eine Datenexplosion handelt). Das Angebot an Weisheit jedoch ist offensichtlich weiterhin knapp.

Bei unseren Überlegungen zum Wesen der Männlichkeit dürfen wir auch nicht vergessen, uns den Unterschied zwischen einem intelligenten und einem weisen Mann klarzumachen. Es scheint so, als ob intelligente Männer abstrakt denken; Weise denken autobiographisch. Intelligente Männer halten Distanz zu dem Problem, über das sie nachdenken; Weise setzen das ganze Gewicht ihrer Erfahrung ein. Intelligente Männer denken schnell, auf der Ebene des Bewußtseins; weise Männer lassen es langsam angehen und ihr Unbewußtes mit ins Spiel kommen. Intelligente Männer leben im Augenblick und glauben, daß jedes Problem, das definiert werden kann, sich auch lösen läßt; weise Männer erinnern sich der Vergangenheit und respektieren die unumstößlichen Grenzen des Menschen. Intelligente Männer sind meistens jung; weise sind meistens alt.

Norman Macleans Roman »Aus der Mitte entspringt ein Fluß« ist eines der seltenen Beispiele der besonderen Schönheit, die ein Mann erst erschaffen kann, wenn die Zeit die Ecken und Kanten der Jugend abgeschliffen hat. Maclean lehrte Literaturwissenschaft an der Universität Chicago und begann erst nach seiner Pensionierung zu schreiben. Sein einziges Buch erschien, als er dreiundsiebzig Jahre alt war. Jeder Satz in dieser Erzählung, die vom Angeln und von den Grenzen der Liebe handelt und die er seinem ermordeten Bruder gewidmet hat, ist wie ein Stein, der im Strom eines langen, reichen Lebens hin und her gerollt wurde, bis er rund und glatt geschliffen war.

»Ich saß und vergaß, vergaß, bis das, was verblieb, der Fluß war, der vorüberzog, und ich, der zuschaute... Schließlich schloß sich der Zuschauer dem Fluß an, und dann war nur noch einer von uns beiden da. Ich glaube, es war der Fluß...

Nicht weit flußabwärts gab es ein trockenes Bett, durch das der Fluß einst seinen Lauf genommen hatte, und ein Teil des Weges, Dinge kennenzulernen, führt über deren Tod. Aber ich hatte den Fluß vor Jahren gekannt, als er durch dieses nun trockene Bett geflossen war, und so konnte ich seine steinernen Überreste beleben mit den Wassern der Erinnerung. Im Tod hatte er seine Ordnung, und nur das können auch wir erhoffen... Er verlief eine Weile anscheinend gerade, bog abrupt ab, verlief dann wieder glatt, traf auf ein weiteres Hindernis, mußte wieder abrupt abbiegen und verlief wieder glatt... Während vor mir über dem Fluß die Trugbilder der Hitze miteinander tanzten und sich tanzend durchdrangen, spürte ich, wie Muster meines eigenen Lebens sich mit ihnen verbanden. Es war hier, während ich auf meinen Bruder wartete, daß ich diese Geschichte begonnen habe, obwohl ich, selbstverständlich, damals nicht wußte, daß Lebensgeschichten oft mehr Flüssen als Büchern gleichen. Aber ich wußte, es hatte eine Geschichte begonnen, vielleicht schon vor langer Zeit in der Nähe von rauschendem Wasser. Und ich spürte, ich würde einst auf etwas treffen, das sich nie abtragen ließe, so daß es eine scharfe Kurve, tiefe Wirbel, Ablagerungen und Ruhe geben würde.

Der Fischer hat sogar einen Ausdruck, um zu beschreiben, was er tut, wenn er die Formen eines Flusses studiert. Er sagt, er ›liest das Wasser‹, und vielleicht muß er, um seine Geschichten zu erzählen, weitgehend das gleiche tun. Dann ist es eins seiner größten Probleme zu ahnen, wo und zu welcher Tageszeit das Leben sich ihm darbietet, um als Witz genommen zu werden. Und zu erahnen, ob es ein kleiner oder ein großer Witz sein wird. Doch für uns alle ist es viel leichter, die Wasser der Tragödie zu lesen.«[9]

Wir müssen noch einen Schritt weiter gehen, um die Tugend der Weisheit und der herzerwärmten Vernunft zu prüfen.

Am Anfang dieses Buches haben wir uns damit beschäftigt, wie Jungen in die Männlichkeit initiiert werden und durch welche Übergangsriten ihr Gefühl, echte Männer zu sein, bestärkt wird. Diese Riten werden durch die Stammesältesten durchgeführt, alte und junge Männer definieren sich gegenseitig durch einen Prozeß des Lehrens und Lernens. Wenn man alt wird, ohne Weisheit zu sammeln und ein Mentor der Jungen zu werden, heißt das, die zweite Lebenshälfte ihres Sinns zu berauben.

Nichts hat die Würde der Männlichkeit mehr ausgehöhlt als der Jugendkult, der seinen Ursprung in der Ideologie der Technik hat, in der unausgesprochenen Absicht, eine Zukunftswelt herzustellen, die sich total unter menschlicher Kontrolle befindet. Zu diesem Denken gehört es nämlich auch, daß der Tradition, dem Alter und dem Tod der Krieg erklärt wird. Außerdem beinhaltet es die unausgesprochene Annahme, daß das neueste Wissen die Weisheit der Vergangenheit für veraltet erklärt. Wir schmeicheln uns damit, daß wir das Neueste als das Größte hinstellen. In dieser schönen neuen Welt sind alte Menschen nur ein Störfaktor, eine peinliche Erinnerung daran, daß unser Vorhaben, immer mehr Macht anzuhäufen, das Gleiche ist, als wollte man das Kommen der Flut mit Hilfe von Sandburgen verhindern.

Um mit Grazie alt zu werden, müssen wir anstreben, weise und schöne »Stammesälteste« zu werden. Voraussetzung dafür ist aber ein neues Bild vom Mann, so daß wir endlich unseren Erfolg nicht mehr daran messen, wieviel Macht wir angehäuft haben, sondern daran, inwieweit wir zu Mitgefühl fähig sind, und unsere Männlichkeit an unserer Fähigkeit zu Fürsorglichkeit und sparsamem Haushalten und an der Frage, ob wir zum Mentor taugen.

Vielleicht dauert es ein halbes Leben, bis wir einen herzerwärmten Verstand erwerben. Es scheint erst dann zu passieren, wenn aus dem Feuer im Bauch eine stetige Glut geworden ist, in der sich das Brot des Lebens backen läßt. Es ist nicht verwunderlich, daß die alten Chinesen ihre Helden immer als gereifte Männer mit grauen Haaren darstellten.

Die Tugend der moralischen Ermpörung

Es war im Jahre 1974, als ich bei Ernest Becker anrief, um ihn zu fragen, ob er mit mir ein Gespräch für die Zeitschrift »Psychology Today«[10] führen würde, und von seiner Frau Marie hören mußte, daß er gerade ins Krankenhaus gekommen war, im letzten Stadium einer Krebserkrankung. Am folgenden Tag rief sie mich zurück, um mir zu sagen, daß Ernest gern mit mir sprechen würde, und zwar möglichst bald, solange er noch Kraft genug habe und bei klarem Verstand sei. Ich ließ alles stehen und liegen und fuhr sofort nach Vancouver. Als ich das Krankenzimmer betrat, waren die ersten Worte, die er an mich richtete: »Sie erwischen mich in den letzten Zügen. Dies ist eine Zerreißprobe für alles, was ich je über den Tod geschrieben habe. Und ich habe eine Chance bekommen zu zeigen, wie man stirbt. Welche Haltung man einnimmt – ob man es auf eine würdige, mannhafte Weise tut. Und mit welchen Gedanken man das Sterben umgibt, wie man seinen Tod annimmt.«

Ich werde nie vergessen, was ich in den folgenden Stunden gelernt habe, in denen wir miteinander sprachen – über den intellektuellen Mut, der nötig ist, um über das Wesen des Bösen nüchtern nachzudenken, und über den moralischen Mut, der nötig ist, um dem Tod auf heroische Weise zu begegnen.

Während der späten sechziger Jahre, als ein revolutionärer

Geist in der Luft lag und es politisch hoch herging, war Ernest Becker *der* Professor für eine ganze Studentengeneration in Berkley, die nur noch Männern zuzuhören bereit war, deren Ideen mit leidenschaftlicher Überzeugung einhergingen und von moralischer Empörung gespeist waren. In »Dynamik des Todes. Die Überwindung der Todesfurcht« nahm Becker den Leser, der bereit war, sich seiner Angst zu stellen, mit auf eine Schamanenreise hinter die Fassade der Persönlichkeit. Dort zeigte er ihm die Abwehrmechanismen, derer wir uns »normalerweise« bedienen, um unseren »Charakterpanzer« aufzubauen, in unserem Bemühen, das erschreckende Bewußtsein unserer Animalität, der Unberechenbarkeit des Lebens und der Unausweichlichkeit des Todes zu leugnen. In dem Buch »Escape from Evil«, das nach seinem Tod erschien, ging er noch weiter und zeigte, daß das von Menschen verursachte Böse seinen Ursprung in unserem Versuch hat, unsere Kreatürlichkeit zu verleugnen und unsere Unbedeutendheit zu überwinden. Er demaskierte die volltönenden Proklamationen der nationaldenkenden, kriegsbejahenden Gesellschaft – die Verheißung eines sinnvollen Lebens, indem man uns Feinde präsentierte, die wir vernichten sollen, um uns so selbst zu beweisen, daß wir Gottes auserwähltes Volk sind – und zeigte, daß es sich um dämonische Formen des Heldentums handelte. »Der Horror, mit dem wir uns gegenseitig regelmäßig überziehen, hat nichts mit einem eingeborenen Sadismus zu tun oder dem Wunsch, zu anderen grausam zu sein, sondern entspringt unserer Sehnsucht, zu einer In-Gruppe zu gehören... Und um diese intime Identifikation zu erreichen, war es notwendig, auf Fremde einzuschlagen und die Gruppe dadurch zusammenzuschweißen, daß sie sich auf eine außerhalb befindliche Zielscheibe konzentrierte... Es sind nicht unsere aggressiven Triebe, die die größten Opfer in unserer Geschichte erfordert haben, sondern eher die selbstlose Hingabe, die Überabhängigkeit in Kombination mit Beeinflußbarkeit.«[11]

Dadurch, daß Becker den falschen Heroismus in den politischen Verlautbarungen absoluter Rechtschaffenheit beim Namen nannte – jedes Verbrechen sei gerechtfertigt, solange es fürs Mutter- oder Vaterland, die Revolution, die Demokratie oder das Volk Gottes begangen wird –, stellte er zugleich die Frage nach dem wahren Heldentum. »Der höchste Typos des Heroismus ist mit dem Gefühl verbunden, daß man für einen höheren

Zweck gelebt hat.« Sein Schreiben wie sein Leben drängen uns die Frage auf, wie wir es erreichen können, uns als Werkzeuge im Dienste höherer Mächte zu sehen, ohne in eine gefährliche Selbstgerechtigkeit zu verfallen.

In meinem Pantheon der Helden sind die besten Männer so wie Ernest Becker – Krieger mit den Waffen des Geistes, die sich moralisch empören können und angetreten sind, um das Böse in seinen vielen Spielarten zu bekämpfen. Männer von grimmiger Entschlossenheit, die ihr Urteil lange überdacht haben und die noch Funken sprühen können; keine leidenschaftslosen Zuschauer oder Zyniker. Wenn ich die Wahl hätte, würde ich jederzeit den »heißen« Bill Moyers vorziehen, der Risiken eingeht, Präsidenten der Lüge bezichtigt und seiner prophetischen Wut über geheime Kriege und versteckte Regierungsaktivitäten öffentlich Luft macht anstelle der »coolen« McNeil-Lehrer, die die Nachrichten so nett präsentieren und Diskussionen zu allen erdenklichen modischen Themen leiten.

Eines der bedenklichsten Symptome unserer Zeit ist die völlige Abwesenheit von moralischer Empörung in der amerikanischen Öffentlichkeit. Ständig wird Neues über die Aktivitäten der CIA bekannt, daß sie verdeckte Kriege führte, Attentate arrangierte, in das Sterben von Tausenden von Indonesiern verwickelt war und der südafrikanischen Regierung Informationen gab, die zur Gefangennahme von Nelson Mandela führten – und die Menschen reagieren mit einem Gähnen. Es ist, als ob irgend etwas unsere Fähigkeit zur Entrüstung zersetzt hat. Als ich zum erstenmal in der Vor-Glasnost-Zeit in der UdSSR war, verspürte ich ganz deutlich, daß dort keine Redefreiheit herrschte. Aber als ich wieder in den Vereinigten Staaten war, fiel mir auf, daß unsere Zeitungen zwar jede Art von Story über die Korruption in den allerhöchsten Kreisen abdrucken konnten, aber daß in der Folge so gut wie nichts passierte.

Auf dem Weg des Helden türmen sich die Konflikte. Wenn ein Mann, dessen moralisches Empfinden noch nicht betäubt ist, von unnötigen Leiden, Seuchen und Ungerechtigkeiten hört, kann er gar nicht anders als mit empörter Wut reagieren und sich zu den Waffen gerufen fühlen. Aus dem im tiefsten Innern verspürten Gefühl einer Entweihung und Schändung formt sich ein Urteil, und dieses wiederum bewirkt einen Handlungsimpuls.

»Verdammt noch mal, es ist falsch, daß Regierungen Millionen für Waffen ausgeben, während Kinder Hungers sterben! Verdammt noch mal, es ist falsch, daß zehntausend Tiergattungen aussterben, weil wir Jahr für Jahr Feuchtbiotope, Regenwälder und Grundwasser zerstören, um unseres sogenannten Fortschritts willen! Verdammt noch mal, es ist falsch, daß hundert Millionen Menschen ohne Unterkunft sind und auf Straßen, Müllkippen und Hinterhöfen vegetieren!«

Das Gefühl, eine innere Berufung zu haben, das für die Identität des heroischen Mannes von entscheidender Bedeutung ist, entsteht, wenn wir uns über eine bestimmte Manifestation des Bösen ereifern und zu Verteidigern der unantastbaren Werte werden. Wenn unser Verstand vom Herzen erwärmt ist, dann müssen wir uns einfach über die Grausamkeit dieser Welt erregen und uns klar machen, daß wir den Auftrag haben, die Wehrlosen zu beschützen und das Zerstörte wieder ganz zu machen.

Wenn man in dieser zugleich wunderbaren und schrecklichen Zeit lebt und sein Mitgefühl und seine Männlichkeit lebendig erhalten will, dann muß man seine Lenden gürten und entscheiden, an welcher Stelle man den Kampf gegen unnötiges Leiden, Ungerechtigkeit, Armut, Umweltzerstörung und Überbevölkerung aufnehmen will. Leiden ist und bleibt ein Teil der menschlichen Existenz. Auch in der besten aller denkbaren Welten würde es immer noch Krankheit, Unfälle, Tragik, Enttäuschung, Einsamkeit und Tod geben. Und wir brauchen alle spirituelle Weisheit, die wir zusammentragen können, um Verletzungen und Verluste zu akzeptieren, über die wir keine Macht haben. Aber über das essentielle Leiden hinaus gibt es ein unnötiges Leiden, das eine Folge psychologischer, wirtschaftlicher und politischer Strukturen ist, die wir sehr wohl ändern können. Der »gerechte Krieg« des Geistes wendet sich gegen die Verursacher unnötigen Leidens, gegen individuelle Habgier und Gefühllosigkeit wie gegen alle Ideologien, Institutionen, Konzerne, Bürokratien und Regierungen, die in augenfälliger Weise für die Schändung der Erde verantwortlich sind. Bei dieser Aufgabe muß der neue Held die Energie und die Tugenden des Kriegers – Entschlossenheit, Tapferkeit, Verwegenheit, Mut, List, der taktische Gebrauch von Macht –, die einst für die Verteidigung von Stamm und Nation eingesetzt wurden, wieder für sich beanspruchen und auf neue Ziele richten.

Wenn es darum geht, für die Erhaltung eines Gefühls für die Heiligkeit des Lebens zu kämpfen, geraten wir, wie in allen »heiligen Kriegen«, auf moralisch schlüpfriges Gelände, sobald wir den Feind beim Namen nennen. Nur allzu leicht werden wir dabei zu selbstgerechten Heuchlern. Da schlürft man seinen Café au lait, während man die Besitzer der Kaffeeplantagen für ihre Ausbeutung der Indios verdammt, oder regt sich wegen der Umweltverschmutzung auf, während man weiter ins Auto steigt, wenn man zum Laden an der nächsten Straßenecke will. Um mich vor der Selbstgerechtigkeit zu hüten, muß ich mir ständig vor Augen halten, daß ich selbst ein Teil des Problems, das ich lösen will, bin, daß auch ich ein Feind bin, den ich bekämpfen muß, daß auch ich das Böse verkörpere, gegen das ich mich zum Kampf berufen fühle. Die Dämonen der Habsucht, Grausamkeit und Angst müssen innerlich wie äußerlich bekämpft werden. Die verhärteten, gleichgültig gewordenen Herzen sind sowohl beim Individuum wie in der Allgemeinheit, nicht nur beim Feind, sondern auch bei mir selbst zu finden. Die prophetische Empörung, die den spirituellen Krieger in Konflikt mit den institutionalisierten Inkarnationen des Bösen bringt, bringt ihn auch in Konflikt mit seiner eigenen Habgier und Gefühlsarmut. Ein Mann, der nicht weiß, wie man einen gerechten Kampf kämpft, nämlich indem man erst sich selbst besiegt und dann die anderen, hat keine Wertmaßstäbe, die es wert sind verteidigt zu werden, keine Ideale, die anzustreben sich lohnen, ist sich nicht der Krankheit bewußt, von der er geheilt werden könnte. Kein wirklicher Mensch dient dem Status quo.

Wenn wir mit geistigen Waffen kämpfen wollen, dann mit dem Wissen, daß keine Schlacht allein mit dem Intellekt oder mit Mitteln der Politik gewonnen werden kann. Der Existentialphilosoph Karl Jaspers sagte einmal »Das Böse ist der Fels, an dem jedes System Schiffbruch erleidet«. Es gibt keine Antwort, keine Theodizee, keinen Weg des Verstehens, der die Beleidigung des menschlichen Geistes, die das Böse darstellt, ganz aus der Welt schaffen kann. Der beste Ansatz ist der, den Albert Camus vorschlägt: »Wir werden mit dem Bösen konfrontiert. Und was mich betrifft, so fühle ich mich ungefähr so wie Augustinus, bevor er Christ wurde, als er sagte: ›Ich versuchte die Quelle des Bösen zu finden, und es gelang mir nicht.‹ Aber es ist auch wahr, daß ich und einige andere Menschen wissen, was getan werden muß: Wenn man das Böse schon nicht verringern kann, so kann man wenigstens davon absehen, noch mehr hinzuzutun. Vielleicht können wir nicht verhindern, daß in dieser Welt Kinder gefoltert werden. Aber wir können dafür sorgen, daß die Zahl der gefolterten Kinder geringer wird.«[12]

Die Tugend, seinen Lebensunterhalt anständig zu verdienen

Jim Autry, ein ehemaliger Jagdflieger und immer noch ein Dichter, der das Klopfen der Regentropfen auf einem Blechdach in seiner Heimat Mississippi nicht vergessen hat, praktiziert die Tugend eines anständigen Lebensunterhalts seit dreißig Jahren in der Meredith Corporation. Seine Berufsbezeichnung lautet »Präsident der Zeitschriften-Gruppe«, und wie es sich gehört, wirft er sich jeden Morgen in seinen Kampfanzug – Jackett und Krawatte –, doch seine wahre Berufung ist die Kunst, innerhalb eines großen Konzerns menschliches Mitgefühl am Leben zu erhalten. In seinem Buch *For Love and Profit* predigt er, was er täglich in die Praxis umsetzt: »Gutes Management ist mehr als ein Beruf, es ist eine Berufung, ein lebenslanges Engagement, das – sofern es richtig ausgeübt wird – technische und administrative Fähigkeiten mit Weitblick, Mitgefühl, Ehrlichkeit und Vertrauen verbindet, mit dem Ziel, eine Umgebung zu schaffen, die es möglich macht, daß Menschen sich persönlich weiterentwickeln und sich ausgefüllt fühlen und daß sie durch ihre Arbeit zum Allgemeinwohl beitragen und gemeinsam den seelischen und finanziellen Lohn für eine gutgemachte Arbeit ernten... Management ist genau genommen ein Treuhandgut, in dem das Wohl anderer Menschen für den größten Teil ihres Tages in Ihre Hände gelegt wird.«

Hier eine Kostprobe aus der Arbeit dieses Manager-Dichters mit dem Titel »Was in den Handbüchern für Personalführung nicht zu finden ist«:

»Sie lassen eine Menge aus in den Handbüchern für Personalführend. / Das Sterben zum Beispiel. / Du kannst darin die ›Urlaubsregelung wegen Beerdigung‹ finden, / aber nicht das Stichwort ›Sterben‹. / Du kannst nicht nachlesen, was du tun sollst, / wenn ein Kollege, mit dem du zusammengearbeitet hast, seit ihr

noch grüne Jungs wart, / dir in die Augen blickt / und irgend-
etwas von Hoffnung und Chemotherapie sagt. / Du findest
dafür keine vorgeschriebenen Sätze, / keine Formulare in dreifa-
cher Ausführung, / keine Bewertungssysteme. / Seminare bringen es auch nicht, / und für eine neue Grundsatzregelung für
Freistellungen ist es zu spät. / Sie sagen dir nichts über Blickkon-
takt / und wie leicht er verlorengeht, / wenn eine Frau, der man
eine Brust abgenommen hat, / sagt: ›Sie haben nicht alles er-
wischt.‹ / Du kannst Aufsätze über Motivation finden, / aber im
Lehrplan der Hochschulen / steht nicht, was ein guter Manager
sagt, / damit die Leute bei der Stange bleiben, / während jemand
sich noch etwas Zeit läßt / im Krankenhaus. / Die üblichen Ton-
band-Kassetten helfen auch nicht, / die man in den Player
schiebt, / während man Auto fährt oder joggt. / Sie würden die
Stimmen auch nicht hinkriegen. / Und dieses Gedicht hilft genausowenig. / Du mußt es ganz allein für dich rausfinden, / und
erwarte nicht, daß du es je gut hinkriegen wirst.«[13]

Es gibt keine schlichte Faustregel, welche Art, seinen Lebensunterhalt zu verdienen, anständig ist und welche nicht, doch es
ist ganz wichtig, daß wir die Frage danach immer wieder stellen.
Wenn Männlichsein wieder mit so etwas wie Würde und Ehre
verbunden sein soll, muß man aufhören so zu tun, als könne man
sein Geld mit etwas Banalem oder Destruktivem verdienen und
dabei berechtigtermaßen vom eigenen Wert überzeugt sein. In
einer Gesellschaft, in der Berufung und Beruf für die meisten
Leute zweierlei sind, entsteht nach und nach ein Wirtschaftssystem, dem jeder höhere Sinn fehlt, und nur zu oft sorgt es zwar
für eine gefüllte Brieftasche, doch geht das zu Lasten unserer
Seele, die immer leerer wird.

Was für Tätigkeiten, Berufe, Gewerbe sind mit der Suche
nach spiritueller Integration vereinbar? Es herrscht sicher Übereinstimmung darüber, daß ein Mann, der sich entscheidet, Waf-
fenhändler, Heroin-Dealer, Söldner oder Zuhälter zu werden,
damit jedes authentische Gefühl einer spirituellen Berufung zu-
nichte macht. Aber wenn es auch solche einfachen Fälle von
Schwarz oder Weiß gibt, so bewegen sich doch die meisten in der
Grauzone. Wo soll man einen Farmer in Montana einordnen,
der Marihuana anbaut, um die Schulden für seine Familienfarm
zu tilgen? Oder einen Farmer in Kentucky, der Tabak anbaut?
Von einer Konzern-Hyäne, die Firmen kauft und zugrunde-

richtet, um an deren Vermögenswerte zu kommen? Von einem Bankier, der Profit macht, während diejenigen, die ihm ihre Ersparnisse vertraut haben, alles verlieren? Dem Inhaber einer chemischen Fabrik, der fragwürdige Pestizide verkauft? Dem Wissenschaftler, der an der Entwicklung eines Kriegs der Sterne oder von Plutoniumzündern mitwirkt?

Sollte ich also ein Arzt, ein verantwortungsbewußter Technologe, ein Förster, Priester, Gewerkschafter oder ein aktives Mitglied der Friedensbewegung werden? Was kann ich tun, damit ich etwas bewirke? Der gewaltige Aufschrei der Bedürftigen, der Obdachlosen, der unter die Räder Geratenen klingt ewig in unseren Ohren und übersteigt bei weitem meine Reaktionsmöglichkeiten. Zeugt nicht allein schon die Absicht, die Dinge wieder heil machen zu wollen, von Größenwahn und Vermessenheit? Machen wir uns damit nicht zu Narren? Wenn ich mir Sorgen mache und helfen will, bin ich dann nicht wie Don Quijote, der mit Windmühlenflügeln kämpfen wollte? Wie kann ich die Aufgabe soweit verkleinern, daß ich etwas bewirken kann?

Wenn man in dieser Situation ist, muß man eine Zeitlang die Ohren gegenüber allen Schreien und Hilferufen versperren und auf die eigene innere Stimme hören. Wer bin ich? Wo liegen meine Talente? Was macht mir am meisten Freude? Was habe ich zu bieten? Am Anfang deiner Suche sollte der Rat weiser Männer stehen. »Folge deiner Freude«, sagte Joseph Campbell. »Sei dir selber treu« schrieb Shakespeare. Die Suche nach dem, was wir dem Leben geben können, beginnt damit, daß wir uns selbst in unserer Einzigartigkeit erforschen.

Ein junger Mann kam zu einem Therapeuten und klagte darüber, daß er jedesmal, wenn seine mündliche Doktorprüfung in Soziologie bevorstand, so starken Durchfall bekam, daß er absagen mußte. Der Therapeut fragte ihn: »Wie fühlen Sie sich, wenn Sie an eine Zukunft als Professor für Soziologie denken?«

»Beschissen«, sagte der Mann.

»Warum tun Sie's dann?« fragte der Therapeut.

»Weil mein Vater Professor ist und immer wollte, daß ich auch Professor werde, und ich ihn nicht enttäuschen darf.«

»Was möchten Sie selber denn tun?« fragte der Therapeut.

»Ich habe immer den Wunsch gehabt, Bühnenbildner am Theater zu werden, aber ich weiß nicht, ob ich dafür genügend Talent habe.«

»Mir scheint, Sie müssen eine Entscheidung treffen«, sagte der Therapeut. »Entweder können Sie Professor werden und sich beschissen fühlen und von sich enttäuscht sein. Oder Sie können es als Bühnenbildner versuchen, ihren Vater enttäuschen und mit sich zufrieden sein. Es ist noch zu früh zu sagen, ob Sie ein Theatertalent sind. Aber Sie werden es nie herausfinden, wenn Sie es nicht versuchen.«

Es ist durchaus möglich, daß dieser junge Mann drei Jahre am Theater arbeitet und dabei entdeckt, daß es zwar seine Leidenschaft ist, aber daß er es dort zu nichts bringt. Vielleicht entscheidet er sich dann, doch noch Professor zu werden und seiner Berufung fürs Theater nur noch in seiner Freizeit nachzugehen. Bei vielen Leuten, vielleicht sogar den meisten, besteht kein Zusammenhang zwischen ihrem Beruf und dem, wozu sie sich berufen fühlen. Vielleicht finden Sie die größte persönliche Befriedigung, wenn Sie eine Expedition in die Wildnis unternehmen oder in einem Gefängnis Häftlinge in Weltliteratur unterrichten, Ihren Lebensunterhalt verdienen Sie jedoch als Computerprogrammierer. Solange Ihre Berufstätigkeit nicht im totalen Gegensatz zu dem steht, wozu sie sich berufen fühlen, wird kein spiritueller Schaden angerichtet, wenn beides voneinander getrennt ist. In einer Gesellschaft, in der viele Menschen zu trivialen und abstumpfenden Tätigkeiten verdammt sind, ist es sogar notwendig, sich nach einer Möglichkeit umzusehen, wo man seine Talente in der Freizeit, unabhängig von der Arbeit einbringen kann. Es ist entscheidend, überhaupt etwas zu finden, wo wir unsere Anteilnahme an der Welt verwirklichen können.

Die Tugend der Freude

Eine holländische Jüdin namens Etty Hillesum ging freiwillig in ein Konzentrationslager und kam dort um. Ihr Motiv: Sie meinte »Ein Lager braucht einen Dichter, einen, der das Leben dort, selbst dort, als Barde erlebt und davon singen kann.« Lesen Sie den folgenden Eintrag in ihr Tagebuch, als sie zusah, wie sich die Schlinge der Nazis immer enger um die Juden zog.

»29. Juni 1942. Nach den letzten Nachrichten sollen alle Juden aus Holland deportiert werden, über Drenthe nach Polen...

Und dennoch halte ich das Leben nicht für sinnlos… Gott ist uns auch keine Rechenschaft schuldig für die Sinnlosigkeit, die wir selbst anrichten. Wir sind Rechenschaft schuldig!… Und doch finde ich das Leben schön und sinnvoll. Jede einzelne Minute…

Sonne auf der Veranda, ein leichter Wind weht durch den Jasmin… Ich bleibe noch zehn Minuten beim Jasmin, dann… zu meinem Freund… der mir manchmal plötzlich wieder so neu erscheint, daß mir vor Verwunderung der Atem stockt. Wie seltsam ist dieser Jasmin, mitten im grauen und schmutzigen Dunkel steht er so strahlend und zierlich da. Ich verstehe den Jasmin nicht. Man braucht es auch nicht zu verstehen. Man darf auch in diesem 20. Jahrhundert noch an Wunder glauben. Und ich glaube an Gott, auch wenn mich demnächst die Läuse in Polen auffressen.«[14]

Im geistigen Leben ist das Paradox die Regel: Yin liebt Yang, die Gegensätze ziehen sich an, die kranken Einzelteile bilden ein Ganzes, das schön ist. Eine Metapher wiegt die andere auf: Der moralische Krieger geht Hand in Hand mit dem amoralischen Lebenskünstler, der Prophet und der sinnenfreudige Genießer gehen Seite an Seite. Wenn wir das Leben in seiner Gänze und Heiligkeit betrachten, dann müssen wir zugleich das Schauerliche und das Schöne sehen, Grausamkeit und Güte nebeneinander. Während Sie diesen Satz lesen, passiert überall auf der Welt alles nur denkbare Wunderbare und Schreckliche: Liebende beben auf dem Höhepunkt der Leidenschaft, Kinder werden geboren, Männer foltern unschuldige Opfer, pflanzen Blumen an, schreiben Gedichte, brennen den Regenwald nieder, bauen Krankenhäuser und so weiter und so fort.

Wenn wir nur das Schreckliche sehen, werden wir vom Bösen geradezu hypnotisiert und wenden uns entweder verzeifelt ab oder entwickeln uns zu Fanatikern. Wenn man sich nur auf das Leiden konzentriert, bekommt man Depressionen und wird unfähig zum Handeln. Selbstgerechte Kämpfer und zwanghafte Wohltäter leiden unter Burnout und verursachen bei den Menschen ihrer Umgebung Sodbrennen. Wie eine gute Bekannte, deren Lebensgefährte ständig gegen soziale Notstände zu Felde zog, es ausdrückte: »Es ist sehr viel leichter, ein Heiliger zu sein, als mit einem zusammenzuleben.«

Wie können wir weiter dem Bösen entgegentreten und um

mehr Menschlichkeit kämpfen, ohne moralinsauer, depressiv oder ausgebrannt zu werden?

Wenn man ein Damebrett ansieht und mit den Augen zwinkert, dann verändert sich das Muster. Plötzlich sind es rote Quadrate vor einem schwarzen Hintergrund statt andersherum. Leiden und Freude sind wie die bekannten Vexierbilder, die man so oder so sehen kann – was im einen Augenblick wie ein Weinglas aussieht, sind im nächsten Moment zwei weibliche Profile, oder eine schöne junge Frau wird zu einer alten Hexe, wenn man das Bild anders ansieht. Zu den geistigen Übungen gehört es auch, daß man sich mit dem Wechsel der Perspektiven beschäftigt und, bildlich gesprochen, den Brillanten solange dreht, bis man alle seine Facetten betrachtet hat, und daß man an der Komplexität des Paradoxen festhält. Wenn du im Juxhaus auf dem Jahrmarkt in einen konkaven Spiegel blickst, siehst du ein Bild des Jammers vor dir; schaust du dann auf einen konvexen, siehst du Schönheit und Freude.

Um lebend durch die Welt zu kommen, müssen wir Anteil nehmen, bis unser Herz bricht und zugleich soviel Freude wie möglich in unser Leben packen. »Sowohl-als auch« ist die Parole, nicht »Entweder-oder«. Die große Dreifaltigkeit unter den Tugenden – Freude, Dankbarkeit und Anteilnahme – ist unteilbar. Nur wenn wir uns unseres Lebens freuen und dankbar dafür sind, fühlen wir auch den spontanen Impuls, für andere Sorge zu tragen.

Wenn man mich auffordern würde, das spirituelle Leiden des modernen Mannes zu benennen, dann würde ich mich nicht mit bloßen Symptomen, wie Machtgier oder das unstillbare Verlangen nach immer neuen technischen Spielereien oder die gewohnheitsmäßige Unterdrückung von Frauen und Besitzlosen, abgeben. Ich würde eher auf unseren Mangel an Freude abheben. Die meisten Männer, die ich kenne, sind anständig, ernsthaft, fleißig und idealistisch. Von Vitalität, Sinnlichkeit und Frohsinn kann allerdings keine Rede sein. Wer am meisten erreicht hat, ist viel zu beschäftigt, um Zeit an solche simplen Genüsse wie Jasmin und Freundschaft zu verschwenden. Wir haben viel zu viele wichtige Dinge zu erledigen, um all das Ergötzliche, was ständig auf unsere Sinnesorgane einströmt, wahrzunehmen und zu würdigen. So sagte einer meiner Freunde, der besonders hart daran arbeitet, daß die Welt verbessert wird, einmal, nur halb im

Scherz zu mir: »Ich kann mich nicht mehr über Erfreuliches freuen.«

Wenn ich den Männern eine Kur verschreiben sollte, würde ich vorschlagen, daß sie ihren täglichen Verbrauch an überflüssigen Abstraktionen einschränken und dafür ihre rapide verkümmernden Sinne wiederbeleben sollten. Sie müßten wieder Vögel beobachten, mit Kindern reden, Freunde besuchen, Feste vorbereiten, Liebe machen, im Garten arbeiten, auf der Straße Ball spielen, Musik hören, lesen, spazierengehen oder einfach mal stillsitzen und nichts tun. Ich halte es für wahrscheinlich, daß wir den Wunsch und die Weisheit, uns um eine mitfühlendere Gesellschaft zu bemühen, erst dann bekommen, wenn wir lernen, uns Zeit zu nehmen, und wieder ein intensives Vergnügen an den elementaren Freuden empfinden können. Wenn du erst wieder spüren kannst, wie schön dein eigener Körper ist, dann hast du auch Mitleid mit einem Fuchs, der in eine Falle geraten ist oder mit einem Gastarbeiter, der von Pestiziden vergiftet wurde. Wir können nur dann echte Empörung über die ständige Entweihung des Lebens fühlen und etwas zu seinem Schutz unternehmen, wenn wir die tiefinnerliche Heiligkeit unseres eigenen Fleisches sinnlich verspürt haben.

Die Tugend der Freundschaft

Ich lernte Jim Donaldson 1968 kennen, als mich die Suche nach dem »New Age« aus Kentucky, wo man immerhin schon gerüchteweise davon hatte reden hören, nach Kalifornien trieb. Jim stand ganz oben auf den Barrikaden. Er war die treibende Kraft hinter einem radikalen Experiment, das sich »New Adult Community« (Neue Erwachsenen-Kommune) nannte und deren Mitglieder, der Mittelklasse entflohen, mit jeglicher politischer, ökonomischer und sexueller Unterdrückung Schluß machen und das Establishment von Los Angeles vom Sockel stoßen wollten. Jim organisierte Protestdemonstrationen, Treffen mit den »Black Panthers«, illegale Fluchtwege für Kriegsdienstverweigerer, die nach Kanada wollten, und noch vieles andere, was zweifellos alles in den Akten des FBI gründlich dokumentiert ist.

Das erste, was mir an Jim auffiel – gleich nach seinen leidenschaftlichen Reden –, waren seine Augen. Sie blickten einen for-

schend und durchdringend an, zugleich in dich hinein und durch
dich hindurch, an einen Punkt jenseits des momentanen Augenblicks, wo er, so schien es, ein Bild deines potentiellen besseren
Ichs vor sich sah. Er war ein Visionär. Er konnte sehr charmant
sein, doch niemals einfach höflich, und nichts – weder Sex, Geld
noch Freundschaft – konnte sich seinem Drang nach einer gerechten Gesellschaft in den Weg stellen. Er war dabei aber durch
und durch großzügig. Er kam nie ohne ein Geschenk – eine Flasche Wein, ein Buch, von dem er meinte, daß du es unbedingt
lesen müßtest, ein Gedicht, das er dir zum Geburtstag geschrieben hatte.

Als Jim und ich uns näher kennengelernt hatten, begannen
wir uns gegenseitig freimütiger zu analysieren und zu kritisieren.
Ich fand sein leidenschaftliches Engagement sehr anziehend,
aber seine Ideologie war mir zu rigide, und seine Art, mit Menschen umzugehen, bezeichnete ich schlicht als Manipulation. Er
fand meine politischen Ansichten naiv und meinte, daß ich in
meinem Leben aus Bequemlichkeit und Sicherheitsbedürfnis zu
viele Kompromisse machte. War ich allzu distanziert, vorsichtig,
sexuell gehemmt und patriarchalisch, so war er zu zornig, zu
intolerant, zu selbstgerecht und ging allzu rücksichtslos mit
menschlichen Bindungen um. Wir trugen unsere Meinungsver-
schiedenheiten in einem ständigen, hin- und herwogenden Dialog aus.

Wir schenkten uns nichts. Manchmal floß Blut, und wir zogen
uns monatelang voneinander zurück, bis die Wunden geheilt
waren. Es war für keinen von uns leicht, das auszuhalten, was
der andere sah.

Die Jahre vergingen und damit auch die Aufbruchstimmung
der sechziger Jahre. Meine erste Ehe wurde geschieden, was zum
Teil auch an Jim lag, der mich dazu zwang, die unterschwellige
Feindseligkeit und die destruktiven Kompromisse nicht länger
zu leugnen, die aus einer Ehe ein Gefängnis gemacht hatten. Jim
gab die undankbare Aufgabe auf, Los Angeles zu reformieren,
und zog in die Wildnis des Methow-Tales im Staat Washington,
wo er biologischen Knoblauch anbaute und Grundstücksspekulanten und Grundwasserverschmutzern die Hölle heiß machte.
Ich heiratete zum zweitenmal und landete schließlich auch dort
oben, weil ich bei einem Besuch bei ihm eine kleine Farm kaufte,
weit genug entfernt, um nicht ständig in die Vielzahl seiner Pro-

jekte und Anliegen im Dienste der Gerechtigkeit verwickelt zu werden, aber nah genug, um uns gegenseitig nach getaner Arbeit zu besuchen. Jim hielt mich auf dem Laufenden darüber, welche Gifte in den Wäldern versprüht wurden, was in El Salvador geschah, welche ruchlosen Zwecke die multinationalen Konzerne verfolgten, wie ich mein Pferd behandeln mußte und welche politischen Aktionen notwendig waren, um unseren Bach vor Umweltverschmutzung zu bewahren. Mehrmals in der Woche erschien er am späten Nachmittag, brachte uns Gemüse aus seinem Garten mit, und dann wanderten wir oder ritten in die Berge oder schwammen im Fluß, und schließlich versammelte sich die ganze Familie, zu der man ihn inzwischen hinzurechnen konnte, in der Küche, bereitete zusammen das Abendbrot und blieb noch lange nach dem Essen am Tisch sitzen, um zu reden und zu reden.

Es vergingen weitere Jahre. Jim und ich zogen beide aus Methow fort, und heute leben wir nicht mehr in direkter Nachbarschaft. Aber die innere Nähe zwischen uns beiden ist geblieben. Ganz gleich, was geschieht, unsere Freundschaft hat uns eine Art Unsterblichkeit zu Lebzeiten verliehen. Solange einer von uns beiden lebt, werden wir nie anonym, unbekannt oder unbesungen sein. Unsere Lebensgeschichten sind in der DNS unserer Freundschaft ineinandergewunden.

Freundschaft ist vielleicht die beständigste Kraftquelle in einer unbeständigen Welt, besser als Sex, Geld oder Macht. Die alten Griechen schätzten sie höher als die romantische Liebe oder den Ruhm und räumten ihr einen Ehrenplatz im Pantheon der Liebe ein.

Freundschaft, *philia*, brüderliche Liebe, die Zuneigung, die nur zwischen Gleichen existiert, ist zugleich die bescheidenste und stabilste Form der Liebe. Sie ist so ruhig wie eine Unterhaltung am Nachmittag, aber stark genug, um den Angriffen der Zeit standzuhalten. Sie spricht uns zwar tief im Innern an, doch verlangt sie keinen romantischen Aufruhr der Gefühle. Kein Anheulen des Mondes, keine Explosionen widersprüchlicher Emotionen. Keine Eifersucht. Freundschaft macht Männer und Frauen behutsam. Sie hängt nicht von etwas so Vergänglichem wie einem hübschen Gesicht oder phantastischen Zahlen auf dem Kontoauszug ab oder von etwas so Irrationalem wie einer

Blutsverwandtschaft. Sie beruht auf einer ganz simplen Schlußfolgerung des Herzens: Ich mag dich, und du magst mich – also
sind wir Freunde. Und während wir uns ein befriedigendes Leben auch ohne ein überschäumendes sexuelles Liebesverhältnis
oder die süße Bürde der Familie vorstellen können, wissen wir
intuitiv, daß auch das beste Leben ohne einen Freund unerträglich einsam wäre.

Und trotzdem gehört die Freundschaft heute zu den ausster-
benden Gattungen. Freundschaft kann nicht gedeihen, wo das
soziale Klima unter Männern von Hektik, ständigem Beschäf-
tigtsein und Konkurrenzdenken bestimmt wird. Sie braucht das
gemächliche Fließen der Zeit. Wie ein guter Whiskey muß sie in
Holz gebeizt und mit Geduld durchtränkt werden und dann
lange lagern. Sich Nahesein ist kein Instantprodukt, keine
Affäre für eine Nacht. Der Rhythmus einer Freundschaft zählt
nach Jahrzehnten. Eine Freundschaft, die halten soll, braucht
Jahre zum Keimen, muß in feuchten und trockenen Jahreszeiten gepflegt werden und darf nie mit den Wurzeln ausgerissen
werden. Freundschaft hat nicht viel im Sinn mit Tüchtigkeit
oder Terminkalendern. Sie hat mehr damit zu tun, bei einem
Bier in der Kneipe rumzuhängen oder nebeneinander in einem
Wildbach die Angel auszuwerfen. Und zuzuhören und zu helfen, wenn bei einem Freund alles den Bach runtergegangen
ist.

»Normale« amerikanische Männer sind homophob, d. h. sie
haben Angst vor einer engen Männerfreundschaft. Sobald wir
herzliche Gefühle für einen anderen Mann empfinden, leuchtet
der Panikknopf auf: »Vorsicht, Homosexualität!« Wir werden
ganz nervös, wenn wir in Frankreich oder Italien Männer Arm
in Arm die Straße entlangschlendern sehen. Die müssen anders-
rum sein! Doch aus transkultureller Sicht sind wir die komi-
schen Typen; in den meisten Gesellschaften sind enge Männerfreundschaften normal und gelten meistens sogar für wichtiger
als romantische Liebesbeziehungen mit Frauen. Die berühmten
Freundespaare wie David und Jonathan oder Achilles und Pa-
trokles benötigten Sichtweisen, die viel weiter verbreitet sind
als das amerikanische Verhaltensmuster, wo man es bei einer
oberflächlichen Bekanntschaft beläßt, und der schnelle Klaps
auf den Hintern, wenn ein Football-Spieler einen Touchdown
gemacht hat, die einzig erlaubte Berührung ist. In den meisten

nicht-technologischen Kulturen dagegen dreht sich die Welt um Freundschaft und nicht um Geld oder Sex.

Als typische Folge unserer Homophobie werden die Männer bei uns übermäßig abhängig von den Frauen, weil diese die einzige Quelle von Intimität und Nähe sind, und aus diesem Bedürfnis heraus schlucken sie den romantischen Mythos komplett mit Haken und Angelschnur. Wir wachsen in der Erwartung auf einen zukünftigen Tag heran, wo »es« endlich geschieht, daß wir nämlich die eine, ganz besondere Frau finden, die uns aus unserer Einsamkeit erlöst und unsere Selbstentfremdung aufhebt. Wenn wir die große Liebe gefunden haben, werden wir einfach alles füreinander sein – Geliebte, Kameraden, Gehilfen und die besten Freunde. Und natürlich sind wir dann enttäuscht und fühlen uns betrogen, wenn es nicht so abläuft. Aber es ist unvermeidlich, daß eine Beziehung, von der man sich die Befriedigung aller seiner Bedürfnisse verspricht, Klaustrophobie und Übersättigung auslöst und schließlich überfrachtet im Morast versinkt.

Wir brauchen gleichgeschlechtliche Freunde, weil es bestimmte Arten von Anerkennung und Bestätigung gibt, die uns nur Geschlechtsgenossen geben können. Ein Großteil unserer Erfahrungen als Männer kann nur von einem anderen Mann verstanden werden. Es gibt Dinge, über die wir nur mit jemandem sprechen können, der mit denselben Dämonen gekämpft hat und von denselben Engeln verwundet worden ist. Nur Männer verstehen die heimlichen Ängste, die ein Teil des Mannseins sind.

Einzig und allein mit unseren Freunden können wir erleben, wie tröstlich es ist, wenn man jemanden wirklich kennt und von ihm gekannt wird. Die meiste Zeit verbringen wir ja im unverbindlichen Umgang mit Fremden, Kollegen und lockeren Bekannten, mit denen wir in gesellschaftlich vorgegebener Weise verkehren. Wir setzen uns Masken auf und spielen die von uns erwartete Rolle – Edelmann, Bettelmann, Doktor, Pastor, Kaufmann, Laufmann, Schweinemajor. Nur bei unseren besten Freunden brauchen wir keine Schau zu machen, sondern können uns so sehen lassen, wie wir sind. Deshalb ist die Freundschaft vielleicht das beste Gegengift gegen die Entfremdung, die als unvermeidliche Folge unseres Lebensstils im Konzern bzw. als Vertreter eines bestimmten Berufsstands auftritt.

Die Tugend der Gemeinschaft

Wir sind ein rundes Dutzend Männer, mal mehr, mal weniger, und treffen uns nun seit zwölf Jahren jeden Mittwochabend. Alle sind Weiße, zumeist Heteros und verheiratet, geschieden oder gerade irgendwo dazwischen. Ansonsten ist es ein bunt zusammengewürfelter Haufen, ein Anwalt, ein Filmemacher, ein Fischer, zwei Ärzte, ein Psychotherapeut, ein Landschaftsarchitekt, der Direktor einer Stiftung, ein Geschäftsmann, ein Lehrer, ein Steuerfahnder und ein Schriftsteller sind darunter.

Am Anfang der Gruppe standen Verzweiflung und Einsamkeit. Vor vielen Jahren trafen sich zwei von uns ganz zufällig in einer Kaffeebar und kamen irgendwie auf die Frauen zu sprechen, insbesondere auf unsere gescheiterten Liebesgeschichten und unsere kaputten Ehen. Veteranengeschichten eben. Ehe wir uns versahen, war aus einer Tasse Kaffee ein ganzer langer Nachmittag geworden, und angeregt durch Koffein und Konversation fühlten wir uns wie in einen warmen Kokon eingesponnen. Auf einmal schien die Nähe und Intimität, die wir immer vergeblich bei den Frauen gesucht hatten, zum Greifen nahe. »Das sollten wir öfter mal machen«, sagte der andere. »Ja, genau. Ich kenne noch einen Typ, der, glaube ich, gern mitmachen würde«, antwortete ich. »Ja, ich weiß auch noch einen. Wir können uns doch am nächsten Mittwochabend mal bei dir treffen.« Und das war der Anfang unserer Männergruppe.

Nach Aussage von Leuten, die nicht dazugehören, hat die Gruppe im Laufe der Jahre eine profunde Wirkung auf ihre Mitglieder ausgeübt. Ein Mann, der seit zwanzig Jahren kokainsüchtig ist, steigt aus. Ein Mann, der sich mit Selbstmordgedanken trägt und von seinem Psychiater die stärksten Medikamente verschrieben bekommt, macht Schluß mit den Pillen, kündigt dem Arzt und sieht wieder eine Zukunft vor sich. Ein Sohn, der sich schämt, weil er nie die Erwartungen seines übermächtigen Vaters erfüllt hat, macht sich gerade und baut endlich das Geschäft auf, von dem er schon lange geträumt hat. Ein Ehemann, der schon bei der Vorstellung, die Wut seiner Frau auf sich zu ziehen, zittert, stellt sich auf die Hinterbeine und lernt, sich in liebevollem Kampf mit ihr auseinanderzusetzen. Ein flatterhafter Verführertyp geht eine feste Verbindung mit einer passenden Frau ein. Ein arroganter Mann, von dem sich alle anderen eingeschüchtert fühlen, wird milde. Bei allen werden die Ehen besser, ausgenommen bei zwei Männern, die die Gruppe wieder im Stich lassen – Geschiedene, die sich gleich wieder in die nächste ›große Liebe« stürzten und glaubten, daß sie alle Nähe, die sie brauchten, in den Armen ihrer neuen Frauen finden würden.

Manchmal werden wir gefragt: »Nun verratet mal Euer Geheimnis! Habt Ihr so eine Art Zwölf-Stufen-Programm wie die ›Anonymen Alkoholiker‹? Was macht Ihr Typen bloß, was eine derartige Wirkung auf Euch hat?« Die oberflächliche Antwort darauf lautet, daß wir wirklich nichts weiter tun als uns über alles, was uns am Herzen liegt, zu unterhalten, und daß wir uns zuhören. Wir lachen auch viel. Wir fordern uns gegenseitig heraus. Aber eine tiefgründigere Antwort wäre, daß wir fast zufällig die fehlende Zutat gefunden haben, die für eine gesunde männliche Psyche so notwendig ist wie Vitamin C für einen gesunden Körper – die Tugend der Gemeinschaft. Sie heilt. Ich zum Beispiel habe herausgefunden, daß allen Männern in unserer Kultur eins gemeinsam ist – die Erfahrung, wie man zum Mann (gemacht) wird –, und deshalb fühle ich mich jetzt nicht mehr allein mit meinen Schwierigkeiten. Ich weiß jetzt, daß die Probleme, über die ich in diesem Buch geschrieben habe – die ambivalenten Gefühle gegenüber den Frauen, die Narben der Kriegermentalität, die ständige Belastung durch Arbeit und Leistungsdruck –, nicht die Folge eines ganz persönlichen Versagens meinerseits sind, sondern daß sie mit der heutigen Gesellschaft und mit den Geschlechterrollen zu tun haben, zu deren Entstehen Männer wie Frauen beigetragen haben.

In unserer Männergemeinschaft habe ich gelernt, daß das heutige Ausmaß der männlichen Einsamkeit anzeigt, in welchem Grade wir eine grundlegende Tatsache, nämlich die der Interdependenz, unsere gegenseitige Abhängigkeit, übersehen haben. Wenn wir uns ausschließlich dem Geldverdienen und -ausgeben sowie irgendwelchem Amüsement widmen, vergessen wir, daß wir uns unweigerlich als Entfremdete fühlen, wenn wir nicht inmitten eines Freundeskreises, einer Familie und im Gesprächszusammenhang einer Gemeinschaft leben. Wenn man sich wieder als ganzer Mann fühlen will, dann kann man das nur, wenn man wiederentdeckt, was einen mit anderen Menschen verbindet, und wieder zu dem »Wir« steht, das so ein wesentlicher Teil des »Ich« ist. Wer sich vormacht, daß es besonders maskulin ist, in einsamer Größe durchs Leben zu gehen, der stützt seinen Männlichkeitsbegriff auf eine Metaphysik der Abtrennung, die bereits durch fast alle neueren Erkenntnisse auf dem Gebiet der Natur- und Sozialwissenschaften als Illusion widerlegt worden ist.

Wenn es stimmt, was die Meinungsforscher und Sozialwissenschaftler sagen, dann sind die Männer hochgradig seelisch gefährdet, weil sie sich ihr Grundbedürfnis nach Zugehörigkeit nicht eingestehen und erfüllen. Nach Aussage von Jim Fowles[15] werden die amerikanischen Männer möglicherweise in den neunziger Jahren sogar noch individualistischer und isolierter werden, sofern sich die gegenwärtigen Trends fortsetzen: 1. Ein wiedererstarktes Ethos der Leistung und Unabhängigkeit und eine deutliche Zunahme der Wertschätzung von harter Arbeit und Durchsetzungskraft. 2. Mehr Orientierung auf das eigene Ich und weniger Gruppenorientiertheit. 3. Zunehmendes Interesse an körperlicher Bewegung und Gesundheit, was in Zusammenhang mit der zunehmenden Konzentration auf die eigene Person steht. 4. Zunahme des Ich-schaff's-auch-allein-Lebensstils: Es gibt immer mehr geschiedene, kinderlose, alleinlebende Männer. Fowles zieht die Schlußfolgerung, daß die emotionale Isolation der Männer in Zukunft noch stärker sein wird als heute.

Was sich in den Umfragen nicht niederschlägt, ist die Tatsache, daß Männer, die keiner echten Gemeinschaft angehören, Pseudogemeinschaften bilden, um ihr Zugehörigkeitsbedürfnis zu befriedigen. Aber in Pseudogemeinschaften werden die Männer nur noch einsamer, denn dort wird ihre heißgeliebte Individualität nicht gerade gern gesehen. Akzeptiert werden sie dort nur, wenn sie mit irgendeiner zudiktierten Norm konform gehen. Gerade eben habe ich, während ich hierüber nachdachte, das Wort »Männer« in den »Word Finder« (TM) in meinen Computer eingegeben, um einmal nachzusehen, welche Synonyme dort aufgelistet sind. Bitteschön, das ist die Liste (und zugleich das Problem der Männer von heute in knappste Form gebracht): »Männer: Armee, Bataillon, Brigade, Kompanie, Gewalt, Bande, Macht, Soldaten, Truppen.« Offensichtlich konnte der anonyme Mann (oder die Frau?), der oder die dieses Lexikon zusammengestellt hat, sich die Mehrzahl von Mann nur auf eine einzige Weise vorstellen: nämlich als eine mit potentieller Gewalt verbundene Vereinigung, zu der man nur unter Opferung seiner Individualität Zugang findet. Warum, frage ich mich, enthielt diese Liste von Synonymen nicht auch Bruderschaft, Gilde, Studentenverbindung, Freunde, Kommilitonen, Klubkameraden, Genossen? Es scheint unserem Wortfinder gar nicht in den Sinn gekommen zu sein, daß sich Männer auch aus positiven Gründen zusammenschließen können zu einem Bund, in dem gerade die individuellen Unterschiede zwischen den einzelnen Mitgliedern von der Gruppe geschätzt werden!

Der Schauplatz des zweiten Teils der heroischen Reise ist die Gemeinschaft, nachdem der einsame Sucher zu festen Bindungen innerhalb einer Bruderschaft heimgefunden hat. Und noch bevor wir die notwendigen großen Veränderungen unseres politischen und ökonomischen Systems in Angriff nehmen können, ohne die wir der folgenden Ära nicht gewachsen sein werden, müssen wir Männer unbedingt anfangen, einen neuen Konsens aufzubauen, der sich nur aus dem Gespräch entwickeln kann. Die alten Rituale der männlichen Verbrüderung – Sport treiben, Krieg führen, Geschäfte machen, Frauen verdreschen, Trinken, Jagen – sind heute weder ausreichend noch angemessen. Wir müssen die Verschwörung des Schweigens durchbrechen, die unsere Väter umgab und zur Einsamkeit verdammte, und eine neue Subkultur erschaffen, die sich aus Millionen männlicher Minigemeinschaften zusammensetzt, in denen Männer über die Dinge, die ihnen wichtig sind, reden.

Ein Mann ohne Freund, Familie oder Gemeinschaft ist ein Abstraktum auf dem besten Weg, ein seelenloser Funktionär zu werden.

Die Tugend des Haushaltens

Wir erkundigten uns bei einer Freundin von uns, wo es wohl gute Aprikosen zu kaufen gäbe, weil wir welche für den Winter dörren wollten. »Geht mal zu Raff St. Louie unten bei Chelan«, sagte sie. »Er baut die besten an. Und nur biologische. Er sprayt sie nicht, und er läßt sie so lange hängen, bis sie wirklich reif sind. Und eine Sorte hat er, bei denen ist der Kern so süß wie eine Mandel.«

Auf unserer Fahrt dorthin kamen wir durch hohes Tafelland mit gepflegten Farmhäusern und grünen Wiesen, bewässert von riesigen Sprinklern, die 62 Liter Wasser in der Minute ausspukken. Schließlich sahen wir etwa eine Meile von der Straße entfernt ein braunes Viereck, daß von weitem wie eine Miniwüste wirkte. In der Mitte stand ein altes stattliches Haus, das in eine Karikatur von Charles Addams gepaßt hätte – die schwungvollen viktorianischen Schnitzereien verrieten, daß es einst bessere Tage gesehen hatte, aber jetzt machten sich an allen Ecken und Enden Zeichen des Verfalls bemerkbar. Das Dach war teilweise mit flach zusammengelegten Pappkartons gedeckt, die mit Hilfe von kreuz und quer darübergenagelten Holzbrettern festgehalten wurden, damit der Wind sie nicht abriß. Das einzig erkennbar Grüne war eine große Weide, deren Zweige in einem Smaragdregen auf die staubbedeckte Erde herabfielen. Auf der Veranda vor dem Haus türmten sich Apfelkisten. Rund um das Haus und auf der großen Fläche dahinter standen dicht an dicht Apfelbäume, die wegen der staubigen Patina auf ihren Blättern fast völlig grau aussahen.

Wir klopften an und warteten. Es dauerte eine ganze Weile, aber schließlich öffnete sich die Tür, und heraus trat ein kleiner Mann Mitte sechzig, mit scharf blickenden Habichtsaugen unter der tief in die Stirn gezogenen marineblauen Strickmütze. Es waren dreißig Grad im Schatten, und seine Kleidung paßte genau zu seiner Umgebung – bräunlich-grüner Wollstoff, mit Staub gepudert.

»Was wollen Sie?« sagte er in herausforderndem Ton.

»Lorianne hat uns gesagt, daß Sie biologische Aprikosen haben.«

»Also, noch nicht. Ich pflück' sie nicht, bevor sie ganz reif sind, weich und süß. Nicht mal für Lorianne. Sie wollen wohl die mit den süßen Kernen? Ich bin der einzige in der Gegend, der so welche hat. Kann sein, daß sie nächste Woche soweit sind.« Einmal in Fahrt, redete Raff ohne Pause weiter, wie es viele alte Menschen machen, die ausgehungert sind nach dem Klang von Stimmen. »Wissen Sie, die Aprikosen, die Sie im Laden kriegen, taugen überhaupt nichts. Werden grün gepflückt. Und sie sprühen soviel Gift drauf, daß sie nicht mal mehr wie Obst schmekken. Neulich kam hier ein Mann vom Landwirtschaftlichen Dienst – ›Dienst‹, daß ich nicht lache! – und wollte sich hier umsehen. Ich hab' ihm gesagt, er soll lieber im Auto bleiben, denn das ist hier mein Land, und hier guckt sich keiner um, außer ich hab's ihm erlaubt. Und er sagte, daß sich jemand darüber beschwert hat, daß ich meine Aprikosen und Äpfel nicht spraye und daß die Käfer die Obstgärten von meinen Nachbarn verseuchen, und wenn ich sie nicht sprayen würde, würden sie das machen und mir die Rechnung schicken. Also, Scheiß drauf. Ich hab' ihm gesagt, daß keiner meine Bäume sprayt, solange ich mein Gewehr hab' und den Finger krumm machen kann. Also, er ist noch nicht wiedergekommen, und ich glaub', der kommt auch nicht mehr. Ich sag' Ihnen noch was. Ein Apfelbaum, der mag gar nicht die ganze Zeit naß sein, der ist nicht wie die Weide hier. Die hat gern nasse Füße. Ich wässer' meine Bäume nicht jede Woche, wie all die anderen Leute hier. Ich wässer' die drei-, viermal in der Saison, und dann mulch' ich sie, und ich ernte sie immer erst nach dem ersten Frost ab. Ich bin hier jetzt seit dreißig Jahren, und meine Äpfel sind die süßesten von der ganzen Gegend.« Er holte tief Atem und fuhr dann fort. »Nein, ich hab' jetzt keine süßen Aprikosen. Aber ich sag' Ihnen was: Ich hab' einen Baum mit Steinaprikosen hinten beim Hühnerstall, der ist immer ziemlich früh, und da können Sie sich soviel abpflücken, wie Sie wollen.«

»Gut, das machen wir«, sagte ich. »Wir kommen dann wieder her und bezahlen, was wir gepflückt haben.«

»Bezahlen? Ich hab' gesagt, Sie können sie haben. Sie sind doch Freunde von Lorianne.«

Eine Woche später kamen wir wieder, und bevor wir mit dem Pflücken anfingen, setzte Raff seine Lektion über Aprikosen und Trockenanbau fort. Er nahm uns mit zu einem großen Baum, pflückte eine Handvoll Aprikosen ab und gab sie uns. Sie schmeckten köstlich, zart wie Sonnenstrahlen, fest wie eine junge Brust, anders als alle Aprikosen, die ich kannte, ob frisch oder aus der Dose. »So, und jetzt knacken Sie den Stein und probieren mal den Kern. So was haben Sie garantiert noch nie geschmeckt«, sagte er. Es war, als ob sich das Aroma von Mandel, Aprikose und Apfel zugleich entfaltete.

Das Gespräch über das Land und den Obstanbau ging auch noch weiter, als wir uns daran machten, die reifen Aprikosen abzupflücken. »Leben Sie allein, Raff?« fragte ich.

»Ja, außer den verdammten Katzen. Eigentlich hatte ich ja geschworen, daß ich nie im Leben 'ne Katze haben wollte. Machen zuviel Arbeit. Und dann fangen Sie noch die Vögel. Aber vor vier Jahren hat mal so ein Bastard ein junges Kätzchen drüben bei meiner Scheune aus dem Wagen geschmissen. Na, ich hab' da was gehört, und nach ein paar Tagen seh' ich diese kleine Katze, und ich sag': ›Ich geb' dir nix, du gehst mich überhaupt nix an.‹ Dann, nach noch ein paar Tagen, seh' ich, wie die Katze so wacklig auf den Beinen ist, daß sie kaum noch stehen kann. Und mir war klar, die würde es nicht mehr lange machen.« Raffs Augen fingen an zu tränen, und er unterbrach sich, um sich wieder in den Griff zu kriegen. »Also, dann hab' ich 'ne Untertasse mit Milch geholt und ihr gegeben, und seitdem hab' ich Katzen hier. Ich konnte sie ja nicht gut sterben lassen.«

»Raff«, fragte ich, »wie könnte ich an so einen Aprikosenbaum mit süßen Kernen kommen? Könnte ich ihn aus einem Stein züchten?«

»Nein, das funktioniert nicht. Man muß sie okulieren, die Augen auf einen anderen Baum verpflanzen. Kommen Sie mit, ich zeig's Ihnen.« Und er schritt mit uns im Schlepptau hinter das Haus. Er holte sein Messer heraus, schnitt einen kleinen Zweig von dem Aprikosenbaum mit den süßen Kernen ab und löste eine noch fest geschlossene Knospe heraus. Er erklärte uns dabei, was er tat: »Sie müssen darauf achten, daß Sie das Auge direkt unter der Zellschicht abtrennen. Wo der Saft fließt. Dann kerben Sie ein kleines Nest in die Rinde von einem anderen Baum und schieben das Auge da so hinein, und zwar ganz tief, damit der Saft sofort in die Knospe fließen kann. Dann nehmen Sie ein Gummiband und binden es fest herum, damit keine Luft reinkommt. Ich schneid' Ihnen jetzt ein paar Augen ab und wickel sie in feuchtes Zeitungspapier, und dann machen Sie das Gleiche bei sich, sobald Sie wieder zu Hause sind.«

So habe ich das Okulieren gelernt, einen Aprikosenbaum mit süßen Kernen bekommen und erlebt, wieviel Saft noch in einem knorrigen alten Mann steckt, auch wenn das Land um ihn herum staubtrocken ist.

Ich habe hier bereits dargelegt, daß die ökologische Denkweise das Fundament ist, auf dem die modernen Männer zu einem neuen Selbstverständnis finden müssen. Aber was kann das für einen Stadtmenschen bedeuten? Es gibt kein Zurück zur

Agrargesellschaft. Die wenigsten von uns würden gern mit Raff tauschen und Obst anbauen und sich auf einen kleinen Fleck Land beschränken. Wie man die sozialen Trends auch deuten mag, nichts weist jedenfalls darauf hin, daß die Anziehungskraft der Städte abnimmt und eine neue Welle der Rückkehr zum Landleben bevorsteht. Die Männer verbringen ihr Leben zunehmend in den Städten, sie halten sich in Gebäuden auf, sitzen am Schreibtisch, um Konferenztische herum, vor Computern oder Fernsehapparaten. Und der Persönlichkeitstyp, dem das abstrakte Denken am besten liegt, hat den meisten Erfolg.

Und genau darin liegen die Gefahr und das Dilemma. Das Bild der Zukunft, das am wahrscheinlichsten ist, läßt eine Gefährdung sowohl der geistigen Gesundheit des Menschen wie auch der natürlichen Umwelt erwarten.

Es wird heute und in Zukunft keine Würde für uns Männer geben, solange wir nicht die Rolle übernehmen, die uns gebührt und die geboten ist, nämlich die des schützenden Erdvaters. Als Männer sind wir auch dazu berufen, die Hüter der Zukunft zu sein. Wenn wir aber weiter verschwenderisch mit den Bodenschätzen umgehen und durch unsere Gedankenlosigkeit und unverändertes Profitdenken und Beharren auf sofortiger Bedürfniserfüllung die Zukunft unserer Kinder verprassen, dann haben wir nicht länger das Recht, uns für Ehrenmänner zu halten. Wenn wir massenweise Kinder in die Welt setzen, aber nicht für sie sorgen, dann reduziert sich unsere Männlichkeit auf einen zuckenden Schwanz.

Ich kenne keinen Ehrentitel, der einen Mann so weitgehend definiert wie das Verb »to husband«, was auf Deutsch bedeutet, »haushälterisch mit etwas umgehen«. Das Verb ist zugleich geschlechtsbezogen und nichtgenital. Ob ein Haushalter, ein »husbandman«, im ursprünglichen Sinn des (englischen) Wortes ein Bauer ist oder ob er etwas anderes tut, in jedem Fall muß er für das, was ihm anvertraut wurde, Sorge tragen. Wer ein sparsamer Haushalter ist, beherrscht die Kunst des Verwaltens, d. h. er verschafft sich einen Überblick, nutzt die Dinge auf vernünftige Weise und bewahrt sie für die Zukunft. Diese Vorstellung betrifft Homosexuelle, Junggesellen und Witwer, die in Hochhausapartments leben, genauso wie verheiratete Haus- und Grundeigentümer. Aus psychologischer Sicht ist der Haushalter ein Mann, der sich dafür entschieden hat, an einem bestimmten

Ort zu bleiben, Verpflichtungen und menschliche Bindungen einzugehen, Wurzeln zu schlagen und seine Einfühlsamkeit und Anteilnahme in Taten umzusetzen.

Derzeit ist es nicht so sehr die Tatsache, wo wir leben, als *wie* wir leben, die uns daran hindert, gute Haushalter zu sein. Mir fällt dazu eine Geschichte ein, die von Flannery O'Connor, einer Schriftstellerin aus einer Kleinstadt in den Südstaaten, erzählt wird. Als sie zur Verleihung eines Literaturpreises in New York zu Besuch war, beobachtete sie bei einer Cocktail-Party, die ihr zu Ehren gegeben wurde, das Treiben der anwesenden Literaturkenner und Kunstjünger und sagte schließlich: »Diese Leute kommen nirgendwo her.« Unsere Angewohnheit, ständig auf dem Sprung zu sein und weder bei Menschen noch an Orten dauerhaft Wurzeln zu schlagen, sowie unser konsumorientierter Lebensstil verhindern, daß wir irgendwo hingehören. Wenn wir vorankommen wollen – und der soziale Aufstieg bedeutet uns viel –, sind wir gezwungen, im Durchschnitt alle fünf Jahre umzuziehen, bis wir nirgendwo mehr dazugehören und kein Weg zurück nach Hause führt. Grund und Boden beschäftigt uns vor allem als Kauf- und Verkaufsobjekt; als bodenständig oder naturverbunden kann man uns kaum noch bezeichnen. Die meisten von uns haben weder eine Ahnung, wie die Vögel, Pflanzen und Bäume um uns herum heißen, noch kennen sie beispielsweise den Zusammenhang zwischen dem Fettpolster, das sich die Eichhörnchen anfressen und der Frage, wie lang der Winter wohl wird. Nur sehr wenige Menschen, und dann zumeist nur Frauen, wissen noch, wie Heilkräuter verwendet werden.

Männer, die auf dem Lande leben, hindert nichts daran, die Tugend des Haushaltens zu praktizieren. Es versteht sich, daß wir die Felder, Wälder, Flüsse und die Luft gut verwalten und dafür sorgen, daß sie auch in künftigen Jahrhunderten etwas hervorbringen und unserer Erholung dienen. Aber wir können das nur tun, wenn wir zugleich unsere Städte auf eine verantwortungsvollere Weise planen und bewohnen. Um haushälterisch mit der Erde umzugehen, müssen wir einen neuen Städtetyp erschaffen, eine grüne Stadt mit öffentlichen Plätzen und Gärten und einer politischen Struktur, die die Menschen dazu einlädt, sich in der Stadt zu Hause zu fühlen. Ob auf dem Land, in der Stadt oder in den Vororten, Männer müssen wieder Grund unter den Füßen spüren, an einem Ort verankert sein. Wir müssen unseren Wohnort kennenlernen, ihn jahrelang selbst betreuen und pflegen, so daß er, wie Raff St. Louies Obstgarten, aufhört, ein »es« zu sein und zum »Du« wird, eine lebendige Gegenwart, zu der wir eine enge Beziehung haben. Wir können die Wunde, die wir der Psyche, der Polis, dem Kosmos zugefügt haben, nur heilen, indem wir die Einheit von Person und Ort wiederherstellen. Das, was seit der industriellen Revolution als »Dreck, Matsch und Steine«, um George Gilder noch einmal zu zitieren, angesehen wurde, muß wieder Fleisch von unserem Fleisch und Bein von unserem Bein werden.

Nachdem der Held so lange Zeit allein unterwegs war, muß er schließlich den Mut haben, wieder heimzukehren und sich an einem bestimmten Ort anzusiedeln, den er pflegt und bereichert mit den Schätzen, die er auf seiner Wanderschaft angesammelt hat.

Die Tugend der Wildheit

Der alte Feuerweg führt anfangs mehrere Meilen durch Kiefernwald und windet sich dabei in Kurven um die Berghänge. Er ist so fest, daß ich meine Stute aus dem Trab angaloppieren lasse. Sobald sie Feuer gefangen hat, wird sie immer schneller, bis sie im gestreckten Galopp dahinrast. Ich reite ohne Sattel, nur mit einer Satteldecke, und je schneller sie geht, desto leichter wird es, den Punkt hinter ihrem Widerrist zu finden, wo ich still sitzen und mit ihrer Bewegung eins werden kann, Pferd und Mann ein einziger Zentaur. Der Weg führt abwärts und wird morastig. Zitterpappeln lösen die Kiefern ab, das Unterholz wird dichter und der Boden schwer. Ich zügele mein Pferd, bis es Schritt geht. Das paßt der Stute zwar nicht, aber ich habe hier ein- oder zweimal Bären gesehen, die im Dickicht nach Beeren suchten, und ich möchte keinen mitten in der Mahlzeit überraschen. Nach einer halben Meile steigt der Weg langsam wieder in den Kiefernwald hinauf und verliert sich dann völlig. Auf einmal befinde ich mich in einem ziemlich dichten Wald, in dem ich noch nie gewesen bin, aber ich rechne mir aus, daß ich nur etwa eine Meile auf dem Bergrücken weiterzureiten brauche, und dann müßte es wieder abwärts gehen und ich würde etwa eine Meile unterhalb meines Hauses in unserem Tal wieder herauskommen.

Nach einer Weile komme ich an eine Stelle, wo der Berggrat endet, und es scheint das Beste zu sein, wenn ich durch eine enge Schlucht talabwärts reite. Als ich schon ein gutes Stück in der Schlucht bin, wobei ich mich wegen des dichten Unterholzes sehr auf den Weg konzentrieren muß, fällt mir eine große Ponderosa-Kiefer auf, die vor mir aufragt. Gerade als wir die Lichtung erreichen, läuft plötzlich eine Bärin mit zwei Jungen vor mir her und klettert hastig auf den Baum. Ich steige ab und bleibe einen Augenblick stehen, um meine Stute zu beruhigen, wenn sie auch, entgegen aller Wildwest-Geschichten, nicht sehr aufgeregt wegen der Anwesenheit der Bären zu sein scheint. Aber ich bin lieber vorsichtig. Gerade will ich sie um den Baum herumführen, als mich ein lautes, bellendes Gebrüll zusammenfahren läßt. Ich drehe mich um und sehe einen großen Bären auf dem Hügel über mir. Oh, mein Gott, dann waren es drei Junge, die auf den Baum geklettert sind! Die Bärenmutter hat Wache gehalten, und jetzt befinden wir uns in der denkbar schlechtesten Situation – zwischen ihr und ihren Jungen und ohne eine Ausweichmöglichkeit. Die nackte Angst ruft in jeder meiner Zellen den Notstand aus. Soll ich auf mein Pferd springen und versuchen abzuhauen? Soll ich mein Pferd verjagen und selbst auf einen Baum steigen? Oder schreien und mit Steinen werfen? Doch inmitten der aufsteigenden Panik übernimmt ein kaltblütiger Mann, den ich kaum kenne, instinktiv das Kommando und befiehlt mir, ruhig und langsam zwischen dem Baum und der Bärenmutter weiterzugehen. Ich gehorche dem Befehl, und als ich mich hundert Meter und hundert Jahre später wieder umdrehe, sehe ich, wie die Bärin in der entgegengesetzten Richtung im Dickicht verschwindet und ihre Kinder hoch oben in der Ponderosa zurückläßt. Ich steige wieder aufs Pferd und reite, schneller als eigentlich angebracht, den Berghang hinab, wobei sich die Bäume und das Unterholz vor uns wie durch Magie teilen. Irgendeine Alchemie verwandelt die Angst in meinen Adern in wilde Freude. Jenseits des Verstandes haben sich Mann, Pferd und Bär innerhalb einer vorgegebenen Harmonie bewegt – wilde Geschöpfe, von Bindungen gezähmt, die wir nicht benennen können.

Am Anfang und am Ende sind die Menschen Geschöpfe der Wildnis. Inmitten der Städte und während der kurzen Blütezeit unserer Vitalität zwischen der Hilflosigkeit der Kindheit und der

Hilflosigkeit des Alters leben wir eine Weile unter Umständen, die wir unter Einsatz unserer Intelligenz und unseres Kontrollbedürfnisses domestizieren. Aber am Ende hat die Natur wieder das Sagen, und es ist unser Schicksal, in die unermeßliche Weite zurückzukehren, die sich unserer Kontrolle entzieht.

Letzthin ist vielen Männern bewußt geworden, daß sie allzu zahm geworden sind und eine bestimmte Art von Wildheit verloren haben, die eigentlich zum Mannsein gehört. Amerikanische Männer, die sich mit einer Art Männerbewegung identifizieren, treffen sich zum Trommeln und Tanzen und haben alte Indianerbräuche wieder aufgenommen, in der Absicht, ihre verlorengegangene Ursprünglichkeit und zupackende Entschlossenheit wiederzuentdecken. Solche symbolischen Handlungen können durchaus förderlich sein, aber sie können auch die Illusion nähren, daß wir unsere ursprüngliche Wildheit nur durch Seelenarbeit oder als Mitglied einer neuen Art von Bruderschaft finden können.

Wildheit hat ihren Ursprung aber in allererster Linie in der Identifikation mit der echten Wildnis – den schroffen Bergen, Urwäldern, öden Tundren, die der Lebensraum von ungezähmten Grizzlybären, nicht domestizierten Wölfen und wilden Pumas sind. Wildheit ist keine Methapher, deren Bedeutung wir kennenlernen können, wenn wir bequem in unseren Stadthäusern leben oder uns innerhalb der Grenzen der zivilisierten Psyche bewegen. Wir brauchen statt dessen riesige Flächen unberührter Natur, um uns an die ewige, grundlegende Wahrheit zu erinnern: Der Mensch ist nur eine einzelne Gattung in einem unermeßlich großen Reich von Lebewesen. Wenn wir dies vergessen, töten wir zuerst unsere Mitbewohner, und dann zerstören wir unseren eigenen Lebensraum.

Auch bieten unsere modernen Städte keine Gelegenheiten für die Art von Mutproben und Initiationsriten, wie sie junge Männer brauchen. Sport, Drogen und Jugendbanden haben die Konfrontation mit der Weite der Wildnis und den verschiedenen wilden Tieren und unvorhersehbaren Gefahren ersetzt. Als vor einiger Zeit eine Frau, die im Central Park von New York joggte, von einer umherstreifenden Gang von Jugendlichen angegriffen, brutal zusammengeschlagen und vergewaltigt wurde, hieß es in den Nachrichten, daß diese gewohnheitsmäßig »wildern« gingen. Wenn wir unsere natürliche Wildheit verlieren, wird unser

Bedürfnis, unsere Fähigkeiten auf die Probe zu stellen, nur allzu leicht pervertiert zu einer Gewalt, die sich nicht mehr gegen einen natürlichen Feind, sondern einen bewußt ausgewählten richtet. Es gibt immer noch Lektionen, die man am besten lernt, wenn man sich einem Bären auf einem schmalen Pfad gegenüber sieht oder in einem kleinen Boot einen Sturm auf dem Meer überstehen muß.

Nach fast einem Jahrhundert des Stadtlebens zeugen die Träume der Männer immer noch davon, daß sie in die Wildnis gehören. Wir träumen vom Ausbrechen, von der Flucht in ein richtiges Männerleben unter freiem Himmel, wo Muskelkraft noch etwas wert ist und unser Tagesrhythmus nicht von der Uhr diktiert wird. Es ist wohl kaum ein Zufall, daß der Marlboro-Mann die erfolgreichste Werbefigur aller Zeiten ist. Noch immer geistert die Sehnsucht nach der Natur in den Köpfen der seßhaften, behausten, verstädterten Männer herum; sie träumen davon, oben in den Bergen zu wohnen, auf Expeditionen in entfernte Gegenden zu gehen, mit und auf dem Land zu leben. Daß der Cowboy unverändert zu den amerikanischen Helden zählt, ist ein Beweis für das seelische Bedürfnis der Männer nach der Wildnis.

Ich veranstalte jetzt seit zwanzig Jahren Seminare zur individuellen Mythologie, und ich lasse die Teilnehmer immer ein Bild von der Umgebung malen, wo sie am liebsten leben würden. Etwa 95 Prozent stellen sich in der freien Natur dar – am Meer, an einem See, in den Bergen oder in der Wüste.

Je mehr Erfolg wir dabei haben, die Welt kontrollierbar zu machen, desto mehr sehnen wir uns nach der Wildnis. Die Erhaltung ursprünglicher Landschaften ist nicht nur notwendig wegen der Erneuerung des Sauerstoffs oder wegen ein paar seltenen Seetauchern oder dem weißköpfigen Seeadler, sondern ebenso notwendig in geistig-seelischer Hinsicht – damit wir wieder tief durchatmen und uns aus den engen Betonschluchten und Vorortsveranden ins Freie hinaufschwingen können. Es ist ein tiefes Bedürfnis von uns, auch einmal wieder zu sehen, wie sich vitales Leben abspielt, dem der Mensch nicht seinen Stempel aufgedrückt hat, Orte, die uns mit Andacht und Ruhe erfüllen und in denen Sinn und Schönheit gedeihen, die nicht von Menschenhand hergestellt oder »verbessert« wurden. Wendell Berry drückt es am besten aus: »Heute kann ein Mann nur noch in der

Wildnis etwas von seiner Besonderheit als Mensch erfahren. In den großen Menschenmengen bedrückt ihn zunehmend das Gefühl, daß er etwas ganz Gewöhnliches ist – nur einer unter vielen, dessen Verschwinden keinerlei Unterschied machen würde... Man kann der Zivilisation am besten dienen, wenn man gegen das ist, was üblicherweise dafür gehalten wird.«[16]

Eine Haltung wissenschaftlicher Objektivität gegenüber der Natur einzunehmen, ist nützlich, aber zugleich gefährlich, wenn sie nicht durch eine Einstellung korrigiert wird, wie sie sich in den Worten des Häuptlings Seattle so schön ausdrückt: »Der Saft, der in den Bäumen steigt, trägt die Erinnerung des roten Mannes... Wir sind ein Teil der Erde, und sie ist ein Teil von uns. Die duftenden Blumen sind unsere Schwestern, die Rehe, das Pferd, der große Adler – sind unsere Brüder... Die Erde gehört nicht dem Menschen, der Mensch gehört zur Erde – das wissen wir. Alles ist miteinander verbunden, wie das Blut, das eine Familie vereint... Der Mensch schuf nicht das Gewebe des Lebens, er ist darin nur eine Faser. Was immer Ihr dem Gewebe antut, das tut Ihr Euch selber an.«[17]

Solange es menschliches Leben auf der Erde gibt, werden drei Gegebenheiten unser Leben bestimmen: das Land, das wir bearbeiten, die Städte, die wir bauen, und die Wildnis, die wir gemeinsam mit all den anderen Geschöpfen der Erde bewohnen.

Was ich hier aufgereiht habe, sind nur vereinzelte Qualitäten, lauter Puzzleteile, aus denen ein Idealbild des heutigen und zukünftigen Mannes entstehen kann. Doch eines ist bereits klar: Gute Männer sind kein Werk des Augenblicks. Es gibt kein Instantverfahren, um eine neue Identität herzustellen, keine Mikrowellen-Maskulinität, keine simple Formel für authentische Männlichkeit. Wir können uns nicht über Nacht durch Willenskraft, Mut und harte Arbeit neu erschaffen. Reinhold Niebuhr hat einmal gesagt: »Nichts, was es wert ist, getan zu werden, kann man in einem einzigen Leben zu Ende bringen.« Im Zentrum meiner Vision der Männlichkeit steht kein Einzelner in einsamer Größe vor der untergehenden Sonne, sondern eine Gestalt, in der Großvater, Vater und Sohn miteinander verschmelzen. Die Grenzen zwischen ihnen sind durchlässig, und starke Impulse der Fürsorge, Weisheit und Freude werden von einer Generation zur nächsten weitergegeben. Gute, heroische

Männer brauchen mehrere Generationen für ihre Entstehung – ihre Wiege steht in den Herzen ihrer Väter, und es ist deren Hand, die sie ins Leben einführt, so wie diese wiederum in den Herzen ihrer Väter geborgen waren und in deren Armen in die Geheimnisse des Lebens eingeweiht wurden.

V
Männer und Frauen: Wiederannäherung

Kapitel 12
Liebe:
Einführung in einen Tanz
mit drei Schrittfolgen

Männer und Frauen guten Willens sind inzwischen die ständigen Kämpfe leid geworden, doch sie wissen nicht, wie sie die Feindseligkeiten zwischen den Geschlechtern beenden sollen. Der die Geschlechterrollen betreffende Konsens hat nach jahrhundertelangem Bestand keine Gültigkeit mehr, und der Schock darüber sitzt noch tief. Während nur einer Generation haben wir ungeheure Veränderungen miterlebt: die Pille, die sexuelle Revolution, den militanten Feminismus, das offene Auftreten der Homosexuellen, den Aufstieg der Frauen in Wirtschaft und Politik.

Nun scheint die Konfliktträchtigkeit der Situation etwas nachzulassen, und ein Hauch von Frieden liegt in der Luft. Adam und Eva schränken ihre wechselseitigen Propagandafeldzüge etwas ein, hören auf, sich gegenseitig Äpfel und Kränkungen an den Kopf zu werfen, und signalisieren erste Anzeichen dafür, daß sie wieder ein Liebespaar werden wollen. Es gibt jetzt Glasnost und Perestroika auch zwischen den sexuellen Supermächten. Unsere Sehnsucht, uns wieder zu umarmen, wird zunehmend stärker als unser Bedürfnis, das andere Geschlecht als Blitzableiter für unseren Frust zu benutzen. Wir würden liebend gern wieder zusammenkommen.

Doch wie soll das geschehen? Wie können wir, die Veteranen des großen Streits in und um die erogenen Zonen, lernen, auf neue Weise zu lieben?

Ein wichtiges Hindernis blockiert vorläufig noch das Entstehen einer authentischen Liebe zwischen den Geschlechtern: die sentimentale, romantische Art, mit der wir die Liebe betrachten.

Meistens sprechen wir von der Liebe, als wäre sie ein einziges uneingeschränktes »Ja« – zwei Menschen in unzerstörbarer Vertrautheit. Nähe. Enge Verbundenheit. Verstehen, das keiner Worte bedarf. Ein kuscheliges Schmusetuch. Die beliebtesten Metaphern für Liebe sind weich und fließend: Wir sprechen

259

vom Fortgetragenwerden, von Wellen der Lust, vom Sich-Verströmen im Orgasmus, von sich auflösenden Egos, Verschmelzen, Einswerden. Oder wir stellen die Liebe als einen Zustand immerwährender Friedfertigkeit dar: Liebe als ein Sich-Öffnen, Das-Visier-Herunterlassen, als Abbau der Verteidigungsstellung, Aufgabe des Eigenlebens, ein Ende von Taktik und Machtstreben. In dieser sentimentalen Sicht ist die Liebe das Gegenteil von Konflikt. Man liebt oder man kämpft, man tut aber nicht beides zugleich. Carl Gustav Jung führte aus, »Wo Liebe herrscht, gibt es keine Herrschsucht. Wo die Herrschsucht ist, gibt es keine Liebe«. In der Liebe seien Abgrenzungsstreitigkeiten fehl am Platz, dürfe es kein Ringen zwischen zwei Persönlichkeiten geben.

Ich möchte dagegenhalten, daß solch romantisches Bild der Liebe in Wirklichkeit die Beschreibung einer schlimmen gegenseitigen Abhängigkeit, einer Kodependenz ist.

Authentische Liebe ist ein Tanz mit drei Schrittfolgen: Solo, Kontrapunkt, Zusammenspiel; Einsamkeit gehört genauso dazu wie Konflikt und Nähe. Wenn wir nur eine der drei Schrittfolgen auslassen, ist es aus mit dem ganzen Tanz. In einer Liebesbeziehung sind die beiden Betroffenen anfangs für sich allein und halten Abstand, treten dann zu einem von Respekt getragenen Kampf gegeneinander an und genießen schließlich ihre wechselseitige Abhängigkeit. In der Liebe ist das Nein mit dem Ja vermählt, elementare Kräfte, die wie Feuerstein und Stahl aufeinanderstoßen, ohne ineinander aufzugehen; es ist ein Zusammenkommen, bei dem das Ich und das Du sich behaupten.

Wirkliche Liebe ist der einzige gerechte und heilige Krieg. Zwei Freunde geloben gegenseitig ehrenhafte Gegnerschaft: Ich verspreche, daß ich die Unversehrtheit meines eigenen Ichs verteidigen und die Unversehrtheit Deines Ichs respektieren werde. Wir wollen uns nur als Gleiche gegenüberstehen; ich will mich Dir in der Ganzheit meines Seins darstellen und werde dasselbe von Dir erwarten. Ich will mich nicht ducken, entschuldigen oder verstellen. Unser Abkommen beinhaltet, uns gegenseitig mit Recht und mit vollem Einsatz zu lieben, zwischen uns unantastbare Grenzen zu ziehen und zu respektieren und unsere jeweiligen Refugien zu achten. Wir wollen miteinander verbunden bleiben im süßen Kampf des Dialogs, im Wettstreit des Gesprächs, in der Dialektik der Liebe, bis wir eine Synthese erreichen.

Bislang habe ich mich darauf konzentriert, den Solotanz der Männer zu erforschen, und zwar unter der Annahme, daß ein Mann erst zu sich selbst finden muß, unabhängig von seiner Beziehung zu den Frauen, und erst dann soweit ist, in einer bestimmten Frau den einzigartigen Menschen zu entdecken, den er als wunderschönes, aber auch mit Fehlern behaftetes Wesen lieben kann. Jeder verlorene Sohn muß sein Mutterland (wie jede Tochter ihr Vaterland) verlassen, bevor er zurückkehren kann, um sich ganz dem Tanz der reifen Liebe zu widmen. Ich habe also bisher mein Augenmerk darauf gerichtet, so etwas wie eine Reiseroute für die Pilgerfahrt des Mannes zu erstellen, und ich habe den Versuch gemacht, den ersten Widerhall seiner neuen historischen Berufung zu hören und herauszufinden, welcher Herausforderung sich heutige und zukünftige Heldengestalten stellen müssen. Ich habe mich bemüht, die Fragen, die Howard Thurman in meiner Phase der Desorientiertheit an mich richtete, in der richtigen Reihenfolge zu halten, und mich erst einmal auf das Wesen der männlichen Seelenreise konzentriert.

Jetzt ist es Zeit, unsere Aufmerksamkeit auf die folgenden zwei Schritte im Liebestanz zu richten, sich wieder den Frauen zuzuwenden, zuzuhören, Ja und Nein zu sagen und sich erneut die Hände zu reichen – Zeit für den Übergang vom Solo zum Kontrapunkt, und schließlich zum Zusammenspiel.

Kapitel 13
Kontrapunkt:
Liebender Kampf

Entschlossenheit:
Sich treu bleiben, den Zorn zulassen

Manchmal ist das, was wie ein Streit aussieht, nur ein Zeichen für die Stärke einer Liebe. Der derzeitige ehrliche Kampf zwischen Mann und Frau ist zwar weniger bequem, aber er hat mehr mit Liebe zu tun als der alte Scheinfrieden. Wo früher unterschwellige Feindseligkeit, heimlicher Groll und verstecktes Sich-Befehden den Umgang bestimmten, kommt es heute zum offenen Konflikt. Deshalb müssen wir uns erst einmal offen zu diesem heftigen und oft als unpassend empfundenen Schlagabtausch bekennen, der zwischen uns stattfindet. Ja, wir ringen derzeit miteinander, tauschen die Rollen, sagen Ja und Nein, erkennen uns und sind wahrhaftig in unserem Umgang miteinander. Doch Kontakt, das Miteinander-in-Berührung-Kommen ist die Grundvoraussetzung für Liebe.

Vielleicht gibt es nichts Wichtigeres für den Mann in seiner Beziehung zur Frau als den Unterschied zwischen fester Entschlossenheit und Gewalt zu verstehen. Entschlossenheit ist ein Ausdruck innerer Stärke – Gewalt ist ein Ausdruck für frustrierte, unbewußte Impotenz. Daß Männer in Gegenwart von Frauen zu unbestimmten Schuldgefühlen neigen und sich in Gewalttätigkeiten flüchten, um ihre Hilflosigkeit zu überspielen, ist einer der Schatten, die über der Psyche des Mannes schweben und die echte Liebe zwischen den Geschlechtern so schwierig machen.

Der Mann muß erst herausfinden, wo er die Frauen verletzt und erniedrigt hat, und lernen, zwischen den angemessenen erwachsenen Verantwortungs- und Schuldgefühlen und den unangemessenen infantilen Schuld- und Schamgefühlen zu unterscheiden. Erst dann ist er dazu fähig, seine unbewußte Vorstellung von der fordernden FRAU, vor der er sich immerwährend als unzulänglich und schuldig angeklagt fühlt, zu verbannen und kann endlich beginnen, Liebesbeziehungen zu Frauen aus Fleisch und Blut aufzunehmen. Bevor die Männer nicht fest bleiben und den Frauen (die, da sie eben auch nur Menschen sind, ungefähr die Hälfte der Zeit im Unrecht sind) ihr Nein entgegenhalten, können sie auch kein rückhaltloses Ja sagen. Marion Woodman, Analytikerin der Jung-Schule, schreibt: »Die große Gefahr in unserer Gesellschaft besteht darin, daß eine Frau annimmt, sie sei zur unabhängigen ›Lady‹ geworden, während sie in Wirklichkeit nur animusbesessen ist… Damit sich die wirklich unabhängige Frau entwickeln kann, muß alles Weibliche differenziert und in bezug auf das Männliche integriert werden… Arbeitet sie an sich selbst, kann sie, so Gott will, einem Petruchio begegnen, der genug Schneid hat, ihrem King-Kong-Animus den Garaus zu machen. Ob er das nur im Zorn oder in erbarmungsloser Couragiertheit und Überzeugung tut, hängt vom Charakter beider Partner und der Natur ihrer Beziehung ab.«[1]

Gleichwertigkeit zwischen Männern und Frauen bedeutet, was dem einen recht ist, ist dem anderen billig. Als sich die Frauen emanzipierten, brachen alle Dämme, und Ströme von altem Zorn und Schmerz schwemmten über vieles hinweg, was der Flutwelle im Wege lag – über Gerechte wie Ungerechte. Wenn die Männer sich emanzipieren, müssen sie sich ebenfalls darauf einstellen, daß der Sumpf ihrer Feindseligkeit sich zu einer Flut unangenehmer Gefühle ausweitet, die sicherlich Sturzbäche aus Wut und Kummer einschließen.

Gelinde gesagt, war es für den Mann unerfreulich, als die Frauen in ihrem Kampf um Emanzipation auf einmal ihrer Verbitterung freien Lauf ließen. Jeder Mann wurde als Chauvinist gebrandmarkt, an den Pranger gestellt, als Unterdrücker angeklagt. Kein Wunder, daß die meisten Männer darauf defensiv reagierten. Einige wenige waren in der Lage, hinter den Attacken das Ausmaß der Verwundung zu ahnen, doch die meisten waren vom Zorn der Frauen so erschreckt, daß sie sich zurückzogen. Es hat ein Vierteljahrhundert gedauert, bis die ersten wohlmeinenden Männer angefangen haben, die gegen sie erhobenen Anklagen zu sortieren und sich dort schuldig zu bekennen, wo sie verantwortlich sind, aber auch beginnen, ungerechtfertigte Anklagen, bei denen sie nur den Sündenbock spielen sollen, klar zurückzuweisen.

Aber auch wir sind durch die Geschlechterrollen, in die wir hineingeboren wurden, verletzt worden. Auch wir Männer wurden geschlagen und verkrüppelt, während wir uns durch das Halbdunkel der unbewußten sozialen Rollen, die wir gezwungenermaßen zu spielen hatten, hindurchtasteten. Wir sollten Tausende von unmöglichen Erwartungen erfüllen – zugleich konkurrenzfähig und gütig sein, hart und nachgiebig, effizient und einfühlsam, die Frauen beschützen und sie als Partner behandeln –, und während wir uns damit abmühten, hat sich auch bei uns eine beträchtliche Bürde von Frustration und Zorn angesammelt. Auch wir sind voll Bitterkeit, die wir einmal aussprechen müssen.

Damit Männer und Frauen einander lieben können, müssen beide Geschlechter lernen, den gegenseitigen Zorn zu respektieren. Heute kreisen wir noch umeinander, wie Stachelschweine, die sich lieben wollen, ohne sich an den Stacheln zu pieken. Noch sind wir so erschüttert über den ganzen im Geschlechterkampf angehäuften Groll, daß wir uns lieber auf oberflächliche Kontakte beschränken als uns auf das Risiko einzulassen, auch unsere tiefsten »negativen« Gefühle auszudrücken und damit die nächste Runde der Feindseligkeiten einzuläuten. Solange wir jedoch unseren Ärger nicht an die Oberfläche kommen lassen, schmoren wir in uneingestandener Feindseligkeit und befinden uns zugleich auf dem Liebes- wie auf dem Kriegspfad. Dabei kann nichts Gutes herauskommen. Wir verstärken unsere Abwehrhaltung im gleichen Moment, wo wir davon reden, Frieden schließen zu wollen – nicht gerade eine aufrichtige oder hoffnungsvolle Art zu leben!

Männer (aber auch Frauen) sollten vorgewarnt werden, daß wir beim Sichten unserer Erfahrungen den Zorn der Frauen erregen werden – Zorn, der berechtigt, aber auch ungerecht sein kann. Es gibt keinen Grund anzunehmen, daß unsere Verbitterung – wenn wir sie denn auszusprechen beginnen – automatisch stichhaltig ist, oder daß unsere Verärgerung sich das richtige Ziel sucht. Wenn Männer ihre eigenen Erfahrungen untersuchen, werden einige ihrer Ergebnisse den Frauen gefallen, andere dagegen nicht. Meistens spenden uns die Frauen Beifall, wenn wir sensibler auf Gefühlsnuancen reagieren und unser Kontrollbedürfnis aufgeben. Von unserem Zorn und Schmerz dagegen wollen die Frauen genausowenig hören wie wir früher von ihrem.

Wenn wir uns versuchsweise in Richtung Versöhnung bewegen, sollten wir nicht vergessen, daß ehrlicher Zorn einen unabdingbaren Teil des Liebestanzes darstellt. Stellen Sie sich ihn so vor wie die Stimme der klugen Schlange auf der ersten amerikanischen Flagge, die da sagt, »Tritt nicht auf mich!« Ohne den Zorn haben wir weder Feuer noch Donner und Blitz, um das Heiligtum des eigenen Ich zu schützen. Kein Zorn – das bedeutet, sich nicht abgrenzen können, keine Leidenschaft haben. Gute Männer und gute Frauen haben aber Feuer im Bauch. Wir können wild werden! Laß dich mit uns nicht ein, wenn du jemanden suchst, der immer »nett« zu dir sein soll. (»Nett« gibt dir nur ein »Ausreichend« im Leben.) Wir lächeln nicht dauernd, reden nicht immer mit sanfter Stimme und verteilen nicht wahllos Streicheleinheiten. Attacken und Gegenattacken gehören zum Liebeskampf der Geschlechter.

Ehrt euren Zorn! Aber ehe ihr ihn ausdrückt, unterscheidet zwischen gerechtem und ungerechtem. Unmittelbar nach einem Sturm ist das Wasser nicht klar, sondern aufgewühlt; Wut kennt keine Unterschiede. Es braucht Zeit zu unterscheiden; der aufgewühlte Sand braucht Zeit, sich zu setzen. Wenn der Wasserlauf aber erst einmal wieder klar ist, äußere deine Wut gegenüber jedem, der deinem Selbst Gewalt angetan hat. Zeige der Person, die du lieben willst, die Gabe des Zornes, der unterscheiden kann.

Ideologischer Feminismus – nein! Prophetischer Feminismus: Ja!

Jeder Mann, der die letzten 25 Jahre nicht mit dem Anschauen von Rambo-Filmen oder als Lobbyist für die NRA (National Rifle Association; Vereinigung mit der Haltung »Ein Mann sieht rot« Anm. d. Ü.) verbracht hat, wird inzwischen gemerkt haben, daß der Feminismus unser kulturelles Klima grundlegend verändert hat. Der Feminismus ist kein vorüberziehendes Unwetter; er hat vielmehr eine dauerhafte Klimaveränderung bewirkt. Eine ganze Generation von Männern ist von Analysen, Rhetorik, Forderungen und politischen Programmen der feministischen Bewegung überschwemmt worden. Gerade die Frauen, die wir am meisten bewundern und fürchten und mit denen wir am häufigsten streiten, sind Feministinnen. Viele Männer wurden durch den Feminismus eingeschüchtert und zogen es vor, seine Herausforderung zu ignorieren. Andere fügten sich passiv oder nahmen ihn unkritisch an und überlebten so mit einer löffelweisen Diät aus Schuldzuweisung und schlechtem Gewissen. Aber die große Mehrheit der Männer hat sich der feministischen Analyse und ihrem Weltbild bisher nicht gestellt, um endlich die heilenden Werte vom giftigen Müll zu trennen. Es ist höchste Zeit, das zu tun.

»Feminismus« ist eine Bezeichnung für ein Kaleidoskop, das die vielfältigsten Aussagen einer großen Zahl von Frauen enthält, die um ihre Selbstdefinition ringen und gesellschaftliche Veränderungen anstreben, die den Frauen mehr Gerechtigkeit, Macht und Würde sichern. Man kann den Facettenreichtum dieses Aufbruchs gar nicht aufzählen, in dem Frauen dafür streiten, die Welt neu zu erschaffen, diesmal an ihren Herzenswünschen orientiert. Um zu erkennen, was für uns Männer daran bedrohlich ist, müssen wir hier eine grobe Unterscheidung zwischen dem besten und dem schlechtesten am Feminismus treffen, nämlich zwischen Feminismus als prophetischem Protest und Feminismus als Ideologie.

Der prophetische Feminismus hat Vorbildcharakter für die Veränderungen, an deren Anfang die Männer heute stehen.

Der ideologische Feminismus setzt das Verhaltensmuster fort, das früher die Männer gegenüber den Frauen praktiziert haben; das andere Geschlecht wird verteufelt und als Sündenbock benutzt.

Die Unterscheidung zwischen diesen beiden Arten des Feminismus ist größtenteils eine Sache des Tonfalls, des Blickwinkels, der Akzentsetzung, der Stimmung.

Feminismus als prophetische Bewegung setzt sich aus drei Komponenten zusammen: dem anhaltenden Aufschrei über die den Frauen zugefügten Schmerzen, der visionären Sicht, was aus den Frauen werden könnte, und aus einem Lobpreis des Weiblichen. Ebenso lange, wie es »seine« aufgezeichnete Geschichte (history = »his story«) gibt, gibt es auch Geschichte, die von »ihr« handelt und weitgehend unbekannt ist. Die Frauengeschichte weiß von außergewöhnlichen Frauen zu berichten, die sich aus dem dumpfen Status quo erhoben und sich der besonderen Qual und Schmach, die zur Situation der Frau gehören, bewußt wurden. Solche ungewöhnlichen Frauen, von Sappho über Jeanne d'Arc, Isak Dinesen und Beryl Markham bis Simone de Beauvoir, sahen die sonst beiseite geschobenen und verbotenen Möglichkeiten, die innerhalb des weiblichen Geistes schlummerten, schon vor sich. Aber erst vor einem Vierteljahrhundert, mit der Publikation von Betty Friedans »Der Weiblichkeitswahn«, wuchsen die verstreuten Stimmen zu einem Chor zusammen, und eine selbstbewußte Frauenemanzipationsbewegung entwickelte sich zu einer politisch wirksamen Kraft.

Unter den erhellenden Perspektiven und prophetischen Einsichten der Frauenbewegung finden sich beispielsweise die folgenden:

- Die westliche Kultur wird vom Patriarchat regiert – Herrschaft durch die Männer, mit den Männern und für die Männer.
- Das Patriarchat wurzelt in hierarchischem Denken, Machtbesessenheit, Kontrollbedürfnis und Regierung mittels Gewalt.
- Krieg, Vergewaltigung und die ökologische Vernichtung von »Mutter« Natur haben als Grundlage patriarchale Denkgewohnheiten und Gesellschaftsformen.
- Frauenfeindlichkeit und Gynophobie – Abwertung aller für »feminin« gehaltenen Dinge – bilden den inneren Zusammenhang der westlichen Männergeschichtsschreibung.
- Die feministische Sicht fordert sexuelle, künstlerische, wirtschaftliche und politische Gleichberechtigung. (Auch im Militär?) Sie verlangt weiterhin, daß die Männer zu gleichen Teilen im privaten Bereich tätig werden – im Haushalt und bei der Kindererziehung.

Seit über 20 Jahren hat eine starke Gemeinschaft feministischer Aktivistinnen unter anderem daran gearbeitet, für Frauen Gerechtigkeit auf dem Gebiet der Wirtschaft und des Rechts herzustellen, das Recht auf Chancengleichheit im Beruf, auf staatlich geförderte Kinderbetreuung, auf Entscheidungsfreiheit in Fragen der Gesundheit, Geburtenkontrolle und Abtreibung und vieles andere mehr zu erlangen. Feministische Theoretikerinnen haben unsere Geschichte, Philosophie, Sprache und Kunst umgeschrieben, um den verdrängten weiblichen Anteil am intellektuellen Leben der westlichen Kultur der Vergessenheit zu entreißen.

Da der prophetische Feminismus seinen Ursprung im

schmerzlichen Bewußtsein fehlender Würde und fehlender politischer Rechte der Frauen hatte, ist er sich der verletzenden Natur des Systems selbst bewußt geblieben – dieses verletzt Mann und Frau gleichermaßen. Der prophetische Feminismus ist eher pro-aktiv als re-aktiv geblieben. Prophetische Frauen sagen: »Uns gefällt es nicht, wie diese Welt aufgebaut ist. Sie verletzt. Sie erniedrigt. Weder hat sie Platz für unsere Begabungen noch erlaubt sie uns, unsere Kraft einzubringen. Und das wollen wir ändern.«

Im Gegensatz dazu regiert im ideologischen Feminismus der Geist des Grolls, die Taktik der Schuldzuweisung und das rachsüchtige Verlangen, über die Männer zu triumphieren, was auf dem Dogma beruht, daß die Frauen die unschuldigen Opfer einer Verschwörung der Männer seien.

Die beste Faustregel, um den ideologischen Feminismus aufzudecken, ist vielleicht die, den Ideen, den moralischen Gefühlsregungen, den Argumenten und dem mythischen Geschichtsbild, die sich um den Begriff des Patriarchats ranken, besondere Aufmerksamkeit zu zollen. »Patriarchat« ist das Stichwort für den Teufel, das Kodewort für das böse Riesenreich des Mannes, für die männliche Verschwörung, die die menschliche Geschichte seit der Zeit des Sündenfalls beherrscht. Alle Mißstände unserer Epoche werden dem großen Satan der Männerherrschaft zugeschrieben. Das Patriarchat sei allein verantwortlich für Armut, Ungerechtigkeit, Gewalt, Krieg, den Wahnsinn der Technik, die Umweltverschmutzung und die Ausbeutung der dritten Welt.

Betty Reardon beispielsweise argumentiert, daß Kriege nichts anderes als die gewaltsame Durchsetzung des Patriarchats seien, und weiter: »Die Männerherrschaft ist der Mittelpunkt der konzeptuellen Struktur, die jegliche menschliche Unternehmung, sowohl im öffentlichen als auch im privaten Bereich, vorausbestimmt.«[2] Nachdem sie die alleinige Ursache, den Hauptmacher der Geschichte herausgestellt hat, fährt sie in ihrer Predigt im Geiste des Jonathan Edwards (»Sünder in die Hände eines zornigen Gottes«) fort: »Die ökologische Zerstörung ist, auf das Wesentliche reduziert, frauenfeindlich... Sie ist einfach ein weiteres Ergebnis des männlichen Drangs, das Weibliche zu zügeln und zu beherrschen... Die Vergewaltigung der Erde ist die passendste Metapher für diese Schändung, ein Prozeß, der dazu geführt hat, daß heute der Tod des geplünderten Planeten in den Bereich der Möglichkeit gerückt ist. Das Schicksal der Erde würde somit dem Schicksal der Millionen von Vergewaltigungsopfern gleichkommen, die als Höhepunkt des an ihnen verübten Verbrechens dann noch ermordet wurden.«

Ich möchte annehmen, daß ehrliche Männer und Frauen gleichermaßen gegen solche hetzerische Sprache, solche Zirkelschlüsse und eigennützige Logik protestieren. Die Bedrohung der Erde ist zu real, um sie als Argument im Partisanenkampf der Geschlechter zu mißbrauchen. Sollen wir etwa – ohne die Schuld der Männer und des traditionell als »maskulin« (im wissenschaftlich-technologisch-abstrakten Sinne) bezeichneten Denkens abzuleugnen – die Frauen von ihrer Komplizenschaft und ihrer aktiven Teilnahme an der Umweltzerstörung freisprechen? In jedem beliebigen Einkaufszentrum läßt sich ein wahnwitziger Kaufrausch beobachten, auf jeder Mülldeponie türmen sich Berge von Wegwerfwindeln und sonstigem Abfall, in jedem Ramschladen sind unzählige brauchbare, aber »unmoderne« Kleidungsstücke und Haushaltgeräte zu finden – offensichtlich sind die Frauen ebenso zwanghaft konsumorientiert wie die Männer. Der Überfluß, der zur Verschleuderung der Erde führt, ist eine Krankheit, die Frauen nicht weniger als Männer befällt! Während die Mehrheit der Weltbevölkerung in unfreiwilliger Armut lebt, drängen sich weder Frauen noch Männer in den »überentwickelten« Ländern darum, sich eine Ethik der freiwilligen Selbstbeschränkung aufzuerlegen!

Falls wir Männer eine globale Reue für alles, was in der westlichen Kultur geschehen ist, an den Tag legen sollten – müßten wir uns zum Beispiel auch wegen der Renaissance schämen oder nur wegen der Kreuzzüge? Weil wir die Druckerpresse erfunden haben oder nur wegen der Atombombe? Niemand sollte die massiven Attacken gegen die patriarchalische Technologie und die damit einhergehenden Schuldgefühle ernstnehmen, wenn sie von Feministinnen kommen, die Computer benutzen, mit dem Flugzeug reisen, Bücher publizieren (keineswegs handgeschriebene), die Telefon, Fernseher, Plattenspieler haben, die Waschmaschine, Fön und, falls notwendig, ein CAT-Gerät verwenden. Es liegt eine bittersüße Wahrheit in Gloria Steinems Bonmot, das sie während der Revolution in Ostdeutschland von sich gab, als sie die Flut von Leuten durch die Berliner Mauer passieren sah, die ihre Verwandten im Westen besuchen und Videorekorder und Konsumgüter erstehen wollten: »Es war die erste feministische Revolution. Es gab keine Gewalt. Und dann gingen alle einkaufen.« Es liegt eine existenzielle und moralische Täuschung vor, wenn man (frau) versucht, die ganze Schuld für die Umweltschäden bei den Männern abzuladen. Das Problem ist nicht geschlechtsspezifisch. Wir alle haben schmutzige Hände. Wie und ob wir eine zufriedenstellende Zukunft andenken können ohne die Vervielfachung der Technologien, die immer stärker drohen, unsere Existenz zu verderben, ist eins der fast unlösbaren Rätsel und eine der großen Herausforderungen der Gegenwart. Dieses Problem wird sicherlich nicht durch eine vereinfachende sexistische Moralpredigt gelöst werden.

Eine Sprache, die die Umweltzerstörung mit Vergewaltigung, sexueller Raserei und der Ermordung von Vergewaltigungsopfern gleichsetzt, ist ein durchsichtiges Mittel, um die Männer wegen der Sünden beider Geschlechter anzuklagen. Durch den Versuch, alle Schuld auf die Männer abzuwälzen, beansprucht Reardon implizit eine Nicht-Schuld für die Frauen, und dadurch, daß sie jede Verantwortung ablehnt, reduziert sie die Frauen unabsichtlich auf die Position ohnmächtiger Opfer.

Die Mythologie des ideologischen Feminismus sieht etwa wie folgt aus: Es war einmal eine sanfte Zeit, wo wir alle harmonisch im Garten der Göttin lebten. In jenen Tagen bestimmten »weibliche Werte« das Zusammenleben – Kooperation, Einfühlsamkeit, Fürsorge und Teilen. Die Machtausübung folgte weiblichen Linien, und Ehrfurcht vor allem Lebendigen wurde in der Anbetung der Göttin gezeigt, die in Mutter Erde verkörpert war. Und es herrschte Frieden und Wohlwollen und Partnerschaft unter den Menschen. Dann aber, etwa zwischen 4000 und 2000 v. Chr., dröhnten aus dem Norden die donnernden Hufschläge der patriarchalischen Eindringlinge heran, berittene barbarische Horden, mit Schwertern versehene Armeen, die die friedlichen agrarischen, auf das Matriarchat orientierten Kulturen Indiens, Alteuropas, Asiens überschwemmten. Mit sich brachten sie die strengen und rachsüchtigen männlichen Götter – Zeus, Jahwe und Allah –, eine kriegerische Ethik, die Gewohnheit, Heilige Kriege zu führen und eine maskuline Denkungsart, die von nun an alles, was sich in ihren Weg stellte, nach dem Motto »teile und herrsche« behandeln sollte: Völkerschaften,

Frauen, das Atom. Die ungeheuerlichste der männlichen Erfindungen aber war die Technologie selbst, die es den Männern im Laufe der Zeit ermöglichte, die Natur selbst zu unterwerfen und zu vernichten.

Kurz, »seine« überlieferte Geschichte sei ein einziger langer Abstieg gewesen bis zur Wiedergeburt des Feminismus, der unsere einzige Hoffnung auf Erlösung ist. Oder wie Charlene Spretnak es ausdrückt: »Wie könnte irgend jemand auch nur die Möglichkeit in Betracht ziehen, daß unsere gegenwärtige, d. h. patriarchalische, Kultur mit ihrer stetig wachsenden Entfremdung, ihrem Materialismus, ihrer selbstmörderischen Zerstörung der Natur und ihrer sexistischen Korruption den früheren Kulturen überlegen sein könnte, die harmonisch (z. B. genossen Bürger im Göttin-orientierten Kreta und Alteuropa Jahrtausende während Friedenszeiten in unbefestigten Städten) und egalitär waren.«[3] Folgt man dieser eingeengten Sichtweise, besteht unsere einzige Hoffnung für die Zukunft in der Wiedergeburt der Göttin und im Triumph weiblicher Werte. Ich möchte eine der noch radikaler auftretenden ideologischen Feministinnen zitieren. »Wenigstens drei weitere Erfordernisse ergänzen die Strategien der Umweltschützer, wenn wir eine weniger gewalttätige Welt schaffen und bewahren wollen: 1. Jede Kultur muß jetzt Schritte unternehmen, damit die Zukunft weiblich wird. 2. Die Verantwortung für den Fortbestand der menschlichen Gattung muß in allen Kulturen wieder in die Hände der Frauen gelegt werden. 3. Der Anteil der Männer muß auf ungefähr 10 Prozent der menschlichen Rasse reduziert und festgeschrieben werden.«[4]

Es folgt eine Liste der Charakteristika von Frauen und Männern, die aus Artikeln in feministischen Anthologien stammen, deren Anspruch es ist, »Gewaltlosigkeit« und »Spiritualität« abzuhandeln.[5] (siehe folgende Seite)

In meinem letzten Buch und der PBS-Dokumentation »Bilder des Bösen« (PBS = öffentliches, nicht-kommerzielles Fernsehprogramm: Public Broadcasting Service) habe ich anhand von archetypischen Bildern eine Untersuchung der Feindvorstellung unternommen. Mittels Analyse politischer Propagandadarstellungen aus vielen Nationen zeigte ich, daß ein Volk, welches die Eroberung, Beherrschung oder Vernichtung eines anderen Volkes wünscht, unvermeidlich auf ein bestimmtes Standardreper-

Die Frau entwickelte die Landwirtschaft.	Der Mann erfand den Krieg und die Technologie.
Sie verehrt fürsorgliche und ökologische Göttinnen.	Er verehrt zerstörerische Götter, die Uneinigkeit stiften.
Sie huldigt dem Leben – eine Dienerin des Eros.	Er huldigt dem Tod – ein Diener des Thanatos.
Sie ist von Natur aus friedfertig.	Er ist von Natur aus aggressiv.
Sie kooperiert mit anderen.	Er steht unter Wettbewerbszwang.
Sie ist einfühlsam	Er ist unsensibel.
Sie orientiert sich am Menschen.	Er orientiert sich an Dingen.
Sie denkt egalitär.	Er denkt hierarchisch.
Sie teilt sich Macht.	Er manipuliert und beherrscht.
Sie ist die Retterin.	Er ist das Problem.

toire an Vorstellungen und Metaphern zurückkommt. Wenn wir uns ein Feindbild machen, stellen wir diesen immer als Aggressor, Atheisten, Barbar, Lügner, gefühllosen Roboter, Sadisten und Vergewaltiger dar; als unersättlich, animalisch, todessüchtig und konspirativ. Es ist erschütternd zu sehen, wie viele dieser Attribute von den ideologischen Feministinnen im derzeitigen Geschlechterkrieg für ihre Zwecke rekrutiert worden sind. Da diese Kämpferinnen die Geschichte neu schreiben, ist die Herrschaft des »Patriarchats« – und das heißt die ganze moderne Geschichte – die Geschichte einer Invasion durch (männliche) barbarische Horden, ist Anbetung der falschen Götter (weil männlich), die Handhabung einer gottlosen Technologie, die Vernichtung einer spirituell überlegenen, doch politisch unterlegenen Klasse durch eine spirituell unterlegene Klasse (die Männer) und die Vergewaltigung alles Weiblichen.

Eine derartige dämonische Geschichtstheorie macht die Männer für alle Übel der Gesellschaft verantwortlich und spricht die Frauen von Verantwortung frei. Wenn es Krieg gibt, dann nur deshalb, weil die Männer von Natur aus feindselig und kriegerisch seien, nicht aber weil es die Männer sind, die im Fall eines Konflikts zwischen Stämmen und Völkern historisch dazu konditioniert und trainiert worden sind, die Rolle des Kriegers auszufüllen. Umweltverschmutzung gebe es nicht als unvermeidliches Ergebnis des städtisch-technologisch-industriellen Lebenstils, den der moderne Mensch gewählt hat, sondern wegen der patriarchalen Technologie. (Eines der traurigsten Beispiele der Tendenz, Schuld zuzuschieben, findet sich in der Widmung eines neuen Buches über »die Göttin«, in dem eine der Autorinnen von ihrem Sohn, der tragischerweise bei einem Verkehrsunfall zu Tode kam, sagt, er sei durch die »patriarchalische Technologie« getötet worden.) Und soziales Unrecht gebe es nicht deshalb, weil viele Männer und Frauen kein Mitleid mit dem Leiden anderer haben, sondern weil die weißen Männer alle Frauen und alle farbigen Menschen unterdrücken. Sollte eine Margaret Thatcher, Indira Ghandi oder Imelda Marcos Anzeichen eines krankhaften Machtbewußtseins an den Tag legen, wird eine ideologische Feministin schnell die Erklärung zur Hand haben, sie sei vom Patriarchat »kolonisiert« worden. Wenn männliche Vorbilder wie Jesus oder Ghandi Beweise ihres Mitleidens geben, dann nur deshalb, weil sie – unerklärlicherweise – gelernt hätten, »weibliche« Tugenden zu praktizieren.

Wir müssen ebenfalls das schwärmerische Element in der Geschichtsbetrachtung der feministischen Ideologie hinterfragen. Wenn Geschichte nostalgisch gesehen wird und von goldenen Zeitaltern zu berichten weiß, ist es grundsätzlich angebracht, mißtrauisch zu werden, denn dahinter verbirgt sich meist ein unerbittliches Zukunftsprogramm. Das, woran wir uns »erinnern«, gibt unseren Hoffnungen und Träumen Gestalt, und deshalb sollte man vorsichtig damit sein. Feministinnen weisen zu Recht darauf hin, daß die Gleichsetzung von Gott mit einem »Er«, einem Vater, die Unterwerfung der Frauen durch die Männer sanktionierte. Wenn Gott männlich ist, stehen Männer dem göttlichen Geist deutlich näher als Frauen, sie haben die höhere Spiritualität, die Herrschaft ist ihnen vorbestimmt. Es gibt keinen Grund anzunehmen, daß der Geschlechtertausch, bei dem statt eines Gottes eine Göttin angebetet wird, etwas anderes bewirken wird als ein weiteres Programm zur Unterdrückung des anderen Geschlechts.

Als Gott eine Frau war – Isis, Ischtar, Artemis, Diana, Kali, Demeter –, war sie eine schreckliche Mutter, ebenso blutgierig wie Gott der Vater. Durch eine in die Metapher der Kindesgeburt eingebaute Logik verlangte die Göttin Menschenopfer als Preis für die Fruchtbarkeit der Erde. Monica Sjöö und Barbara Mor beschreiben das so:

»Die Alten glaubten, daß der Fötus allein vom Blut der Mutter ernährt und geformt wird, weil Frauen während ihrer Schwangerschaften nicht menstruieren... Das Menstruationsblut wurde wegen seiner Kraft hochgeschätzt... Bei der Ausweitung dieser Vorstellung wurde angenommen, daß die Mutter als Erdkörper der Stärkung und Erneuerung durch Blutopfer bedürfe. Was ihr von den Menschen bei der Ernte ihrer Früchte genommen wurde, mußte ihr in Form von Menschen- oder Tieropfern zurückgegeben werden.«[6]

Nicht viel anders als die männlichen Gottheiten mit ihrer Parole »Der Krieg ist der Vater aller Dinge« lehrte die Muttergöttin, daß alles Leben durch den Tod erhalten werde und daß Blut zur Fruchtbarkeit des Lebens beitrage. Wenn die Natur zur Göttin wird, müssen wir auch ihre finsteren und dämonischen Seiten erwähnen, nicht nur ihre erhaltenden, nahrungspendenden Eigenschaften. Sie gebärt und tötet uns. Kali – in der Hindu-Mythologie die Göttin der Schöpfung und Vernichtung – wurde mit einer Überfülle von Brüsten und einem Halsschmuck aus Totenschädeln dargestellt. Für die Millionen von Geopferten hat es wohl kaum eine Rolle gespielt, ob sie dem Kriegsgott oder der Muttergöttin geweiht wurden. Auch besteht kein Grund zu der Annahme, daß die auf Kreta für die Göttin gebauten Tempel von gleichberechtigten Gewerkschaftsangehörigen errichtet wurden. Sklaverei, Zwangsarbeit und Ungerechtigkeit sind keine modernen oder »patriarchalischen« Erfindungen.

Wenn Gesellschaften, die Göttinnen verehrten, als Vorbild für unsere Zeit hingestellt werden, dann ist das so, als ob wir Kinder aus der Bronx ermutigen wollten, sich Figuren aus der Pionierzeit wie Grizzly Adams oder Daniel Boone zum Vorbild zu nehmen. In den meisten vormodernen Kulturen hatten die Erfahrung des Jahreszeitenrhythmus und das Zusammenwirken mit »Mutter« Erde die Bedeutung von Sattwerden, Gesundbleiben und Hoffnung-in-die-Zukunft-setzen-Können. Niemand in diesen Kulturen »glaubte« an die Göttin. Daß das Sein mütterlich sei, war eine Erfahrung, die sie in jeder Faser ihres Wesens spürten. Es war einfach »so«. Jetzt, Jahrhunderte später, wo »satanische Fabriken« (William Blake) Rauchwolken ausspeien und nur drei Prozent der Bevölkerung die Nahrung für die restlichen 97 Prozent erzeugen, gilt, was der Dichter Wordsworth sagte: »Indem wir bekommen und verbrauchen, plündern wir unsere

Kräfte: Nur wenig sehen wir in der Natur, was unser ist.« Die meisten Menschen bei uns haben keine Beziehung mehr dazu, wie unsere Nahrung wirklich entsteht, sie sind vom Umgraben und Pflanzen, vom Pflegen, Hegen und Ernten so weit entfernt, daß der Vorschlag, wir müßten uns wieder eine weibliche Vorstellung vom göttlichen Wesen machen, nur wenig aussichtsreich scheint. Die Rückbesinnung auf eine Zeit, als wir Jäger, Sammler und Pflanzer waren, zeigt uns nur, wie weit wir uns davon entfernt haben. Wir sind jedoch keine verlorenen Söhne und Töchter, die in den Schoß der Mutter zurückkriechen können, da wir weder den Wunsch noch die Fähigkeit dazu haben. Um das zu tun, müßten wir unsere Maschinen, glänzenden Karossen und magischen Theater zurücklassen. Es stimmt schon, »Klein ist Klasse« – »small is beautiful«. Doch wir sind allem Großen, Schnellen und Bequemen verfallen und zu sehr in Eile, als daß wir auf etwas, das wächst, warten können. Um die Göttin organisch in unser Leben einzubinden, müßten wir uns selbst noch einmal in einen anderen Lebensraum verpflanzen und uns für genügend Generationen festsetzen, um uns Weisheiten und Geheimnisse wie das Kompostieren, die Aussaat bei Mondlicht und die Apfelernte am Tag, nachdem sie der Frost versüßt hat, neu anzueignen. Ich halte eine größere Erdverbundenheit und Bodenständigkeit des Einzelnen wie des Staates und eine entsprechende Bilderwelt für überaus wünschenswert. Doch vorläufig scheint es viel eher wahrscheinlich, daß wir uns selbst so erleben, als seien wir als Ebenbild des Computers erschaffen worden (mit der DNS als genetischer »Information«, dem Verstand als kybernetischer Rückkopplung und der Psyche als biosozialem Programm) und nicht nach dem Bild der Großen Mutter. Unsere bildliche Vorstellungswelt orientiert sich an dem, was wir am höchsten schätzen.

Die weiblichen theologischen Metaphern – die Göttin, Mutter Natur – waren zu ihrer Zeit schöpferisch. Sie halfen Mann und Frau, ein Vertrauensverhältnis zu ihrer Welt aufzubauen und sich auf die jahreszeitlichen Rhythmen der Natur einzustellen. Sie wurden aber durch männliche theologische Metaphern ersetzt – Gottvater, Gottes Sohn –, und zwar in einer Epoche der Geschichte, als Mann und Frau gegen die Knechtung durch die Natur zu rebellieren begannen. Der transzendente männliche Gott sanktionierte die Entwicklung des Individualismus und den technologischen Drang, die Erde zu beherrschen und zu besitzen.

Heute, wo wir uns dem Jahr 2000 nähern, haben beide dieser geschlechtlich orientierten theologischen Sinnbilder ihre Nützlichkeit überlebt. Ich denke, daß die Zeit gekommen ist, den Gebrauch von geschlechtsspezifischen Metaphern für Gott oder die Natur zu beenden. Es ist eher verwirrend als förderlich, heutzutage von Gott als »Vater« oder der Erde als »Mutter« zu sprechen. Wir müssen Begriffe finden, die keinen sexistischen Überlegenheitsanspruch als Hindernis auf unseren Weg legen und damit theologisches Denken und praktische Religionsausübung erschweren.

Wenn die Dinge so vereinfacht werden, daß die Verantwortung für Gewalt den Männern, für Frieden den Frauen zugewiesen wird, hat das noch eine weitere Folge, nämlich daß ausgerechnet die Klischeebilder von Frauen, gegen die die Feministinnen sonst Sturm laufen, dadurch verfestigt werden. Zwei kanadische Psychologinnen, Lori McElroy und Tana Dineen, weisen darauf hin: »Das Hauptziel der feministischen Bewegung ist der Kampf gegen die geschlechtsbezogenen Einteilungen in unserer Gesellschaft gewesen. Und doch, so schnell wir bei der Ablehnung von Klischeevorstellungen waren, nach deren die Frauen im Vergleich zu den Männern als minderwertig angesehen wurden, so zögerlich scheinen wir heute auf die in der Friedensbewegung auftauchenden Denkmuster zu reagieren, die die Frau als dem Manne überlegen darstellen. Diese angebliche Überlegenheit der Frauen ist evident im Bild von der Frau als Friedensengel und vom Mann als Kriegstreiber... Wenn wir als Frauen aufhörten, uns nur mit unserer biologischen Funktion zu identifizieren, könnten wir anfangen, uns mit der Menschheit insgesamt zu identifizieren und auch Verantwortung übernehmen, und zwar als Teil der Ursache wie auch als Teil der Heilung des derzeitigen Zustands der Welt.«[7]

Die prophetischen Feministinnen erkennen durchaus die Lücken in der Argumentation ihrer ideologisch orientierten Geschlechtsgenossinnen, daß alle Frauen zu einer politisch rechtlosen und unterdrückten »Klasse« gehören. Schon frühzeitig haben sich viele Feministinnen, um ihre Sache gegen »das Patriarchat« voranzutreiben, die Begriffe ausgeliehen, welche bisher von unterdrückten Minderheiten und Kolonialvölkern in ihrem Kampf gegen Rassismus und Imperialismus verwendet wurden. So wurden alle Männer, per Definition, des Sexismus bezichtigt, und alle Frauen waren, per Definition, Opfer. Dadurch daß alle Frauen einer einzigen unterdrückten »Klasse« zugerechnet wurden, saßen plötzlich Eva Perón und Rosa Banks Seite an Seite im hinteren Teil desselben Busses.

Die Ansicht, Frauen bildeten eine Klasse oder eine unterdrückte Minderheit so wie die mexikanischen Wanderarbeiter, die Schwarzen und die Indianer in Amerika oder die Juden in Deutschland, bagatellisiert die mit der Klassenstruktur verbundenen Leiden und die systematische Mißhandlung von ethnischen Minderheiten. Die Ungerechtigkeiten, die mit Klassen- oder Rassenvorurteilen einhergehen, sind zu ernst, um sie mit der Geschlechterproblematik in einen Topf zu werfen. Alle Oberklassen bestehen aus der gleichen Anzahl von Männern und Frauen. Die Früchte der Ausbeutung werden gleichermaßen von Männern, Frauen und Kindern der oberen Klassen genossen, genauso wie die Schmach der Ausbeutung gleicherweise von Männern, Frauen und Kindern der unteren Schichten ertragen wird. Sowohl die Zugehörigkeit zu einer bestimmten Klasse als auch die zu einer ethnischen Minderheit haben eine wirkliche Unterdrückung zur Folge.

Es gibt ein sicheres Merkmal für Unterdrückung. Unterdrücker haben einen besseren Zugang zu Komfort und Gesundheitsfürsorge und leben deshalb länger als die Unterdrückten. In den technologisch hochentwickelten Nationen überleben die Frauen seit dem frühen 20. Jahrhundert die Männer um etwa 8 Jahre. Schwarze haben als geknechtete Minorität eine kürzere Lebenserwartung als Weiße in den USA. Es ist eine Beleidigung der Unterprivilegierten der Welt, wenn reiche und einflußreiche Frauen zu der Masse der mit Füßen Getretenen gerechnet werden, nur weil sie Frauen sind.

Im selben Ausmaß, in dem wir Einfluß, Reichtum, Talent usw. geerbt und in dem wir vom System profitiert haben, tragen wir eine höhere Verantwortung und Schuld als die Entrechteten und Machtlosen. Reiche und mächtige Männer sind in stärkerem Maße verantwortlich als arme und einflußlose Männer. Dasselbe gilt für die Frauen.

Wenn wir es uns nicht länger in unseren jeweiligen Ideologien bequem machen wollen, müssen wir als erstes niederknien und ganz unten beginnen, mit der Nase im Dreck, – und zwar gemeinsam.

Zunächst sollten die Männer sich die Thesen des Feminismus in Ruhe anhören – sowohl mit Sinn für Ironie als auch mit der Bereitschaft zur Einkehr. Schon seit Adam und Eva haben die Männer die Frauen für ihre Probleme verantwortlich gemacht. Frauen wurden systematisch angeklagt, Versucherinnen zu sein, Verführerinnen, mächtige Giftmischerinnen. Und obwohl sie als das schwächere Geschlecht angesehen wurden, überhäufte man sie mit Vorwürfen, sobald ein Sündenbock gebraucht wurde.

Aber die sexistische Ideologie ist nicht dienlich, um die weibliche Würde zurückzugewinnen und größere ökonomische Gerechtigkeit für die Frauen herbeizuführen. Sie führt in eine Sackgasse. Ein Wechsel in der Dialektik der Schuldzuweisung von der Frau zum Mann ändert nichts an dem wohlbekannten Spiel und bedeutet nur, daß der Kampf zwischen den Geschlechtern immer weitergeht. Wir müssen neue Wege finden, wie wir Männer und Frauen sehen und neu darüber nachdenken, auf welche zugleich schmerzhafte und wunderbare Weise wir miteinander verbunden waren und in Zukunft sein könnten.

Goethe sagte einmal, die meisten Religionsgemeinschaften hätten recht in dem, was sie guthießen, und wären im Unrecht bei dem, was sie ablehnten. Feministinnen aller Schattierungen sind im Recht, wenn sie gegen Enthumanisierung, Destruktion und Entweihung wüten, die durch das moderne Kriegs-Industrie-Konzernsystem bewirkt werden. Ebenso tun sie recht darin, die Männer für ihre Rolle bei der Entwicklung und Sicherung dieses Systems anzuschwärzen und auf ihrer Schuld zu bestehen. Sie unterliegen jedoch einem verhängnisvollen Irrtum, wenn sie die Frauen von Mitverantwortung und Schuld an den zerstörerischen Aspekten eines Systems freisprechen, das nur durch die billigende Interaktion von Männern und Frauen – insbesondere der Männer und Frauen der mächtigen, privilegierten und herrschenden Oberklasse – geschaffen und aufrechterhalten werden kann. Solange wir unseren Ideologien treu bleiben und weiter mit der Entfremdung des Menschen so umgehen, daß wir jemand anderem – dem Feind, dem Teufel, einer bestimmten Gesellschaftsklasse, einem Geschlecht – die Schuld daran geben, verewigen wir eine Diagnose, die nur dazu führt, daß wir die Krankheit so behandeln, daß sie schlimmer statt besser wird.

Die Rhetorik, die den Mann verantwortlich macht und die Frau als unschuldig hinstellt, widerspricht allem, was wir über psychologische Wirkungsweisen und über personelle Interaktionen innerhalb eines Systems wissen. Der größte einzelne Fortschritt in der psychologischen und sozialen Theorie der letzten 50 Jahre ist vielleicht das Aufkommen des systemischen Denkens. Gruppentherapie, Familientherapie, die Bewegung der Anonymen Alkoholiker gründen sich alle auf die Entdekkung, daß alle Teilnehmer an einem System ihren Anteil an der Macht, der Verantwortung, den Taten und der Schuld haben. In engen Systemen, wie Familien oder sexuellen Beziehungen, spielen alle Parteien ineinandergreifende Rollen. Die Beulen auf ihrem Kopf passen in die Löcher in seinem Kopf. Eine Ehefrau, die Alkoholikerin ist, setzt voraus, daß es einen Mann gibt, der sie darin unterstützt; zu einem rebellischen Teenager gehört eine Familie, die die Augen vor ihren eigenen Problemen verschließt, indem sie den Jugendlichen als »krank« ansieht; die Frau, »die zu sehr liebt«, braucht einen Geliebten, der von ihr »wegtanzt«. Kurzum, die Beziehungen von Personen in engen Systemen sind kodependent.

Leider findet diese zukunftsweisende Einsicht noch keine Anwendung auf die wechselseitigen Beziehungen von Männern, Frauen und Krieg. Gegenwärtig werden die Männer als die behandlungsbedürftigen Patienten und die Frauen als die schuldlose Partei hingestellt. Tatsächlich aber spielen wir alle festgelegte Rollen in einem wirtschaftlich-kriegerischen System, das wir insgeheim geschaffen haben. Daß der weibliche Anspruch auf die Opferrolle der Realität der bestehenden Beziehungen zwischen Mann und Frau in ihrer ganzen Komplexität entspreche, ist ein Punkt, der nicht unbestritten bleiben kann, sondern noch eingehend analysiert und diskutiert werden muß.

Wenn die ideologischen Feministinnen die Männer an den Pranger stellen und sie der Verbrechen gegen die Menschlichkeit anklagen, ergeben sich daraus drei relevante Fragen: 1. Ist die Anklägerin wirklich ohne Mitschuld oder sollte sie Mitangeklagte sein? 2. War der/die Beklagte bei Ausführung des Verbrechens in vollem Besitz seiner/ihrer Geisteskräfte, d. h. lag eine »verminderte Zurechnungsfähigkeit« und deshalb verringerte Verantwortlichkeit bei einem oder beiden der in Frage kommenden Geschlechter vor? 3. Läßt sich nachweisen, daß die

Beklagten (die Männer) bewußte – und daher verantwortliche und schuldige – Verschwörer und daß die Ankläger (Frauen) unbewußte – also unschuldige – Opfer waren?

Einer der Leitsätze, der die moralische Diskussion in der letzten Generation gelähmt hat, ist: »Das Opfer hat keine Schuld.« Aber ohne es zu bemerken, schufen wir dadurch eine Art philosophische Zufluchtsstätte, in die sich sowohl die wirklich Unschuldigen als auch die Schuldigen flüchten konnten. Von nun an konnte jeder, ob berechtigt oder nicht, das Etikett »Opfer« für sich beanspruchen und eine verminderte Schuldzuweisung erwarten. Die deduktive Schlußfolgerung lautete dann so: Opfer sind ohne Schuld; ich bin ein Opfer; deshalb darfst du mich nicht schuldig sprechen. Jede Person, jede Minderheit, jedes Geschlecht, jede Klasse unserer Gesellschaft konnte die Verantwortung für die eigenen Verhältnisse auf jemand anderen lenken. Alkoholismus, Arbeitssucht, Drogenabhängigkeit, sexuelle Hörigkeit, Spielsucht, Diebstahl, Voreingenommenheit, Kindesmißbrauch wurden alle zu als »Leiden« bezeichneten Umständen und die Menschen zu deren Opfern.

Jede Ideologie lähmt das Denken in moralischen Kategorien. Vernünftige Männer und Frauen – und unsere Gerichtshöfe – haben die Aufgabe, Schuld und Unschuld auf einer Skala abzuwägen, die sich von Null bis 100 erstreckt, je nach dem Grad der herrschenden Freiheit, Einsichtsfähigkeit und Möglichkeiten. Bei geistig stark zurückgebliebenen Personen geht man davon aus, daß sie nur eine geringe moralische Schuldfähigkeit für ihre Taten besitzen; wenn Eltern, die selbst mißhandelte Kinder waren, wiederum ihre eigenen Kinder mißhandeln, wird ihnen bereits etwas mehr Verantwortung zugesprochen; Persönlichkeiten des öffentlichen Lebens und Absolventen der berühmten Universitäten an der US-Ostküste werden als für ihre Taten fast ganz moralisch verantwortlich beurteilt.

Wir haben, wie Joen Fagen ausführt, »einen massiven sozialen Wandel durchgemacht. Erst in einigen Jahrhunderten... werden wir erkennen, daß das bedeutendste Ereignis der letzten Hälfte des 20. Jahrhunderts das Erscheinen des Opfers gewesen ist. Es begann bei den Frauen und Schwarzen und breitete sich auf Homosexuelle und Vergewaltigungsopfer und Kinder von Alkoholikern und Vietnamveteranen aus... Wir stehen kurz davor, von Leid überflutet zu werden, von den Erzählungen, den

280

Einzelheiten der Mißhandlung von Männern, Frauen und Kindern, die bislang noch nicht veröffentlicht worden sind...«[8]

In einem derartigen Klima waren die einzigen, die als verantwortlich und somit schuldig übrigblieben, die Angehörigen des Establishments – heterosexuell, weiß, männlich. Es war nur eine Frage der Zeit, bis sich die Beschuldigten ebenfalls als Opfer fühlten. Auf teils triviale, teils tiefgründige Art beginnen jetzt auch die Männer, den Status des »Opfers« zu beanspruchen, und wollen die Schuldvorwürfe von Feministinnen und Minderheiten nicht mehr schlucken. Die Privilegierten und Mächtigen fangen an, die Wunde zu spüren, die mit Besitz einhergeht – den Streß, das Ausgebrannt-Sein, die Entfremdung, die Leere, die das Ergebnis ihres Sich-Abrackerns und des Neids der anderen auf ihren Erfolg ist. Da die Männer sich allmählich bewußt werden, daß auch ihnen ihr Status vererbt und ihre soziale Rolle zugewiesen wurde, bevor sie auf der Szene erschienen, beginnen auch sie, sich als Opfer zu fühlen.

Ein Gegenschlag kündigt sich an. Die Männer sind wütend, weil sie übelnehmen, daß sie für alles, was geschehen ist, seit Adam den Apfel aß, verantwortlich gemacht werden. Richtig, wir fühlen uns schuldig, weil wir an sinnlosen Kriegen teilnahmen (doch welches Recht zur Kritik haben die Frauen, die nie befürchten mußten, eingezogen zu werden oder an Kampfeshandlungen teilzunehmen?). Jawohl, wir fühlen uns schuldig, weil wir Technologien schufen, die sich als umweltzerstörend erwiesen (haben aber nicht die Frauen, die Armen und die Entwicklungsländer nach all diesen Spülmaschinen, Fernsehgeräten, neuen Autos, arbeitserleichternden Geräten verlangt?). Sicherlich, wir fühlen uns schuldig, weil wir als Weiße und in die Mittelklasse hineingeboren wurden und wir im Fahrwasser der Macht und des Prestiges schwammen (haben aber nicht unsere Ehefrauen von uns erwartet, daß wir erfolgreich würden und die Familie finanziell absichern sollten?). In der letzten Dekade haben die Männer gelernt, daß sie per Definition die Schuldigen waren. Es ist aber niemals klar zum Ausdruck gekommen, was sie hätten tun sollen, um für ihre Sünden zu büßen. Das System von heute auf morgen ändern? Den Marsch auf die High-Tech-Zukunft abbrechen? Macht, Ansehen und Ämter aufgeben?

Es ist zu einfach darüber zu spotten, daß sich die meisten Männer jetzt ihrer Verletzungen bewußt werden und sich auch als Opfer fühlen, und ihnen Krokodilstränen zu unterstellen. Aber ich denke, es geht etwas bei weitem Interessanteres vor als Heuchelei, wenn die Männer anfangen, die mit ihrer Lage einhergehenden Leiden und ihre Verarmung zuzulassen. Wenn die Mächtigen endlich ihre Ohnmacht, die Herren ihre Abhängigkeit empfinden, sind wir an einem Punkt, wo uns letztlich bewußt wird, daß das gesellschaftliche System, an dessen Entstehung wir alle beteiligt waren, uns alle zu Opfern macht. Die Männer spüren allmählich, auf welche Weise auch sie zum Opfer geworden sind, also etwas, das im Fall der Frauen und Minderheiten zu Befreiungsbewegungen geführt hat. Es ist noch gar nicht lange her, daß wir alle, ohne es zu merken, uns zugeteilte Rollen in einem Drama gespielt haben, von dem uns nicht einmal klar war, daß wir es selbst produziert hatten. DAS SYSTEM läßt grüßen.

Muß niemand Rechenschaft ablegen? Ist niemand schuldig? Niemand verantwortlich? Ist es unser Schicksal, festgelegte Rollen in einem techno-ökonomisch-sozialen System zu spielen, das von einem Autopiloten gesteuert wird?

Durch Bewußtheit verändert sich das blinde Verhängnis zu einem Schicksal, das man in die Hand nehmen kann. Der erste Akt der Freiheit ist die Bereitschaft zu erkennen, wie wir versklavt worden sind. Das System bindet uns nur in dem Ausmaß, wie wir blind bleiben wollen.

Augenblicklich sind die sensiblen Frauen und Männer gleicherweise deprimiert angesichts der überwältigenden Komplexität und scheinbaren Unangreifbarkeit des techno-ökonomischen Geschlechtersystems, das unseren Geist unterdrückt und unsere Ökosphäre vernichtet. Es ist jedoch möglich, aus der Depressivität herauszukommen zu einem neuen Bewußtsein der eigenen Möglichkeiten. Dazu müssen wir uns einmal genau anschauen, wie die systemerhaltende Kodependenz von Mann und Frau funktioniert. Wenn beide Geschlechter gleichermaßen spüren, welches Verhängnis über unseren verschiedenen, aber gleichwertigen Seinsformen schwebt, wenn beide die gleiche Wut und Ohnmacht über ihren Opferstatus fühlen, geraten die Waagschalen unweigerlich wieder in Bewegung, und wir beginnen die andere Hälfte der Wahrheit zu erahnen, nämlich daß wir freie Menschen sind und uns verändern können. Nur Systeme, denen wir uns unbewußt verschreiben, wirken sich als Verhängnis aus, dem man nicht entfliehen kann.

282

Wir sind gegenüber dem Menschen der Antike im Vorteil. Er glaubte, sein Schicksal stünde in den Sternen, würde von unkontrollierbaren Naturgewalten gelenkt. Wir haben zwar auch gelegentlich mit dem Gedanken gespielt, daß wir durch irgendein selbstsüchtiges Gen oder ein Übermaß an Testosteron gelenkt würden und nicht anders als Tiere seien, doch im großen und ganzen glauben wir weiterhin an die grundlegende Freiheit des Menschen. Wir wissen, daß es überall auf der Welt auch sehr viel vermeidbares Leid gibt, dessen Ursachen in den von Menschen geschaffenen gesellschaftlichen Verhältnissen zu suchen sind. Wenn wir unser ökonomisch-politisch-soziales System und das dazugehörige Geschlechterverhältnis nicht ändern, sind nicht die Sterne schuld, sondern »durch eigene Schuld nur sind wir Schwächlinge«. Die Schuld liegt weder bei der Frau, die uns den Apfel gab, noch bei dem Mann, der die Technologie einführte, sondern bei uns allen, die wir es uns leicht machen und uns als Opfer sehen, für deren Lage andere verantwortlich sind. Es gibt aber noch Hoffnung für uns, wenn wir nämlich die schwierige Aufgabe anpacken und die Verhältnisse verändern, die sowohl die Männer als auch die Frauen zu dem gemacht haben, was sie heute sind. Wir sind frei. Ob wir nun diese Freiheit geltend machen oder weiter die Schuld bei anderen suchen und uns in Selbstmitleid ergehen, ist auch eine Sache der freien Entscheidung.

So beenden Sie das »Du bist schuld«-Spiel

Um die für Männer und Frauen gleichermaßen unbekömmlichen Verhältnisse zu beenden, müssen wir uns zunächst klarmachen, was an den »normalen« Beziehungen zwischen den Geschlechtern krank ist, und erkennen, welche Regeln uns in das »Du bist Schuld«-Spiel zwischen den Geschlechtern einbinden. Die folgenden Spielregeln müssen wir uns bewußtmachen, damit wir sie durchbrechen und unsere Beziehungen neu ordnen können.

Regel 1   Ob im Krieg oder im Geschlechterkampf, der Gegner wird bewußt als ein total Andersartiger hingestellt. Fremde werden zu Feinden gemacht. Unterschiede werden als unerlaubte Abweichung von der Norm betrachtet.

Das Geschlechterspiel beginnt mit einer künstlichen Aufteilung in männliche und weibliche Eigenschaften und ist eine Art des intellektuellen und psychologischen Totalitarismus, der die komplexe Schönheit der realen Männer und Frauen in den Stechschritt zweier Kolonnen zwingt – hie die »maskulinen«, da die »femininen« Attribute.

Regel 2 Die Definition von Männern und Frauen im Geschlechterspiel kam durch einen Prozeß der Ausgrenzung und Verneinung zustande. Wir sind »Nicht-die-da«.
Männlichkeit wie Weiblichkeit werden beide durch einen Ausgrenzungs- und Verleugnungsprozeß bestimmt. Jedem Geschlecht wird die Hälfte aller denkbaren menschlichen Tugenden und Laster zugeordnet. Männlich sein bedeutet nichtweiblich, und damit frauenfeindlich sein. Weiblich sein ist nicht-männlich, somit männerverachtend. Wir wissen nicht, wie die Menschen wären, falls sie ihre angeborenen Gaben ohne den systematischen Verkrüppelungseffekt des Geschlechterspiels entwickeln könnten. Jeder Mann und jede Frau ist die Hälfte eines verkrüppelten Ganzen.

Regel 3 Im antagonistischen Geschlechterspiel können die Mitspieler von Zeit zu Zeit die Positionen wechseln (mal ist der eine, mal der andere oben, vom Sadisten zum Masochisten).

Regel 4 Es gehört zu diesem Spiel, daß die Spieler nicht merken, daß sie eine Rolle spielen. Blinde Leidenschaft ist die Logik der Geschichte. Wir ziehen blind in den Krieg. Nur reife Liebe wird völlig bewußt erlebt.

Regel 5 Da die Spieler unbewußt bleiben müssen, damit das Spiel weitergehen kann, müssen kulturelle Einrichtungen jede neue Generation so formen, daß gewährleistet ist, daß sie die jeweilige Rolle unbewußt ausfüllen. Die Initiationsriten, die bei Jungen und Mädchen die gewünschten männlichen und weiblichen Tugenden festigen, sind Rituale, die Glauben und Gehorsam, nicht aber die Reflexion verstärken. Wenn die Rollen in Frage gestellt werden, wird das Spiel gestört.

Regel 6 Schuldzuweisung ist die zentrale Propagandastrategie in allen Formen des Kriegs, einschließlich des Geschlechterkampfs. Sie wird benutzt, um Verantwortlichkeit und Schuld abzuleugnen und die eigene Ohnmacht zu betonen. »Es ist nicht meine Schuld. Wir konnten nichts machen. Die da haben es uns angetan.«

Regel 7 In einem Spiel sind alle Spieler gleichermaßen an ihre Rollen gebunden, aber die Belohnungen fallen unterschiedlich aus. Im traditionellen Mann-Frau-Spiel sah die Abrechnung wie folgt aus:

Männer bekamen das Gefühl der Macht.	Frauen erhielten die Macht des Gefühls.
Männer erhielten das Privileg, öffentlich tätig zu sein.	Frauen erhielten das Privileg, häuslich zu sein.
Männern wurde Verantwortung und die mit dem Aktiv-Sein einhergehende Schuld zuerkannt.	Frauen wurde Unschuld und die mit der Passivität einhergehende Scham zuerkannt.
Männer hatten die Illusion der Kontrolle.	Frauen hatten die Illusion der Sicherheit.

Regel 8 Für die Teilnehmer am Geschlechterkampf sieht es so aus, daß der eine Spieler als aktiv, kraftvoll und sadistisch definiert wird, der andere als passiv, ohnmächtig und masochistisch.

Regel 9 Wer das Geschlechterspiel von außen her betrachtet, kann erkennen, daß beide Spieler Mitschöpfer des sozialen Systems, das das Spiel am Leben hält, sind. Die Interaktion zwischen den aktiv-aggressiven (traditionellerweise männlichen) und den passiv-aggressiven (traditionellerweise weiblichen) Partnern im Spiel ist symmetrisch und gleichermaßen »machtvoll«. Die Kampftaktik und die repressive Kraft des passiv-aggressiven oder masochistischen Partners sind keineswegs weniger manipulativ, auch wenn sie eher verdeckt als offen eingesetzt werden. Herrschaft kann sowohl von oben als auch von unten her ausgeübt werden. Beide Akteure sind also gleichermaßen ohnmächtig, sofern ihre Rollen für sie undurchschaubar sind, oder auch frei, sofern ihre Rollen für sie durchschaubar werden.

Regel 10 Das Spiel wird beendet, wenn einer der Spieler aus der Spielfeldbegrenzung herausspringt und anfängt, das soziale System, das beide Geschlechter auf eine feindlich-abhängige, sich gegenseitig ausschließende, konkurrierende Weise definiert, unter die Lupe zu nehmen.

Das Schuldzuweisungsspiel, das die Geschlechter in antagonistischer Interaktion aneinander bindet, scheint zu kompliziert und alt, als daß es beendet werden könnte. Es färbt und verzerrt die Mann-Frau-Beziehung in unserer Kultur von Grund auf. Wie läßt sich eine so tiefverwurzelte Gewohnheit einstellen?

Fritz Perls, einer der Begründer der Gestaltpsychologie, hatte eine paradoxe Theorie der Veränderung. Er meinte, der erste Schritt für das Angehen wichtiger Veränderungen in einer Persönlichkeit werde vollzogen, wenn wir vorläufig darauf verzichteten, uns verändern zu wollen. Am Anfang TUE nichts. Beobachte. Betrachte dein Verhalten, deine Gefühle, deine Wechselbeziehungen mit dem objektiven Auge eines Wissenschaftlers. Finde heraus, wie du andere verantwortlich machst oder dich von anderen verantwortlich machen läßt. Spielst du häufiger die Rolle des Anklägers oder die des Angeklagten? Achte auf die verschiedenen Arten der Macht und der Belohnung, die mit der jeweiligen Rolle verbunden sind. Erkenne, wie selbstgerecht du dich fühlst, wenn du den Schuldvorwurf an jemand anderen weitergibst, und wie unschuldig du dir vorkommst, wenn du nur das arme Opfer bist. Erforsche die Wirkungsweisen von Schuld- und Schamgefühlen. Was gefällt dir daran, wenn du der Dominierende bist? Oder der, der immer nachgibt?

Der zweite Schritt besteht darin, daß du die Verantwortung für deine gewohnheitsmäßigen Rollen, Gefühle, Taten und Wertvorstellungen übernimmst. Ohne deine Komplizenschaft können andere dir kein Schuldgefühl vermitteln, wo keines angebracht ist. Indem du zum Beobachter deines Verhaltens und zum Herr deiner Wertvorstellungen wirst, kannst du für dich beanspruchen, daß du allein die Verantwortung und die Macht hast, dein eigenes Leben zu beurteilen. Der einzige Weg, der aus dem infantilen Schuld-Scham-Spiel herausführt, ist der, die Verantwortung für sich selbst zu übernehmen, und zwar als ein Erwachsener.

Die schnellste Weise, das Schuldzuweisungs-Spiel zu beenden, ist eine verbindliche Beziehung, in der zwei Menschen übereinkommen, gemeinsam an ihrer Bewußtwerdung und Mitleidensfähigkeit zu arbeiten. Wenn man sich als wechselseitige Helfer versteht, ist es leichter, routinehaftes Verhalten zu durchbrechen und eine Zeitlang einen Rollentausch vorzunehmen. Tauscht mal bei der Missionarsposition! Laßt sie mal dominant werden und ihn unterwürfig. Oder umgekehrt. Er kann mal ausprobieren, wie es sich als Hausmann lebt, und sie, wie es ist, die Alleinverdienerin zu sein. Gemeinsam können sie auch spaßeshalber ihre geschlechtstypischen Verhaltensweisen solange übertreiben, bis sie komisch werden – er Tarzan, sie Jane –, und jeder lernt allmählich sein Gegenüber immer besser kennen. In der griechischen Mythologie galt Teiresias, ein blinder Weiser, als besonders klug, weil er sieben Jahre lang in eine Frau verwandelt gewesen war und deshalb beide Geschlechter von innen her kannte. Eine bewußte Liebe zwischen Mann und Frau ist der Königsweg zu Weisheit und Mitgefühl.

Wenn wir es schaffen, das Spiel der gegenseitigen Schuldzuweisung abzubrechen – wo stehen wir dann?

Immer noch in dem gleichen Schlamassel, wie es die prophetischen Feministinnen und radikalen Männer beschrieben haben. Die Welt ist zugleich gefährlich, gefährdet und verletzend. Es steht außer Frage, daß die historische Erniedrigung der Frauen, die von den Feministinnen dargestellten Demütigungen und Grausamkeiten, Tatsachen sind. Das Leiden der Männer unter den Geschlechterrollen ist jedoch auch eine Tatsache. Auf der Waage der Gerechtigkeit können wir den Leidensunterschied zwischen Herrn und Sklaven, Eroberer und Erobertem, Elite und Unterklasse ungefähr feststellen. Auf welcher Waage aber können wir Schmerz und Lust abwägen, die die unterschiedliche Lebenserfahrung von Männern und Frauen begleiten? Und wo würden wir einen Waagemeister finden, dessen Abwägung geschlechtsneutral wäre? (Angenommen, du würdest wiedergeboren werden und solltest deine Wahl allein danach treffen, wieviel Vergnügen du in deinem nächsten Dasein erleben würdest, würdest du dann lieber als Mann oder als Frau wiederkommen?)

Die Beziehung zwischen den Geschlechtern wird erst dann heil werden können, wenn Männer und Frauen damit aufhören, ihre jeweiligen Leiden als Rechtfertigung für ihre Feindseligkeit zu benutzen. Es hat keinen Sinn, darüber zu streiten, wer mehr leidet. Ehe wir einen gemeinsamen Neuanfang machen können, müssen wir unabhängig voneinander Reue zeigen. Für den Anfang reicht es, wenn wir uns wirklich gegenseitig zuhören, wenn wir unsere Geschichte, die Geschichte unserer Verletzungen, erzählen. Danach müssen wir das sozio-ökonomisch-politische System betrachten, das das Mysterium von Mann und Frau in die Entfremdung zwischen den Geschlechtern verkehrt hat. Und zuallerletzt müssen wir gemeinsam trauern. Nur Reue und Trauer und die Bereitschaft zu vergeben werden uns füreinander offen machen und uns die Kraft für einen neuen Anfang geben.

Kapitel 14
Zusammenwachsen

Der Wunsch nach Nähe: Wie nah ist nah genug?

In jeder Kultur herrschen andere Ansichten darüber, welches der richtige Abstand zwischen den Geschlechtern ist, wie nahe Ehemänner ihren Frauen oder Väter ihren Söhnen und Töchtern oder Brüder ihren Schwestern sein sollten. Es gab Völkerstämme, bei denen die Männer gemeinsam in einem Männerhaus wohnten und ihre Ehefrauen nur selten aufsuchten. Bei den Sambia in Neu Guinea beispielsweise, wo die Jungen früh von ihren Müttern getrennt und in die Gesellschaft der Männer aufgenommen wurden und bis zur Heirat gleichgeschlechtliche Rituale praktizierten, betrachteten sich Männer und Frauen als Feinde, die nur wenig miteinander zu tun haben sollten. Die vorherrschende Vorstellung von Männern und Frauen in den Mythen der Welt ist jedoch die, daß sie Verkörperungen zweier nicht zusammengehöriger, aber gleichwertiger maskuliner bzw. femininer kosmischer Prinzipien sind – das Yin und Yang aller Dinge –, die in allen Formen der Schöpfung ineinander verzahnt sind.

Bis zur kurzem glaubten die modernen Menschen an den Mythos von der romantischen Liebe, in dem zwar die Unterschiede zwischen den Geschlechtern besonders betont wurden, andererseits aber zum guten Schluß eine ekstatische Vereinigung in Aussicht stand – zwei Herzen, die im Gleichtakt schlagen. Zusammen mit dem Kind entstünde daraus eine Welt für sich, die Familie, und all unsere Bedürfnisse nach vertrauter Nähe würden dort erfüllt werden.

Irgendwann in den sechziger Jahren entstand dann in Amerika ein neuer sexueller Mythos: der Unisex-Mythos. Durch den Aufbruch der Frauen aus dem Heim in die Welt der Arbeit wurden die alten engen Definitionen der Geschlechter aufgeweicht. Denn als die Frauen sich in ihrem neuen Lebensstil eingerichtet hatten – inklusive aggressivem Auftreten, Kreditkarte und Anti-Baby-Pille –, entdeckten sie, daß sie fast alles tun konnten, was die Männer bereits taten. (Wenigstens in der Theorie, denn in der Praxis machten es ihnen die alten Seilschaften der Männer nicht so leicht.) Es dauerte nicht lange, bis Horden von Psychologen und Gesellschaftstheoretikern behaupteten, daß fast alle auf die Geschlechtszugehörigkeit zurückgeführten Unterschiede in Wirklichkeit nur ein Resultat unserer Sozialisation seien. Die Feministinnen bestanden darauf, man brauche einem Mädchen nur einen Schraubenzieher zum Spielen zu geben und es würde mit der gleichen Wahrscheinlichkeit wie ein Junge später Automechaniker werden wollen. Bei ausreichender Belohnung und Verstärkung ihres Verhaltens und in einem politischen System, in dem echte Gleichberechtigung gewährleistet sei, könnten Männer und Frauen so konditioniert werden, daß sie sich überhaupt nicht mehr voneinander unterschieden (mit Ausnahme der nicht zu leugnenden »biologischen« Ausstattung, die aber keine tiefere »psychologische« oder charakterliche Bedeutung habe). Eine ganze Männergeneration, die Hippies, stimmte zu, törnte sich an, stieg aus, wurde sanft und ließ das Haar lang wachsen. Bei den Wohlhabenderen waren Unisex-Haarschnitte und Boutiquen für Sie und Ihn »in«. Auch die neuen Berufsfrauen kleideten sich im Unisex-Stil, in dem sich ihr Anspruch auf Gleichwertigkeit ausdrückte. Sie trugen Aktenkoffer und gedeckte »maskuline« Kostüme und Hosenanzüge in Grau, Blau oder Nadelstreifen, die bislang die Uniform des aufstrebenden leitenden Angestellten gewesen waren.

Unter den Psychologen glaubten einige, der Unisex-Mythos beweise Carl Jungs Glauben an die Bisexualität von Männern und Frauen. Gemäß der Jungschen Analyse müssen Männer, um ein Ganzes zu werden, ihre weibliche Seite entdecken – ihre »Anima« oder Seele. Die Frauen müssen für ihre Ganzheit den »Animus«, d. h. ihre auf die Außenwelt gerichtete, aggressive Seite, aufspüren. Auf seinem spirituellen Entwicklungsweg wendet sich der Mann also nach innen, hin zum weiblichen Anteil in seiner Seele, und spürt seinen zuvor abgelehnten weiblichen Gefühlen nach. Andererseits taucht die Frau in die vorher verworfene maskuline Härte und Aggression ein, was sie auch muß, um wirkungsvoll in der Welt agieren zu können. Am Ende dieses Prozesses müssen Mann und Frau zuerst das Maskuline und Feminine in ihrem Inneren miteinander verschmelzen, bevor er oder sie sich in realistischer Weise einem Angehörigen des anderen Geschlechts zuwenden kann.

Ganz nebenbei möchte ich hier anmerken, daß ich die ganze Vorstellung von der innerseelischen Vereinigung der »maskulinen« und »femininen« Eigenschaften genauso verwirrend finde wie den Streit darüber, ob Gott nun als Er oder Sie bezeichnet wird. Aufgrund meiner eigenen Erfahrung kann ich nichts »Feminines« in mir lokalisieren, wenn ich meine Tochter in den Armen halte oder mich trösten lasse, wenn ich über den Zustand dieser Welt weinen muß oder wenn ich mich von meiner Intuition leiten lasse. Ich fühle mich auch nicht »maskulin«, wenn ich Holz hacke oder mit meinem Pferd einen steilen Bergpfad hinunterreite. Ich bin ebensosehr ein Mann, wenn ich zärtlich wie wenn ich wütend bin, genauso, wenn ich mich einer Stimmung hingebe wie wenn ich mich aggressionsgeladen daran mache, Ordnung ins Chaos zu bringen. Gefühle, Wahrnehmungs- oder Handlungsweisen mit einem platten Etikett – »maskulin, feminin« – zu versehen, ähnelt dem Versuch, aus Menschen im Stechschritt marschierende Kolonnen zu machen. Gute Männer und Frauen können gleichermaßen als mitfühlend, aggressiv, fürsorglich, stark, intuitiv, vernünftig, verspielt, weise, erotisch oder loyal bezeichnet werden. Abgesehen vom Kinderkriegen kann ein guter Mann alles tun, was eine gute Frau kann, und umgekehrt. Ebenso können sich in Männern und Frauen gleicherweise Gier, Grausamkeit, Gewalt und das Verlangen, Schwächere zu unterdrücken, zeigen.

Dennoch gibt es offensichtlich Unterschiede zwischen Mann und Frau, doch steht das in keinerlei Beziehung zu dem angeblichen Unterschied von »maskulin« und »feminin«. Meiner Meinung nach wäre es zweckdienlich, wir hörten auf, die Wörter »maskulin« und »feminin« zu gebrauchen, es sei denn, wir hätten die klischeehaften Vorstellungen von den Geschlechtern im Sinn, die in der Vergangenheit üblich waren. Es ist sehr viel besser, am wirklichen Geheimnis um Mann und Frau festzuhalten, als weiter eine falsche Geheimnistuerei um das Maskuline und das Feminine zu veranstalten. So weit ich das sagen kann, habe ich, da ich ein Mann bin, nichts Weibliches an mir. Für mich beinhaltet Männlichkeit immer auch die Verwirklichung solcher Qualitäten wie Reumütigkeit, Mitleidensfähigkeit, Geduld,

Sorgfalt usw. Meine Männlichkeit ist nicht zu trennen von meiner Fähigkeit, mich zu öffnen, Zärtlichkeit zu empfangen und zu geben.

Was den Unisex-Mythos so attraktiv machte, war zu einem erheblichen Teil auch die Hoffnung, daß wir, wenn wir im Grunde fast gleich wären, vielleicht endlich auch den Geschlechterkrieg beenden und uns als Verbündete ansehen könnten. Was die Idee der Androgynität immer noch ansprechend macht, ist die Tatsache, daß wir dann den anderen bereits in uns tragen. Der Fremde wäre nur ein noch nicht beanspruchter Teil unseres Ich. Der Abgrund, der die Geschlechter zu trennen scheint, wäre eine Illusion, und wir könnten uns jetzt nahe sein, ohne einander zu bedrohen. Wenn es die aufgesetzte Rollenverteilung nicht mehr gibt, sind die Männer frei, Hausmänner zu werden, und die Frauen können das Geld verdienen. Ein Begriff wie »bemuttern« könnte durch den geschlechtsneutralen Begriff »beeltern« ersetzt werden. Falls es keine an unser Geschlecht gebundene innere Veranlagung gibt, wären Männer und Frauen für alle praktischen Zwecke nicht nur gleich, sondern dasselbe.

Allmählich jedoch scheint der Unisex-Mythos aus einer Reihe von Gründen immer mehr an Beliebtheit zu verlieren.

Psychologen berichten über eine neue sexuelle Krankheit unter den Wohlhabenden: Zwei Karrieren – kein Sex. Vor zehn Jahren berichteten die Therapeuten über »Die neue Impotenz« – die Angst der Männer angesichts der neuen aggressiven Feministinnen. Die neue Klage lautet: Kein Begehren mehr. Die Männer und Frauen auf der beruflichen Überholspur bringen ihren Eros in ihre Karrieren ein.

Nachdem sich nun Männer und Frauen gleichermaßen um eine berufliche Karriere bemühen, tritt die versteckte diktatorische Logik der Marktwirtschaft mit ihrem Streben nach »Wachstum« klar zutage. Frauen, die auf Ehe und Haushalt (wenn auch nicht auf Verliebtsein oder Sex) um des beruflichen Erfolgs willen verzichtet haben, sind heute im Zweifel, ob es das wert war. Am Broadway läuft das Stück »The Heidi Chronicles« (Heidis Aufzeichnungen), das die Einsamkeit und Unzufriedenheit darstellt, die die Entscheidung einer Frau für eine akademische Karriere begleiten. Eine Karikatur in einem Magazin zeigt eine gestreßte Frau hinter ihrem Manager-Schreibtisch, die mit der berühmten Feministin Gloria Steinem telefoniert: »Sagen Sie mir doch noch einmal, was eigentlich so schlecht an Kindern und Haushalt war.«

Zunehmend macht sich bei Männern wie Frauen die Ernüchterung über das einstige Ideal des Unisex breit; statt dessen pochen beide Geschlechter wieder auf ihre jeweilige Eigenart und heben die Unterschiede hervor. In der Mode ist bei den Frauen wieder allerlei Verspieltes »in«, und bei Männern ist es der markige Stadt-Cowboy-Look des Modeschöpfers Ralph Lauren. Finanziell erfolgreiche Frauen suchen mit Jean Bolen[9] die »Göttinnen in jeder Frau«, und Männer drängen sich zu den Vorträgen des Dichters Robert Bly über den »Wilden Mann«. Ohne ihr erkämpftes Recht auf ökonomische Gleichheit aufgeben zu wollen, stellen die Frauen zunehmend in Frage, ob sie ihr Leben wirklich einer beruflichen Karriere widmen wollen. Viele Frauen und Männer in gehobenen Berufen entscheiden sich dafür, zugunsten eines erfüllteren Privatlebens auf Karriere zu verzichten: Sie verlangen flexible Arbeitszeiten, Job-Sharing, Erziehungsurlaub für Mütter und Väter, Studienurlaub zur Verwirklichung persönlicher Interessen.

Wenn wir Männer und Frauen betrachten, haben wir die Wahl, ob wir die Ähnlichkeiten oder die Unterschiede zwischen ihnen betonen wollen. Sind wir einander so ähnlich, daß wir die innerste Erfahrung des jeweiligen anderen Geschlechts verstehen können? Oder sind wir so verschieden, daß wir dem anderen nur zuhören können – wie respektvoll miteinander umgehende Fremde, die sich in einem Raum bewegen, wo eine pluralistische Struktur geschätzt wird? Wann hat die Liebe eine Chance – wenn man annimmt, daß der Abstand zwischen Mann und Frau klein ist oder wenn man ihn für groß hält? H. L. Mencken prägte einmal das Bonmot, daß die Person, die das Wort vom »near beer« (Fast-Bier, alkoholfreies Bier) prägte, wohl ein miserabler Beurteiler von Entfernungen war. Ich vermute, daß die gleiche falsche Beurteilung vorliegt, will man den Abstand zwischen Männern und Frauen aufheben.

Spielarten des Zusammenseins

Es ist eigentlich überflüssig zu betonen, daß es nicht nur um die intimen Beziehungen von Männern und Frauen geht. Es gibt vielerlei Arten von Beziehungen, und alle können sie authentisch und befriedigend sein, solange alle Betroffenen sich über die jeweiligen Ziele und Grenzen einig sind. Doch wenn wir die innere Logik nicht verstehen, die die verschiedenen Erscheinungsformen von Beziehungen bestimmen, dann hat das Verwirrung und Verletzung zur Folge. Zum Beispiel: Er möchte Sex, und sie träumt von romantischer Liebe (oder umgekehrt). Sie erwartet Freundschaft, er nur Kollegialität. Folgende Möglichkeiten (in aufsteigender Ordnung von Vollständigkeit, Intensität und Aufrichtigkeit in der Tiefe einer Beziehung) gibt es:

1. Berufliche Beziehungen. Hierbei wird eine Funktion (die zufällig von einem Mann ausgefüllt wird) mit einer anderen Funktion (zufällig einer Frau) koordiniert. Per Definition können die instrumentellen Beziehungen, die bei wirtschaftlich orientierten Aktivitäten vorherrschen, nicht die geschlechtliche oder persönliche Ganzheit umfassen und wollen es auch nicht. Weder Männer noch Frauen können berufliche Beziehungen so »humanisieren« (oder »feminisieren«), daß alle Anlagen des Menschen zur Geltung kommen.

2. Politische Beziehungen. Hier tun sich ein Bürger (zufällig ein Mann) und eine Bürgerin (zufällig eine Frau) zusammen, um – gemeinsam sind wir stark – ein gerechteres System staatlicher Politik durchzusetzen. Jetzt und in Zukunft müssen Männer und Frauen als Bürger zusammenstehen, um sicherzustellen, daß Justitia in bezug auf Rasse, Hautfarbe, Geschlecht und Religion blind bleibt.

3. Rein sexuelle Beziehungen. In diesem Verhältnis geht es um die gemeinsame Befriedigung sexueller Bedürfnisse eines Mannes und einer Frau. Emotionale, persönliche und intellektuelle Elemente bleiben meist ausgeklammert. Die Gefahr: der von persönlicher Anteilnahme abgetrennte Sex kann destruktiv auf die Ganzheit der männlichen und weiblichen Sexualität wirken. Die Playboy-Haltung, bei der nur der sexuelle Akt zählt, läßt das Innere von Mann und Frau unberührt und entfremdet zurück.

4. Romantische Liebesbeziehung. Hier treffen ein Mann und

eine Frau als noch nicht ausgereifte Persönlichkeiten aufeinander in der Hoffnung, emotionale, sexuelle und geistige Erfüllung im anderen zu finden. Eine romantische Liebe ist abhängig vom Erhalt eines schönen oder gefälligen Äußeren. Die beiden Ichs verkörpern gesellschaftlich bestimmte Vorstellungen von Mann und Frau: der pseudomaskuline Mann trifft die pseudofeminine Frau, und sie leben glücklich bis in alle Ewigkeit, in guten (aber nicht in schlechten) Tagen, im Reichtum (aber nicht in Armut), in Gesundheit (aber nicht in Krankheit).

5. Freundschaft. Zwei Personen vom jeweils anderen Geschlecht sind gern zusammen, weil sie sich mögen und an der Gesellschaft des anderen Gefallen finden. Obwohl sie erotische Spannung enthalten mag, ist Freundschaft im wesentlichen »platonisch«. Wenn Freunde Liebende werden, ändert sich die Dynamik ihrer Beziehung. Zum gegenwärtigen Zeitpunkt ist die Freundschaft zwischen Männern und Frauen eine der großen ungenützten Hilfsquellen für die Verbesserung der Welt.

6. Ehe. Durch Heirat schafft sich ein Paar für gute wie für schlechte Tage eine Bühne, auf der sich beide zusammen entwickeln und alle ihre Facetten gemeinsam herausfinden können.

7. Auf die Fortpflanzung gerichtete Beziehungen. Mann und Frau verbinden sich, um ein Kind zu zeugen und einen Hausstand zu gründen.

8. Beziehungen in gemeinsamer Berufung. Ein Paar ergänzt sich bei gleicher beruflicher Tätigkeit, deren Grundlage eine gemeinsame Zielvorstellung ist. Dadurch wird ihr Leben in Zusammenhänge gebracht, die die Interessen ihrer unmittelbaren Familie und Umgebung übersteigen.

Wenn Männer und Frauen wieder aufeinander zugehen, sollten sie von all diesen verschiedenen Spielarten vor allem solche erproben, in deren Mittelpunkt das ganze große Geheimnis um Intimität und Sexualität, Ehe und Familiengründung steht und die im besten Sinne weltverbessernd sein wollen. Und diesen wollen wir uns nun zuwenden.

Das Mysterium von Mann und Frau

Wenn wir alle unechten geschlechtlichen Mystifikationen abgestreift haben, bleibt dennoch ein echtes Geheimnis um die Geschlechter übrig. Hinter der Fassade gesellschaftlich konstruierter Unterschiede zwischen Männern und Frauen gibt es wirklich geheimnisvolle biologische und ontologische Unterschiede.

Von Gabriel Marcel stammt die Unterscheidung zwischen Problem und Mysterium, die für das Nachdenken über die Geschlechterfrage nützlich sein kann. Bei einem Problem geht es um Fragen, die sich lösen lassen, weil der Beobachter eine objektive Distanz einnehmen, entscheidende Experimente durchführen und Hypothesen verifizieren kann. Wir wissen, auf welchem Wege wir klären können, ob es Leben auf dem Mars gibt oder ob das AIDS-Virus auf ein bestimmtes Medikament anspricht. Ein Mysterium scheint auf den ersten Blick nur ein Problem zu sein, das besonders schwer zu lösen ist. Bin ich ein freier Mensch oder ist mein Leben vorherbestimmt? Worin bestehen die wesentlichen – nicht-kulturellen – Unterschiede von Mann und Frau? Ein wenig Nachdenken zeigt, daß bei einem wirklichen Geheimnis der Unterschied zwischen Subjekt und Objekt verschwimmt. Ein Mysterium ist etwas, in das ich einbezogen bin. Wenn ich mich beispielsweise frage: »Soll ich wirklich diese Ehe eingehen?« oder: »Welche Bedeutung hat das Leben?«, dann gibt es keinen objektiven, wissenschaftlichen Standpunkt, auf den ich mich bei meiner Suche nach der Antwort beziehen kann. Es ist mir unmöglich, von meinem eigenen Leben – meinem Wollen, meinen Wertvorstellungen, meiner Sinnfindung, meiner Geschlechtszugehörigkeit – abzusehen, damit ich eine definitive, nachvollziehbare Antwort auf solche Fragen erhalte.

Es gibt intelligente und weniger intelligente Methoden, um uns an das Mysterium unseres Lebens heranzutasten und es zu erhellen, aber die großen existenziellen Fragen wie »Woher komme ich? Was soll ich tun? Worin liegt unsere Hoffnung? Wie sieht ein vorbildlicher Mann aus? Und wie eine vorbildliche Frau?« können wir nicht auf Probleme reduzieren, die sich lösen lassen.

Die Frage nach dem Sinn der Existenz von zwei Geschlechtern scheint zunächst ein Problem, ist in Wirklichkeit aber ein Geheimnis. Die Gesellschaftswissenschaften geben Antworten darauf, wie verschiedene Kulturen die geschlechtlichen Rollen strukturieren, wie sie Helden und Heldinnen definieren, wie sie Jungen zu Männern und Mädchen zu Frauen machen. Insofern können wir die das Geschlecht umgebenden falschen Mystifikationen zu den Akten legen. Doch unter den Klischeevorstellungen verbirgt sich das wahre Geheimnis. Gott schuf keine geschlechtsneutralen Wesen, sondern Männer und Frauen. Nachdem wir die Hülle der gesellschaftlichen Konditionierung abgestreift haben, tritt die Ur-Tatsache der Zweiheit von Mann und Frau noch deutlicher zutage. In all den Tausenden von Jahren, in denen wir uns auf den humanen Menschen zubewegt haben, geschah das immer nur auf der Grundlage des sexuellen Tanzes von Mann und Frau. Jedes der beiden Geschlechter ist eine Seite des Möbiusbandes, ein notwendiges Fragment, um das Ganze zu bekommen.

Das Geheimnis unseres sexuellen Seins kann nicht durch die Wissenschaft gelüftet werden, denn es ist gleichbedeutend mit der Frage, wer wir sind und woher wir kommen. Es liegt tiefer als unsere Fähigkeit zur Abstraktion und Objektivierung. Wir wissen mehr darüber, als wir jemals erklären oder ausdrücken können. Jede Theorie vereinfacht die Fakten. Anthropologie, Soziologie, Psychologie u. a. zeigen uns, wie wir uns selbst Grenzen setzen und die Geschlechter sozial definieren, wie wir formieren und deformieren, aber sie können die vorbewußte, vorsoziale Zweiheit des Geschlechts niemals auf eine angemessene Erklärung reduzieren.

Heutzutage kennen wir eine Vordenker-Gruppe, die die Geschlechtlichkeit zu einem lösbaren Problem machen möchte, zu einer Unzulänglichkeit, die es zu überwinden gilt, zu einem Fehler, den wir endlich korrigieren können. »Biologie ist kein Schicksal« heißt der Schlachtruf dieser Bewegung. Darin drückt sich die Hoffnung aus, daß die Frauen bei entsprechender gesellschaftlicher und biologischer Steuerung von der Fessel des Kinderkriegens und der erniedrigenden Aufgabe der Kindererziehung »befreit« werden können.

Science-fiction-Autoren haben am deutlichsten die logische Konsequenz des Projektes gesehen, die Menschen aus der »Knechtschaft« der Biologie zu befreien. Wenn die Geschlechtlichkeit zu einem lösbaren Problem gemacht wird, anstatt ein verehrungswürdiges Geheimnis zu sein, können wir uns darauf verlassen, daß Wissenschaft und Technik zu einer Lösung kommen, die die Menschen immer mehr zu Maschinen, Computern und Robotern macht. Wenn wir fortschrittsgläubig diesen Weg gehen und die geschlechtlichen Fesseln hinter uns lassen, werden die Gesetze des Marktes die der Familie ersetzen, wird Effektivität über Mitgefühl triumphieren. Inkubatoren und Aufzucht durch professionelle, anonyme Kindesbehandler werden die bergenden Arme der Mutter und die starken Arme des Vaters ersetzen. Über kurz oder lang werden dann in dieser Welt ohne Geschlechtlichkeit auch die Worte überflüssig, die wir mit einer Macht ausgestattet haben, die gleich nach Gott kommt – Mutter und Vater. Ein bedauerlicher Nebeneffekt dieser technologisch rationalisierten, zentral geplanten, ökonomisch orientierten Gesellschaft ist allerdings die Zerstörung aller Formen der Liebe – Freundschaft, erotische Liebe und Verehrung –, die unserem Leben erst die Süße geben.

Worin liegt aber nun der Unterschied zwischen Mann und Frau? Ich kann es Ihnen nicht sagen – was aber nicht heißt, daß ich den Unterschied nicht erkennen kann. Ein echtes Geheimnis wird durch das Stillschweigen geschützt, das nach allem Analysieren und Erklären zurückbleibt. Die Annäherung an das Mysterium unseres Seins geschieht durch respektvolles Zuhören, durch das Erinnern unserer Erfahrungen, durch die Achtung vor dem Paradoxen und vor allem durch Liebe zu allem, was wir nicht auf Verstehen reduzieren können.

Es gibt einen Weg für Mann und Frau, auf dem sie zusammenkommen können, der nicht von richtigen Erklärungen abhängt, eine Sprache, in der wir das Zusammentreffen von Gegensätzen feiern: Liebe und Sexualität. Wenn wir bis zum tiefsten Punkt unserer geschlechtlichen Erfahrung vordringen, gelangen wir unvermeidlich dorthin, wo die Sprache der Sexualität sich mit der Spiritualität mischt. Seit Beginn der überlieferten Geschichte sind Phallus und Vulva Metaphern für das Allerheiligste. Sexuelles Wissen und geistige Bewußtheit, das Geheimnis der Sexualität und das Geheimnis des Daseins, sind darin innig vereint. Die Sexualität lehrt uns das Heilige, und umgekehrt.

»Sie möchten sagen, was Ihr seid, Geist oder Geschlecht?
Sie fragen nach Salomon und seinen Frauen.
Im Körper der Erde, sagen sie, ist die Seele,

Und genau DAS seid Ihr,
Doch haben wir Wege in uns selbst,
Die niemals von irgend jemandem offenbart werden.«

»Nachts fallen wir ineinander, anmutig, begnadet.
Bei Licht wirfst du mich zurück,
Wie du dein Haar zurückwirfst.

Deine Augen sind trunken des Gottes,
Meine trunken, dich zu sehen.
Ein Trunkener sorgt für den anderen.«

Rumi, Offenes Geheimnis [10]

Das Sexuelle und das Heilige erschüttern die Kategorien unseres Verstandes. Auf der dreizehnten Seite tiefsinniger Begründungen, wie wir Gott Namen zuweisen dürfen, schließt Thomas von Aquin: »Aber schließlich kommen wir mit Ihm zusammen wie mit einem Unbekannten.« Genau so vereinigen sich Mann und Frau miteinander als unbekannte Wesen, und sie kommunizieren in einem geheimnisvollen Umfeld. Liebe zwischen den Menschen ist ein Zusammenkommen und Auseinandergehen, worin wir uns als bruchstückhafte sexuelle Wesen innerhalb des Systems eines unsichtbaren Ganzen gemeinsam bewegen.

Liebe vergrößert das Geheimnis um das Ich und das ganz Andere, durch sie lernen wir Respekt und Bewunderung für das, was jenseits unseres Verstehens, Begreifens oder Erklärens liegt. Gemeinsam spielen wir getrennte Rollen im Schöpfungsdrama. Wir sind wie Fremde in der Nacht, zusammengeführte Gegensätze in einem leidenschaftlichen Tanz, und wir versuchen Schritt zu halten mit dem Echo einer Weise, die aus weiter Entfernung leise zu uns dringt. Dabei bewegen wir uns aufeinander zu und voneinander fort, verschmelzen und trennen uns, werden eins und wieder zwei und wieder eins, und es hört niemals auf.

Das Hohelied der Ehe:
Die Verbindung der Gegensätze

Die Ehe ist ein Liebestrank für Erwachsene, eine anspruchsvolle Jogaübung, eine Disziplin der Fleisch gewordenen Liebe, eine Mann und Frau bis zum Äußersten fordernde Aufgabe, ein Drama, in dem Mann und Frau Archetypen und Schablonen abwerfen und sich als vollendete fehlerbehaftete Individuen lieben müssen.

Als geistige Auseinandersetzung, als Tanz zur Vervollkommnung des Einzelnen und als Kommunikationsform beginnt die Ehe erst jenseits der romantischen Liebe.

Wenn man unter Ehe ein lebenslanges Verliebtsein versteht, wird man mit Sicherheit desillusioniert. Die Klage, daß die Ehe das Ende der romantischen Liebe bedeute, ist platt. Selbstverständlich ist das so. Die Funktion der Ehe besteht darin, daß zwei Menschen aus dem siebten Himmel fallen und auf dem Boden der Tatsachen zu stehen kommen.

Wenn zwei Menschen verliebt sind, legen sie einen Samen in einen gemeinsamen Blumentopf, düngen und begießen ihn, stellen ihn in die Sonne, freuen sich über die Knospen und Blüten und denken, er werde immer blühen. Doch je größer die Leidenschaft, desto schneller erreicht die Beziehung ihren vorherbestimmten Höhepunkt. Die Pflanze wird von ihrem eigenen Wachstum erstickt und von ihren Wurzeln behindert. Um weiter zu gedeihen, brauchen ihre Wurzeln mehr Platz. Es ist Zeit für eine Entscheidung: Kauft das Paar einen größeren Topf und verpflanzt, was zwischen ihnen zu blühen begann, oder geben sie das Gewächs auf und fangen etwas Neues an? Das eine führt zur weiteren Vertiefung in einer Ehe, das andere zur Liebessüchtigkeit, die einen ständigen Partnerwechsel erfordert, sobald nämlich Leidenschaft, Erregung und Intensität nachlassen.

Neulich brachte ich Ordnung in eine Stelle unten am Fluß, die mit jungen Erlen und Brombeersträuchern überwuchert war. Ich kappte das Unterholz, zog Pflanzen und Wurzeln heraus und bearbeitete den Boden, bis er krümelig war. Dann pflanzte ich Klee und wässerte. Nach acht Tagen schoß der Klee. Zwei Wochen später wucherten die Brombeeren wieder wie zuvor. Unmöglich – ich hatte doch das ganze Wurzelsystem zerstört, es in winzige Teile zerhackt. Als ich die neuen Pflanzen herauszog, mußte ich feststellen, daß jeder einzelne Sproß von einem abgetrennten Teil des ursprünglichen stammte und die einzelnen Pflanzen bereits wieder dabei waren, ein untereinander verwirktes Wurzelwerk zu bilden.

Liebe kann in einer romantischen Beziehung aufblühen, in der Ehe aber kehren wir zu unseren eigenen psychischen Wurzeln zurück, die seltsamerweise noch lebensfähig sind, wie oft sie auch herausgerissen wurden. Sobald wir Intimität und eine dauerhafte Bindung ansteuern, müssen wir – denen Vater und Mutter fremd geworden sind, die wir bereits geschieden sind und Veteranen so mancher Affäre – zu unserer Überraschung feststellen, daß ein Strom von lange vergessenen oder verdrängten infantilen Gefühlen, Bedürfnissen und Erwartungen wieder in uns aufsteigt.

Warum setzen die Ehe und das Droh-Versprechen der Intimität unsere Psyche so unter Druck?

Die romantische Vorstellung von der großen Liebe ist totale Bejahung und atemlose Leidenschaft – sie rankt sich um das Trugbild von der unentwegten, nicht endenwollenden Bestätigung. Die Ehe dagegen bedeutet »Ja« und »Nein« und »Vielleicht«, sie ist eine auf Vertrauen gegründete Beziehung, die durchdrungen ist von dem uralten Zwiespalt von Liebe und Haß.

»Liebe Jananne. Ich liebe Dich und hasse Dich, finde Dich begehrenswert und schrecklich, Du befriedigst mich und nervst mich, bist Helferin und Saboteurin zugleich. Ich habe viel erlebt und erlitten, lange bevor ich Dich kennenlernte. Du bist eine Nektarine, die auf einen Aprikosenzweig gepfropft wurde, der wiederum auf einen Pfirsichbaum aufgepfropft wurde, der tief im Grunde meines Seins wurzelt. Du schmeckst nach Generationen von Frauen, die mich nährten und mich verletzten – meine Ex-Frau, meine früheren Freundinnen, meine Mutter, meine Großmutter. Manchmal finde ich Geborgenheit in Deinen Mutter-Erde-Armen, fühle mich von Zärtlichkeit und Wärme eingehüllt. In der nächsten Sekunde schaue ich in Dein Gesicht und erkenne die blutrünstige Kali, bereit mich zu verschlingen. Ich kenne Dich als eine Frau, die Flöte spielt, schöner noch als Sphärenmusik, und eine Stunde später als schrille Hexe auftritt. Göttin des Lichtes und Monster des Schattens, schöpferisch und zerstörerisch. Du bist mir höchstes Entzücken, abgesehen von je-

301

nen Zeiten, wo ich Dir den Hals umdrehen und auf Deinem Grab Tango tanzen könnte.«

Dennoch können Ehe und Familie die beste Pflege für unsere alten Wunden bedeuten. Wenn wir geloben, in guten wie in schlechten Tagen zusammenzubleiben, versprechen wir implizit die Bereitschaft, uns erneut dem Schrecken und der Schönheit der Unschuld zu öffnen. Das Versprechen unserer Kindheit, das Geburtsrecht, das jedes Neugeborene bereits in seinen Genen trägt, unser erster Schrei heißt: »Ich verdiene uneingeschränkte Liebe.« Aus dem angeborenen Gefühl unseres eigenen Wertes heraus erwarten wir in aller Unschuld, daß wir in unserer Ganzheit liebenswert sind. Doch dieses Versprechen wird unweigerlich gebrochen. Alle Eltern und alle Kulturen hemmen den jungen Menschen systematisch in seiner Entwicklung. Liebe wird unter der Voraussetzung gegeben, daß wir gefallen, uns gut benehmen, dem »Es gehört sich...« gehorchen. Jedes Kind wird aus dem Paradies vollkommener Liebe verstoßen. Wir schließen Kompromisse und werden Erwachsene. Aber die Hoffnung auf bedingungslose Liebe stirbt nicht, sie schlummert nur. Wenn wir heiraten, erwacht sie zu neuem Leben. Wir geloben vor Gott die aussichtslose, stille Hoffnung unseres Herzens, nämlich bedingungslos zu lieben und zu ehren, solange wir beide leben.

Natürlich wird das Ehegelübde auf die Probe gestellt. Wird sie mich wirklich lieben, wenn sie das Schlimmste sieht? Wenn sie meine Traurigkeit, Unsicherheit, Überheblichkeit erlebt, den quengelnden und tyrannischen kleinen Jungen? Wird er mich wirklich lieben, wenn er meinen Zorn, meine aggressiven Forderungen, meine Schuldgefühle hervorrufenden Manipulationen, meine kleinmädchenhaften verführerischen Blicke kennenlernt? So sicher wie das Amen in der Kirche werden die beiden kindlichen Ichs zum Vorschein kommen, wenn das Vertrauen zwischen den Partnern größer wird. Ich werde den rotzfrechen Bengel spielen, der ich nie sein durfte, und sie die Zicke, und wir werden aufhören, zueinander »nett« zu sein. All meine ungelösten Probleme mit Frauen im allgemeinen und mit »Mutter« im besonderen, deine ungeklärten Gefühle gegenüber Männern im allgemeinen und »Vater« im besonderen, alles Gute und Schlechte der Familien Keen und Lovett werden zum Psycho-Acker, den wir beide zusammen pflügen und hegen müssen.

Die ersehnte bedingungslose Liebe, die uns heilen kann, ereig-

302

net sich nur, wenn ein Ehepaar, das das beste und schlimmste voneinander weiß, schließlich das Unannehmbare am anderen annimmt, die Brücken hinter sich abbricht und alle Fluchtwege versperrt.

Gewöhnlich bekommt den Männern die Ehe besser als das Single-Dasein. Untersuchungen zeigen, daß verheiratete Männer länger leben, gesünder sind und mehr Geld verdienen. Doch eheliche Treue scheint uns Männern schwerer zu werden als den Frauen. Im allgemeinen rechnen wir alle mit der großen Bindungsangst der Männer und damit, daß wir sogar in einer guten Ehe nicht aufhören, andere Frauen zu begehren. Vielleicht suchen wir die Abwechslung, weil uns die Evolution für die breiteste Streuung unseres Samens programmiert hat. Vielleicht wünschen wir uns so viele Frauen, um unser Männlichkeitsbewußtsein aufzuwerten. Was auch immer der Grund für unsere Abneigung gegen die Monogamie ist, die Ehe tut uns insofern gut, als sie uns eine Chance zur Heilung unserer inneren Gespaltenheit zwischen Leidenschaft und Zärtlichkeit, zwischen unseren schizophrenen Bildern von der Frau als Hure oder Heilige gibt. Ehe der Mann nicht ein und dieselbe Frau mit Respekt und mit Verlangen ansehen kann, bleibt er ein Opfer seiner eigenen Zwiespältigkeit – ein kleiner Junge und ein Playboy.

Gemeinsame Schöpfung: Familienliebe und Vaterschaft

Wenn in der letzten Generation über Mann und Frau nachgedacht wurde, dann standen dabei sexuelle Praktiken, die romantische Liebe und die wechselnden Interpretationen der Ehe im Zeitalter der »Doppelverdiener« allzu sehr im Scheinwerferlicht. Männer wie Frauen haben die Geschlechterdiskussion zunehmend abgekoppelt von ihrer biologischen und geistigen Bestimmung als Eltern, nämlich Kinder hervorzubringen, aufzuziehen und in unsere Gesellschaft zu initiieren. Unser Versuch, uns von dem einzigen kreativen Akt, der ohne die jeweiligen besonderen Talente von Mann und Frau nicht zustandekommt, zu distanzieren, muß uns natürlich in Verwirrung stürzen.

Sex kann einem Mann und einer Frau die genußvolle Seite der

Annäherung zeigen, die Ehe kann uns mit den Tröstungen versehen, die aus dem Kennen und Gekannt-Sein stammt, doch nur ein Kind kann uns die Tugend des Hoffens lehren. Beim Sex vergessen wir uns im Hier und Jetzt, in der Ehe können wir uns der Wunden der Vergangenheit erinnern und sie heilen, doch in die Zeugung eines Kindes geben wir uns ganz und investieren in eine Zukunft, die weit über unsere Zeit hinausreicht.

Wenn wir ein Kind zeugen, beginnen wir, über das Geheimnis der Geschlechter nachzudenken, die unauslöschbaren Unterschiede von Mann und Frau zu schätzen, das Zusammenkommen der Gegensätze zu preisen. Es wäre töricht, auf die dumme und repressive mittelalterliche Vorstellung zurückzukommen, daß nur Beziehungen von Partnern, die ein Kind wollen, gottgefällig seien. Mir scheint es jedoch ebenso dumm zu glauben, wir könnten uns mit Männlichkeit und Weiblichkeit befassen bzw. mit der männlichen und weiblichen Sexualität, wenn wir dabei das Thema Kind ausließen. Um unsere Menschlichkeit zu bewahren, müssen wir etwas von der uralten Ahnung des erschreckend-schönen Mysteriums der Sexualität bewahren, das sich in der Anbetung des kreativen Phallus und des fruchtbaren Schoßes widerspiegelt. Naturvölker wissen noch, was wir allmählich vergessen: daß Sexualität wundervoll und schrecklich ist, da sie unsere Verbindung zur schöpferischen Kraft des Lebens, zum Sein an sich ist. Wenn wir jemals die ontologische Tatsache aus den Augen verlieren, daß die Sexualität des Menschen definiert ist durch die Dreiheit Mann-Frau-Kind, unterschätzen wir die spirituelle Dimension der Sexualität.

Eine merkwürdige Art der Vergeßlichkeit scheint sich in vielen neuen Büchern und Gedanken über die Befreiung der Männer auszubreiten. Zwar hat die Männerbewegung bewirkt, daß wir endlich darüber sprechen können, wie sehr wir unter der Abwesenheit unserer Väter gelitten haben, wie sehr wir uns immer noch nach den Vätern sehnen, die wir nie kennenlernten, wie verunsichert wir sind, weil uns unsere Väter niemals Richtlinien für das Leben als Mann gegeben haben. Doch seltsamerweise wird die Familie kaum erwähnt als etwas, wo sich Männlichkeit ganz wesentlich manifestiert. Es passiert zwar oft, daß sich Männer, die selbst unter dem Syndrom des fehlenden Vaters leiden, vornehmen, eine enge Beziehung zu ihren Söhnen zu pflegen und auch wirklich beträchtliche Zeit mit ihnen verbringen, doch irgendwie spielt die Familie unter den männlichen Wertvorstellungen nur am Rande eine Rolle.

Ich war seit fünf Jahren geschieden, als ich ausgerechnet in dem verrußten Industrieviertel der Stadt Richmond eine Anschlagfläche mit der unheilverkündenden Botschaft »Nichts kann das Versagen in der Familie wiedergutmachen« sah. Sofort begann ich innerlich eine erregte Auseinandersetzung mit dem Erweckungsprediger, von dem dieser Satz stammte, um mich selbst und die Vielzahl meiner geschiedenen Freunde zu verteidigen, die wir schließlich aus guten Gründen, wie wir meinten, aus unseren Familien ausgebrochen waren. »Idiotisch! Ein Schuld-Trip! Eine saubere Scheidung ist für die Kinder besser als eine schlechte Ehe. Und überhaupt ist Scheidung nicht notwendigerweise ein Zeichen von ›Versagen‹. Und außerdem leben meine Kinder bei mir, und ich sorge dafür, daß sie trotz ihres Verlustes nichts vermissen. Und...« Nach der anfänglichen Aufregung ging ich in mich und dachte ruhiger über den Satz des Predigers nach.

Es ist jetzt zwölf Jahre her, daß ich die Anschlagtafel gesehen habe. Mein Sohn und meine Tochter aus erster Ehe sind inzwischen erwachsen und wunderbare Menschen. Ich bin wiederverheiratet und habe eine zehnjährige Tochter. Ich habe lange über den Satz auf der Tafel nachgedacht und bin zu der Überzeugung gekommen, daß er richtig und prophetisch ist. Ich habe selbst beobachtet, wie meine Kinder mit den Verletzungen und dem Hin und Her, das das unvermeidbare Ergebnis unversöhnlicher Gegensätze zwischen ihren Eltern war, umgingen und habe dabei erfahren, was viele Männer erst nach der Scheidung lernen: Das Kostbarste sind unsere Kinder. Wenn ich mir in besinnlichen Stunden mit berechtigtem Stolz das von mir Erreichte durch den Kopf gehen lasse – ein Dutzend Bücher, tausende Vorlesungen und Seminare, eine mit eigenen Händen aufgebaute Farm, eine Anerkennung hier, einen Ehrentitel da –, weiß ich, daß mir meine drei Kinder Lael, Gifford und Jessamyn weit mehr bedeuten als mein beruflicher Erfolg. In demselben Ausmaß, in dem ich sie geliebt, genährt und genossen habe, kann ich mich anerkennen. In dem Maß, wie ich ihnen wehtat, weil ich ihnen wegen meiner besessenen Beschäftigung mit mir selbst oder mit meinem Beruf nicht zur Verfügung stand, habe ich als Vater und als Mann versagt.

Gesundheit, Lebenskraft und Glück der Familie sind das Maß, an dem Mann, Frau und Gesellschaft ihren Erfolg bzw. Mißerfolg messen sollten. Ich denke, das abnehmende Prestige der Familie steht in direkter Beziehung zum fortwährenden Kalten Krieg der Geschlechter, zur eskalierenden Gewalt und zum Gefühl der Sinnleere, die unsere Epoche heimsucht. Soweit ich sehe, können wir nur dann zurück zur Ganzheitlichkeit mit ihren Leidenschaften und ihrer echten Freiheit gelangen, wenn wir die zentrale Bedeutung der Familie wiederentdecken. Ein Mensch, der nicht seinen dauerhaften Beitrag zu Familie, Kindern und nachfolgenden Generationen leistet, ist wie ein Strohhalm, der vom Winde fortgetragen wird.

Wie wichtig die Existenz starker Familien für wirklich freie Menschen ist, läßt sich auch daran deutlich machen, daß das erste Ziel von Diktaturen und Utopisten der politischen Rechten und Linken immer die Familie ist. Von Plato über Marx bis Mao – wann immer Theoretiker die Gesellschaft so organisieren wollen, daß der einzelne um der idealen Republik willen oder wegen des idealen sozialistischen oder religiösen Staats in einen allesüberspannenden Fünfjahrplan eingepaßt wird, versuchen sie unweigerlich die Familie zu verdrängen und statt dessen die Erziehung der jungen Menschen in die Hände staatlicher Einrichtungen zu legen. Eltern und Kinder werden getrennt oder dürfen nur wenig Kontakt haben; dies geschieht unter dem Banner, Frauen für die Produktionsarbeit freizustellen oder die Jungen von den Vorurteilen der Alten zu befreien oder die für das Gemeinwohl notwendigen Werte durchzusetzen. Die Suche nach dem Motiv hinter dieser Familienfeindlichkeit ist einfach. Solange die Menschen in erster Linie ihrer Familie und Verwandtschaft gegenüber loyal sind, kann sie weder der Staat noch eine andere Einrichtung kontrollieren. Erst wenn man sie dazu bringt, daß sie ihre Loyalität aus Überzeugung einer »höheren« Sache oder Einrichtung übertragen, werden sie den Anordnungen ihrer Führer Folge leisten.

Was auch immer geschieht, die Familie steht in vorderster Linie bei der Abwehr von Unmenschlichkeit und unangebrachter Loyalität. Im häuslichen Privatbereich dürfen wir denken, sprechen und unsere Religion ausüben, wie es uns gefällt. Wir können unsere Kinder nach unseren eigenen Wertvorstellungen erziehen und ihnen die Achtung vor den von uns hochgehaltenen

Traditionen beibringen. Da es immer noch am einfachsten ist, den eigenen Kindern unbedingte Liebe zu schenken, ist die Familie auch die natürliche Schule der Liebe. Und durch unsere Liebe zu Blutsverwandten können wir allmählich auch lernen, Fremden gegenüber ebenfalls freundlich zu sein. Und weil Kinder unsere Hoffnungen verkörpern, sind sie der Beweis dafür, daß es sich lohnt, Zeit und Fürsorge in das Leben anderer zu investieren.

Es sieht so aus, als ob wir, fast ohne es zu merken, dabei sind, ohne Not an unserer Freiheit zu knabbern und unsere Loyalität aufzugeben, die ein Diktator uns nur mit Gewalt nehmen könnte. Wir zerstören die Wiege der Freiheit, weil wir uns in zunehmend kriecherischer Ergebenheit unserer Wirtschaftsordnung verschrieben haben. Dem Profit zu dienen gelingt all denen am besten, die in zunehmender Entpersönlichung Effizienz höher bewerten als Mitgefühl und ihre ganze Kraft im Wettbewerb der Konzerne einsetzen statt für ihre Familie.

An der Entwicklung des Wortes »Ökonomie« läßt sich unser gegenwärtiges Dilemma beispielhaft beleuchten und zeigen, vor welcher Herausforderung Mann und Frau heute stehen. Ursprünglich bedeutete »Ökonomie« »die Kunst, den Haushalt zu führen«, und zwar auf eine sparsame, bewußt einfache Weise. Seit Beginn der industriellen Revolution wurde Ökonomie dann verstanden als System der Produktion, Verteilung und des Verbrauchs von Waren. Als Fabriken, Geschäfte, Büros und Banken die Loyalität der Menschen für sich forderten und das Heim als Zentrum aller ökonomischen Tätigkeit verdrängten, entstand das Studienfach »Home economics« – Hauswirtschaft, und zukünftige Hausfrauen konnten dort den Titel »Fachfrau für Heim-Ökonomie« erwerben. Und die endgültige Transformation – oder genauer gesagt, die Abwertung von Heim und Haushaltsführung – läßt sich an einer Namensänderung ablesen, die kürzlich an der Universität von Iowa vorgenommen wurde: Aus dem einstigen College für Hauswirtschaftslehre ist nunmehr das College der Verbraucherwissenschaft geworden.

Nur eins kann uns kurieren: Eine Revolution, in der Männer und Frauen sich zusammentun und die Schaffung eines erfüllten, lebendigen Familienlebens wieder in den Mittelpunkt unseres Wertesystems stellen. Eine Frau schrieb mir neulich einen Brief, der genau auf diesen Punkt zielt: »Vielleicht tritt dann endlich eine bedeutsame Veränderung ein, wenn die Männer erkennen, und zwar nicht nur mit dem Kopf, sondern auch mit dem Bauch, daß sie in gleicher Weise wie die Frauen für das Entstehen, das Aufziehen und den Schutz der Kinder verantwortlich sind, d. h. daß Kinder nicht einfach nur Sexobjekte, Ego-Trips oder eine Plage darstellen, sondern ihre erste Verantwortlichkeit sind, weit vor Krieg, Geld, Macht und Status.«

Nun könnte man folgendes einwenden: »Das ist ja alles gut und schön, doch die Wirklichkeit sieht anders aus. Für viele Menschen war die Familie eine böse Falle, die ihnen ein grausames Los bescherte. Statt einer Zuflucht war sie oft ein Folterkeller. Wie oft geschah es, daß die Arme, die uns hätten wärmen sollen, uns fortstießen. Viele meiden die Familie, weil sie dort verletzt, gefangengehalten, enttäuscht und mißhandelt wurden. Die Kinder von Alkoholikern und prügelnden Eltern schrecken vor Ehe und Familie zurück und finden Trost im Einzelgängertum. Weil es so viele schlechten Ehen und dysfunktionale Familien gibt, scheint es manchmal das einzig Vernünftige zu sein, die ganze Einrichtung auf den Sperrmüll der Geschichte zu werfen oder etwas Neues zu erfinden.« Das ist nicht falsch, aber Erwartungen, daß sich die Familie durch eine perfektere Einrichtung ersetzen läßt – so wie die High-Tech-Wunschvorstellungen, Weltraumkolonien zu errichten, in die wir flüchten können, wenn die Umweltverpestung unerträglich wird –, haben sich als gefährlich und illusionär erwiesen. Nur innerhalb der Familienbande werden wir überleben oder untergehen.

Glücklicherweise muß die Häufung von funktionsuntüchtigen Familien nicht unbedingt eine schlimme Zukunft für die Familie an sich bedeuten. Standardthema in der Mythologie ist der Glaube an den verletzten Retter – das Heil geht aus von einem, der selber eine Wunde davongetragen hat. In unser aller Verletzungen liegt zugleich unsere Rettung. Der Vogel mit dem gebrochenen und wieder geschienten Flügel schwingt sich am höchsten hinauf. Den Schatz findet man, wo man stolpert und stürzt.

Eine der größten Kraftquellen für eine Veränderung des Bestehenden ist unsere Verletzung und unsere Sehnsucht nach dem fehlenden Vater. Wir können gesunden, wenn wir solche Väter werden, wie wir sie uns gewünscht haben und nicht hatten. Ich rufe dazu auf, gerade aus dem Vakuum, aus dem Nicht-Vorhandensein das Neue zu erschaffen. Bei der Suche nach einem Vorbild für das Elternsein können wir auf der Schattenseite unserer Seele fündig werden. Wenn wir unserer Enttäuschung, Wut, Traurigkeit, unserem einsamen Verlangen nach dem Vater, nach der vertrauten Familie, die wir nicht hatten, nicht länger ausweichen, sondern diese Gefühle zulassen, finden wir etwas wie das Negativ eines Fotos, das uns als Vorlage für Väterlichkeit dienen kann. Werde der Vater, den du ersehnt hast! Wir machen uns selbst gesund, wenn wir unseren Kindern geben, was wir selbst nicht hatten.

Wenn du nicht verheiratet oder kinderlos oder homosexuell bist, dann suche bei deinen Freunden nach einem Kind, das sich nach Fürsorge sehnt, und werde zu einem Teilzeit-Ersatzvater. Der in homosexuellen Gemeinschaften oft zu beobachtende Mangel an echter Männlichkeit ist meiner Meinung nach nicht das Ergebnis der homoerotischen Spielart der Sexualität, sondern auf einen Mangel an erzieherischem Umgang mit Kindern zurückzuführen. Männer, die sich für die Schaffung einer gesunden Zukunft einsetzen wollen, brauchen, ob schwul oder nicht, einen bewußten, aktiven Umgang mit Kindern. Ein Mann bleibt ein Junge, wenn er sich nicht um jüngere Menschen kümmert und hilft, sie ins Leben einzuführen, ganz gleich, was er sonst auch immer erreicht haben mag. Die jetzige Männergeneration weiß aufgrund ihrer eigenen ungestillten Sehnsucht nach dem Vater, daß nichts das Vakuum ausfüllen kann, wenn Männer ihre Familien im Stich lassen – sei es nun aus Egoismus, Arbeitssucht oder weil man sich einem »höheren« Ziel verschrieben hat. Wenn einer Gesellschaft irgend etwas wichtiger wird als das Wohlergehen ihrer Kinder, ist dies ein sicheres Zeichen geistig-seelischen Verfalls.

Glücklicherweise ergänzt sich das, was Männer für ihre eigene Ganzheit lernen müssen, und das, was man braucht, um ein guter Vater zu sein, perfekt. Das verletzte »Kind im Manne« kann am besten gesunden, wenn man sich um ein Kind bemüht, das selbst ein Mann werden soll. Kinder sind unsere Spielgefährten und unsere Lehrer. Heutzutage klagen viele Männer lautstark darüber, daß sie keinerlei Initiation in das Mannsein erhalten hätten, und sie experimentieren in kleinen Gruppen mit allerlei neuen Riten und Ritualen. Dies ist gut und schön, doch dürfen wir nicht vergessen, daß wir ein echtes Männlichkeitsbewußtsein letztendlich nicht durch irgendwelche Zeremonien erlangen können. Zwar mag die Weihe zum Mann durchaus auch eine Zeremonie beinhalten, aber die wirkliche Initiation findet jeden Tag aufs neue statt, wenn es zwischen Vater und Sohn zur Sache geht, bzw. zwischen einem Jungen und irgendwelchen anderen Männern, die in seinem Leben eine Rolle spielen. Ein Junge lernt auf natürliche Weise, wie ein Mann ist, wenn er sieht, wie sein Vater Frauen behandelt, mit Krankheit, Erfolg und Mißerfolg umgeht, ob er im Haushalt hilft, ob er mit den Kindern knuddelt und spielt. Wir lernen unseren eigenen unermeßlichen Wert zuerst und ein für allemal (oder niemals) durch die bewundernden Blicke unserer Eltern kennen. Wir lernen die Freuden der Sinnlichkeit durch ihr Vergnügen an unseren unschuldigen Körpern – Schmusen, Toben, Kitzeln. Wir lernen, einer Welt, die auch Schlimmes bereithält, zu vertrauen, wenn wir weinend mit aufgeschlagenem Knie ankommen, in die Arme genommen werden und die tröstende Stimme vernehmen: »Es wird alles wieder gut.« Wir lernen, unsere Kraft für eine bessere Zukunft (die wir nicht mehr erleben werden) einzusetzen durch die Opfer, die unsere Eltern für uns bringen.

Erst bei meiner zweiten Chance als Ehemann und Vater habe ich gelernt, daß es das Bedeutendste ist, was ich als Vater tun kann, wenn ich meinem Kind das Gefühl vermittle, daß es mir immer willkommen ist. Wenn ich meiner Freude freien Lauf lasse, präge ich die Seele meines Kindes nachhaltig mit der Botschaft: »Ich und die Welt heißen dich willkommen. Wir schätzen dich und freuen uns an deinem Wohlergehen.« Erik Erikson sagt in seinem Buch »Identität und Lebenszyklus«, die erste Entwicklungsstufe in der Kindheit sei der Erwerb des Urvertrauens. Nach meiner Meinung ist es am vordringlichsten, Freude empfinden zu können, ein Grundgefühl für das Vergnügen an dieser Welt und sich selbst. Ein Kind, dessen bloße Existenz eine Freude für seine Eltern ist, wird sein Leben mit dem Eindruck beginnen, daß es gewollt ist, daß seine Existenz ein Geschenk ist, daß die Welt seine Kreativität schätzt. Und erreicht wird dies am besten, wenn man niederkniet und körperlich wird. Zu Beginn waren die meisten meiner Vorstellungen, was wohl für meine Tochter Jessamyn schön sein könnte, viel zu komplex. Schließlich entdeckte ich, daß sie am liebsten wildes Herumtollen und Stegreifgeschichten mochte. Gefragt, was sie an mir am meisten

mochte, antwortete sie: »Ich mag es, wenn er mit mir ringelt.«
Man kann gar nicht genug betonen, wie groß das Bedürfnis der
Kinder nach Berührungen, Zärtlichkeiten und Umarmungen ist.

Ich lerne ebenfalls, MIT Kindern, nicht ZU Kindern zu sprechen. Als ich das erste Mal Vater war, hatte ich Unmengen an
Regeln, Geboten, Idealen und Erklärungen in petto – und alle
hielten mich auf Distanz zu meinen Kindern. Ich hielt es damals
für meine Pflicht, ihre Erfahrungen von meiner überlegenen Position her zu überwachen und zu dirigieren, sie solange vor den
komplexen Gefühlen der Erwachsenen und vor der harten
Wirklichkeit der Welt zu behüten, bis sie bereit wären, sich ihnen zu stellen. Inzwischen bin ich zu der Überzeugung gelangt,
daß das Beste, das ich meinen Kindern geben kann, eine ehrliche
Beschreibung dessen ist, was ich fühle, denke und erlebe, so daß
sie an meiner inneren Welt teilhaben können, und ihnen Geschichten zu erzählen, die ihnen ein bißchen davon vermitteln,
welchen Weg als Mann ich gehe.

Neulich träumte ich, mein Vater sei ausgerutscht, die Treppe
hinuntergefallen und habe sich verletzt. Als er aufstehen wollte,
sagte ich ihm: »Du versuchst immer, den starken Mann zu spielen, selbst wenn du dir wehgetan hast, und du läßt dich niemals
in den Arm nehmen.« Er wandte sich zu mir, kuschelte sich in
meine Arme und ließ sich von mir umarmen. Aus diesem Traum
erwachte ich mit einer Schwere in meinem Herzen, einem Vers
von einem alten Kirchenlied auf den Lippen und einer Frage im
Hinterkopf. Der Vers stammte aus dem Lied »Herr, wenn wir
stark sind, so verlaß uns nicht, der du unsere Zuflucht bist«. Die
Frage lautete: Wer nimmt den Vater in die Arme? Ich habe erst
als Erwachsener wieder gelernt, dem kleinen Jungen in mir zu
gestatten, daß er sich in die Arme nehmen läßt. Es waren die
Frauen, die das oft für mich getan haben. Doch wer pflegt und
tröstet den starken Mann, wenn er angeschlagen oder müde ist?
Drei Tage nach dem Traum erhielt ich die Antwort auf meine
Frage. Mein Sohn Gifford kam in Sonoma an und half mir beim
Hausbau. Er ist der eigentliche Bauleiter, ich bin der Handwerker und Hilfsarbeiter. Der Kreis der Familienliebe beginnt sich
zu schließen. Was für ihn das Ritual seiner Volljährigkeit bedeutet, steht für meinen Übergang in den Herbst des Lebens. Der
Vater, der einst den kleinen Jungen in den Armen hielt, wird nun
von den starken Armen seines mannhaften Sohnes versorgt.

Heimischer Herd,
Gastlichkeit und Gemeinschaft

Die Zeit ist reif dafür, daß eine neue Art der Gemeinschaft geschaffen wird, für die es zur Zeit noch keinen bestimmten Begriff gibt. Was ich meine, wird deutlich an der folgenden Wortfamilie: *Herd* (ein Kerngebiet, ein vitales oder kreatives Zentrum), *Gastlichkeit* (die herzliche und großzügige Aufnahme von geladenen Gästen oder Fremden), *Nächstenliebe* (die freundliche und verständnisvolle Bereitschaft, den Bedürftigen oder Notleidenden zu helfen), *Feiern* (als Ehrerweisung durch Beteiligung an religiösen Festen, Gedenk- oder sonstigen Zeremonien oder durch den Verzicht auf Alltagsbeschäftigungen), *Gemeinschaft* (ein Zusammenschluß von Individuen zu einer Gruppe, in deren Mittelpunkt etwas steht, was allen gemeinsam wichtig ist).

Die Einrichtungen, die sich in unseren modernen städtischen Wohngebieten entwickelt haben, sind zu anonym, als daß sie unser Bedürfnis nach Zugehörigkeit und Anerkennung befriedigen können. Wir leiden immer stärker unter einem Mangel an Gemeinschaft, und das hat viele Gründe: weil wir in Wohnungen mit dünnen Wänden, doch mit unbekannten Nachbarn leben; weil sich im Krankheits- und Todesfall Fremde um uns kümmern; weil Geburts-, Gedenk- und Feiertage ungefeiert vorüberziehen; weil wir uns darauf verlassen, daß sich der Staat schon um die Unglücklichen, Alten und Obdachlosen kümmern wird; weil unsere Verwandten so weit verstreut leben, daß wir nur per Telefon zu ihnen Kontakt aufnehmen können. Um die Art von Selbstwertgefühl, die nur gedeiht, wenn unser Name und unsere Lebensgeschichte bekannt sind, zu erhalten, bedarf es einer kleinen Gruppe, vielleicht nur hundert Menschen, die uns grüßen und ein konstantes Interesse an unserem Leben zeigen. Etwas, das größer ist als eine Kernfamilie, doch weniger einengend als eine Stammeskultur.

Ein Neubeginn könnte die Wiederherstellung der alten Begriffe vom heimischen Herd und von der Gastlichkeit sein. Unter einem heimischen Herd verstehe ich weder ein Haus mit einer Feuerstelle, noch meine ich, daß er nur für die Mitglieder einer einzigen Familie das Heim darstellt. Er ist eher so etwas wie eine Großfamilie. Da wir immer mehr Haushalte haben, die von Alleinstehenden, Alleinerziehenden, homosexuellen Paaren, Wohngemeinschaften und anderen nicht-traditionellen Kombinationen gebildet werden, wird es immer wichtiger, neuartige soziale Netzwerke und Bezugsgruppen nicht blutsverwandter Personen aufzubauen, und zwar durch Personen, die sich freiwillig dazu zusammenschließen, eine Art heimischen Herd zu errichten, zum Beispiel in großangelegten Wohngemeinschaftshäusern. Ein Herd ist ein Sammelpunkt, das Zentrum, an dem Freunde und Familienmitglieder zusammenkommen, um über alles, was ihnen wichtig ist, miteinander zu reden; um gemeinsam zu feiern und zu lachen und zu weinen; um wichtige Initiationsriten zu feiern; um Zeugen des Treuegelöbnisses von Brautleuten zu werden; um Kinder zu taufen und ins Leben einzuführen; um sich zusammen über Glücksfälle, neue Arbeitsplätze und erfolgreiche Unternehmungen zu freuen; um sich gegenseitig Hilfe zu leisten, Rat zu geben und sich auszusprechen, wenn es um straffällig gewordene Kinder, alkoholkranke Ehefrauen und an Krebs erkrankte Geliebte und Freunde geht; um altersschwache Eltern zu pflegen; und um sich um Fremde zu kümmern, die von außen hinzukommen.

Es gibt für Männer und Frauen nichts Dringlicheres zu tun, als von anonymen Organisationen, zu viel Fernsehen und Essen im Schnellimbiß wegzukommen und die dauerhafte Befriedigung neu zu entdecken, die untrennbar mit der Einnahme gemeinsamer Mahlzeiten, dem Austausch mit Freunden und den Zusammenkünften von größeren Gruppen innerhalb der Gemeinschaft verbunden ist.

Begeisterung für die Erde: unsere gemeinsame Berufung

In den unmittelbar auf uns folgenden Generationen wird der Hauptkonflikt sicherlich nicht mehr der Kampf zwischen den Geschlechtern sein. Die Frauen werden wohl, zumindest in den überentwickelten Ländern, innerhalb der nächsten zehn Jahre wirtschaftliche und politische Gleichstellung und genügend öffentliche Macht errungen haben, um bei den Entscheidungen über Krieg, Arbeit und Sozialhilfe mitzuwirken.

Die große Auseinandersetzung, die sich für das Jahr 2000 und darüber hinaus abzeichnet, wird zwischen zwei »Stämmen« mit gegenläufigen Weltanschauungen, Wertvorstellungen und sozialen Organisationsformen verlaufen – den Fortschrittsgläubigen und den Radikalreformern, wie ich sie benannt habe. In jedem Stamm werden Männer und Frauen vertreten sein. Wir können davon ausgehen, daß die Männer und Frauen, die bei General Motors das Sagen haben, sich kämpferisch mit den Männern und Frauen auseinandersetzen werden, die eine radikale Reduzierung der Automobilemissionen verlangen. Generäle und Generalinnen, Kongreßangehörige und Nutznießer des militärisch-industriellen Wohlfahrtssystems werden gegen Männer und Frauen streiten, die unsere Reichtümer in den Aufbau einer atomfreien Umwelt und neuer lebenswerter Städte investieren wollen.

Mann und Frau können nur dann endgültig zusammenfinden, wenn sie eine gemeinsame erotische und auf unsere Erde bezogene Berufung haben.

Die schlichte Wahrheit, zu deren Vergessen wir während des letzten Jahrhunderts beigetragen haben, sieht so aus, daß die menschliche Spezies ein integraler Bestandteil einer verstandesmäßig nicht zu erfassenden Seinseinheit ist, die sich im Prozeß des Werdens befindet – nämlich nur ein einzelnes Organ im Körper der Gaja; eine Zelle, durch die die universale Geschichte hindurchfließt wie Flüssigkeit durch eine Membrane; eine Äolsharfe, die vom Geist des Lebens in Schwingungen versetzt wird; eine Gestalt, die Gott in seinen Träumen erblickt; ein Angehöriger des Reichs, das allen fühlenden Wesen gemeinsam ist.

Die großen Fortschritte in der Zivilisation der letzten dreitausend Jahre sind parallel zu der wachsenden Bewußtheit und Respektierung des Individuums zu sehen. Dadurch daß wir uns als Handelnde sahen und nicht mehr als Teil der Natur, konnten wir Luxus für riesige Menschenmassen und Freiheiten schaffen, die sich in früheren Zeiten selbst Könige nicht hätten träumen lassen. Doch zugleich machen uns die Vereinzelung der Individuen und die Trennung von der Natur krank. Was einst ein Segen war, droht uns nun zu vernichten. Was einst eine Berufung war, ist zur Nemesis unseres heutigen Zeitalters geworden. Das losgelöste Ich, der Eroberer der Natur, der Architekt einer strikt menschlichen Utopie ist zum Chauvinist seiner Spezies, zum kosmischen Faschisten geworden, der seinen Willen allen anderen Gattungen im Reich der Lebewesen aufzwingen will. Diese skrupellose Machtausübung, gekoppelt mit rationaler Technologie, wird mit Sicherheit in der natürlichen wie in der politischen Ordnung ungeheures Unglück bewirken und zu einer Katastrophe führen.

Der Weg nach vorn heißt für uns nicht, daß wir zu der Einfachheit vergangener Zeiten zurückkehren – es führt kein Weg zurück zur Zeit der Sammler und Jäger oder zur Selbstversorgung durch Ackerbau und Viehzucht. Aber wir haben auch noch kein Modell dafür, welche Art von Zivilisation wir in nächster Zukunft schaffen müssen, wenn wir überleben sollen.

Eine neue »Reise« nimmt dann ihren Anfang, wenn Männer und Frauen sich ihrer gemeinsamen Berufung bewußt werden und danach handeln: Sie sind dazu aufgerufen sich zusammenzutun, um eine neue Gesellschaftsordnung zu schaffen, die nicht auf Feindschaft und Eroberung beruht.

Männer und Frauen sind als streitbare Kontrahenten im Geschlechterkampf nicht gerade freundlich miteinander umgegangen. Doch weit schlimmer als die Gewalt, die wir uns gegenseitig angetan haben, ist die Gewalt, die wir zusammen der Erde angetan haben. Wir müssen jetzt gemeinsam darüber nachdenken, wie wir tätige Reue für unsere Verschwendungssucht und Konsumbesessenheit üben können und wie wir die Grenzen lieben lernen, die notwendig sind, um den Lebensraum unserer Nachbarn zu respektieren. Wir müssen herausfinden, wie wir ein ökologisches Gewissen herausbilden können, das zugleich sensibel und stark genug ist, um Gerechtigkeit zu üben, und wir müssen den heimischen Herd aller Kreaturen beschützen, denen wir derzeit auf unserem zwanghaften Marsch zum Überfluß in wachsendem Maße die Heimat nehmen. Und wir müssen als weiterer Teil derselben Berufung jetzt auch das riesige Jahrhundertwerk angehen, einen neuen Umgangsstil in der Politik wie in den Geschlechterbeziehungen zu finden, um endlich den bisherigen abzulösen, durch den der Krieg immer weiter als Mittel der Auseinandersetzung lebendig (und tödlich) erhalten wird.

So überwältigend und nahezu utopisch diese Aufgabe auch scheint, so ist es sicherlich eine Illusion anzunehmen, wir könnten immer so weiter machen mit unseren entfremdenden und zerstörerischen industriellen Angriffen auf die Natur, mit den politisch motivierten Waffengängen zwischen den Nationen und der Fehde zwischen Mann und Frau.

Und deshalb müssen die Männer und Frauen von heute sich auf die »Reise« machen. Und so wie es am Anfang jeder entscheidenden Ära der menschlichen Geschichte war, so gilt auch jetzt: Nur der Ausgangspunkt der Reise ist bekannt, nicht aber ihr Ende. Alles, was wir als verlorene Söhne und Töchter wissen, ist, daß wir das Haus des Vaters verlassen müssen, so wie wir einst den Haushalt der Mutter verließen, und daß wir in ein unbekanntes Land müssen. Falls wir unterwegs gemeinsame Sache machen, können vielleicht wirkliche Weggefährten aus uns werden. Und zusammen können wir vielleicht einen kleinen Vorgeschmack bekommen auf das Festbankett, das uns bei der noch in weiter Ferne liegenden Heimkehr erwartet.

Der große Ruf unserer Zeit, der es wirklich wert ist, daß Mann und Frau ihm folgen, heißt: Bewahrt den anderen in eurem Herzen und tragt dazu bei, einen heimischen Herd zu gründen im Haushalt der Erde.

Diese drei müssen leben oder gemeinsam zugrunde gehen: das Herz – der Herd – die Erde.

Kapitel 15
Reisetips für Wanderer

Es gibt keine simple Anleitung im Stil von »So wird's gemacht« dafür, wie man zu einem ganzheitlichen, lebendigen Mann wird. Die Behauptung, man müsse nur bestimmte Methoden anwenden und schon wäre man ein authentischer Mann, wäre eine Abwertung der nur durch intensive Bemühungen um Bewußtwerdung und Mitgefühl erreichbaren persönlichen Würde. Unsere seelischen Kräfte wachsen im Verlaufe vieler Jahre, in denen wir uns immer wieder unter Heulen und Zähneklappern zu einem bewußten Leben zwingen, um uns dann schließlich mit unserer Größe wie mit unserem Ungenügen zufriedenzugeben.

Wenn Männer zum erstenmal am Apfel der Selbsterkenntnis knabbern, dann fragen sie sofort: »Wo soll ich anfangen? Wie soll ich vorgehen?« Die Antwort ist einfach: Fangen wir dort an, wo wir sind. Wir brauchen keinen esoterischen Kult, keinen erleuchtenden Guru, kein heiliges Ashram, keine geheimen gnostischen Übungen und keinen allwissenden Psychotherapeuten. Sobald ein Mensch an der Grenze steht, die sein bisheriges unbewußtes Leben von der Suche nach Bewußtheit trennt, ist alles, was ihm widerfährt, ein Anlaß zur Bewußtwerdung. In Indien gibt es ein altes Sprichwort: »Wenn der Schüler bereit ist, erscheint der Guru.« Für einen Mann, der wissen möchte, wer er ist, und willens ist, sich auf Grund seiner Erfahrungen zu verändern, stellen die Welt und sein tagtägliches Erleben in ihr den Lehrmeister dar. Wenn ich beispielsweise mit meiner Frau Streit habe, ist dies die Gelegenheit, darüber nachzudenken, wie ich mit den Frauen im allgemeinen, mit Konflikten, Wut, Gewalt, Groll, mit Vorwürfen und Schuldgefühlen umgehe. Falls ich wegen eines Blizzards in einer Fernfahrerkneipe in Wyoming von der Außenwelt abgeschnitten bin, bietet sich damit eine Gelegenheit darüber nachzudenken, wie ich auf Eingesperrtsein und Langeweile reagiere und mit Situationen, die ich nicht ändern kann, fertig werde.

Wenn es auch keine Methoden gibt, die uns eine sichere und ungefährliche »Seelenreise« garantieren könnten, gibt es doch zumindest Mitreisende, die die gleichen Erfahrungen machen und uns kameradschaftlich zur Seite stehen, wenn wir mit ihnen ins Gespräch kommen. Die folgenden Tips, Fragen und Focusing-Übungen (zur besseren Eingrenzung des Themas) habe ich als förderlich empfunden und in verschiedenen Seminaren erprobt.

Wie man eine Gemeinschaft von Suchenden bildet

Wer den Weg zur Selbsterkenntnis einschlägt, geht ihn allein, was aber nicht heißt, daß er dabei völlig einsam sein muß. Es gibt sehr viele Männer, die stumm an ihrem inneren brodelnden Chaos leiden und meinen, daß mit ihnen irgend etwas nicht stimmt, nur weil sie nicht wissen, daß es noch andere Männer gibt, die eine ähnliche Auflösung althergebrachter Männlichkeitsvorstellungen erleben. Auf geistig-seelischem Gebiet gilt die Regel, daß der Fortgang der Seelenreise und das Sprechen über die eigene Geschichte untrennbar miteinander verbunden sind, und deshalb brauchen wir bei unserer einsamen Wanderung gleichzeitig immer auch eine Gemeinschaft, in der uns zugehört wird. Wenn wir uns verändern wollen, ist unsere wichtigste Kraftquelle das aufrichtige Gespräch – wo Männer mit Männern, Frauen mit Frauen, aber auch Männer und Frauen miteinander reden.

Für viele Männer, die sich in einer Krise befinden, stellen die von Fachleuten geleiteten Gesprächsgruppen die erste Anlaufstelle dar. Der Vorteil solcher Therapiegruppen ist in der Möglichkeit einer professionellen Soforthilfe zu sehen. Doch gerade die Tatsache, daß sie von bezahlten Fachkräften geleitet werden, kann auch ein Nachteil sein, da sie so niemals die geistige Freiheit von Gruppen ohne Leiter erreichen, in denen alle Mitglieder auf gleiche Weise für die Weiterentwicklung der Gemeinschaft verantwortlich sind.

Um eine Männergruppe ohne Leiter zu gründen, muß man als erstes auf einen anderen Mann zugehen, der für eine Freundschaft reif zu sein scheint, und es riskieren, offen über die eigenen Gefühle und Bedürfnisse zu sprechen. Gute Kandidaten sind Männer, bei denen man spürt, daß sie Probleme mit einer unglücklichen Liebe oder Ehe, in der Familie, mit Alkohol, Drogen oder im Berufsleben haben. Nehmt euch Zeit bei der Suche nach weiteren Mitgliedern für eure Gruppe. Sprecht darüber zuerst in der Gruppe, bevor potentielle »Neue« zu einem Treffen eingeladen werden. Es ist sehr wichtig, daß die Gruppe aus Männern besteht, mit denen man offen sein kann.

Haltet die Gruppe klein genug – maximal zwölf bis fünfzehn Leute, damit sich die Teilnehmer über ihre innersten Gefühle intensiv austauschen können, und groß genug – nicht weniger als sechs, damit die Vielfalt gesichert ist. Für unsere Gruppe fanden wir es entscheidend, nur Männer aufzunehmen, die bereit waren, sich auf lange Sicht für mindestens ein Treffen pro Woche zu verpflichten. Monatliche oder unregelmäßige Zusammenkünfte oder ein ständig wechselnder Teilnehmerkreis machen es unmöglich, das Maß an Vertrauen zu entwickeln, das für den Blick hinter die Fassade notwendig ist. Falls jemand nicht bereit ist, regelmäßig zu kommen und den Gruppentreffen Vorrang vor anderen Dingen einzuräumen, wäre es eine Zeitverschwendung für die Gruppe, ihn aufzunehmen.

Um die Tagesordnung braucht man sich keine Gedanken zu machen – sie wird sich ganz natürlich aus den Anliegen der Mitglieder ergeben. Meistens werden sich gerade ein oder zwei Männer im Lauf der letzten Woche mit einem Problem herumgeschlagen haben, das zum Angelpunkt der Diskussion wird. Im Lauf der Zeit werden innerhalb der Gruppe immer mehr Erfahrungen, Lebensgeschichten und Gefühle ausgetauscht, und die Mitglieder werden dabei lernen, wie man andere herausfordert, hartnäckig bleibt und niemanden fallen läßt. Im Lauf der Zeit werden Themen wie Sexualität, Geld, Beruf, Autorität, Macht, Rivalität, Einsamkeit, Tod, Schuld, Sucht, Väter, Mütter, Kinder, Lebensziele und die Vor- und Nachteile, ein Mann zu sein, aufkommen. Einige der folgenden Übungen können dazu beitragen, daß Themen konzentrierter und kreativer angegangen werden. Man sollte sie am besten in einer Kleingruppe oder nur mit einem Partner machen. Ein ausführlicherer Überblick über die zentralen Themen der Männer sowie Vorschläge für das Unternehmen Seelenreise, auf das jeder Mann ein Geburtsrecht hat, finden sich in *Your Mythic Journey* (Deine mythische Reise) von Anne Valley Fox und mir selbst (Vgl. Fußnoten II, 3).

Aufarbeitung deiner eigenen Erfahrungen mit der Männlichkeit

1. Wie, wann und wo lerntest du, ein Mann zu sein?
   - Besorge dir Fotos aus deiner frühen Kindheit und benutze sie, um zu rekonstruieren, was du in der Familie, aus der du stammst, über Jungen und Mädchen, Männer und Frauen erfuhrst. Wie fühlten sich die Körper von Vater und Mutter an? Wer streichelte, tröstete, bestrafte dich? Was hast du in deiner Familie über die Rollen der Geschlechter gelernt? Gab es unterschiedliche Verhaltensregeln für Jungen und Mädchen in der Familie? Wie sah das Männlichkeitsideal deines Vaters aus? Was war seine Idealvorstellung von Frauen? Welche Ideale hatte deine Mutter?
   - Wer waren deine frühen Helden und Rollenvorbilder? In welchen Büchern, Filmen oder Fernsehprogrammen fandest du männliche Vorbilder, die du zu imitieren versuchtest?
   - Was für Zeremonien oder symbolische Handlungen markierten deinen Weg vom Jungen zum Mann? Wer führte dich in die männlichen Geheimnisse ein: Vater, Bruder, Onkel, Großvater, deine Clique?
   - Wie möchtest du idealerweise deinen Sohn in die Männlichkeit einführen? Was würdest du ihm über die Schwierigkeiten und Freuden, ein Mann zu sein, sagen? Welchen Rat würdest du ihm geben?
   - Welche Männer bewunderst/verachtest du heute am meisten?
2. Die Verletzungen und die Gaben, die deine Geschlechtszugehörigkeit mit sich bringt.
   - Was ist das Schwerste am Mann-Sein? Worüber bist du sauer? Unter welchen Schwierigkeiten, Schmerzen und Verletzungen hast du gelitten, weil du ein Mann bist? Welche Erwartungen und Rollenvorstellungen haben dein Leben ge- und verformt?
   - Welche Freuden und Privilegien genießt du als Mann?
   - Inwiefern haben Frauen es leichter, schwerer? Wenn du im Jahre 2000 wählen könntest, ob du ein Mann oder eine Frau sein wolltest, wofür würdest du dich entscheiden? Warum?

Krieg, Eroberung und Wettbewerb

- Verschaffe dir einen Überblick darüber, wie deine persönlichen Kämpfe, Konflikte, Kleinkriege verlaufen sind. Wer waren deine erklärten und deine heimlichen Feinde? Wen hast du verletzt? Wie ist der Stil deiner Selbstverteidigung? Bist du aktiv oder passiv, Angreifer oder Angegriffener? Mit wem hast du körperlich oder verbal gekämpft? Wie gewalttätig bist du? Gegen wen mußtest du dich verteidigen? Wem grollst, wen haßt du? Weswegen hast du gekämpft? Falls du an einem Krieg teilgenommen hast, welchen Effekt hatte die Erfahrung des Kämpfen und Tötens auf dein Leben?

- Innerliche Kämpfe: Ich gegen mich. In welchem Maße finden bei dir innere Kämpfe statt? Wer sind die Gegenspieler in deinen Kämpfen mit dir und gegen dich selbst? Verlangen gegen Pflicht? »Ich möchte« gegen »ich müßte«? Geist gegen Fleisch? Emotion gegen Verstand? Mitleid mit anderen gegen Selbstabkapselung? Habgier gegen Großzügigkeit? Manchmal hilft es, innere Konflikte zu dramatisieren, indem man den Tendenzen Namen gibt: Spießer gegen Zigeuner, Diktator gegen Playboy, Intellektueller gegen Gefühlsmensch, Schwächling gegen Muskelprotz usw.

- Welche Rolle spielt das Konkurrenzdenken in deinen Beziehungen zu anderen Männern? Mußt du, um dich wohl zu fühlen, immer eins besser sein, gewinnen, klüger, kräftiger, gebildeter sein als die Männer um dich herum?

- Fürchtest du, andere Männer würden dich verachten oder dich übervorteilen, wenn sie von deinen geheimen Schwächen wüßten?

- Aus welchen Kämpfen und Konfliktsituationen hast du dich zurückgezogen, wo du hättest standhaft bleiben müssen? Wie mutig und wie feige bist du?

- Eine gute Methode, um in einer Männergruppe in einer überschaubaren Situation etwas über verschiedene Kampfstile zu erfahren, ist Armdrücken. Willst du dabei unbedingt gewinnen? Oder fühlst du dich wohler beim Verlieren? Benutzt du Tricks, Taktik oder rohe Gewalt? Wie fühlst du dich als Sieger, als Verlierer?

- Sobald du deinen gewohnheitsmäßigen Kampfstil herausgefunden hast, experimentiere mit einem anderen. Wenn du normalerweise auf eine Herausforderung reagierst, indem du aufstehst und kämpfst, versuche einmal wegzulaufen, oder umgekehrt. Und statt zu kämpfen oder zu fliehen, probiere mal die Opossum-Strategie: Zu Boden gehen und sich totstellen.

- Um schwelende Verstimmungen aufzuspüren, trage in die Leerstellen des folgenden Satzes die ersten Dinge ein, die dir in den Sinn kommen: »Ich bin unheimlich wütend über... und werde das nicht länger hinnehmen.«

- Ein ehrenhafter, aber selten begangener Weg, einen Konflikt zu beenden ist, zuzugeben, daß man Unrecht hatte, sein Verhalten bereut und sich bessern will. Reue zu zeigen, unsere Schattenseiten anzunehmen, Verantwortung für die Laster und Spielarten des Bösen, die wir üblicherweise auf unsere Feinde projizieren, zu übernehmen, ist eine der schnellsten, doch schmerzhaftesten Möglichkeiten, psychologische und geistige Integration zu erreichen. Man kann sicherlich unterstellen, daß du ungefähr jedes zweitemal der Aggressor warst und dein Gegenspieler das unschuldige Opfer. Wann bist du der »Böse« gewesen, habgierig, grausam, herzlos, ungerecht, mitleidlos, im Unrecht? Wie schwer fällt es dir zu sagen: »Ich hatte unrecht. Es tut mir leid.«?

Macht und andere Werte

Der besessene Drang nach Macht (Potenz, Herrschsucht, Unterwerfung, Kontrolle) ist bisher der Kernpunkt der männlichen Identität gewesen. Eine signifikante Änderung in unserem Selbstverständnis als Männer bedeutet auch, daß wir unsere Beziehung zur Macht neu definieren müssen.

- Bitte eine Gruppe von Männern, sich auf einer Machtskala selbst einzuordnen, und zwar in der Rangfolge vom Mächtigsten bis zu dem, der die wenigste Macht hat. Kleine Vorwarnung: Dies ist immer schwierig und beschämend, doch es führt mit Sicherheit zu einer höchst angeregten Diskussion über Macht, Sex, Geld und andere Werte.

- Was ist Macht? Gibt es einen Unterschied zwischen Stärke und Macht?

- Strebst du bewußt danach, Macht anzuhäufen? Wie?

- Wenn man Macht definiert als das Vermögen, Widerstände zu überwinden und das, was man will, zu erreichen, welche Mittel setzt du ein, um deine Ziele zu erreichen: körperliche? finanzielle? sexuelle? intellektuelle? moralische? spirituelle? deine Position? Überredung? Phantasie? Willenskraft? Versuchst du, andere zu beeinflussen oder einzuschüchtern, zu verführen oder zu überreden? Wie *fühlst* du dich, wenn du solche Machtmittel einsetzt?
- Unter welchen Umständen fühlst du dich machtlos, ohnmächtig?
- Was tust du, wenn du die Lage nicht meistern kannst?
- Was hält dich davon ab, deine Talente in vollem Maße zu verwirklichen: Schuld, Scham, Furcht, Faulheit, Schicksal?
- Überträgst du anderen Macht? Wie?

Arbeit, Geld, Berufung

- Gehe deinem Verhältnis zu Arbeit und Beruf nach. Wann hast du dein erstes Geld verdient? Womit? Was haben dich Vater und Mutter durch ihr Beispiel über die Beziehung zwischen Männlichkeit, Arbeit und Geld gelehrt?
- Wieviel Geld verdienst du? Wie groß ist dein gesamtes Vermögen? Wenn ihr das erste Mal in der Gruppe auf die Geldfrage zu sprechen kommt, fällt dir sicher auf, wie viele mit Verlegenheit, Zurückhaltung, peinlichem Schweigen oder ablenkenden Witzen reagieren. Warum ist es so schwer, über Geld zu sprechen?
- Sex, Liebe, Geld und Macht – wie denkst du über jedes einzelne? Was hat davon für dich die größte Bedeutung?
- Wieviel Geld brauchst du? Wofür?
- Führe eine Inventur deiner Wertvorstellungen durch. Liste zuerst deine beruflichen und persönlichen Werte in zwei Spalten auf. Welches sind deine beruflichen und finanziellen Ziele? Wie hoch willst du aufsteigen? Was möchtest du herstellen, tun, neu gründen? Welches sind deine persönlichen, familiären und gesellschaftlichen Ziele: Mehr Zeit? Mehr Nähe zu anderen? Mehr Bequemlichkeit? Schreibe als zweites neben die zwei Spalten jeweils die Anzahl der Stunden, die du jede Woche mit Tätigkeiten verbringst, die dich den ein-

zelnen beruflichen und persönlichen Zielen näherbringen. Wofür nimmst du dir keine Zeit? Was kommt zu kurz – an deinem Arbeitsplatz, in deiner Familie, in deinem Freundeskreis, bei dir selbst, in deinem sozialen Umfeld? Für die Ausübung welchen Hobbys, welcher Schwärmerei oder Leidenschaft hast du dir niemals Zeit gegönnt?

- Inwieweit zwingen dich der Beruf, die Arbeit oder die Firma, Dinge zu tun, die du als unethisch ansiehst?
- Paßt deine religiöse oder geistige Lebensphilosophie mit deiner Arbeit zusammen, oder gibt es damit Konflikte?
- Mach einen Rückblick auf dein Leben. Bist du erfolgreich, erfolglos? Woran mißt du Erfolg und Mißerfolg?
- Was würdest du tun, falls du all das Geld hättest, das du für ein bequemes Leben brauchtest?
- Wie soll man sich an dich erinnern? Was möchtest du auf deinem Grabstein stehen haben? Schreibe ein Testament, in dem du sowohl deine materiellen Güter als auch deine psychologischen und geistigen Talente und Leistungen vererbst.
- In welcher Hinsicht ist die Welt besser, weil du gelebt, gearbeitet und geliebt hast?
- Um mögliche Quellen des Ausgebranntseins zu lokalisieren, vervollständige den folgenden Satz fünf- oder zehnmal mit den ersten Dingen, die dir einfallen: »Ich habe es satt, daß...«
- Welche Faktoren in deinem persönlichen und beruflichen Leben haben den meisten Streß verursacht?

Sex, Liebe, Nähe

1. Gehe der Geschichte deiner Sexualität nach und werde dir über deine sexuellen Gefühle klar.
   - Denke über die Geschichte deines Penis' nach. Wann wurde dir zum erstenmal bewußt, daß du ein »schicksalhaftes Anhängsel« hast? Warst du als Junge stolz, verlegen, verstört, ehrfürchtig, beschämt, selbstzufrieden wegen deines Penis'? Welche Spitznamen benutztest du dafür: Schwanz, Pillermann, Schniedel, Pille, Glücksbringer? Wie waren deine Eltern eingestellt, was durftest du mit ihm tun und was nicht? Denkst du, dein Penis ist zu klein, zu groß, gerade richtig? Wie oft rebelliert »er« gegen »dich«, bringt

dich durch riskante sexuelle Abenteuer oder durch die Weigerung, auf Befehl zu stehen und aktiv zu sein, in Schwierigkeiten? Welche Erfahrung hast du mit Impotenz?

- Wann hast du angefangen zu masturbieren? Was dachtest du darüber? Beeinflußten dich religiöse Gebote in bezug auf die Selbstbefriedigung?
- Wann hattest du zum ersten Male Geschlechtsverkehr?
- Wie gut bringst du Leidenschaft und Zärtlichkeit in Einklang? Unter welchen Umständen fühlst du dich beim Sex am wohlsten? Bei Gelegenheitsbeziehungen, langdauernden Beziehungen, in der Ehe? Ist Sex am besten mit Liebe oder ohne?
- Wie stark begleitet bei dir Versagensangst den Verkehr?
- Wie haben sich deine sexuellen Wünsche und Gewohnheiten über die Jahre verändert?
- Hast du sexuelle oder zärtliche Gefühle gegenüber Männern?
- Vertraust du eher Männern oder Frauen?
- Wie verhältst du dich bei Konflikten mit Frauen? Bedrängst du sie und schüchterst sie ein? Hast du je eine Frau geschlagen, Sex als Strafe oder Erniedrigung benutzt, eine Frau zum Sex gezwungen? Schrumpfst du innerlich zusammen und ziehst dich zurück, wenn du es mit einer zornigen Frau zu tun hast? Welche Taktik benutzt du im Krieg zwischen den Geschlechtern?
- Wie sehr neigst du dazu, Frauen in Huren und Heilige, in reine und unreine einzuteilen? Hast du jemals eine Prostituierte besucht oder eine Frau verführt und gefühlt, sie sei »schmutzig«, »schlecht«, gehöre zum »Abschaum der Gesellschaft«?

2. Den Frauen zuhören.
- Lies feministische Literatur mit Wohlwollen und kritischem Verstand. Bis zu 90 Prozent – über den Daumen gepeilt – des Unterrichtsmaterials, auf das die meisten von uns während der Ausbildung gestoßen sind, vertritt die männliche Sichtweise. Dieses schiefe Bild wird allmählich von einer Generation neuer Frauen korrigiert. In jedem Buchladen gibt es entsprechende Werke in Hülle und Fülle. Man muß nur zwischen solchen Büchern, die in erster Linie ein leidenschaftliches Engagement für alles Weibliche darstel-

len, und denen unterscheiden, die eine konstante Vorwurfshaltung einnehmen. Zwei Bücher, die mein Denken verändert haben, sind »Frau und Natur« und »Pornography and Silence« von Susan Griffin.[11]

- Übe dich darin, Frauen zuzuhören, ohne sie zu unterbrechen. Psychologische Untersuchungen zeigen, daß Männer häufiger unterbrechen als Frauen. Sehr energische, durchsetzungsfähige Männer (sog. Typ-A-Persönlichkeiten) haben ihre Antworten gewöhnlich parat, ehe die Frage abgeschlossen ist, und tun sich schwer damit, das »dritte Ohr« zu benutzen. Es ist eine gute Praxis, Sätze schweigend aufzunehmen, um sicherzugehen, daß man das Gesagte verstanden hat, bevor man antwortet. Ich beobachte – kann es aber nicht beweisen –, daß in das weibliche Denken häufiger Bilder, Gefühle und persönliche Erfahrungen Eingang finden als bei Männern (für die eher abstraktes und unpersönliches Denken typisch ist). Männer wetteifern in gemischten Gruppen oft miteinander um Gehör, und Frauen kommen nicht zu Wort, außer wenn sie sehr aggressiv auftreten. Laß dich auf den ungewohnten Geprächsrhythmus von Frauen ein. Häufigste Klage der Frauen über Männer ist: »Sie hören uns ja nicht zu«.
- Was für eine Art Frau wärst du, falls du eine Frau sein könntest? Zeichne ein Bild von dir als Frau. Stell dir vor, wie es wäre, wenn in deinem Körper ein Kind heranwächst und du es gebärst und stillst. Wie würde die Erfahrung der Mutterschaft deine Sicht der Welt verändern?

3. Die Kunst zu lieben üben.
- Wen möchtest du mehr lieben? Was hält dich davon ab? Wer soll dich mehr lieben? Was hält diese Menschen davon ab? Was brauchst du, bekommst es aber nicht? Was hast du, was du anderen vorenthältst?
- Was wirst du *keinesfalls* aufgeben für eine harmonischere Ehe oder Beziehung, d. h. was steht nicht zur Diskussion / ist nicht verhandlungsfähig?
- Wie würdest du idealerweise dein Leben ordnen? Wieviel Zeit würdest du dem Alleinsein widmen, der Intimität (mit Freund, Geliebter, Familie), der Arbeit, dem Allgemeinwohl, der Entspannung?
- Schärfe dein Einfühlungsvermögen. Setze dich auf einen

öffentlichen Platz, beobachte die Vorübergehenden und benutze deine Phantasie, um dich in das Leben anderer Leute einzufühlen. Wie fühlt es sich an, der gutgekleidete, selbstsichere, zu einem Termin eilende Mann zu sein oder der den Verkehr lenkende Polizist, die alte obdachlose Frau, die ihre Habe in Plastiktüten mit sich herumschleppt, der Teenager, der die Straße hinunterrockt zum Rhythmus von Heavy Metal aus einem dröhnenden Kofferradio? Wenn du die Körperhaltung und -bewegung von anderen Menschen nachahmst, wirst du etwas darüber herausfinden, wie sie sich durch ihre Welt bewegen und sie erleben. Wenn du die Zeitung liest, versuche dich in die Vorgänge und das Leben der Leute in den Artikeln hineinzuversetzen. Stell' dir vor, du wärest die Frau, die von zwei Männern in einer Seitenstraße der 19. Avenue vergewaltigt und zusammengeschlagen wird. Wie ist ihr zumute, wenn sie aus dem Krankenhaus entlassen wird, wenn (oder falls) sie die Vergewaltigung bei der Polizei anzeigt, wenn sie in der Dämmerung eine Straße hinuntergeht und ihr ein fremder Mann entgegenkommt?

Gefühle und Empfindungen

Weil die künstliche Geschlechtertrennung in unserer Kultur den Männern Verstand und den Frauen Gefühl zuschreibt, sind die Männer Anfänger im Erkennen der einzelnen Empfindungen innerhalb ihres eigenen Gefühlsrepertoires.

● Fertige eine Übersicht über deine Gefühlslandschaft an. Stell' dir vor, du wärest ein Wissenschaftler, der dein Leben kühl unter die Lupe nimmt. Fang damit an, daß du an einem ganz normalen Tag stündlich Aufzeichnungen darüber machst, welche Empfindungen du gerade verspürst. Wie fühlst du dich, wenn du aufwachst? Bist du gespannt, was dir der Tag bringt oder steckst du voller negativer Vorahnungen? Was bleibt von deinen nächtlichen Träumen – ein Nachgeschmack von Angst, sexueller Erregung oder das Gefühl, frei wie ein Vogel gewesen zu sein? Welche Gefühle herrschen im Laufe deines Arbeitstages vor: Frustration, Befriedigung, Unmut, Stumpfheit, Schaffensfreude, Langeweile, Müdigkeit, selbstvergessene Hingabe an eine Problemlösung? Was fühlst du beim Nachhausegehen: Einsamkeit, Erleichterung, Zufriedenheit? Welche Emotionen kommen ins Spiel bei deiner Beziehung zu den für dich wichtigen anderen Menschen? Falls du deine Autobiographie schreiben würdest (was du ruhig tun solltest, um deine verlorenen und verdrängten Erinnerungen wiederzufinden), wie würdest du deine emotionale Befindlichkeit während der verschiedenen Abschnitte deines Lebens charakterisieren? Welche Gefühle waren vorherrschend, welche fehlten? Warst du chronisch voller Groll, wütend, wie betäubt, traurig oder sonst etwas?

● Versuche, deine Gefühle auszudrücken statt sie zu unterdrücken. Sobald du die Übersicht über die hellen und dunklen Farben in deiner emotionalen Bandbreite hast, kannst du dein Repertoire durch Übung erweitern. Um wirklich zu leben, brauchen wir die volle Farbpalette: von schwarzer Verzweiflung bis zur blauen Stunde, das unbestimmte Grau dazwischen, das hochfliegende Himmelblau, das Rot der Leidenschaft und das Gold des Triumphs. Gewöhne dir an, deine Gefühle zu klären und sie in angemessener Form auszudrükken. Eine langjährige enge Beziehung ist hier sehr wertvoll, weil wir dadurch jemanden haben, den wir ins Vertrauen ziehen können, mit dem wir unseren Gefühlsreichtum teilen können.

Nützliche Redewendungen und einleitende Sätze

Ich wünsche mir…
Ich möchte nicht…
Ja!
Nein!
Ich werde…
Ich will das nicht.
Hör bitte zu.
Ich höre zu.
Ich hatte unrecht.
Es tut mir leid.
Ich denke, das siehst du nicht richtig.
Ich gebe in diesem Punkt nicht nach.

Das hat mich verletzt.

Das hat mich wütend gemacht.

Darüber lohnt sich kein Streit.

Dafür werde ich kämpfen.

Ich bin leer... traurig... mutlos... schwermütig... deprimiert... müde... enttäuscht... gelangweilt... habe Angst.

Ich fühle mich wohl... bin zufrieden... hoffnungsvoll... leidenschaftlich... energiegeladen... aufgeregt, glücklich, fröhlich, befriedigt.

Das hört sich an, als ob du mich verantwortlich machst. Was genau soll ich deiner Meinung nach falsch gemacht haben?

Ich möchte nicht so viel arbeiten.

Diese Tätigkeit füllt mich nicht aus.

Ich habe Besseres zu tun.

Ich kündige.

Danke schön.

Wie man den männlichen Körper verändert

Alle unsere Empfindungen drücken sich nicht nur psychisch, sondern auch körperlich aus. Wenn wir niedergeschlagen sind, blicken wir zu Boden, das Herz wird uns schwer, wir atmen flach. Wenn wir Angst haben, wird die Brust eng, und es schnürt uns die Kehle ab. Wenn wir voller Groll und Erbitterung sind, machen wir schmale Augen, und die Lippen werden dünn und zusammengepreßt. Wenn wir aufgebracht sind oder uns fürchten, überflutet uns Adrenalin, und unser Herzschlag beschleunigt sich als Vorbereitung auf Angriff oder Flucht. Wenn wir uns freuen, wird uns leicht, wir werden von Wärme durchströmt, es prickelt innerlich. Auch wenn wir der Psyche, dem Körper und dem Geist verschiedene Namen geben, sind sie doch nicht voneinander zu trennen.

Hieraus folgt, daß die Psyche eines Kriegers ein anderes physiologisches Profil als die eines Wanderers hat. Was Wilhelm Reich den »Charakterpanzer des Kämpfers« nannte, kommt im Verteidigungsmechanismus des Körpers zum Ausdruck – die chronisch angespannten und verkürzten Brustmuskeln, der eng zusammengezogene Schließmuskel und der verengte Blick –, außerdem in einem gewohnheitsmäßig paranoiden Denken und in der Projektion des Bösen auf einen äußeren Feind. Im Gegensatz dazu ist der physische Charakterpanzer bei einem Wanderer weicher geworden, weil er daran gewöhnt ist, seinen Empfindungen wie Kummer, Reue, Zweifel, Furcht, Verwunderung, Freude usw. freien Lauf zu lassen. Er verändert sich nach und nach durch das tiefere Atmen, wird feinnervig, dünnhäutig, verwundbar, offen und flexibel.

Die östlichen Religionen haben sich immer schon auf psychophysiologische Disziplinen konzentriert. Im Zen-Buddhismus wie in den mystischeren Formen des Hinduismus spielt das bewußte Wahrnehmen unseres eigenen Atemrhythmus' eine große Rolle, sowohl als zentraler Metapher wie als therapeutische Übung. Da Atem und Geist ein und dasselbe sind, führt das bewußte Ein- und Ausatmen zur Erkenntnis unserer wahren Identität und zur Teilhabe an der Wirklichkeit im tiefsten Sinne. Wir finden heraus, daß Atman (der menschliche Atem-Geist) Brahman ist (der universale Atem-Geist). Die sogenannten Kampfsportarten – Judo, Kung-Fu, Aikido – dienen nur der Selbstverteidigung, sie sind »Meditationen durch Bewegung«, die darauf abzielen, einen reagierenden statt einen aggressiven Körper zu schaffen. Der disziplinierte Kampfsportler ist geschmeidig, aber nicht schlaff, bewußt genug, um sich aus Schwierigkeiten herauszuhalten, doch in der Lage, auf Gefahr zu reagieren. Er oder sie benutzt nicht als erste(r) Gewalt.

In letzter Zeit sind auch im Westen körperorientierte Therapien und Disziplinen entstanden. Jogging, Vollwerternährung, Joga und verschiedene Formen der Meditation (meistens mit dem Ziel, Streß abzubauen) sind weit verbreitet. Sensuelles Bewußtsein, Massage, Rolfing (Strukturelle Integration), Arbeit nach Feldenkrais und die Alexander-Technik sind inzwischen weithin akzeptiert als Möglichkeiten, an der körperlichen Komponente unserer unterdrückten Gefühle und unserer eingeengten Denkweisen und Lebensformen zu arbeiten.

Wenn du von einem Krieger zum Wanderer werden willst, kann es hilfreich sein, eine Kampfsportart, Joga oder eine der Körpertherapien zu beginnen. Wenn du stets auf dem Sprung bist, angespannt und hektisch, kannst du durch Massagen mehr erreichen, als wenn du an immer noch einem Marathon teilnimmst und versuchst, die Mitbewerber oder deine eigene Bestzeit zu schlagen. Die Konkurrenz aus dem Feld zu schlagen, mag für General Motors gut sein und in der Squash-Halle Spaß machen, aber Konkurrenzkampf als Lebensstil laugt dich mit Sicherheit aus.

Wie man das Alleinsein kultiviert

- Wenn du »seit Ewigkeiten« verheiratet bist und ihr schon wie siamesische Zwillinge lebt, dann versucht es mal mit einem getrennten Urlaub. Verreise ganz allein. Entdecke deinen eigenen Rhythmus wieder: wann du gern aufstehst und zu Bett gehst, was du gern ißt, worüber du nachdenkst, wenn du ungestört bist.
- Schaffe dir ein Refugium, wo du allein sein kannst – ein Zimmer, einen Schuppen, eine Hütte in der Wildnis –, in das du dich zurückziehen kannst, um die Beziehung zu dir selbst zu pflegen. An welchem Ort kannst du abschalten und zur Ruhe kommen?
- Führe ein Tagebuch, eine fortlaufende Aufzeichnung deiner Fragen, Selbstgespräche, Beobachtungen, Erlebnisse.
- Achte auf deine Träume. Wenn du dich an deine Träume nicht mehr erinnern kannst, fang' damit an, daß du dir vorm Einschlafen sagst, daß du einen Traum haben und dich daran erinnern wirst. Halte Papier und Bleistift oder einen Kassettenrekorder neben dem Bett bereit, und wenn du aus einem Traum erwachst, halte alles fest, woran du dich erinnern kannst. Wenn du morgens aufwachst, bleibe noch eine Weile in der Position liegen, in der du geschlafen hast. Spring nicht hastig aus dem Bett, sondern laß es noch einige Zeit »köcheln«, wie Howard Thurman es ausdrückte. Wenn du noch Bilder, die aus deinen Träumen stammen, vor dir siehst, spinne sie noch etwas aus und laß deine Phantasie spielen, bevor du dich den Forderungen des Tages zuwendest. Halte mehrmals am Tage inne und spiele die Traumbilder, die dich in der letzten Nacht am meisten erschreckt, aufgeregt oder bekümmert haben, noch einmal durch. Falls du ein Problem in deinem persönlichen oder beruflichen Leben zu lösen hast, laß die Traumbilder und das Problem aufeinanderstoßen und warte ab, ob sie – wie Feuerstein und Stahl – einen zündenden Funken erzeugen, der die eine Lösung anzeigt.

● Um die Beziehungen zu mir selbst zu pflegen, bevorzuge ich vor allem das Spazierengehen. Der Philosoph Friedrich Nietzsche sagte einmal, die einzig guten Ideen wären die, die ihm beim Wandern unter offenem Himmel kämen. Ich erlebe es immer wieder, daß der Durchbruch erst zustande kommt, wenn ich das Nachdenken und das Suchen nach einer Problemlösung aufgegeben habe und einfach nur lange im Wald oder am Strand entlang wandere oder wenn ich ohne einen bestimmten Zweck in einer fremden Stadt herumschlendere.

Rituale, Zeremonien und symbolische Ereignisse

Rituale und Zeremonien stehen halbwegs zwischen Reflexion und Aktion. Symbolische Akte sind wie die Sakramente in den Kirchen äußere und sichtbare Zeichen von inneren und unsichtbaren psychischen und spirituellen Realitäten. Sie akzentuieren unser Leben und machen sichtbar, worin wir einen Sinn finden. In letzter Zeit haben Männer- wie Frauengruppen bei ihren Zusammenkünften neue Rituale geschaffen, um ihr neues Selbstverständnis und ihre Identität auszudrücken. Viele haben Indianerbräuche übernommen, sie trommeln, tanzen und schwitzen in Zelten. Meine Gruppe findet nur wenig Gefallen an formalen Ritualen, aber wir unternehmen jedes Jahr eine Wildwasserfahrt, bei der wir unterwegs zelten. Wir finden, daß das Abenteuer auf dem Fluß, das Kochen, Essen und Sitzen am Feuer uns gemeinsame Erinnerungen und ein starkes Gemeinschaftsgefühl verschaffen.

Beseeltes und mannhaftes Handeln

Nachdenken, das nicht mit sozialem Handeln verbunden ist, und eine Seelenreise, die sich nicht im Praktizieren bestimmter Tugenden niederschlägt, sind steril, und umgekehrt. Introversion und Extroversion sind das Yin und Yang eines ausgeglichenen Lebens.

Es gibt unendliche Möglichkeiten, um seine Männlichkeit auf geistige und fürsorgliche Weise auszudrücken. Folgenden Beispielen von Männern, die ihr Interesse an anderen ausdrücken, bin ich in letzter Zeit begegnet: Männern, die für vaterlose Jungen die Rolle des großen Bruders übernommen haben; Männer, die durch bestimmte Maßnahmen Wanderfalken vor dem Aussterben retteten; Männer, die in Krankenhäuser gehen und sich um Babys von drogenabhängigen Müttern kümmern; Männer, die ein Frauenhaus als Zuflucht für mißhandelte Frauen finanzieren halfen; die Neueinwanderer in Englisch unterrichten; die Gärten auf unbebauten städtischen Grundstücken anlegen; die für taubstumme Kinder ein computergestütztes Kommunikationssystem schufen; eine örtliche Gruppe der Demokratischen Partei verjüngten; als Lobbyisten tätig sind, um die Fernsehprogramme zu verbessern, so daß Interaktionen und kommunale Belange stärker berücksichtigt werden.

Finde ein angemessenes Ausdrucksmittel für das, was dich persönlich bewegt. Im allgemeinen ist es ratsam, die Aufmerksamkeit und Energie auf ein soziales Übel zur Zeit zu richten, damit du auch wirklich etwas bewirkst.

Zuallerletzt gibt es nur zwei Regeln: Nimm dich selbst ernst. Tue etwas für andere. Und beide Regeln laufen, wenn ich so darüber nachdenke, auf dasselbe hinaus.

Anhang

Idealnote 10:
Das Psychogramm des idealen Mannes
Eine Umfrage
aus *Psychology Today*

Spieglein, Spieglein an der Wand
Wer ist der beste im ganzen Land?

Helden sind Übersetzungen unserer Ideale in Fleisch und Blut, sie verkörpern das, wonach wir streben, in ihnen spiegeln sich unsere Träume und Sehnsüchte wider.

Jede Epoche schafft sich ihre eigenen Helden und Heldinnen, Heiligen und Vorbilder, Schönheitsideale, Stars und Halbgötter. Wir siedeln unsere Träume auf den Wettkampfstätten Olympias an, unter Glaskuppel-Firmamenten und Himmeln aus Zelluloid, und wir projizieren unseren Hang zur Vollkommenheit auf Heilige und makellose Menschen. Jede Generation steht aufs neue ehrfürchtig staunend vor dem Lebensstil, den die Reichen und Berühmten entfalten.

Das Reich unserer Idole, gleich ob Männer oder Frauen, ist ein Reich voller Widersprüche und Paradoxe. Es finden sich dort Personen, denen wir tatsächlich Bewunderung entgegenbringen und solche, die zu bewundern wir uns verpflichtet fühlen. Als da wären: liebenswerte Schurken, interessante Neurotiker, Menschen, die wegen ihres Sexualverhaltens diskriminiert werden, bunt gemischt mit weisen Staatsmännern, großen Erfindern und Heiligen. Bei einem Bankett zu Ehren der Idole unserer Zeit würden Mae West und Mutter Theresa, Donald Trump und Norman Lear, Sean Penn und Paul Newman, Ronald Reagan und Michail Gorbatschow, Oliver North und Ralph Nader alle einträchtig nebeneinander sitzen. Mit dabei wären auch allerlei neue Stars und Sternchen, wie sie allwöchentlich von *People*, *U.S. News and World Report*, *Time*, *Newsweek* usw. gekürt werden. In einer Gesellschaft, in der die Massenmedien regieren, liegen strahlender Ruhm und anrüchige Berühmtheit dicht beieinander. Jeder, der häufiger in Werbespots oder Talkshows auftritt, kann sich zu den Helden dazuzählen. Selbst der verstorbene Ed McMahon und die ewig lächelnde Martha Ray mit ihren strahlend weißen Zähnen scheinen hier Ansprüche anmelden zu können.

Haben die Medien uns Männer und Frauen der Moderne einer Gehirnwäsche unterzogen? Sind unsere ethischen Werte verlorengegangen? Sind wir so unkritisch geworden, daß uns der Ruhm der Klatschspalten soviel gilt wie wahre Größe? Machen wir es uns leicht und richten unsere Ideale allein nach dem, was wir zu leisten vermögen?

Ich ging zunächst von einer Vermutung aus, daß nämlich die meisten Männer und Frauen viel klarere Vorstellungen über Ideale der Männlichkeit bzw. der Weiblichkeit haben, als man bei einem Blick auf die angesprochenen populären Heroen vermuten sollte. Um diese Hypothese auf eine solidere Grundlage zu stellen, machte ich mich zusammen mit meinem Kollegen Dr. Ofer Zur daran, einen Fragebogen zu entwickeln, der Aufschluß geben sollte über die Einschätzung dessen, was die Befragten unter idealen Männern verstehen, unter guten Männern, durchschnittlichen Männern und minderwertigen Männern. Dieser Fragebogen erschien erstmals im März 1989 in *Psychology Today*. Wir werteten über 6000 Fragebögen aus – vielen waren übrigens Briefe beigefügt – und veröffentlichten die Ergebnisse in einem zweiten Artikel im November 1989. Beide Artikel sind im nachfolgenden abgedruckt, und ich möchte hier meinen besonderen Dank aussprechen an meinen Ko-Autor und ständigen Dialogpartner, meinen Freund Dr. Zur.

An dieser Stelle wollen Sie, liebe Leser, vielleicht die Lektüre unterbrechen, um den Fragebogen auszufüllen und später Ihre Antworten mit denen der Leser von *Psychology Today* zu vergleichen.

DAS PSYCHOGRAMM
DES IDEALEN MANNES

Eine Untersuchung von Sam Keen und Ofer Zur

Zu der Zeit, als John Wayne sich auf dem Höhepunkt seiner Karriere befand – oder auch Alan Alda, sein Gegenpart in den siebziger Jahren – hatten wir alle genaue Vorstellungen vom idealen Mann.

Wie ist das heute? In einer Welt voller Bestseller über »Männer, die Frauen hassen«, mag diese Frage erlaubt sein. Worin besteht unser Ideal der Männlichkeit? Wer erreicht die Idealnote 10, nicht nur im Aussehen? Gibt es immer noch Initiationsriten für Männer? Könnten Sie aus Ihrem engeren oder weiteren Bekanntenkreis jemanden nennen, der als idealer Mann gelten kann? Und was ist es, das den idealen Mann auszeichnet im Vergleich zum guten Mann oder zum durchschnittlichen bzw. minderwertigen Mann?

LEBENSPHILOSOPHIEN

Jeder orientiert sich im Leben an bestimmten Grundüberzeugungen. Die Frage ist, welcher Lebensphilosophie der ideale Mann anhängt und welcher die eher durchschnittlichen Männer bzw. die minderwertigen Männer. Lesen Sie die folgenden Aussagen und bewerten Sie auf einer Skala von A bis D. *Kreisen Sie den entsprechenden Buchstaben ein.*

A steht für die Philosophie eines idealen Mannes (ein Held, ein besonderer Mensch, einer mit der Idealnote 10 für seine Gesamtpersönlichkeit, einer der wenigen außergewöhnlichen Menschen, die Sie verehren.)

B ist ein guter Mann (über dem Durchschnitt stehend, ein Mann, dem sie Respekt zollen).

C der durchschnittliche, alltägliche Mann.

D der minderwertige Mann; der Typ Mann, dem Sie aus dem Weg gehen.

Seine Lebensphilosophie	Bewertung	
Was du nicht willst, daß man dir tu, das füg' auch keinem anderen zu.	A B C D	(1:6)
Gehe nicht auf Streit aus.	A B C D	(7)
Versuche stets, die Nummer 1 zu sein.	A B C D	(8)
Das Leben ist hart, und am Ende stirbt man.	A B C D	(9)
Verlaß dich auf dein Gefühl.	A B C D	(10)
Zeit ist Geld. Geld ist Macht.	A B C D	(11)
Nimm, was du kriegen kannst, ohne Skrupel.	A B C D	(12)
Nimm's leicht. Schwimme mit dem Strom.	A B C D	(13)
Leben ist ein Geschenk, das man teilen muß.	A B C D	(14)
Verlange von einem jeden nach seinen Fähigkeiten, gib einem jeden nach seinen Bedürfnissen.	A B C D	(15)
Tue deine Pflicht und befolge die Gesetze.	A B C D	(16)
Verlasse eine bessere Welt, als du vorgefunden hast.	A B C D	(17)
Stelle Autorität in Frage.	A B C D	(18)
Mein Vaterland über alles.	A B C D	(19)
Wer die besseren Karten hat, gewinnt.	A B C D	(20)
Sorge für die Familie ist Hauptbestimmung des Mannes.	A B C D	(21)

	Bewertung	
Hilf dir selbst, dann hilft dir Gott.	A B C D	(22)
Achte alles Lebendige.	A B C D	(23)
Jesus ist mein persönlicher Erlöser.	A B C D	(24)

Übergangsriten

Jede Gesellschaft hält bestimmte Erfahrungen für unabdingbar, damit aus einem Jungen ein Mann wird. In gleicher Weise ordnet sie auch dem Leben außergewöhnlicher Männer ganz spezielle Erfahrungen zu. Kreisen Sie den entsprechenden Buchstaben für eine der nachfolgend benannten Erfahrungen ein, die Ihrer Meinung nach nötig sind, damit aus einem Jungen ein Mann wird:

A: ein idealer Mann
B: ein guter Mann
C: ein durchschnittlicher Mann

Wenn die Erfahrung Ihrer Ansicht nach kein Initiationsritual darstellt, überspringen Sie einfach den betreffenden Punkt.

Seine Erfahrung	**Bewertung**	
Beschneidung	A B C	(25)
Kämpft, um sich zu verteidigen	A B C	(26)
Erhält ein Gewehr	A B C	(27)
Der erste Sex	A B C	(28)
Heirat	A B C	(29)
Stellt seine eigenen Wertmaßstäbe auf, anstatt denen der Gesellschaft oder seiner Eltern zu folgen	A B C	(30)
Verläßt sein Zuhause	A B C	(31)
Geht auf Abenteuer aus	A B C	(32)
Wird Vater	A B C	(33)
Macht sich stark für seine eigenen Ansichten	A B C	(34)
Schließt seine Ausbildung ab	A B C	(35)
Ist materiell unabhängig	A B C	(36)
Kann eine Familie ernähren	A B C	(37)
Zieht in den Krieg	A B C	(38)
Findet seinen Traumberuf	A B C	(39)
Macht Karriere im Beruf	A B C	(40)
Tod seiner Eltern	A B C	(41)
Trotzt in einer Gewissensfrage jedweder Autorität	A B C	(42)
Findet Zugang zu spirituellen Werten	A B C	(43)
Unterhält enge freundschaftliche Bindungen zu anderen Männern	A B C	(44)
Unterwirft Frauen seinem Willen	A B C	(45)
Bevorzugt partnerschaftliche Beziehungen zu Frauen	A B C	(46)
Nimmt aktiv am politischen Leben teil	A B C	(47)
Wird Mentor für Jüngere	A B C	(48)
Ist sich seiner Schwächen bewußt	A B C	(49)
Entwickelt Verständnis für andere	A B C	(50)
Findet zu Geduld, Klugheit und Weitsicht	A B C	(51)
Stellt sich dem Tod mit Würde	A B C	(52)
Sonstiges _____	A B C	(53)

Das Bild des idealen Mannes

Welche der folgenden Aussagen bringen am ehesten die Überzeugungen, Einstellungen und das Verhalten eines idealen Mannes zum Ausdruck? *(Kreuzen Sie alle Aussagen an, die Sie für richtig halten.)*

Tatkräftig, nimmt die Dinge in die Hand	☐ 54
Passiv, reagiert auf die Initiativen anderer	☐ 55
Extrovertiert	☐ 56
Introvertiert	☐ 57
Steht mit beiden Beinen im Leben	☐ 58
Reflektiv, ästhetisch, träumerisch	☐ 59
Pragmatisch, praktisch ausgerichtet	☐ 60
Auf der Suche nach spiritueller Erfüllung	☐ 61
Berechenbar, zuverlässig, korrekt	☐ 62
Zuweilen wild und voller Überraschungen	☐ 63
Kommt allein zurecht, genügt sich selbst	☐ 64
Nimmt Hilfe von anderen gern an	☐ 65
Persönlichkeitstyp A: energisch, durch nichts zu beirrren	☐ 66
Persönlichkeitstyp B: locker und entspannt	☐ 67
Unerschütterliches Selbstvertrauen	☐ 68
Unsicher, von Selbstzweifeln geplagt	☐ 69
Selbstbestimmt in dem, was er tut	☐ 70
Richtet sich nach dem Rat anderer	☐ 71
Was er tut, ist sorgfältig geplant	☐ 72
Handelt spontan	☐ 73
Zeigt keine äußerliche Reaktion auf Schmerz	☐ 74
Schämt sich nicht, Trauer zu zeigen	☐ 75
Kritikfreudig	☐ 11 : 6
Tolerant	☐ 7
Gepflegte Umgangsformen, weltmännisch	☐ 8
Eher salopp, einfach und direkt	☐ 9
Angenehm im Umgang	☐ 10
Anregend, manchmal schwierig	☐ 11
Immer da zu finden, wo etwas los ist	☐ 12
Sucht und genießt Einsamkeit	☐ 13
Ausgeglichen im Temperament, ruhig	☐ 14
Nicht frei von Launen	☐ 15
Starke physische Präsenz	☐ 16
Geistig-intellektuelle oder moralische Präsenz	☐ 17
Achtet auf Ernährung, Fitness und Gesundheit	☐ 18
Ignoriert seinen Körper weitgehend	☐ 19
Schätzt das Leben in freier Natur und körperliche Anstrengung	☐ 20
Liebt die Großstadt, hat vielfältige kulturelle Interessen	☐ 21

Verfügt über Charisma und Begeisterungsfähigkeit □ 22
Ist kühl, rational und selbstbeherrscht □ 23

In Gesellschaft nicht zu übersehen □ 24
Seine Anwesenheit wird kaum bemerkt □ 25

Sieht gut aus □ 26
Aussehen spielt keine Rolle □ 27

Ein idealer Mann sieht den Sinn des Lebens primär
(Kreuzen Sie nur eine Aussage an):
In seiner Arbeit □ 28-1
In der Familie □ -2
In Selbsterfahrung und Persönlichkeitsentwicklung □ -3
In Spiel, Sport und Freizeit □ -4
In dem Bestreben, anderen zu helfen □ -5
In künstlerischen Aktivitäten □ -6
In der Beteiligung am politischen Leben bzw. im Streben nach Macht □ -7
In Reichtum □ -8
In Religiosität □ -9
In anderen Dingen ——————————————————————— (29)

Liebe, Sex und Macht

In welchem Maß ist der ideale Mann ein Macho? Wie hält er es mit der Tradition? Im folgenden Abschnitt *kreuzen Sie bitte nur die Aussagen an, die am ehesten Überzeugungen, Einstellungen und Verhalten eines idealen Mannes zum Ausdruck bringen.*

Seine Einstellung zu Frauen
Verglichen mit Männern findet er Frauen:

	Stärker	Gleich	Weniger
Intuitiv	□ 30-1	□ -2	□ -3
Fürsorglich	□ 31-1	□ -2	□ -3
Rational	□ 32-1	□ -2	□ -3
Aggressiv	□ 33-1	□ -2	□ -3
Sexuell aggressiv	□ 34-1	□ -2	□ -3

Der ideale Mann glaubt *(kreuzen Sie alle Aussagen an, die Sie für richtig halten)*:
Im Berufsleben wird es humaner zugehen, wenn mehr Frauen
in Managementpositionen aufgerückt sind. □ 35
Das Berufsleben wird die Frauen stärker verändern als die Frauen
das Berufsleben. □ 36
Ein Mann, der finanziell von einer Frau abhängig ist,
nimmt Schaden an seiner Männlichkeit. □ 37
Frauen, die im Berufsleben stehen, sind interessanter als Nur-Hausfrauen. □ 38
Frauen mit kleinen Kindern sollten, wenn irgend möglich,
zu Hause bleiben. □ 39
Frauen sollten zum Militärdienst eingezogen werden und sich
auch den Gefahren bewaffneter Konflikte aussetzen. □ 40
Männer sind im allgemeinen besser geeignet für Führungspositionen
in Politik und Wirtschaft als Frauen. □ 41
Wenn Frauen mehr Einfluß in der Politik hätten, gäbe es weniger Kriege. □ 42

Seine Einstellung zur Sexualität

Der ideale Mann glaubt *(kreuzen Sie alle Aussagen an, die Sie für richtig halten)*:
Sex trägt wesentlich zum Lustgewinn bei. ☐ 43
Nähe ist wichtiger als Sex. ☐ 44
Homosexualität ist pervers. ☐ 45
Homosexualität ist normal und legitim. ☐ 46

Der ideale Mann *(kreuzen Sie alle Aussagen an, die Sie für richtig halten)*:
Hat nicht-sexuelle Freundschaften mit Frauen. ☐ 47
Ist eng mit anderen Männern befreundet. ☐ 48
Zieht flüchtige Bekanntschaften, unverbindlichen Sex vor. ☐ 49
Ist seiner Ehefrau bzw. Partner(in) sexuell treu. ☐ 50
Kann auch zölibatär leben. ☐ 51
Ist heterosexuell. ☐ 52
Ist homosexuell. ☐ 53
Ist bisexuell. ☐ 54

Der ideale Mann wird sexuell am stärksten angezogen von
(kreuzen Sie nur eine Aussage an):
Körperlich attraktiven Partnern ☐ 55-1
Fürsorglich-zärtlichen Partnern ☐ -2
Starken Persönlichkeiten ☐ -3
Partnern, die sich stärker zurücknehmen als er ☐ -4

Seine Ansichten über Familie

Der ideale Mann *(kreuzen Sie alle Aussagen an, die Sie für richtig halten)*:
Sieht die Vaterrolle als wesentlich für sein Selbstverständnis als Mann. ☐ 56
Sieht seine Rolle als Ehemann als wesentlich für sein Selbstverständnis
als Mann. ☐ 57
Zieht es vor, nicht zu heiraten und Kinder zu haben, um sich ganz
seinem Beruf widmen zu können. ☐ 58
Bemüht sich um einen hohen Lebensstandard für seine Familie. ☐ 59
Ist auch bereit, die Rolle des Nur-Hausmannes zu übernehmen. ☐ 60
Würde eine Arbeit ablehnen, bei der er häufig von seiner Familie ☐ 61
getrennt wäre.

Sein Verhältnis zu Wut und Gewalt

Der ideale Mann *(kreuzen Sie alle Aussagen an, die Sie für richtig halten)*:
Ist in Beruf und Sport ausgesprochen wettbewerbsorientiert. ☐ 62
Ist kooperativ, nicht wettbewerbsorientiert. ☐ 63
Zeigt seine Wut, wird aber nicht gewalttätig. ☐ 64
Schlägt niemals eine Frau, auch wenn sie ihn geschlagen hat. ☐ 65
Ist manchmal in Prügeleien mit anderen Männern verwickelt. ☐ 66
Würde mit körperlicher Gewalt gegen jemanden angehen,
der seine Familie bedroht. ☐ 67
Sieht gern gewaltbetonte Sportarten wie Eishockey und Boxen. ☐ 68
Ist ein guter Jäger. ☐ 69
Ist Pazifist. ☐ 70
Für eine Sache, an die er glaubt, würde er in den Krieg ziehen. ☐ 71

Männer, berühmt und berüchtigt

Nennen Sie zwei berühmte Männer, noch lebend oder schon tot, literarische Figuren oder wirkliche Personen, die für Sie am eindeutigsten den Typus des idealen Mannes, des guten Mannes, des durchschnittlichen Mannes bzw. des minderwertigen Mannes verkörpern. Notieren Sie in der Zeile unterhalb des Namens einige der Eigenschaften, die den jeweiligen Mann auszeichnen.

Der ideale Mann Nr. 1: _____ (72)
Seine Eigenschaften: _____
_____ (73)
Der ideale Mann Nr. 2: _____ (74)
Seine Eigenschaften: _____
_____ (75)
Der gute Mann Nr. 1: _____ (III:6)
Seine Eigenschaften: _____
_____ (7)
Der gute Mann Nr. 2: _____ (8)
Seine Eigenschaften: _____
_____ (9)
Der durchschnittliche Mann Nr. 1: _____ (10)
Seine Eigenschaften: _____
_____ (11)
Der durchschnittliche Mann Nr. 2: _____ (12)
Seine Eigenschaften: _____
_____ (13)
Der minderwertige Mann Nr. 1: _____ (14)
Seine Eigenschaften: _____
_____ (15)
Der minderwertige Mann Nr. 2: _____ (16)
Seine Eigenschaften: _____
_____ (17)

Ihr ganz spezieller Held

Nennen Sie, wenn Sie sich dazu in der Lage sehen, einen Mann, den Sie persönlich kennen und der dem idealen Mann am nächsten kommt. Beschreiben Sie die Eigenschaften, die ihn auszeichnen:
_____
_____ (18)

Wo findet man ihn?

In welcher Art von Job, in welchem Beruf (akademisch, nichtakademisch) wird man einen idealen Mann am ehesten finden?
_____ (19)
In welcher Art von Job, in welchem Beruf (akademisch, nichtakademisch) ist die Wahrscheinlichkeit am geringsten, ihn zu finden?
_____ (20)

Ein idealer Mann wird wahrscheinlich leben:
In einer Großstadt mit mehr als

1 Million Einwohnern	☐ 21-1	In einer Kleinstadt	☐ -4
In einer kleineren Großstadt	☐ -2	Auf dem Land	☐ -5
In einem Vorort	☐ -3	Überall anzutreffen	☐ -6

Ihre eigenen Einstellungen

Wie sehen Sie den Wandel unserer Gesdellschaft? Drücken Sie Zustimmung oder Ablehnung bei den folgenden Fragen aus, indem Sie *die jeweilige Ziffer einkreisen.*

Starke Zustimmung			Starke Ablehnung	
1	2	3	4	(22)

Im Film von heute gibt es Männer vom Schlage eines Gary Cooper oder Clark Gable nicht mehr.

1	2	3	4	(23)

Die Männer scheinen heutzutage Probleme mit ihrem Selbstverständnis zu haben.

1	2	3	4	(24)

Jetzt, da Frauen in der Arbeitswelt mehr und mehr Fuß fassen und besser verdienen, geht es auch den Männern besser.

1	2	3	4	(25)

Männer wären glücklicher, wenn sie sich mehr ihren Familien und dem politischen Leben, weniger ihrem Beruf widmen würden.

1	2	3	4	(26)

Frauen wären glücklicher, wenn sie sich mehr ihren Familien und dem politischen Leben, weniger ihrem Beruf widmen würden.

1	2	3	4	(27)

Jetzt, da die meisten Frauen einer Arbeit außerhalb des Hauses nachgehen, geht es Männern und Frauen schlechter.

1	2	3	4	(28)

Frauen besitzen ein gefestigteres Selbstverständnis als Männer.

1	2	3	4	(29)

Selbst in den achtziger Jahren unseres Jahrhunderts ist es immer noch leichter, ein Mann zu sein als eine Frau.

1	2	3	4	(30)

Im allgemeinen scheinen Frauen heutzutage glücklicher zu sein als Männer.

1	2	3	4	(31)

Angaben zur Person

Sind Sie: Männlich ☐ 32-1   Weiblich ☐ -2

Ihr Alter _____ (33)

Höchster Schul-/Studienabschluß: _____ (34)

Sind Sie derzeit Student(in)?   Ja ☐ 35-1   Nein ☐ -2

Ihr Familienstand: _____ (36)

Ihr ethnischer Hintergrund:

Weiß	☐ 37-1	Afro-Amerikanisch	☐ -3
Hispanisch	☐ -2	Asiatisch	☐ -4
Sonstige _____		(-5)	

Wie hoch ist Ihr Jahreseinkommen, und (falls andere Personen in Ihrem Haushalt leben), wie hoch ist das Jahreseinkommen Ihres Haushaltes?

	Ihr Einkommen (38)	Haushalts- Einkommen (39)
Unter 20 000 Dollar	☐ -1	☐ -1
20 000–29 999 Dollar	☐ -2	☐ -2
30 000–39 999 Dollar	☐ -3	☐ -3
40 000–59 999 Dollar	☐ -4	☐ -4
60 000–74 999 Dollar	☐ -5	☐ -5
75 000 oder mehr Dollar	☐ -6	☐ -6

Haben Sie Kinder?　　Ja　☐ 40-1　　Nein　☐ 40-2

Ihr Beruf _____ (41)

Genaue Bezeichnung Ihrer Tätigkeit: _____
_____ (42)

Sie wohnen in:
einer Großstadt mit mehr als

1 Million Einwohnern ☐ 43-1	In einer Kleinstadt	☐ -4
einer Großstadt	Auf dem Land	☐ -5
(unter 1 Million) ☐ -2		
einem Vorort ☐ -3		

Die Region, in der Sie leben:

Nordosten	☐ 44-1	Südwesten	☐ -4
Süden	☐ -2	Westküste	☐ -5
Mittlerer Westen	☐ -3		

Ihre politische Einstellung:

Konservativ	☐ 45-1	Liberal	☐ -3
Gemäßigt	☐ -2		

Sonstige _____ (-4)

Glaubenszugehörigkeit:

Protestantisch	☐ 46-1	Jüdisch	☐ -3
Katholisch	☐ -2	Agnostisch/Atheistisch	☐ -4

Sonstige _____ (-5)

Ihre sexuellen Neigungen:

Heterosexuell	☐ 47-1	Bisexuell	☐ -3
Homosexuell	☐ -2	Zölibatär	☐ -4

Nur für Männer: Wenn Sie sich auf der Skala, die wir zugrunde gelegt haben, selbst einordnen sollten, würden Sie sich bezeichnen als:

Idealer Mann	☐ 48-1
Guter Mann	☐ -2
Durchschnittlicher Mann	☐ -3
Minderwertiger Mann	☐ -4

Nur für Frauen: Bitte ordnen Sie den Mann, der Ihnen am nächsten steht, auf der Skala ein, die wir verwendet haben:

Ist er Ihr:

Ehemann	☐	49-1	Vater	☐ -4
Liebhaber	☐	-2	Bruder	☐ -5
Freund	☐	-3		

Sonstige _____ (-6)

Würden Sie sagen, er ist:

Ein perfekter Mann	☐	50-1
Ein tüchtiger Mann	☐	-2
Ein durchschnittlicher Mann	☐	-3
Ein minderwertiger Mann	☐	-4

ERGEBNISSE

EIGENSCHAFTEN DES IDEALEN MANNES:

Höchste Zuordnungen

Passiv, reagiert auf die Initiativen anderer	89 %
Starke geistig-intellektuelle, moralische oder physische Präsenz	87 %
Achtet auf Ernährung, Fitness und Gesundheit	87 %
Schämt sich nicht, Trauer zu zeigen	86 %
Reflektiv, ästhetisch, träumerisch	82 %
Selbstbestimmt in dem, was er tut	77 %
Ausgeglichen im Temperament, gemäßigt	77 %
Angenehm im Umgang	75 %
Tolerant	74 %
Nimmt Hilfe von anderen gern an	70 %
Tatkräftig, nimmt die Dinge in die Hand	68 %

Niedrigste Zuordnungen:

Ignoriert seinen Körper weitgehend	2 %
Zeigt keine äußere Reaktion auf Schmerz	6 %
Nicht frei von Launen	10 %
Kritikfreudig	14 %
Introvertiert	16 %
Immer da zu finden, wo etwas los ist	20 %
Persönlichkeitstyp A	20 %
Gepflegte Umgangsformen, weltmännisch	22 %

Die angegebenen Prozentzahlen beziehen sich auf den Anteil der Umfrageteilnehmer, die glauben, daß diese Faktoren etwas aussagen über »Überzeugungen, Einstellungen und Verhalten eines idealen Mannes«.

DIE MÄNNER UNSERER TRÄUME...

Einer der wenigen Punkte, an denen Männer und Frauen weit auseinander liegen, betrifft einmal die berühmten Männer, die benannt werden sollten (es handelte sich um zwei Namen) als Verkörperung des idealen, des guten, des durchschnittlichen und des minderwertigen Mannes. Zum anderen betrifft er die Eigenschaften, die diesen Männern zugesprochen werden. Die Prozentzahlen liegen niedrig, da hier etwas zu schreiben war – wir führen hier die ersten zehn aus der Kategorie der idealen Männer auf und jeden aus den anderen Kategorien, der von mindestens 5% der männlichen bzw. weiblichen Umfrageteilnehmer genannt wurde. Eines zeigt sich deutlich: Es fällt uns leichter, darin Übereinstimmung zu finden, wen wir hassen, als darin, wen wir lieben.

Ideale Männer

Frauen nennen		*Männer nennen*	
Jesus	14%	Jesus	17%
Ghandi	8%	Ghandi	11%
Alan Alda	7%	John F. Kennedy	10%
Tom Selleck	6%	Abraham Lincoln	9%
Abraham Lincoln	6%	Martin Luther King, Jr.	9%
Paul Newman	5%	Thomas Jefferson	4%
Martin Luther King, Jr.	5%	Ronald Reagan	4%
Bill Cosby	4%	Winston Churchill	3%
John F. Kennedy	3%	George Bush	3%
George Bush	3%	Billy Graham	3%

Was sie dazu macht...

Fürsorglich/liebevoll	65%	Fürsorglich/liebevoll	55%
Intelligent	34%	Intelligent	28%
Anständig/ehrlich	29%	Anständig/ehrlich	25%
Sensibel	29%	Dominanz	19%
Guter Familienvater	20%	Mut	19%

Gute Männer

George Bush	7%	Jimmy Carter	11%
Ronald Reagan	7%	John F. Kennedy	10%
Alan Alda	6%	George Bush	7%
Bill Cosby	6%	Martin Luther King, Jr.	7%
Martin Luther King, Jr.	6%	Ronald Reagan	6%
Jimmy Carter	5%	Abraham Lincoln	5%
Michael Dukakis	5%	Ghandi	5%
Abraham Lincoln	4%	Dwight D. Eisenhower	5%
John F. Kennedy	3%	Bill Cosby	3%
Ghandi	2%	Alan Alda	1%

Was sie dazu macht

Fürsorglich/liebevoll	41%	Fürsorglich/liebevoll	46%
Anständig/ehrlich	35%	Intelligent	26%
Intelligent	30%	Anständig/ehrlich	19%
Guter Familienvater	25%	Dominanz	15%
Humor	24%	Mut	11%

...UND DIE UNSERER ALPTRÄUME

Durchschnittliche Männer

Frauen nennen		*Männer nennen*	
George Bush	19%	Ronald Reagan	19%
Ronald Reagan	17%	George Bush	15%
Jimmy Carter	5%	Oliver North	7%
Dan Quayle	5%	Jimmy Carter	5%
Gerald Ford	5%	Dan Quayle	4%
Oliver North	2%	Gerald Ford	3%

Was sie dazu macht

Guter Familienvater	17%	Liebevoll/fürsorglich	16%
Blaß/langweilig	15%	Blaß/langweilig	11%
Anständig/ehrlich	13%	Guter Familienvater	10%
Fürsorglich/liebevoll	12%	Anständig/ehrlich	10%
Intelligent	12%	Fleißig	8%

Minderwertige Männer

Adolf Hitler	15%	Adolf Hitler	28%
Ronald Reagan	9%	Ronald Reagan	12%
Richard Nixon	7%	Richard Nixon	10%
Jim Bakker	7%	Jim Bakker	7%
Ayatollah Kohmeini	6%	Ayatollah Khomeini	7%
Donald Trump	6%	Charles Manson	7%
Charles Manson	5%	Donald Trump	3%
Archie Bunker	5%	Archie Bunker	3%
Morton Downey, Jr.	5%	Morton Downey, Jr.	3%
Sean Penn	5%	Sean Penn	2%
Mike Tyson	5%	Mike Tyson	1%

Was sie dazu macht

Egozentrisch	34%	Unmoralisch	32%
Unmoralisch	30%	Egozentrisch	23%
Gewalttätig	19%	Habgierig	17%
Habgierig	15%	Bigott	16%
Unsensibel gegenüber anderen	15%	Nutzen andere aus	14%
Dumm	15%	Unsensibel gegenüber anderen	13%

Der neue Mann –
der ideale Mann.
Wer ist es?
Ein Bericht

Hier nun haben wir schwarz auf weiß, worin die 6000 Männer und Frauen, die unseren Fragebogen ausgefüllt haben, den Unterschied zwischen dem idealen, dem guten, dem durchschnittlichen und dem minderwertigen Mann sehen.

Manch einer fragte sich, ob die Suche nach dem idealen Mann, wie die Suche nach dem Heiligen Gral, nicht bestenfalls ein Mythos oder, kritisch betrachtet, eine Anmaßung sei. Ideale Männer gibt es nur in der Theorie oder in romantischen Romanen. Die Vorstellung vom idealen Mann ist an sich wohl schon problematisch. Aus der Fülle der Einwände seien hier nur einige wiedergegeben. So schreibt eine Frau aus Seattle: »Mein Ehemann ist ein wirklich guter Mann. Sein Problem ist, daß er glaubt, er müsse perfekt sein. Wie er zu sagen pflegt: ›Gut genug ist eben nicht gut genug.‹ Der Wunsch, perfekt zu sein, läßt ihm keine Ruhe.« Eine andere, eher pragmatisch denkende Leserin schrieb: »Ideale Männer gibt es nicht, und wenn ich gelegentlich tüchtige Männer sehe, dann in der Sporthalle, und die stehen mitten in der Alltagsrealität. Sie nehmen keinen Einfluß auf die große Politik, handeln keine Friedensverträge aus, zeigen der Menschheit nicht den Weg zur Glückseligkeit, machen kein Vermögen an der Börse und küssen auch keine fremden Frauen. Sie sind viel zu sehr damit beschäftigt, das neue Auto abzuzahlen und die Haushaltsfinanzen in Ordnung zu halten.«

»›Ideal‹ für wen?« fragt eine Musikliebhaberin. »Es ist alles relativ. Ein Wikinger hätte niemals schüchtern, zurückhaltend, sanft und sensibel sein können. Mein idealer Mann wurde sogar einmal als Spanner verhaftet, hatte ein übles Temperament, und spuckte manchmal gegen Spiegel, weil er sie für Fenster hielt – es war Beethoven!«

Einige Frauen gaben zu verstehen, daß sie einen idealen Mann, selbst wenn sie ihn fänden, wahrscheinlich nicht mögen würden. In den Worten einer von ihnen: »Die meisten Frauen behaupten, sie wollen tüchtige, solide und zuverlässige Männer. Wenn sie jedoch solch einen Mann haben, fühlen sie sich nach einer gewissen Zeit von ihm gelangweilt. Charaktermerkmale, die wir in der Theorie schätzen, werden langfristig zur Ursache für Ablehnung. Warum?«

Eine andere Frau schreibt: »Ich lege Wert auf einige liebenswerte Unvollkommenheiten. Ich bewundere intelligente Männer, aber es stört mich auch nicht, wenn ein Mann Thornton Wilder und Friedrich Nietzsche für Spieler der New York Giants hält.« Viele kritischere Frauen ließen durchblicken, daß sie zwar ideale Männer und Männer von Format schätzen, sich sexuell aber stärker von Männern angezogen fühlten, deren Charakter sie als negativ, wenn nicht sogar als übel beurteilten. Eine leitende Angestellte aus dem Mittleren Westen schrieb: »Das Problem des idealen Mannes steckt voller Widersprüche. In unserer Vorstellung mag der ideale Mann ein Mann aus der Renaissance sein. Bedauerlicherweise aber scheinen die perfekten Männer selten eine Neigung zu festen Beziehungen zu verspüren. Die Männer, die ich geliebt habe, mochten sich nicht festlegen. Aber wenn man jemanden liebt, dann erscheint er einem eben vollkommen.«

Es sollte uns nicht allzusehr in Erstaunen versetzen, daß die Suche nach dem idealen Mann auch auf Ablehnung stieß. De Tocqueville bemerkte vor mehr als einem Jahrhundert, daß es wesentlicher Bestandteil des amerikanischen Charakters ist, elitäre und aristokratische Tugenden mit Skepsis zu betrachten. Unser Glaube an den einfachen Mann bringt es mit sich, daß uns die Vorstellung des ›göttlich beseelten Mannes‹, wie ihn Aristoteles nennt, abstößt. In unserer schönen neuen Welt gelten alle Männer als gleich, auch wenn einige (meist WASPs – weiße angelsächsische Protestanten) gleicher sind als andere. Während wir Helden Bewunderung entgegenbringen, stehen wir Männern, die danach streben, zu einer Elite zu gehören, reserviert gegenüber. Die aus der Antike überkommene Tugend der ›Ehre‹ als Wesensmerkmal des Mannes wurde im Rahmen unserer Untersuchung nur einmal genannt.

Zur Verteidigung unserer Suche nach dem idealen Mann

können wir aber mit Genugtuung vermelden, daß nur eine Minderheit der an der Umfrage Beteiligten Skepsis äußerte, während die überwältigende Mehrheit das Einhorn gefangen oder den Heiligen Gral gefunden hat, zumindest aber einen Frosch geküßt und einen normalen Mann in einen Prinzen verwandelt hat. Von den Männern, die sich beteiligten, sehen sich 15% als ideal, 74% halten sich für gute Männer, bloße 9% stufen sich als durchschnittlich ein, und praktisch niemand (0,8%) erklärt sich zum minderwertigen Mann. Glauben Sie aber nicht, daß sich hier nur männliche Eitelkeit zur Schau stellt; frappierenderweise beurteilen Frauen nämlich die Männer, die ihnen am nächsten stehen, noch besser, als diese Männer sich selbst beurteilen. Beachtliche 37% der Frauen sehen ihren Ehemann – Liebhaber – Mann ihres Lebens, ihren Freund, Vater oder Bruder als ideal an. Mehr als die Hälfte, 52%, sehen ihn als guten Mann.

Wir erhielten eine Flut von Briefen mit Lobgesängen auf die Männer. Man höre und staune: »Mein Vater schenkte mir soviel Liebe und Beachtung, daß ich über ein ausgeprägtes Selbstbewußtsein verfüge und Freude am Leben und an meiner Entwicklung zum Erwachsensein habe.«

»Mein idealer Mann spielt im Garten hinter dem Haus mit seinen brillanten Kindern Ball.« Eine Angestellte aus North Carolina schreibt: »Mir ist kein Mann eingefallen, ob berühmt oder berüchtigt, ob lebend oder schon tot, der meinem Mann das Wasser reichen könnte. Er steht zu mir, egal was ich tue.« Susan sagt über ihren Vater: »Dieser Mann würde für uns bis zum Ende der Welt gehen.« Und Margie, die als Ingenieurin arbeitet: »Mein Mann hat immer zu mir gehalten, und sein Lieblingssatz lautet ›Du schaffst es‹. Nach elf Kindern hat er sich beruflich umorientiert, damit wir unser Leben neu einrichten konnten, und mich hat er losgeschickt, meinen Abschluß an der Uni zu machen. Vielleicht hat er nicht die Idealnote 10, aber die habe ich auch nicht. Die Hauptsache ist doch, daß er ganz uns gehört.«

Lebensphilosophie

Was sind die Kriterien? Was definiert den Mann? Spielt es eine Rolle, woran er glaubt, oder geht es nur darum, was er tut oder wieviel er verdient? Es war unsere Arbeitshypothese, daß Helden, durchschnittliche Typen und Schurken fundamental verschiedene Weltbilder haben. G. K. Chesterton hatte recht, als er sagte, daß ein praktisch denkender Vermieter einen möglichen Mieter immer auf seine Lebensphilosophie hin abklopfen sollte, weil nämlich jemand, der findet, daß Zeit Geld ist und Zeit immer knapper wird, wahrscheinlich auch an der Miete knappsen wird. Deshalb haben wir im Fragebogen unterschiedliche Lebensphilosophien sehr plakativ zusammengefaßt, als eine Reihe von Klischees, über den Daumen sozusagen, um herauszufinden, ob die Grundüberzeugungen eines Mannes von Bedeutung sind.

Bei der systematischen Auswertung der Fragebögen stellte sich heraus, daß diese Überzeugungen sich nach drei Lebensphilosophien – nach Kategorien oder Faktoren, wenn man so will – aufgliedern lassen. Wir nannten sie die idealistisch-moralische, die autoritär-angepaßte und die zynisch-materialistische Philosophie. Überraschende 98 % der Umfrageteilnehmer stimmen darin überein, daß der ideale Mann ein Idealist ist, der sein Leben für ein Geschenk hält, daß es in Ehren zu halten gilt; daß er die Welt in einem besseren Zustand zurücklassen sollte als dem, in dem er sie vorgefunden hat, und daß er der goldenen Sittenregel folgen sollte. Mehrheitlich befanden die Umfrageteilnehmer, daß ein guter Mann zwar Autorität durchaus in Frage stellt, er jedoch sich der Familie gegenüber loyal verhält, Gesetze befolgt und seine Pflicht tut. Der durchschnittliche Mann geht nicht auf Streit aus, er glaubt, daß Geld Macht bedeutet, und vielleicht sieht er in Jesus seinen persönlichen Erlöser, obwohl er sich nach der Maßgabe verhält, daß Gott denen hilft, die sich selbst helfen. Minderwertige Männer sind zynisch und materialistisch. Sie wollen um jeden Preis nach oben, nehmen, was sie kriegen können, glauben, daß das Leben eine harte Angelegenheit ist und sterben auch in dem Glauben, und sie gehen davon aus, daß der gewinnt, der die besten Karten hat.

Übergangsriten

Bei der Formulierung unserer Fragen zu den Initiationsriten richteten wir unser Augenmerk darauf, herauszufinden, welche markanten Ereignisse, Erfahrungen und sozialen Rituale notwendig waren, um aus einem Jungen einen Mann zu machen oder aus einem durchschnittlichen einen außergewöhnlichen Mann. Wir fragten uns, ob der ideale Mann der Moderne immer noch, in der Formulierung Joseph Campbells, »eine Heldenreise« unternehmen muß, um sein wahres Ich zu entdecken.

Unsere Studie zeigte, daß durchschnittliche Männer immer noch definiert sind über die traditionellen Riten des Kriegers – Initiation in die Männlichkeit durch den schmerzhaften Prozeß der Beschneidung, den Empfang einer Waffe, die Teilnahme an einem Krieg und die Erlangung von Herrschaft über Frauen. Eine Stufe höher auf der Werteskala zeigen sich die guten Männer als Repräsentanten der Tugenden, die man als die des Familienvaters bezeichnen könnte. Sie haben den biologischen Sprung in eine eigene aktive Sexualität geschafft, sie haben ihr Elternhaus verlassen, haben geheiratet, ein Kind in die Welt gesetzt, ernähren eine Familie, entwickeln Freundschaften zu anderen Männern und nehmen auch aktiv am öffentlichen Leben teil. Sehr tüchtige Männer haben den Mut, Instanzen gesellschaftlicher Autorität zu trotzen, scheuen das Abenteuer nicht, haben eine Aufgabe fürs Leben und Zugang zu spirituellen Werten gefunden. Ganz oben in der Werteskala findet sich ein Ideal, das heroisch und geistig-moralisch, aber nicht religiös ist. Die beiden Eigenschaften, die bei der Charakterisierung des idealen Mannes an höchster Stelle rangieren, sind Weisheit und Mitgefühl – genau die Eigenschaften, die auch im Buddhismus und im Christentum von zentraler Bedeutung sind. Der perfekte Mann muß sich ein eigenes Wertesystem geschaffen haben, sich seiner Schwächen bewußt sein, ein Mentor für Jüngere werden und dem Tod mit Würde ins Auge blicken können. Die tatsächlich einzig wirklich neue Eigenschaft eines idealen Mannes ist die, daß ihm die Gleichberechtigung der Frauen gefallen muß.

Einstellungen und Verhaltensweisen

An dieser Stelle nimmt das Portrait des Helden eindeutig moderne Züge an, nicht unbedingt narzistische, aber doch eindeutig introvertierte und unpolitische. Zahlen sprechen hier eine deutlichere Sprache als Worte. Auf die Frage, wo der ideale Mann vorrangig den Sinn des Lebens sieht (Paul Tillich spricht von ›höchsten Anliegen‹), antworteten die Leser:

Selbsterkenntnis und persönliche Weiterentwicklung	48,7 %
Seine Familie	26,4 %
Hilfe für andere	11,6 %
Religion	6,8 %
Seine Arbeit	4,0 %
Künstlerische Betätigung	1,2 %
Anhäufung von Vermögen	0,6 %
Spiel, Sport und Freizeit	0,2 %
Politische Aktivitäten, Macht	0,2 %

Dieses Ergebnis läßt vermuten, daß wir es hier nicht mehr mit der ›Ich‹-Generation zu tun haben, wohl aber mit der ›Ich und das Meinige‹-Generation. Wenn das ›Ich‹ auch an erster Stelle steht, so rangiert die Familie doch eindeutig vor Spiel, Geld, Arbeit oder Religion. Heißt dies, es bahnt sich eine Umkehr an, wir wenden das Ideal des technischen Fortschritts und des ökonomischen Wachstums zu einem psychologisch ausgerichteten Ideal persönlicher Weiterentwicklung?

Die anderen aufgeführten Eigenschaften beziehen sich vorrangig auf Rezeptivität, Gefühl und die Bereitschaft, sich helfen zu lassen, sowie Sensibilität. Erst an elfter Stelle – beim Mann der Tat – finden wir Eigenschaften, die traditionell als wesentliche Bestandteile männlichen Selbstverständnisses galten. (»Männer tun. Frauen sind.«) Harry, dem der Preis für den kürzesten Brief gebührt, formuliert kaum übertrieben: »Was macht den idealen Mann aus? Eine tüchtige Frau!« In den Worten einer Leserin: »Die meisten Männer, die ich kenne, scheinen Männlichkeit mit Gewalttätigkeit gleichzusetzen. Die Eigenschaften, die unsere Menschlichkeit ausmachen, werden als weiblich betrachtet.« Eine andere Leserin beklagte den gleichen Trend: »Wir haben die Männer überzeugt, daß ein Mann zu sein nicht das Höchste ist. Sie sollten sich ernsthaft darum bemühen, nun ja, irgendwie wie die Frauen zu werden. Nicht gerade Heulsusen, verstehen Sie, aber eben auch nicht mehr ganz so, wie sie waren. Das ist jammerschade.« Wir scheinen Henry Higgins' Frage umgekehrt zu haben und wollen jetzt wissen: ›Warum kann ein Mann nicht eher wie eine Frau sein?‹

Darüber hinaus muß man sehen, daß die ungebrochenen, allen Gefahren trotzenden Persönlichkeiten vom Typ A, die einmal die besten und brillantesten, auf jeden Fall die finanziell erfolgreichsten Männer repräsentierten, jetzt am Ende der Rangliste der Eigenschaften des perfekten ›New Age‹-Mannes stehen. Wenn wir auch nicht zugeben mögen, daß der ein introvertierter Typ ist (16 %), so ist doch Fakt, daß er sich mehr um seine Gesundheit sorgt als darum, im Mittelpunkt des Interesses zu stehen, und daß ihm sein Gefühlsleben wichtiger ist (was durchaus positiv zu sehen ist, da er nicht launisch ist), als sich kritikfreudig und weltmännisch darzustellen.

Einstellung zu den Frauen

Überraschenderweise schätzen sowohl Männer als auch Frauen die Einstellung des idealen Mannes zu Frauen als konservativ ein. Er sieht in Frauen des Lebens Würze, empfindet sie im Vergleich zu Männern als stärker fürsorglich und intuitiv, als weniger aggressiv – im allgemeinen und im Schlafzimmer. Einer der wenigen Punkte in der gesamten Umfrage, an denen wir auf signifikante Unterschiede zwischen den Antworten von Frauen und Männern stießen, betraf die Einschätzung der Rolle der Frauen in der Berufswelt. Eine Mehrheit der Männer (53 %), aber nur eine geringe Minderheit der Frauen (15 %) ist der Ansicht, daß die Berufswelt die Frauen stärker verändern wird als diese die Berufswelt. (Das heißt, die Frauen glauben noch an den kapitalistischen Mythos, demzufolge das individuelle Bewußtsein die sozialen Strukturen bestimmt, während die Männer – die im Berufsleben über die größere Erfahrung verfügen – Marxisten geworden sind und glauben, daß es die sozialen Strukturen sind, die das Bewußtsein des Individuums bestimmen.) Frauen glauben, daß Frauen das System ändern können. Männer glauben, daß Macht jeden korrumpiert, ob Mann oder Frau. Merkwürdigerweise glauben aber nur 37 % der Männer und der Frauen, daß es weniger Kriege gäbe, wenn mehr Frauen an den Schalthebeln der Macht säßen. Warum Frauen glauben, daß Frauen die Welt der Arbeit eher humaner gestalten würden als das politische Schlachtfeld, ist uns nicht klar. Vielleicht hat das mit Golda Meir, Indira Ghandi und Margaret Thatcher zu tun.

Liebe und Sex (in dieser Reihenfolge)

Die gute Nachricht ist, daß 91 % der Männer sagen, der ideale Mann lege Wert auf Intimität und Freundschaften. Die schlechte besteht darin, daß er sexuell nicht gerade aufregend ist. So heißt es, Abschied nehmen von Don Juan, Lady Chatterleys Lover, James Bond und Warren Beatty. Der ideale Mann hält nichts von flüchtigen Abenteuern, und nur 58 % glauben, daß Sex wesentlich zur Lust am Leben dazugehört. Nur 13 Frauen und kein einziger Mann führten in der gesamten Untersuchung ›sexy‹ als *die* wesentliche Eigenschaft an. Unter den Hunderten von Briefen, die bei uns eingingen, äußerte sich nur einer offen zu Fragen der Sexualität. Theresa aus Texas, 28, verheiratet, findet Tom Selleck großartig und gleichzeitig angenehm bescheiden, und sie schreibt, daß ihr idealer Mann völlig frei von Hemmungen ist. Im Schlafzimmer übernimmt er die verschiedensten Rollen, von der aggressiven bis hin zur scheinbar desinteressierten. »Es macht ihm nichts aus, wenn seine Geliebte – im Leder-Outfit – ihn durchs Schlafzimmer jagt...« und es könnte gut sein, daß er »nur mit einem Leuchtkondom bekleidet ins Schlafzimmer spaziert«. Dazu als Ergänzung eine typischere Antwort von Deborah, einer Hausfrau, die als Berufsbezeichnungen ›Mammi‹ und ›Süße‹ angab und ihren Ehemann für ideal erklärt. »Ich finde ihn sehr oft sexuell attraktiv, doch es wirft mich einfach um, wenn er nach einem besonders anstrengenden Tag in der Küche steht und das Abendessen vorbereitet oder abwäscht. Ob es daran liegt, daß er sich in den Hüften wiegt oder weil er mir ehrlich helfen will, weiß ich nicht.« Sue, eine pensionierte Lehrerin, die in John F. Kennedy den idealen Mann sieht, brachte die Ambivalenz auf den Punkt, die unsere Einstellung zur Sexualität und Männlichkeit kennzeichnet. Sie schrieb, daß die Männer mit Charisma, die Macher, die Erfolgreichen auch eine andere Seite haben – einen quasi automatischen Hang zur Untreue und ein beständiges Verlangen nach Herausforderungen. Sie leben ihre Sexualität voll aus, und in ähnlicher Weise schöpfen sie ihre Möglichkeiten auch in anderen Lebensbereichen voll aus.

Bei der Einschätzung des Typs Frau, den der ideale Mann attraktiv findet, ergibt sich ein überraschendes Bild, insofern die Männer hier ›weiblicher‹ als die Frauen zu sein scheinen. Folgt man den Aussagen der Männer, so fühlt sich der perfekte Mann sexuell eher zu solchen Partnern hingezogen, die über eine starke, ausgereifte Persönlichkeit verfügen, als zu Frauen, die durch ihre Schönheit bestechen. Frauen glauben hier das Gegenteil. Die Einschätzung der Männer entspricht anscheinend nicht der weit verbreiteten Meinung, die da besagt, daß Männern Aussehen mehr bedeutet als Frauen, und dies ist einigermaßen überraschend.

In gewisser Weise bemerkenswert scheint es auch zu sein, daß Frauen, wenn sie ideale Männer nennen, 62 % ihrer Kandidaten (bei Männern 20 %) aus der Kategorie »Entertainer‹ wählen, das heißt, sie wählen Männer, die sie nur vom (Fern-)Sehen und aus ihrer Phantasie kennen.

Auf jeden Fall ist hier eine eindeutige Tendenz zu erkennen. Dieses neue Sexualitätsideal für Männer spiegelt die Wertvorstellungen einer Generation wider, die eine sexuelle Revolution bereits hinter sich hat, die wegen Herpes, Aids und anderer Geschlechtskrankheiten nicht mehr durch alle Betten turnt, die nicht mehr zwanghaft auf den Orgasmus fixiert ist, sondern allmählich erkennt, daß Frauen Männer mit langsamen Händen und warmen Herzen dem Typ ›starker Macker‹ vorziehen.

Was wir über Einstellung zur Homosexualität ermittelt haben, wird die Homo-Szene wenig erfreuen: 34 % der Befragten glauben, daß der ideale Mann Homosexualität als abnormal ansieht. Bescheidene 8 % glauben, daß der perfekte Mann homosexuell ist (9 % sagen bisexuell), obwohl, wie es eine Leserin ausdrückte: »Schwule Männer entsprechen eher dem Ideal, weil sie ganz allgemein dem Frauenstandpunkt mehr Verständnis entgegenbringen und auch eher bereit sind, Frauen als Freunde, als ihresgleichen zu akzeptieren.« Wir vermuten, daß der Brief eines Religionsprofessors aus Florida die nicht unkomplizierte Einstellung zur Homosexualität, wie sie ungeachtet aller lockeren Formulierungen für eine Mehrheit der Befragten kennzeichnend ist, richtig zum Ausdruck bringt: »Ich war selbst überrascht zu sehen, daß ich dem idealen Mann Homosexualität nicht als Eigenschaft zuordne, obwohl ich genaugenommen doch finde, daß sie als Wesensmerkmal zum guten Mann durchaus passen könnte.«

Familie

Der ideale Mann fühlt sich seiner Familie in hohem Maße verbunden. Marlboro-Männer brauchen sich also gar nicht angesprochen zu fühlen. Ein guter Ehemann und Vater (75 %) zu sein, ist für sein Selbstverständnis ganz entscheidend. Und 62 % legen Wert darauf, daß Vater – kein Willy Loman – sich weigert, einen Job anzunehmen, der ihn häufiger von der Familie trennt. Doch 70 % sehen den idealen Mann noch nicht als Hausmann. Immer noch ist er es, der das Geld verdient, obwohl man nicht von ihm erwartet, daß er der Familie unbedingt einen besonders hohen Lebensstandard verschafft. Merkwürdigerweise war Jesus in dieser Hitliste die Nummer Eins, doch glauben nur 6 %, daß der ideale Mann sich auch dafür entscheiden könnte, nicht zu heiraten, um sich ganz seinem Beruf zu widmen.

Wut und Gewalt

So klug und mitfühlend er auch sein mag, keinesfalls ist der perfekte Mann ein Schwächling oder ein Fiesling. Es herrscht Übereinstimmung (85 %) darüber, daß er sensibel ist und seine Wut zum Ausdruck bringen kann, ohne zu Mitteln der Gewalt Zuflucht zu nehmen, außer wenn er einen Angriff von außen abwehren muß. »Mein idealer Mann«, schreibt eine Erzieherin aus Philadelphia, »wird noch nicht einmal lauter, wenn er wütend ist, läßt sich auch auf verbale Streitigkeiten nicht ein, hat einen ausgeprägten Sinn für Humor und kann sich auf kritische Situationen gut einstellen. Er übt selten Kritik, statt dessen beschränkt er sich darauf, ruhig und höflich Vorschläge zu machen.« Eine Mehrheit (59 %) sagt, er würde für eine Sache, an die er glaubt, in den Krieg ziehen, doch 22 % halten ihn für einen Pazifisten. Mehr als 90 % gehen davon aus, daß er ritualisierten Formen von Gewalt, wie sie ursprünglich zur Erziehung des Kriegers gehörten, abgeschworen hat. Er hat kein Interesse an brutalen Sportarten, schlägt sich nicht mit anderen Männern, geht nicht auf die Jagd (wahrscheinlich ist er nicht Mitglied in der NRA) und ist nicht leistungsorientiert.

Schlußfolgerungen

Im historischen Kontext betrachtet ist das bemerkenswerteste Ergebnis unserer Umfrage darin zu sehen, in welchem Maße das derzeitige Ideal der Männlichkeit apolitische Züge trägt. Der neue ideale Mann mag mitfühlend und klug sein, doch der Raum, in dem er sich entfaltet, ist eng begrenzt. Wie die Epikureer sorgt er eher für seine Familie und kümmert sich um seinen Garten, als daß er aktiv am politischen Leben teilnimmt. Bei der Analyse dieses Ergebnisses mußten wir unwillkürlich an Aristoteles' Definition des Menschen als ›gesellige Lebewesen‹ denken. Zur Zeit des klassischen Griechenlands, der Wiege der Demokratie, war der Mann über seine Teilnahme am politischen Leben definiert. Als wir diesen Bericht zusammenstellten, verfolgten wir mit Spannung die dramatische Entwicklung der Revolution in China, wo Tausende von jungen Männern und Frauen sich ohne Waffen bewaffneten Soldaten und Panzern entgegenstellten. Ihr Beispiel ließ uns über die Frage nachdenken, was aus einer Nation würde, deren »ideale« Männer-Elite sich im Ghetto ihrer Privatsphäre verkriecht. Ist eine auf Entwicklung der Persönlichkeit ausgerichtete Ethik in der Lage, einen so ausgeprägten Gemeinschaftssinn zu entwickeln, daß Freiheit gewährleistet ist? Wir bezweifeln das. Wir stellen fest, daß – und hier paßt einiges nicht zusammen – nur ein geringer Prozentsatz der Befragten (0,2%) meint, daß der ideale Mann den Sinn des Lebens hauptsächlich in Politik oder Religion (6,8%) findet, und doch stehen Jesus und Ghandi bei den Männern, denen Bewunderung entgegengebracht wird, ganz obenan. Darüber hinaus nehmen Personen aus der Politik in der Wertschätzung der Männer die ersten neun Plätze ein und 6 von 10 Plätzen bei den Frauen. Offensichtlich sind wir damit zufrieden, Visionäre und Revolutionäre aus der Distanz zu bewundern, ohne ihnen jedoch nacheifern zu wollen. In unserer Nähe bevorzugen wir Männer, die brave Bürger und angenehm im Umgang sind.

Wann immer Ideale, Vorbilder, Weltanschauungen und Rollenverteilungen sich wandeln, müssen wir auf Positives und Negatives gefaßt sein.

Nun endlich hat sich der ideale Mann von seiner zwanghaften Extrovertiertheit befreit, wie sie das Denken der Männer bestimmt hat, seit irgend jemand die Uhr und das vergleichende Messen erfunden hat. Sein Interesse am öffentlichen Leben hat ein wenig nachgelassen – seine Erfolgsorientiertheit um jeden Preis, seine Machtbesessenheit –, und dafür hat er Zugang gefunden zur Welt der Gefühle, zu Rezeptivität und zur geistig-moralischen Welt. Er ist sensibler geworden und selbstkritischer, er ist nicht länger der Fels in der Brandung – unerschütterlich, fest und beständig. In den Worten von Steve, einem Schriftsteller aus Pennsylvania: »Der perfekte Mann ist nicht hart und unnachgiebig wie ein Stück Granit, sondern weich wie das Wasser, er kann sich verwandeln, er kann zu Eis werden und zum Sieden gebracht werden und doch dem Wesen nach Wasser bleiben. Er kann sich jedweder Situation anpassen. Wenn ein autoritärer Führer gefragt ist, kann er die Rolle übernehmen. Wird ein diplomatischer Friedensstifter benötigt, so ist er ebenfalls zur Stelle. Er verfügt über die Fähigkeit, das Gebot der Stunde zu erkennen.« Der neue perfekte Mann ist eher androgyn als autonom. Er ist kein unzugänglicher Individualist. Er ist dem taoistischen Ideal verwandt, wie es in dem klassischen Werk chinesischer Philosophie, dem Tao Te King, formuliert ist: »Die alten Meister... waren vorsichtig, wie jemand, der einen vereisten Strom überquert / Wachsam wie ein Krieger in feindlichem Land / Höflich wie es dem Gast geziemt / Formbar wie ein Stück Holz / Empfangend wie das Tal / Klar wie ein Glas Wasser.«

Es scheint, daß wir mit der uralten, aber zur Gewohnheit gewordenen Verbindung zwischen Männlichkeit und Gewalt Schluß machen wollen. Doch noch haben wir keinen Weg gefunden, die weicheren und sanfteren Tugenden, die wir so bewundern, zu verknüpfen mit dem Ungebändigten von Wildheit und Leidenschaft, das zur Männlichkeit dazuzugehören scheint. Ja, Sorbas, «der Mann braucht einen Anflug von Wahnsinn.« Manchmal können wir uns nicht des Eindrucks erwehren, als ob der neue perfekte Mann ein bißchen zu zahm ist. Selbst unter Feministinnen wird ab und zu der Ruf laut: »Wie schön es doch ist, einen harten Mann zu finden.« Nur zu wenige Männer und Frauen äußerten sich, wie es Deborah tat, dahingehend, daß der perfekte Mann »Leidenschaft, Mitgefühl und Stolz haben muß; Leidenschaft für seine Musik, seine Kunst, seine literarischen Werke, sein Denken, seine Entdeckungen, seine Spiritualität; er muß stolz auf sich sein.«

Heutzutage, wo sich die Rollenverteilung in beständigem Wandel befindet, stehen Männer ebenso wie Frauen unter einem Erwartungsdruck, dem sie nicht gerecht werden können. Wenn die neue Super-Frau Aggressivität, Zielstrebigkeit und Rücksichtslosigkeit, die für eine berufliche Karriere nötig sind, aufweisen und gleichzeitig fürsorglich und hausfraulich sein soll, so erwartet man vom neuen Super-Mann, daß er ach-so-sensibel ist und sich selbst verwirklicht, daß er sich nicht allzusehr auf Geld oder Karriere fixiert, dennoch aber bereit ist, für Heimat und Vaterland zu kämpfen, und daß er genügend leistungsorientiert ist, um seiner Familie einen anständigen Lebensstandard zu sichern. Niemand hat bisher erklärt, wie sich derart widersprüchliche Eigenschaften in einer Person vertragen sollen. Viele Leser äußerten sich zu der doppelten Erwartungshaltung, der sich Männer ausgesetzt sehen. Jodi, ein verheirateter College-Student aus White Plains, schrieb uns: »Männer haben es emotional nicht leicht. Die Frauen erwarten, daß sie stark, hart und aggressiv sind und Karriere machen, aber wenn sie diesem Bild entsprechen, dann gelten sie als machohaft und sexistisch.« John, der in einem Gefängnis in North Carolina einsitzt, äußerte: »Viele junge Frauen im Süden scheinen vom idealen Mann die widersprüchlichsten Dinge zu erwarten. Er soll warm und rücksichtsvoll sein, damit sie ihre Karriere betreiben und sich persönlich entfalten können, gleichzeitig aber soll er einen starken Willen haben und (wenn nötig) dominant sein wie ihr Vater. Diese irgendwie inkompatiblen Vorstellungen und Erwartungen haben es mir schwer gemacht, meinen Platz im Leben zu finden.«

Eine abschließende Mahnung zur Vorsicht. Wir glauben zwar, daß die Vision des idealen Mannes, wie wir sie hier präsentieren – umgänglicher, sanfter, rezeptiv, unpolitisch –, dem Trend in der amerikanischen Kultur entspricht. Karen L. zum Beispiel, die Liebesromane schreibt, bestätigte uns gegenüber, daß der Trend in Liebesromanen »weggeht von den hochgewachsenen, dunklen, reichen, mächtigen, launischen, unwiderstehlichen Machohelden zu solchen, die erfolgreich sind (nicht unbedingt reich), freundlich, sensibel und humorvoll. Der Macho vom Typ John Wayne scheint allmählich den kürzeren zu ziehen, doch sind die Verleger auch nicht gerade auf die weinerlichen Typen wie Alan Alda aus.« Doch ist es auch denkbar, daß unsere Ergebnisse mehr über die Ideale der Männer und Frauen aussagen, die sich für Gefühl und Seelenleben ohnehin sehr interessieren (und deshalb *Psychology Today* lesen), als über die Meinung der Bevölkerung insgesamt. Wir gehen davon aus, daß in weniger wohlhabenden Bevölkerungsschichten, bei Arbeitern und Soldaten, größere schichtspezifische Unterschiede zu finden wären, als dies zwischen Männern und Frauen der gleichen Gesellschaftsschicht der Fall ist, auf die sich unsere Untersuchung ja bezog.

Das Bild des idealen Mannes, wie es sich nach Auswertung unseres Fragebogens ergibt, sollte uns veranlassen, innezuhalten und die Ideale kritisch zu betrachten, die in der Gesellschaft angepriesen und gefeiert werden. Im 18. Jahrhundert sah man das amerikanische Ideal verwirklicht in Männern wie George Washington oder Thomas Jefferson, der sein Leben aufs Spiel setzte für politische Ideale und Prinzipien, ein Mann, »der sich dem Wohl des Gemeinwesens verschrieb«, während er »ein gottgefälliges Leben führte« auf der Grundlage »einer menschenfreundlichen Religion«. Im 19. Jahrhundert hatte sich dies geändert, und als ideal galt ein Mann wie Theodore Roosevelt, der nach Selbstvervollkommnung strebte, harter Arbeit, hohem moralischem Anspruch, einer robusten Gesundheit und körperlicher Härte. Es liegt noch nicht länger als eine Generation zurück, daß Phillip Reiff vor dem »Triumph der Therapie« warnte, vor der subtilen Tyrannei durch eine neue psychologische Weltsicht, die unseren Blick von außen nach innen richtet. Es besteht die Gefahr, daß die Konzentration auf Selbsterfahrung und Persönlichkeitsentwicklung an die Stelle einer umfassenderen Vision eine Gemeinschaft trifft, in der Menschen, arm und reich, und andere Lebewesen mit Federn, Flossen und Pelz zusammen existieren können. Unsere Epoche verlangt nach Männern mit dem Zorn der Propheten, nach Männern mit genügend Mut und Gemeinschaftssinn, daß sie unsere gefährdete, aber doch so reiche Erde in ihre Obhut nehmen und die Schwachen und Entrechteten beschützen. In der Mythologie des Buddhismus legt der Weise, der Bodhisattwa, einen Eid ab, alle fühlenden Wesen zu retten oder zu heilen. Ein solches Ziel sich zu setzen verlangt ein bißchen Wahnsinn und viel Mitgefühl. Doch wenn wir schon über Ideale reden, sollten wir da nicht nach den Sternen greifen?

Anmerkungen

Teil I

1 »Guns and Dolls«, *Newsweek* (28. Mai 1990).
2 Susan Forward: *Liebe als Leid. Warum Männer ihre Frauen hassen und Frauen gerade diese Männer lieben.* München 1988.
Dan Kiley: *Wenn Männer sich nicht ändern wollen.* Hamburg 1990.
Dan Kiley: *Das Peter-Pan-Syndrom. Männer, die nie erwachsen werden.* Hamburg 1987.
3 Joseph Campbell und M.J. Abache: *The Mythic Image.* Princeton 1981.
4 Herb Goldberg: *Veränderungen. Das neue Verhältnis zwischen Mann und Frau.* Reinbek 1987. Ders.: *Der blockierte Mann. Hindernisse auf dem Weg zur Nähe.* Hamburg 1989. Warren Farrel: *Warum Männer so sind, wie sie sind,* Hamburg 1989.

Teil II

1 Ein Teil dieser Zusammenfassung stammt aus David D. Gilmore: *Mythos Mann. Rollen, Rituale, Leitbilder.* München 1991.
2 Joseph Campbell: *Der Heros in tausend Gestalten.* Frankfurt/M. 1978, S. 19.
3 Mehr über diesen Prozeß finden Sie in Sam Keen und Anne Valley Fox: *Your Mythic Journey.* Los Angeles 1989.
4 Mark Baker: *Nam: The Vietnam War in the Words of the Men and Women Who Fought There.* New York 1982, S. 22.
5 Phillip Caputo: *A Rumor of War.* New York 1978, S. 120.
6 *American Handbook of Psychiatry*, Bd. I. New York 1974, S. 750.
7 Larry Dossey, M. D.: *Recovering the Soul.* New York 1989.
8 *Newsweek* (16. Juli 1990); *New York Times* (6. August 1990).
9 Gilmore, *op. cit.* S. 230.
10 Diese Tabelle wurde dem Buch von Sam Keen: *Bilder des Bösen. Wie man sich Feinde macht.* Weinheim 1987, S. 131 entnommen.
11 Ayn Rand: *For the New Intellectual.* New York 1961, S. 130.
12 *American Health* (September 1988).

13 Timothy Haight »Living in the Office«, *Whole Earth Review* (Sommer 1989), S. 75.
14 Earl Shorris: *The Oppressed Middle: Politics of Middle Management.* Gearden City, NY, 1989. Jetzt lieferbar unter dem Titel *Scenes from Corporate Life.* New York 1990.
15 David J. Rogers: *Waging Business Warfare: Lessons from the Military Masters in Achieving Corporate Superiority.* New York 1987.

Teil III

1 Robert Oppenheimer: *Familiar Quotations* hg. v. John Bartlett. Boston 1980, S. 861.
2 E. Anthony Rotondo, Jr., »Body and Soul: Changing Ideals of American Middle-Class Manhood, 1770–1920«, *Journal of Social History* (Frühling 1983).
3 Todd Gitlin: »Postmodernism Defined, at Last!«, *Utne Reader* (Juli/August 1989).
4 Albert Camus, *Neither Victims Nor Executioners.* New York 1980, S. 51.
5 John C. Murray: *We Hold These Truths: Catholic Reflections on the American Proposition.* Kansas City 1985.
6 Friedrich Nietzsche: Der Wanderer und sein Schatten, in: *Menschliches, Allzumenschliches*, Bd. II (Werke in 3 Bden, hg. Karl Schlechter). München 1966, S. 987.
7 Auszüge aus George Gilder: »Microcosm: The Quantum Revolution in Economics and Technology«, *Fortune* (28. August 1989).

Teil IV

1 Rainer Maria Rilke: *Briefe*, Bd. I (1897–1914). Wiesbaden 1950, S. 49.
2 Sören Kierkegaard: *Tagebücher.*
3 Gerard Manley Hopkins: *Gedichte. Schriften. Briefe.* Dt. v. Ursula Clemen und Friedhelm Kemp. München 1954. Aus dem Gedicht »Kein Schlimmstes, es gibt keins.«
4 Laurens van der Post: *Patterns of Renewal.* Pendle Hill Pamphlet Number 121 (Wallingford, PA).
5 Martin Luther: *Schriften.* Frankfurt/M. 1990.
6 Sam Keen: *Apology for Wonder.* New York 1969.
7 Dag Hammarskjöld. *Zeichen am Weg.* Dt. von Anton Graf Knyphausen. München/Zürich 1965, S. 57.
8 Aldous Huxley: *Affe und Wesen. Ein Roman aus der Zeit nach dem Atomkrieg.* 3. Aufl. München 1988. (Zitat nach: *Affe und Wesen.* München, Langen-Müller, o. J., S. 49.)

9 Norman Maclean: *Aus der Mitte entspringt ein Fluß.* Frankfurt/M. 1991, S. 116 f.

10 *Psychology Today* (April 1974).

11 Ernest Becker: *Dynamik des Todes. Die Überwindung der Todesfurcht – Ursprung der Kultur.* Dt. von Eva Bornemann. Olten 1976 Ernest Becker: *Escape from Evil.* New York 1976.

12 Albert Camus: *Resistance, Rebellion and Death.* New York 1961, S. 71.

13 Jim Autry: *For Love and Profit.* New York 1991.

14 Etty Hillesum: *Das denkende Herz. Die Tagebücher von Etty Hillesum 1941–1943.* Reinbek 1985, S. 120 ff.

15 Jim Fowles: »The American Male in 1990«, *Futures Research Quarterly* (Herbst 1985).

16 Wendell Berry: *A Continuous Harmony: Essays Cultural and Agricultural.* New York 1975, S. 42.

17 *Wir sind ein Teil der Erde. Die Rede des Häuptlings Seattle an den Präsidenten der Vereinigten Staaten von Amerika im Jahre 1855.* Olten u. Freiburg i. Brsg. 1991 (22. Aufl.), S. 10, S. 25.

Teil V

1 Marion Woodman: *Heilung und Erfüllung durch die Große Mutter. Eine psychologische Studie über den Zwang zur Perfektion und andere Suchtprobleme als Folgen ungelebter Weiblichkeit.* Dt. von Waltraud Ferrari. Interlaken 1987, S. 193.

2 Betty Reardon: *Sexism and the War System.* New York 1985, S. 15.

3 Charlene Spretnak: *The Politics of Women's Spirituality.* New York 1982, S. 554.

4 Sally Miller Gearhart: »The Future – If There Is One – Is Female« in: *Reweaving the Web of Life,* hg. Pam McAllister. Philadelphia 1982, S. 271.

5 Spretnak, *op. cit.* und McAllister, *op. cit.*

6 Monica Sjöö und Barbara Mor: *Wiederkehr der Göttin. Die Religion der großen kosmischen Mutter und ihre Vertreibung durch den Vatergott.* Dt. von Marion Kannen, Rosemarie Merkel und Gisela Ottmer. Braunschweig 1985, S. 118.

7 Unpubliziertes Referat. Lori McElroy und Tana Dineen: »Women and Peace: A Feminist Dilemma«.

8 Joen Fagen: »Mythology, Psychotherapy, and the Liberal Arts Tradition«, *Pilgrimage* (März 1989).

9 Jean S. Bolen: *Göttinnen in jeder Frau. Psychologie einer neuen Weiblichkeit.* Dt. von Odette Brändli u. Evi Glauser. Basel 1989.

10 Übersetzung aus dem Englischen vom Übersetzer.

11 Susan Griffin: *Frau und Natur. Das Brüllen in ihr.* Aus dem Amerik. v. Stendhal, Renate. Frankfurt/M. 1987. Susan Griffin: *Pornography and Silence: Culture's Revolt Against Nature.* New York 1981.

Anhang

1 Veröffentlicht mit Genehmigung von *Psychology Today* und meines Ko-Autors Dr. Ofer Zur.
2 Vgl. E. Anthony Rotondo: »Body and Soul: Changing Ideals of American Middle-Class Manhood 1770–1920«, *Journal of Social History* (Frühling 1983).